우리말 연구 5

우리말 역사 연구

한말연구학회 엮음

도서
출판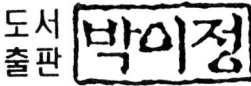

머 리 말

한말연구학회에서는 작년에 『한말연구』 제1집을 발행하였는데 뜻밖에도 반응이 좋아 이제 재판을 계획하고 있다. 그간에 학회 임원들이 모여 우리 회원들의 논문 중에서 동학이나 후학들에게 읽어 보기를 권하고 싶은 것이거나, 오래 간직하고 싶어하는 것을 엄선하여 다음과 같은 총서를 출간하기로 계획을 세운 바 있었다.

제1권 : 우리말 음운 연구
제2권 : 우리말 형태 연구
제3권 : 우리말 통어 연구
제4권 : 우리말 의미 연구
제5권 : 우리말 역사 연구

이 책에 실린 논문들은 몇 년 전에 쓴 것이기 때문에 논문에 따라서는 갈말(학술어)이 요즈음의 것과 다소 다를 수도 있을 것이나 크게 험잡을 것은 아니라 생각되며 그 내용에 있어서는 새롭고 알찬 글이 많아, 독자 여러분께 크게 도움이 되리라 생각한다. 따라서, 동학 여러분이 꼭 한 번 읽어 주기를 바라 마지 않는다. 이번의 제1차 간행에 이어 원고가 모이는 대로 제2차, 제3차 간행이 이루어질 것이다. 앞으로 한말연구학회에서 내는 이 책들이 우리 국어학 발전에 큰 일조가 되기를 바라면서, 아울러, 이 책이 나오기까지 편집, 교정 및 연락 사무를 담당한 박동근 간사와 출판을 흔쾌히 맡아 준 도서출판 박이정의 박찬익 사장에게 고마운 인사를 드리면서 끝을 맺는다.

1996. 5. 30

일감호반 연구실에서
김 승 곤 씀.

■ 일러 두기

1. 이 책에 실린 논문의 대부분은 이미 발표한 그대로입니다만 일부는 고치거나 다듬었습니다. 그런 사실은 각 논문의 꼬리에 밝혀 두었습니다. 그리고 몇 편은 여기에 처음 발표하는 것인데, 그런 논문은 꼬리에 아무런 글귀를 붙이지 않았습니다.

2. 각 논문에 사용된 부호는 일일이 통일하지 않았습니다.

3. 논문을 실은 차례는 내용을 고려하여 정하였습니다. 현대 국어를 다룬 논문은 앞쪽에 싣고 역사적 연구나 학사적인 내용의 논문은 뒤에 다 실었습니다.

차　례

■ 머 리 말

■ 일러두기

■ 논　문

■ 글쓴이 소개

한국어 조사의 어원 연구(I)

김 승 곤

1. 들어가는 말

한국어 조사의 어원을 모두 밝힌다는 것은 여간 힘들 뿐만 아니라, 글의 분량도 너무 많기 때문에 두 번에 나누어 발표하기로 하였다. 이 글에서는 「차례」에 제시한 조사의 어원을 먼저 밝히고 학술지에서는 나머지 조사의 어원을 밝히기로 작정하였다. 그런데, 지면은 제한되어 있고 어원을 밝혀야 할 조사의 수는 너무 많기 때문에 각 조사의 어원을 밝힘에 있어서는 남의 학설이나 사소한 이론은 피하고 아주 핵심적이면서도 꼭 필요한 내용만을 다룰 것임을 미리 밝혀 둔다. 그리고, 차례에 제시한 다섯 개의 조사의 어원 중 「을」과 「은」의 어원은 자신있게 단언할 수 있는 것은 못 되고 하나의 시도에 불과함을 미리 말하여 둔다. 필자는 오랜 시일에 걸쳐 조사를 공부한답시고 애를 써 보았는데, 그 결과 얻어진 사실을 바탕으로 그렇게 추정해 보자는 것이다. 이에 반하여 「이」, 「의」, 「에」의 어원은 틀림없으리라 확신하는 바이다.

2. 한국어 조사의 어원

2.1. 주격조사 「이」의 어원[1]

---

1) 李熙昇, 「이」主格助詞의 語源考, 서울大學校論文集, 〈人文社會科學〉第五輯, pp.67-106.
   金芳漢(1957), 國語主格語尾「이」再考, 學術院論文 第五輯.
   李基白, 「이」主格助詞의 語源考, 어문학, Vol.,2.

주격조사 「이」의 어원을 밝히기 위해서는 먼저 향가에서 시작하여 이조 초기의 언어에서 그 실마리를 찾지 않으면 안 되겠다. 따라서, 먼저 향가에 나타나는 주격조사의 예를 보기로 하겠다.

① 향가의 주격조사
a. 兒史 年數就音 墮支行齊(慕竹旨)
b. 民是 愛尸 知古如(安民)
c. 咽嗚爾處米 露曉邪隱 月羅理(讚耆婆)
d. 耆郞矣 兒史 史是藪邪(上同)
e. 脚烏伊 四是良羅(處容)
f. 彗星也 白反也 人是 有叱多(彗星)
g. 物叱好支 栢史(怨歌)
h. 仰頓隱 面矣 改衣賜乎 隱冬矣也(上同)

위의 a-h까지에서 보면, 향가에서 사용된 주격조사에는 「史, 是, 理, 伊, 矣」 등이 있는데, 이들 중 「史, 理」 등은 음을 따라 표기한 것이요, 「是」는 훈을 따라 표기한 것이며, 「矣」는 「伊」와 음의 유사함에서 표기되었다. 따라서, 「이」의 본체가 될 만한 것은 「是」와 「伊」이다.

② 균여전 소재 향가의 주격조사
a. 佛體叱刹亦 刹刹每如 邀里 白乎隱(禮敬諸佛)
b. 人米 無叱昆(隨喜功德)
c. 身摩 只碎良只塵伊 去米(上同)
d. 衆生叱 邀衣于音毛 際毛冬留 願海伊過(總結无盡)

위의 a-d의 예를 보면, 「亦, 米, 摩只, 伊, 毛」 등이 나타나나, 이들의 본체가 될 만한 것은 역사 「伊」와 「是」일 것으로 보이는데, 대명률직해에서는 어떻게 나타나는가 그 어례를 몇 개 보기로 하겠다.

③ 대명률직해에 나타나는 주격조사
a. 凡軍亦 犯罪爲去等(八議, 軍官 有犯)
b. 妻及子孫亦 犯罪爲去等(八議, 應議者之父祖有犯)
c. 凡與同罪人是 當死爲在乙良…(各例律, 稱與同罪)
d. 所在長官是 推問爲乎事(刑律, 歐制使及本管長官)

대명률직해에서 나타나는 주격조사는 균여전의 향가에서 나타나던 「是」
와 「亦」만이 나타나는데, 이것에 대한 신라의 향가에서부터의 발달을 보면
다음과 같다.

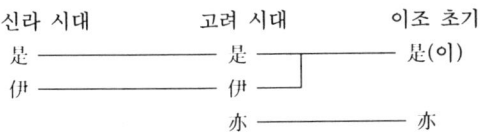

그러면, 여기서는 「是」와 「伊」가 신라 시대에 어떠한 단어였던가를 알
아 보고, 이들 양자가 왜 고려말에 가서 「是」 하나로 통일되었던가를 알아
보기로 하겠다.

먼저, 「伊」의 어원을 알아보기 위하여 諸橋의 大漢和辭典 券一의 645쪽
에 의하여 보면 「伊」는 「かれ, 彼, 人を指す 語〔太倉州志〕吳語, 指人曰伊」
라고 설명되어 있을 뿐만 아니라, 옛날에는 물론, 오늘날에도 사람의 이름
에 「伊」를 많이 사용하고 있는데, 그 이유는 「伊」가 뭔가 사람과 어떤 관계
가 있는 말이기 때문인 것으로 생각된다. 「蒙述伊, 而分伊, 蒙古伊, …」[2]
등은 이조 시대의 인명에 쓰인 예요, 오늘날도 「順伊, 分伊, 金伊, …」 등
과 같은 여자의 이름에 주로 많이 쓰일 뿐 아니라, 인명 뒤의 접미사로도
많이 쓰이고 있다. 즉, 「금돌이, 옥분이, 금순이, 갑돌이, 을순이, …」와 같
다. 더구나 「이」가 이조 시대는 물론 근대에까지 인칭 대명사로 쓰인 예가
많다.

④ a. 의 네 아슴가(是你親眷那)(초간본 노걸대상 15B 이하 '초노상'으로 약
　　칭함)
　 b. 의 내 이우지라(是我街坊)(초노상 16A)
　 c. 의가 내 아내요, 저 애가 내 딸이요(三中堂 文庫, 無情上 p.11)

이상과 같은 사실로 미루어 필자는 우리말의 주격조사 「이」의 어원은 3
인칭 대명사 「이」였을 것으로 보는데, 다음에는 「是」에 대하여 한번 살펴

2) 최범훈(1977), 漢學借用表記體系研究, pp.68-69에서 인용.

보기로 하겠다.

「是」는 3인칭 대명사의 근칭이요 또 동시에 사물대명사의 근칭이기도 하다.3)

　　⑤ a. 是爲成三問(이이가 성삼문이다)
　　　　b. 花是紅.4)

⑤a와 b에 의하여 보면 「是」는 3인칭 대명사와 비인칭 대명사의 둘로 쓰였음을 알 수 있는데, 여기에서 「伊」와 「是」가 고려말에 가서 「是」 하나로 통일된 이유를 알 수 있겠다.

그런데, 이들 「伊」와 「是」가 분명히 대명사였던 것이 주격조사로 발달되었다고 단정할 수 있는 결정적인 언어사실을 찾을 수 있는가에 대하여 살펴보기로 하겠다.

　　⑥ a. 어늬 굴어 兵不碎ᄒ리잇고(용비 47)
　　　　b. 뇌 아니 ᄉ랑ᄒᅠᆺ뵈리(용비 78)
　　　　c. 舍利佛이 훈 獅子ㅣ롤 지ᅥ내니(석상 6-p.64)
　　　　d. 님금 ᄆᅀᆞ미 큰 아니 어리시니 (용비 39)
　　　　e. 불휘 기픈 남군 (용비 2)
　　　　f. 目連의 그 말 듣즙고(석상 6-p.2)
　　　　g. 그+·이 ＝ :긔(용비 39)
　　　　h. 저+·이 ＝ :제(월석 1-p.62)
　　　　I. 의 네 아ᅀᆞᆷ가(是你親眷那)(초노상 15B)
　　　　j. 의 몯ᄃ라 오니가(是相會來的)(초노상 15B)
　　　　k. 의 내 이우지라(是我街坊(초노상 16A)
　　　　l. 의 내 녯 주신 지비니(是我舊主人家)(초노상 17A)

먼저 ⑥ i-l까지의 예문에서 보면 「이(是)」가 인칭대명사와 비인칭대명사로서 주어가 되니까, 주격조사 「이」가 생략되어 있음을 알 수 있는데 이

---

3) 許菱祥 編著, 中文文法, p.77 참조.
　　朴智弘(1977), 표준 漢文法, 과학사, p.29, p.31.
4) ⑤a는 박지홍 지음, 상게서 p.29에 의거하였고, ⑤b는 阿部吉雄(1967), 한문の硏究, 旺文社, p.86에 의하였다.

와 같은 사실은 3인칭대명사나 비인칭대명사를 두 개 거듭하여 쓸 필요가
없기 때문이다. 따라서, 여기서의 예문이 3인칭대명사 및 비인칭대명사
「이」가 주격조사로 발달되었다는 결정적인 단서가 된다고 보겠다. 만일 주
격조사 「이」가 전혀 다른 말에서 왔다면, 중세어의 문법 체계로서는 분명
히 「이이」로 나타났을 것이다.

⑦ a. 네 이제 내의 母陀羅手를 보라＝汝ㅣ 속에 見我이 母陀羅手ᄒ라(능엄 2:
　　　 13)
　　 b. 내의 드리운 손(능엄 2:19)
　　 c. 내의 眞性, 네의 眞性(능엄 2:35)
　　 d. 네의 스승(두언 16:13)

⑦ a-d의 예에 의하면 「네」와 「내」는 「너」와 「나」의 소유형인데, 여기
에 또 관형격조사 「이」와 「의」가 사용된 것은 「내/네」와 「이/의」는 그 계
동이 다르기 때문이다.

더구나 ⑥ a-b를 분석해 보면, 「어늬」는 「어느＋이」요 「뉘」는 「누＋이」
인데 「어느＋이」에서 「어느」는 본래 관형사였고 「이」는 대명사로서 「어느
이것」의 뜻이었는데 「이」가 그 고유한 뜻을 잃어 버리니까, 「어느」에 예속
되어 주격조사로 바꾸어진 것이다. 이와 같은 사실은 「뉘」와 ⑥ d의 「긔」
도 마찬가지이다. 이와 같은 일은 비단 주격조사의 경우뿐 아니다.

⑧ a. 내 그에 모딜언마론(월인上, 121)
　　 b. 아모 그에 ᄒ논 겨체(훈언)
　　 c. 加尸王이 내 거긔 感ᄒ라 ᄒ게 ᄒ고(월석 7-15)
　　 d. 天子 ᄭᅴ 朝會ᄒᄂ다(두언 15-p.80)

⑧ a-c에서 보면 「내」는 「그에」에 대한 관형어요, 「아모」도 「그에」에
대한 관형어이며, 「내」도 「거긔」에 대한 확실한 관형어이다. 그런데, 「그
에」는 그 고유한, 「거기」라는 뜻을 상실하다 보니까 「그에」는 「거긔」로 바
뀌는 일면 「ᄭᅴ」로까지 변해 버린 것이오, 그 결과 차차 조사로 바뀌고 말
았다. 더구나 ⑥ c의 「獅子ㅣ를」을 풀어 써 보면 「獅子 ㅣ 를」로 되는데,

그 뜻을 풀이하면 「사자 이것을」로 되어 「ㅣ」가 대명사로서 「를」과 그 품사가 다르기 때문에 사용되었다는 사실과 그 본래의 의미를 살려서 표기한, 산 근거가 되는 보기임을 알 수 있다.

⑥ g-h를 보면 「그」와 「저」는 관형어요, 「·이」가 대명사인 그 본래의 모습을 여실히 볼 수 있는 어례라 할 수 있을 것이다. 왜냐하면 「그」와 「저」는 평성이오, 「·이」는 거성이기 때문이다. 이와 같았던 것이 「이」가 대명사로서의 뜻을 점점 잃어 가니까, 그만 주격조사로 굳어 버린 것이다. 이렇게 살펴보니까 옛날의 인칭대명사와 비인칭대명사였던 「伊/是」는 후대로 오면서 주격조사와 「이다」의 어간 「이」로 바뀌면서 일면 인명의 뒤에 오는 접미사로도 바뀌고 심한 경우는 부사형 어미로까지 바뀌었다.

⑨ a. 夜入伊 遊行如可　　　b. 惠伊(유서필지)
　 c. 流伊(유서필지)　　　　d. 빨리(이)
　 e. 달리(이)　　　　　　　f. 第一是自由(표준한문법, p.60)

⑨ a-e까지는 이두어 및 현대어에서의 부사접미사임을 보이고 있으며, ⑨f는 「是」가 「이다」임을 보이는 좋은 보기이다. 더구나, 「是」가 「이다」로 발달한 보기를 이두에서 몇 개 더 예를 보기로 하겠다.

⑩ a. 是旀(이며)　　　　　　d. 是如(이다)
　 b. 是遣(이고)　　　　　　e. 是民(이다)
　 c. 是㐌(이뿐)　　　　　　f. 是良(이아)

⑩ a-f까지는 「이」가 지정사화한 보기인데, 특히 ⑩c의 (이뿐)을 보면, (이)가 틀림없이 실사인 자취를 엿볼 수 있다. 따라서, 「이다」의 「이」는 대명사 「이」임은 확실하다 할 것이다. 더구나 이조초나 현대에 있어서의 인칭불완전명사 「이」도 역시 3인칭대명사 「이」에서 발달한 것이다.

⑪ a. 공부하는 이는 성공한다.
　 b. 大臣須達이라 호리 잇느니(석상 6-p.28)
　 c. 어듸쌰 됴흔 쏘리 양쯔 フ즈니 잇거뇨(석상 6-p.26)

⑪ a-c의 「이」가 그것인데, 3인칭대명사 「이」가 불완전인칭명사에서 발달한 것은 절대로 아니다.5)

2.2. 주격조사 「가」의 어원6)

아직도 「가」의 어원은 확실하지 않으나, 이것도 그 어원은 대충 추정할 수 있을 것으로 보인다. 그러면, 「가」 주격조사가 언제 우리 국어에 처음으로 나타났느냐 하는 것이 문제인데, 김사엽 박사는 송강의 자당 편지 「츤 구드리 자니 비가 셰 니러서 즈른 돈니니(선조 5년)」에서 처음으로 나타났다고 한데 대하여 김일근 교수는 「효종대왕 재심양시 언간의 문제」7)에서 효종대왕의 재심양시에 한 언간, 다음 ①a에서 처음으로 나타난다고 하고 있어 좀처럼 단정하기 어려우나 필자가 상고해 본 바로는 김사엽 박사의 말이 옳은 것 같다. 따라서, 필자는 「가」 주격조사는 1572년 즉, 16세기부터 나타난 것으로 보고자 한다. 그러니까, 「가」는 구어에서의 주격조사로 쓰여 오다가 16세기부터 차차 문장에도 쓰이게 되었다고 보아진다. 이제 「가」 주격조사가 쓰인 예를 알아 보기로 하자.

① a. 청음은 더리 늘그신니가 드러와 곤고ᄒ시니(효종언간)
   b. 니광하가 통례 막혀 압히 인도하올제(숙종언간)
   c. 죵이 미련ᄒ여 츤 ᄇᄅᆷ을 ᄲᅩ여 두드럭이가 블의에 도다 브어 오르니(仁祖王后 언간)
   d. 多分 비가 올 거시니 遠見의 무러보읍소(첩해 1-8)
   e. 東萊가 요ᄉ이 편티 아니ᄒ시더니(첩해 1-26)

위의 a에서 e까지의 예만으로는 그 어원을 밝힐 근거를 찾기가 매우 어렵다. 이를 위하여 현대 국어에서의 용례를 들어 그 문맥적 의미를 살펴보

---

5) 이기백, 어문학, Vol.2, p.123 참조.
6) 金亨奎, 主格토 '가'에 對한 小考, 崔鉉培先生 還甲記念論文集
   南廣祐, 主格助詞 '가'에 對하여, 文耕 4輯
   李崇寧, 主格 '가'의 發達과 그 解釋, 국어국문학, 19輯
   李炳銑, 主格助詞硏究, 국어국문학, 72·73合輯, p.34이하
   賓田敦, 朝鮮資料による 日本語硏究, p.285
7) 김일근, 효종대왕 재심양시 언간의 문제, 文潮 5집, p.22

기로 하겠다.

② a. 네가 그가 또 좋나?
   b. 죽느냐 사느냐가 달려 있다.
   c. 사람이가 물이가 먹고 싶나?8)
   d. 어인 놈의 八字ㅣ가 晝夜長常에 곱숑그려서 잠만 자노(가곡원류 p.35)

③a의 「가」는 「이」와 그 용법이 조금도 다름이 없다. 그러나, ②b의 「가」는 「이」와 다르다. ②c-d는 예나 지금이나 다같이 쓰이는 보기인데 이때의 「이가」는 「이」로 해도 말은 되는데 「가」를 첨가시킴으로써 그 뜻을 강조하고 있다. 더구나 이것을 「사람이가이 물이가이 먹고 싶다」식으로 말을 하여도 안 되는 것은 아니다. 그런데 ②c를 풀어서 써 보면, 「사람 이 가 물 이 가 먹고 싶나?」로 되는데 그 뜻은 「사람 이것 이것 물 이것 이것 먹고 싶나?」로도 볼 수 있고 「이것 이것」 중 뒤의 것은 「모두」나 「또」로 풀어도 뜻이 통한다. 그러나, ②a-b에서 보면 「가」의 문맥적 의미는 지정의 뜻을 나타낸다. 어떻든 이런 문맥적 의미는 조사의 어원을 찾는 데 크게 도움이 됨은 말할 나위도 없다. 그러므로 「이가」에서 「가」의 문맥적 의미를 찾아야 할 것으로 보인다. 이두에서 보면 오늘날의 주격조사에 해당되는 것에는 「是」와 「亦」의 둘이 있다. 「是」는 「이」의 어원임은 이미 앞 (1)에서 밝힌 바 있다. 그러면 「가」의 어원은 「亦」계인 것으로 보이는 데, 이두집성에 의하면 「亦」은 음이 「이여(시), 가히」의 두 가지로 읽혔다고 설명되어 있는데, 그 의미는 「이, 도, …」의 뜻으로 쓰였던 것으로 설명되어 있다. 따라서, 「이+가히」에서 「가히」의 「히」가 탈락되고 이들이 「이」와 「가」가 동시에 발음되기 시작되었던 데서 「이가」형의 주격조사가 생긴 것으로 보인다.

③ a. 사람이가 간다.   b. 사람가히 간다.   c. 사람이 간다.

③b에서는 폐음절 명사 밑에 「가히」가 쓰일 수 있음을 보이고 있을 뿐

---

8) 「이가」는 오늘날 함경도 사투리에서 쓰이고 있는데, 이 때는 그 뜻이 강조된다고 한다.

만 아니라. ③a에서는 「이가」 즉 「亦」계의 「이＋가히」형이 쓰일 수 있음도 보이고 있다. 그런데,

④ a. 사람가 간다.
   b. 아이가 간다.

에서 보면 ④a의 「사람가」는 의문의 뜻으로 이해되니까 ④a는 비문법적인 문으로 되어 버린다. 따라서, 「가」는 절대로 의문형어미에서 왔다고 보는 것은 한국어 조사의 발달 원리를 너무도 모르는 문외한적 의견에 지나지 않는다. 따라서, 주격조사 「가」는 「亦」계의 「가히」에서 「히」가 탈락된 데서 발달된 것으로 보아진다. 따라서, 「이가」형과 「이가히」형의 조사가 와도 비문법적인 문이 아님에서도 그 방증의 하나를 찾을 수 있지 않을까 생각한다.

그러면, 「가」는 본래 어떠한 뜻의 던어였던가 하는 것이 문제되는데, 앞에서 조금 언급하였으나, 아마 「또」 혹은 「모두」의 뜻을 지닌 말이었을 것으로 짐작된다. 그 이유는 이두집성에서 「도, …」의 뜻이라고 설명되어 있을 뿐만 아니라, 諸橋의 大漢和辭典券一의 「亦」자조에도 그렇게 설명되어 있기 때문이다. 더구나 한국어조사 발달의 원리에 따르면, 「모두」의 뜻을 지닌 대명사였거나 아니면, 「또」의 뜻의 부사일 것으로 보인다. 그러나, 부사는 아니었을 것인데, 그 이유는 격조사는 절대로 부사에서는 발달하지 않는다는 원칙이 있기 때문이다. 이에 대한 방증으로 제시할 수 있는 것은 조사발달의 원리도 원리이지마는, 우리말과 가장 가까운 일본말에서의 「か」 주격조사가 「我」에서 왔음을 보아도 어느 정도는 틀림없을 것으로 보이며, 더구나 일본어 「い(伊)」도 체언 상당격을 나타내는 것으로 보면 필자의 주장에는 틀림이 없을 것이라 생각된다.9)

그러면, 문헌상에는 16세기 말에 나타난 우리말 표기 「가」는 우리 국어 사상 언제부터 나타났느냐 하는 것이 문제인데, 이것이 「亦」계이라면 균여전의 향가에서부터 나타나는즉 적어도 구어에서는 고려시대에도 사용되었

---

9) 時枝誠記(1968), 日本文法 文語篇, pp.198-199, p.202

을 것으로 보인다. 그러던 것이 양반계급에서 극히 기피당하고 더구나, 한글로써는 표기되지 않았던 데서 문헌상의 정착이 어려웠던 것이 임진왜란 이후에 평민의 언어가 양반의 언어를 압도했기 때문에 「가」도 생명을 얻어 문헌상에 정착되었을 것으로 생각한다. 끝으로 「亦」의 음에 대하여 하나 첨가할 것이 있는데, 어떤 때에 「이여(시)」로 발음되고 어떤 때에 「가히」로 발음되었겠는가 하는 것이 문제인데, 아마 「이여(시)」는 문어에서의 음이요, 「가히」는 구어계의 음이었을 것으로 보인다. 그렇기에 「가히」로 나타나는 이두의 예가 극히 드물지 않겠는가 하는 것이다.

2.3. 관형격조사 「의」의 어원

이에 대하여는 한글학회 50돌 기념논문집에 이미 발표한 바 있으나, 조금 미흡한 점이 있었으므로 여기에서 보충하여 논하기로 하겠다. 먼저 향가에서부터의 예를 보기로 하겠다.

① a. 耆郎矣兒史是史藪邪(讚耆)
   b. 郎也持以支如賜烏隱(上同)
   c. 心未際叱肹逐內良齊(上同)
   d. 哀反多矣徒良(風謠)
   e. 直等隱心音矣 命叱使以惡只(兜率歌)
   f. 三花矣岳音見賜烏尸聞古(彗星歌)
   g. 仰頓隱面矣改衣賜乎隱冬矣也(怨歌)
   h. 白矣心未(遇賊歌)
   I. 心未筆留(禮敬諸佛)
   j. 今日部伊冬衣南无佛也白孫舌良衣(稱讚如來)
   k. 吾衣身(隨喜功德)
   l. 吾衣修叱孫丁(上同)
   m. 於內人衣善陵等沙(上同)
   n. 皆吾衣修孫(晋皆迴向)
   o. 吾衣身伊波人有叱下呂(上同)
   p. 吾衣願盡尸日置(總結无盡)

①a-p까지에 사용된 관형격조사에는 「矣」, 「也」, 「未」, 「衣」의 넷이 있

는데 이들 중 관형격조사의 본체는 어느 것인가 하는 것이 문제이나, 필자
의 생각으로는 「矣」일 것으로 보인다. 그 이유는 「也」는 음의 유사함에 의
하여 사용되었을 것으로 보일 뿐만 아니라, 그 용례도 하나밖에 나타나지
않았으며, 「未」는 연철에 의한 표기로 보이며, 「衣」는 「矣」와 그 음이 비
슷하였던 데서 표기되었을 것으로 보이기 때문이다. 그러면, 「矣」는 어떤
뜻의 단어였던가를 알아야 하겠는데, 그러기 위해서는 이두에서의 용법
을 한번 알아 보기로 하겠다.

② a. 其矣(져의)(儒胥必知)
   b. 乙卯二月十五日宋良卿矣結審是乎導行乙用良(淨兜寺 造塔江)
   c. 師矣啓以(慈寂禪師凌雲塔碑)
   d. 他人矣四支乙截割爲旀(大明律)
   e. 他矣奴婢乙自矣奴婢是乎樣以妄稱爲在乙良(上同)
   f. 臣矣父母墳在某道某邑地是白如乎(攷事新書)
   g. 矣身苦不直達則人無有知者矣(己丑錄)
   h. 矣徒父母一同(宣德六年監幼官貼傳書)
   i. 矣徒等(의ᄂᆡ등)(儒胥必知)

②a에서 i까지 많은 예를 인용하였는데 이들 예 중 「矣」의 어원을 밝힐
수 있는 근거가 될 어례는 ②g,h,i 등이 될 것 같은데, 이에 대하여 小倉
進平은 「… 이와 같이 「矣」는 원칙으로서 명사 밑에 붙어서 「의」의 뜻으
로 쓰였으나 후세에 이르러서 많이들 재귀대명사(self)에 쓰인 듯하여 위
에 명사를 받지 아니하고 초두에서 「矣」자를 써서 「자기의」의 뜻을 나타
내기에 이르렀다.」하고

③ a. 矣家(자기 집에) 一日留宿後(亂中雜錄)
   b. 甲辰年矣母(自己의 母가) 身死之時(光海朝日記)

등에 있어서의 「矣」가 바로 용례라[10]고 하였다.
   그러나, 필자의 생각으로는 小倉님은 우리말을 잘못 안 것으로 생각된

---

10) 小倉進平(1929), 鄕歌及び吏讀の硏究, p.429

다. 따라서, 필자는 현대 한국어의 대명사를 한번 살펴본 후에 「矣」의 어원을 말하고자 한다. 현대 한국어에서 3인칭의 근칭에는 「이이」가 있는데 이의 소유형은 「이이의」가 된다. 이에 해당되는 것이 바로 「矣」인 것이다. 본래 이두에서 「矣身」을 「의몸」이라고 읽는데, 그 뜻은 어른 앞에서 자기 자신을 제3자 식으로 가리켜서 「이것의 몸」이란 뜻으로 하대하여 말할 때 쓰는 말이다. 따라서, 「伊(伊)」가 3인칭 근칭의 주격형이라면 「矣」는 「이」의 소유형인 「의」인 것이다. 따라서 「矣徒」, 「矣徒等」의 뜻은 「이것의 무리」, 「이것의 무리들」로 된다. 따라서 오늘날의 「우리네」의 「네」의 본뜻은 「무리」인 것이다. 그렇다면, 「의」가 3인칭 대명사의 소유형인 자취를 찾아 볼 수 있는가 하면 필자의 생각으로는 아마 다음에서 찾을 수 있지 않을까 한다.

④ a. 公州ㅣ 江南을 저흐야(용비 18)
   b. 臣下ㅣ 말 아니 드러(용비 p.8)
   c. 細如ㅣ 뜯(두언 15-35)
   d. 쇠머리 マ톨쎠(월석 1-27A)
   e. 내 모미 長者ㅣ 怒를 맛나리라(월석 8-98)
   f. 뉘 第子ㅣ다(법화 7-135)
   g. 龍온 고기 中에 위두훈 거시니(월석 1-p.27)
   h. 病흐니 넉시(석보 9-p.61)
   i. 가시 樣 무르시고(월석 7-13)
   j. 아기 일홈을(월석 8-83)

④a-j까지에서 h를 보면 「病흔」이 관형사형으로 되어 있는데 그 바로 밑에 「의」가 와 있다. 이것은 그때는 「의」가 틀림없이 실사였다는 좋은 증거일 뿐 아니라, ④d,e,f,g,i,j 등에서 보면 「쇼의」가 「쇠」로 되고, 『나+의』가, 「내」, 「누+의」가 「뉘」, 「고기+의」가 「고기」, 「가시+의」가 「가시」, 「아기+의」가 「아기」 등으로 된 것은 즉 「의」가 실사의 일부와 겹쳐져서 「아기」 대 「아기」, 「아비」대 「아비」(석상 13-p.36), 「가시」대 「가시」, 「나」대 「내」, 「너」대 「네」, 「고기」대 「고기」 등으로 된 것은 주격형 대 소유격형의 대립으로 보아지며 실지로 대명사의 경우를 보면 다음과 같다.

⑤

인칭 구분	1인칭	2인칭	3인칭
일 반 형	나	너	저
소 유 형	내	네	제

위의 표 ⑤에서 보아 3인칭 대명사 「이」가 주격형이라면 그의 소유격형은 「의」로 보아 잘못은 없을 것이다. 왜냐하면 ④a-j까지의 「ㅣ」나 「의」의 조성모음 「으」가 줄어서 된 것이 확실하기 때문이다. 더구나, 중세어에서 보면, 대명사는 그 격에 따라 성조가 ⑥과 같이 나타난다.

⑥

인칭 구분	1인칭	2인칭	3인칭
주 격	내(석상6-p.7)	그:듸(석상6-p.12) :네(석상6-p.15)	:제(석상6-p.38)
소 유 격	내(석상6-p.10)	그듸(석상6-p.18) 네(석상6-p.15)	제(석상6-p.23)
목 적 격	:나롤(석상6-p.7)	:너롤	:저롤

⑥에 따라 3인칭대명사 「이」의 주격형은 「·이」가 되고 「·이」의 소유형은 「ㅣ(의)」로 평성이 됨은 ⑥과 일치한다.

그러면, 「의」와 「익」 중 어느 것이 관형격조사의 본체였겠는가 하는 것인데, 필자는 「의」가 그 본체였다고 생각한다. 왜냐하면, 「矣」의 음이 그러할 뿐 아니라 신라 향가에서부터 대명률직해에 이르기까지 이두에서의 표기가 모두 「矣」로 나타났으며, 더구나 「矣身」, 「矣徒(等)」 등의 표기에서 그 음이 「의」로 나타났고, 더구나 훈민정음 창제 이후 「익」는 그 생명이 짧았기 때문이다.

이제 만주말과의 비교를 한번 해보기로 하겠는데 주격은 「i」요 속격은 「ini」이다. 그리고, 지시대명사의 근칭 주격은 「ero」요 속격은 「erei」이다. 3인칭 대명사의 속격은 주격에 「-ni」를 첨가하였고 지시대명사의 속격은 주격에 「i」를 더해서 이루어진다. 이는 마치 국어에서 「나」에 「의」를 더하여 「내」가 되면 속격이 되고, 「이」의 「으」가 더하면 「의」가 되어 속격이 됨과 비슷한 일면이 있는가 하면 더구나 만주어 지시대명사 「ere」에 「i」가 더하면 속격이 됨은 한국어의 주격대명사에 「ㅣ(의)」가 더하면 속격이 됨과 매우 흡사하다.

어떻든 국어의 「나」에 「의」의 「으」가 준 「ㅣ」가 더하여 속격이 됨을 보면, 「의」의 「으」는 단순한 조모음으로 보는 것보다는 「이」의 속격을 만들기 위해 첨가되는 어떤 기능적 모음으로 보아야 할 것으로 생각한다.

2.4. 목적격조사 「을」의 어원

훈민정음 창제 이후에 나타나는 목적격조사에는 「ᄋᆞᆯ/을」과 「ᄅᆞᆯ/를」의 넷이 있는데 지금은 「을」과 「를」의 둘이 쓰이고 있다. 이와 같은 사실은 「ᄋᆞᆯ」과 「ᄅᆞᆯ」의 「ᄋᆞ」모음의 소멸때문인데, 우선 이들의 어원을 알아 보기 위하여 향가에서부터의 예를 보기로 하겠다.

① a. 吾肹不喩慚肹伊賜等(獻衣)
   b. 此肹喰惡支治良羅(安民)
   c. 此地肹捨遣只(上同)
   d. 心未際叱肹逐內良齊(讚耆婆)
   e. 薯童房乙(薯童)
   f. 膝肹古召旀(禱千乎)
   g. 千隱目肹一等下叱故一等肹除惡支(上同)
   h. 切德叱身乙對爲白惡只(稱讚如來)
   i. 德海肹(上同)
   j. 佛前灯乙直體良焉多衣(廣修供養)
   k. 善提向焉道乙迷波(懺悔業障)
   l. 緣起叱理良尋只見根(隨喜功德)
   m. 法雨乙乞白乎叱等耶(請轉法輪)
   n. 衆生叱田乙潤只沙音也(上同)
   o. 乎乙寶非鳴良@(請佛住世)
   p. 難行苦行叱願乙(常隨佛學)
   q. 命乙施好尸歲史中置(上同)

①a-q까지의 예를 보면 신라시대는 「肹」자로 나타나다가 고려시대에 와서는 「乙」로 나타나는데, 이것은 본래 목적격 조사가 「ㅎ」을 초성으로 가졌던 어떤 실사였던 것이 후대로 오면서 「ㅎ」이 탈락되고 「을」로 굳어진 것으로 보이는데 「肹」에 대하여 잠깐 상고해 보기로 하겠다. 집운에 의하면 「肹」은 「黑乙切」로 설명되어 있으므로 「홀」이 오늘날 「을」의 본체였다고 보아야 할 것이며, 이것이 「을」로 변천하였다. 그런데, 「肹」은 「모양」을 뜻하던 단어였다. 그러니까, 목적격 조사 「홀」은 어떤 대상의 모습을 막연히 나타내던 단어가 「ㅎ」이 탈락되고 「을」이 되면서 「某某」의 뜻으로 바뀐 듯하다. 즉, 대명률 이후의 이두에서는 목적격조사는 모두 「乙(을)」로 나타나는데, 「乙」의 뜻이 「某某」를 나타낸다면, 「을」 앞에 오는 명사는 한정이 없으므로 「을」 앞에 오는 명사를 통틀어서 나타내려고 하니까 「某某」의 뜻을 지닌, 즉 일정한 뜻으로 쓰이는 단어가 아닌 「을」을 가져다가 사용하여 그 대상이 무한함을 나타내었던 것으로 보아진다. 그러면, 「을」이 실사였다는 자취를 찾을 수 있는가 한번 알아 보기로 하겠다.

② a. 德이여 福이라 호늘 나ᅀ라 오소이다(동동)
   b. 사스미 짒대예 올아셔 희금을 혀거를 드로나(靑山別曲)
   c. 心未際叱肹 逐內良齊(찬기파)
   d. 遊烏城叱肹良望良古(혜성)

먼저 ②c의 「際叱+肹」을 보면, 「肹」 앞에 사이시옷 「叱」이 와 있다. 이것은 「肹」이 실사라는 좋은 증거가 되며, ②d의 「城叱肹良」에서도 역시 「을랑」 앞에 「叱」이 와 있다. 이와 같은 일은 틀림없이 신라시대에는 「肹」이 실사였다는 증거를 여실히 보이는 것이다. 이와 같은 자취가 바로 ②a와 ②b이다. 「흔+을」에서 「흔」은 관형사형어미이다. 여기에 「을」이 왔다는 것은 「을」이 실사였다는 증거로 볼 수 있으며 「혀거를」을 「혀결+을」로 분석하면 「을」도 역시 목적격조사이다. 따라서, 「을」의 실사인 증거가 나타났다. 이와 같은 일련의 사실은 우연한 일은 아닌 것이다. 더구나, 현대어에서 「을」의 문맥적 의미를 찾아보기로 하자.

③ a. 나는 떡을 그를 준다.
   b. 그는 책을 읽었다.

③a에서의 「떡을」을 본래의 의미로 풀어보면 「떡 모모」 또는 「떡 대상」
으로 되고, 「그를」은 또 「그 모도」로 되어 전체적으로는 「나는 떡이라는
모모(대상) 그 모도(대상)(에게) 준다」는 뜻으로 될 것이며, ③b의 「책을」
「도 역시 「읽었다」의 대상이 됨을 「을」은 나타내고 있다. 이와 같은 의미
는 앞에서도 「乙」의 뜻을 말할 때 미리 언급하였지마는 한자대전에 의하
여 한번 더 보면 「을」은 「모모을(某也) 이름 대신으로 쓰는 글」이라고 풀
이하고 있다.[11] 여기서, 우리가 하나 깨달아야 할 것은 이두라 해서 무조
건 음만을 따서 한자를 사용했다고 보는 것은 잘못일 것이니, 「是」나 「矣」
의 경우가 그러하고 여기의 「肹」 또는 「乙」이 그러하다.[12]

2.5. 처소격조사 「에」의 어원

「에」의 어원을 살피면 「에서」의 어원은 자연히 밝혀질 것인바 향가에서
부터 이두에 이르기까지의 예를 먼저 보고 다음에 이조어로 연결지어 그
어원을 밝힐까 생각한다.

① a. 東京明期月良入伊遊行如可(처용가)
   b. 無量佛前乃惱叱古音多可支白遣賜立(원왕생가)
   c. 吾良遣知支賜尸等焉(수천수관음가)
   d. 一等枝良出古(제망매가)
   e. 彌陀刹良逢乎吾(上同)
   f. 自矣心米(우적가)
   g. 目煙廻於尸七史伊衣逢鳥支惡知作乎下是(모죽지랑가)
   h. 郎也 慕理尸 心米行乎尸道尸(上同)
   i. 蓬次叱卷中 宿尸夜音 有叱下是(上同)
   j. 紫布岩乎@希(헌화가)

---

11) 이가원, 장삼식 편저, 1973, 상해한자대전, p.39.
12) 양주동, 1965, 고가연구, 일조각, p.765에서는 목적격조사의 본체를 「ㄹ」이라 하고 있고,
    허웅 교수도 용비어천가 주석에서 그렇게 보고 있다.

k. 沙是八陵隱汀理也中(찬기파랑가)

l. 逸烏川理叱磧惡希(上同)

m. 心未際叱肹逐內良劑(上同)

m. 夜矣卯乙 抱遣去如(서동요)

o. 千手觀音叱前良中(수천수관음가)

p. 誓音深史隱尊衣希(원왕생가)

q. 直等心音矣 命叱使以惡只(兜率歌)

r. 月置入切爾於將來尸波衣(혜성가)

s. 仰頓隱面矣改衣賜乎隱冬矣也(원가)

t. 心未 筆留(예경제불가)

u. 慕呂白乎隱佛體前衣(上同)

v. 一念惡中 涌出去良(칭찬여래가)

w. 法界惡之叱佛會阿希(찬전법륜가)

x. 世呂中止以友白乎等耶(찬불왕세가)

y. 曉留朝于萬夜未(上同)

z. 衆生叱海惡中(진개회향가)

위의 향가에서 나타난 위치격조사를 주석학자들은 어떻게 읽었는가를
보면 다음 ②와 같다.[13]

②

이두자 독해음	향가에 쓰인 이두자
에/애	米, 衣, 末, 良, 矣, 乃
의	衣
여(히)	(也)中
어히	衣希
아히	良中, 阿希
악히	惡良

위의 ②를 분석하여 보면, 「米, 末, 乃, 衣希, 阿希, 矣, 衣, 良」등은

---

13) 양주동 박사의 고가연구에 의함.

음을 따서 표기한 것이오, 「ㅣㅣ」은 그 훈을 따서 사용한 것으로 보인다. 그러면 대명률직해에서는 어떻게 쓰였는지 알아 보면 ③과 같다.

③ a. 大廟及良中神御之物果進上中與服物等乙偸取爲㫆…(십악육일대불경)
   b. 父母蒙喪良中嫁娶爲齊…(십악칠일불효)
   c. 王室良中已前親厚…(팔의이일의고)

③에서 보는 바와 같이 대명률직해에서는 몇몇 예외를 제외하고는 대개 「良中」으로 나타나나 개중에는 「ㅣㅣ」으로도 나타난다. 그런데, 대명률직해의 부록에서는 「良中」을 「아히, 아에, 아의」로 해독해 놓았다.14) 이와 같은 일련의 사실을 가지고 보면 「良中」을 위치격조사의 본체로 보아서 「良」을 조모음이 아니었던가 하는 생각도 드나, ③a에 의하면 반드시 그렇지도 아니할 뿐 아니라 「良」이 단독으로 위치격조사로 쓰인 예가 있다.

④ a. 徒流罪良犯爲在乙良(犯罪存留養親)
   b. 同僚官亦文案良同着署爲在五人內良中(同僚犯公罪)
   c. 官吏矣合死罪良減一等齊(囑託公事)

④에서 보는 바와 같이 「良」이 쓰인 단어는 대개 일정해 있은 듯하다. 이와 같은 사실로 양주동 박사는 위치격조사의 발달을 다음과 같이 보고 있다.

⑤ 良中(아히) - 아이 - 애15)
   亦中(어히) - 어이 - 에
   也中(여히) - 여이 - 예

⑤에 의하면 결국 위치격조사는 두 음절의 축약에 의하여 「에」로 발달해 왔다는 결론이 된다. 그러나, 중세어에서 보면 다음 ⑥과 같은 처소격조사가 나타나는데 이에 대한 연결이 좀 어려울 것 같다.

---

14) 古今釋林卷四十의 羅麗吏讀에서도 「良中」을 「아에」로 기록해 놓았다.
15) 양주동, 1965, 고가연구, p.190, p.396.

⑥ a. 나지 도ᄃ니 (용 101장)
  b. ᄀ술히 霜露ㅣ 와 (월석, 서:16)
  c. 바믜 비취니 (용 10장)

⑥a-c와 같은 조사에 대한 설명으로 양주동 박사는 신라시대에는 「의/이」가 처소격이었는데, 이것을 가지고 소유격과 처소격에 같이 쓰다가 후대로 오면서 문법의식이 발달하여 「의/이」는 소유격으로 사용하고 처소격 조사 「에/애」는 새로 만들게 됨으로써 인습에 의하여 「이」가 처소격에도 중세어에서 사용되었다고 하나,16) 필자의 생각은 그렇지 아니하다. 왜냐하면 고려시대에 「良中」, 「中」이 있었기 때문이며 「희」가 「ㅎ」탈락되고 「이」로 되어 그것이 바로 나타난 것이 중세어의 「이」로 보아지기 때문이다. 이렇게 보면, 결국 처소격조사의 본체는 「中」이라고 단정하게 되는데, 그러면, 「良」은 왜 같이 사용되었겠느냐 하는 문제가 대두하게 된다. 그것은 「中」 한자만 쓰면 이두인지 아닌지를 잘 분간할 수 없을 뿐 아니라, 「良」은 「아희」의 「아」를 표기하기 위한 것이므로 「아희＝良中」으로 「보고 「아＝良」, 「희＝中」으로 표기한 것이다. 왜냐하면 향가나 대명률직해에는 「良」이나 「中」이 단독으로 사용된 예가 가끔 있으나, 특히 유서필지를 위시하여, 이문, 이두편람, 이문집예, 이두집성 등에서는 「中」 하나가 이두로서 설명된 것은 없다. 따라서, 「良」은 「아희」의 「아」를 표기하기 위한 목적에서 사용되었던 것으로 생각된다. 그러면, 「中」이 「희」나 「에」로 읽혔다면 「中」은 어떤 뜻의 단어였었을까가 의문인데, 필자의 생각으로는 「희」가 필경 「中」의 훈으로 읽혔을 것으로 생각되기 때문에 오늘날의 「가운데」의 뜻이었을 것으로 생각한다. 왜냐하면, 오늘날 「해」가 방언에 따라서는 「것」의 뜻으로 많이 쓰일 뿐만 아니라17) 고어에서도 많이 나타나며 더구나

⑦ a. 내히 됴타ᄒ고 놈 슬흔 일 ᄒ디말며 … (변계량)

---

16) 양주동 1965, 고가연구.
17) 전라도방언과 이북방언에 많이 쓰이고 있다.

에서의 「희」는 분명히 「에게」의 뜻이거나 아니면 「에」의 뜻이요. 실사에서 발달한 자취를 간취할 수 있는데 그것은 「내」가 소유형인데 그 아래 「희」가 왔기 때문이다. 이러고 보면, 「희」 또는 「에」의 본뜻은 「가운데」 또는 「안」이었을 것이다. 그러던 것이 「가운데」의 뜻은 없어지고 「것」의 뜻인 「해」만이 살아 남은 듯하다. 그러면 어떻게 「희/에」 하나가 두 가지 뜻을 가졌을까 하고 의심할는지 모르나 우리 고어에서는 그런 단어가 부지기수로 많다. 예를 좀 들어보면 「녀름」은 「여름」과 「농사」의 뜻이었고, 「스랑ㅎ다」는 「사랑하다」와 「생각하다」의 두 가지 뜻을 가졌었으며, 「하다」는 「크다」는 뜻과 「많다」는 뜻을 가졌었다. 그리고, 「나조」는 「낮」과 「저녁」의 뜻을, 「뫼」는 「산」과 「진지」의 뜻을, 「섭」은 「시량」과 「薪」의 뜻을 「붙다」는 「附」와 「自」의 뜻을 나타내었음과 같다.

따라서 「희」가 「안」, 「가운데」의 뜻을 나타내었다면 「ㅎ롯 아츠미 命終ㅎ야(석상 6-p.5)에서의 「이」의 뜻은 「하루 아침 가운데(안) 命終하여」로 되어 아주 자연스럽다. 이와 같이 「나는 학교에 간다」의 원뜻은 「나는 학교 가운데(안) 간다」의 뜻으로 이해되는데 조금도 이상하지 않다. 비교연구상의 문제로 일본어의 처소격조사 「ヘ」를 보면 이것의 어원은 「邊」에서 왔다고 한다.18) 따라서 「我は 學校ヘ 行きます」의 본뜻은 「나는 학교 가 간다」로 되는데, 우리말이 「가운데(안) 간다」인데 반하여 일본어는 「가 간다」로 되어 좋은 대조를 보이고 있다. 이 사실을 가지고 볼 때, 우리말이 이론상으로 훨씬 합리적임을 알 수 있다. 그런데, 위에서와 같이 보니까 「가운데」라는 단어는 어떻게 생겼느냐 하는 것이 문제되겠는데, 「ㅎ/에」가 「가운데」라는 의미를 잃게 되면서 형용사 「갑다」의 어간에 어미 「온」이 오고 그 다음에 불완전명사 「디」가 와서 「갑온＋디 〉가본디 〉가온디 〉 가운데」로 바뀌어 「가운데」라는 단어가 새로 생겨난 것이다. 다시 말하면 「가운데」가 「ㅎ/에」에 대체된 것이다.

그러면, 「에서」는 어떻게 형성되었겠는가 하면 그것은 「에＋이시어〉에＋이셔〉에＋셔〉에서」로 발달된 것임은 주지의 사실이다. 따라서, 「에서」가 오면 주어가 어떤 장소에서의 동작성을 나타내는데, 그것은 「서」 때문이

---

18) 時枝誠記, 1968. 日本文法, 文語篇.

다. 여기서의 「에서」의 발달을 가지고 보더라도 「에」는 실사임에 틀림없다. 왜냐하면 「이시다」라는 단어는 그 앞에 반드시 사물이나 장소를 나타내는 실사가 와야 하기 때문이다.

⑧ a. 여기에 책이 있다.
   b. 그는 집에 있다.

⑧a-b에서 볼 때 ⑧a는 「여기 가운데 책 이것 있다」의 뜻이요, ⑧b는 「그는 집 가운데 있다」로 보아야 뜻이 합리적으로 된다. 즉, ⑧a의 「책이」는 존재하는 사물이오, ⑧b의 「집＋에」는 「그」가 존재하는 장소를 나타내고 있다. 그러므로, 「에」는 존재하는 장소를 나타내는 실사임이 현대어의 문맥적 의미에서도 도출되는 것이므로, 그 어원은 상술한 것이 틀림없음을 알 수 있을 것이다.

2.6. 지정보조조사 「은」의 어원

이 조사의 어원도 밝히기가 상당히 어려우나, 그런대로 시도해 보기로 하겠다. 먼저 향가에서의 용례부터 차례로 상고해 가기로 하겠다.

① a. 君隱父也臣隱愛賜尸母史也(安民)
   b. 民焉狂尸恨阿孩古愛賜尸知(上同)
   c. 二肹隱吾下於叱古 二肹隱誰支下焉古(처용)
   d. 善氏公主主隱他密只嫁良直古(서동)
   e. 巴寶白乎隱花良汝隱直隱心音矣(도솔)
   f. 生死距隱此矣有阿米次肹伊遣(제망매가)
   g. 吾隱去內如辭叱都(제망매가)
   h. 潽陵隱安支尙宅都乎隱以多(우적가)
   i. 拜內乎隱身萬隱法界毛叱所只至去良(禮敬渚)
   j. 灯炷隱須彌也 灯油隱大海逸留去耶(광수공양)
   k. 乎焉法界毛叱色只爲旅(上同)
   l. 吾焉頓部叱健良只(청전법륜)
   m. 吾焉頓部叱逐乎友伊音叱多(상수불학)

n. 覺樹王焉迷火隱乙(항순중생)

o. 佛體叱海等成留焉日尸恨(선개회향)

① a-o까지에 의하면 오늘날의 「은/는」은 한결같이 「隱」이나 「焉」으로 나타나는데 ㅎ종성체언의 경우는 「恨」으로 나타난다. 그러나, 전체적인 용례를 볼 때, 「은」의 기본이 되는 것은 「隱」인 것으로 생각된다.

그러면, 대명률에서는 어떻게 나타나는가를 알기 위해 다음에 그 어례를 보기로 하겠다.

② a. 加者隱原數良中(名例律一加減罪例)

b. 凡監臨亦稱者隱(名例律一稱監臨主乎)

c. 主乎亦稱者隱大抵文卷乙(上同)

d. 弟子等隱兄弟之子以同(稱道土女冠)

e. 屬上位尊號隱國大妃殿(稱乘輿車駕)

f. 妃子殿隱懿旨是如(上同)

②a-f에 의하면 여전히 「隱」으로 나타난다. 따라서, 오늘날의 「은/는」의 본체는 「은」이었음을 알 수 있다. 그러면, 「隱」은 어떤 뜻의 단어였을까 살펴보기로 하겠다. 이두집성에는 「隱」의 뜻은 「은」이라고만 설명되어 있을 뿐 달리 설명이 없다. 그런데, 자전에 의하면 「隱」의 뜻에는 여러 가지가 있으나, 토씨 「은」과 통할 만한 것을 보면 「숨다, 은미하다, 쌓다, …」 등의 뜻이 있다. 그러나, 이것을 가지고는 그 확실한 뜻을 포착할 수 없다. 그래서 현대어에서 문맥적 의미를 한번 알아 보기로 하겠다.

③ a. 이것은 책이오, 저것은 연필이다.

b. 그는 떡은 먹어도 술은 먹지 않는다.

c. 나는 너는 좋아해도 그는 싫어한다.

③a에서의 「은」은 서로 분별하는 뜻이 있는 것 같고, ③b와 c에서의 뜻은 분별 또는 선정의 뜻이 각각 있는 듯하다. 그런데, 공교롭게도 「은」은 관형사형어미에도 쓰이고 있는데, 이들은 각각 어원적으로 다른 말이냐 같은 말이냐 하는 것이 문제되나, 필자의 생각으로는 동일한 것이라 생각된다.

④ a. 먹는 밥이 설되었다.
   b. 우는 것이 뻐꾸기가?
   c. 집에 있는 책을 보아야 하겠다.
   d. 푸른 꿈을 가꾸어라.

④a-d까지의 「는」과 「ㄴ」은 다음 말을 꾸며 주는 것으로 보이나, 사실 그 의미적인 면으로 본다면 한정 내지는 선정 또는 지정의 뜻을 나타내고 있다. ③에서 말하기를 「은」은 분별 또는 선정의 뜻이 있다고 했는데, 이 관형사형어미의 「는」, 「ㄴ」이야말로 지정해 주는 뜻이 있다. 따라서 필자는 「은」은 옛날 지정 내지 선정의 뜻을 지녔던 실사가 있었는데, 이것이 시간이 흐름에 따라 그 본디의 뜻을 잃고 허사화한 것이 아닌가 한다. 그런데, G.J.Ramstedt는 「는」을 기본형으로 보고 그 변이형태에는 「은」이 있다고 하면서 이것을 강조조사, 즉 명사를 강조하기 위하여 사용된다고 하면서 동격을 나타내는 토씨로 보고 있다.[19] 그러나, 앞에서 말했듯이 어원적으로는 「은」이 기본형임에는 변함이 없으며, 현대어의 문맥적 의미로 볼 때, 지정 내지 선정의 어사였음은 속일 수 없을 것이다. 그런데, 김방한 교수는 국어의 「은」을 만주말 속격형 「inu」에서 왔을 것이라고 하였으나,[20] 이것은 말이 안 된다. 왜냐하면, 필자의 연구에 의하면 한국어의 조사는 반드시 한국어에서 발달하지 외래어에서 발달되는 예는 절대로 없기 때문이다. 따라서, 「가」 주격조사도 일본어에서 왔을 것이 아닌가 하고 추측하는 분이 있으나, 그것도 잘 못된 것이다. 어떻든 김교수가 3인칭 대명사의 속격형에서 「은」이 왔다고 할 만큼 「은」은 실사에서 발달해 왔음이 확실한 자취를 엿보게 해 주는 일면이 있는 것이다.

3. 맺는 말

이상에서 필자는 그 어원을 밝히기가 가장 어려운 조사들에 대하여 그 어원을 밝혀 보았는데 이들을 묶어 간단히 요약하면 다음과 같다.

---

19) G.J.Ramstedt. 1949. Studies in Korean Etymalogy. p.170.
20) 김방한. 1965. 국어 주격 어미 「이」 재고 (학술원 논문 제5집) 참조.

(1) 주격 조사 「이」는 3인칭 대명사 「이」와 비인칭대명사 「이」에서 발달해 왔다.

(2) 주격 조사 「가」는 이두의 「亦」계 중 「가히」에서 발달해 왔는데, 「가」는 본래 입말에서 주로 사용되던 평민의 말이던 것이 임난을 계기로 평민의 언어가 양반의 언어를 지배할 정도로 일반화되면서 경음화, 격음화, 구개음화 등과 더불어 문헌상에 출현하게 되었다.

(3) 관형격조사 「의」는 3인칭대명사 「이」의 소유형에서 발달하였다.

(4) 목적격조사 「을」은 대상을 나타내던 실사에서 발달하였으며 기본형은 「을」이다.

(5) 처소격조사 「에」는 「가운데」 또는 「안」을 나타내던 실사가 그 뜻을 잃게 되면서 처소격조사가 되었는데 신라시대는 「中」이었다. 이것이 「아히(에)히(에)〉의 에」로 발달된 데서 이조초에 「의」가 처소격조사로도 쓰였던 것이라 보아진다.

(6) 지정보조조사 「은」은 지정 내지 선정의 뜻을 나타내던 실사에서 발달되어 왔는데, 그 기본형은 「은」이다.

이상의 사실에 따르면 격조사는 대명사와 대개는 불완전명사에서 발달해 온다는 것을 알 수 있을 것인데, 「한국어 조사의 어원연구(Ⅱ)에서 모두 묶어, 「한국어 조사의 발달원리」라는 가설을 하나 세워 볼 것임을 첨언하여 둔다.

---

* 이 논문은 『교육논총』 1호(건국대학교 교육대학원)에서 옮겨 실은 것임.

한국어 조사의 어원 연구(Ⅱ)

김 승 곤

I. 머 리 말

한국어 조사의 어원을 모두 밝힌다는 것은 그 분량에 있어서 너무 벅차다. 따라서, 필자는 「한국어 조사의 어원 연구(Ⅰ)」에서는 주격조사 「이/가」의 어원을 비롯하여, 목적격조사 「을」, 처소격조사 「에」, 관형격조사 「의」, 지정보조조사 「은」의 어원을 밝혀 이미 본 대학교 교육대학원 논문집에 원고를 제출하였다. 그러므로, 본고에서는 여타 조사의 어원에 관하여 논할 것이나, 역시 제한된 지면에다, 그 많은 조사의 어원을 세세히는 다 논증할 수 없으므로 그 요체만을 간결히 논할 것임을 미리 말하여 둔다.

II. 한국어 조사의 어원

1. 주격조사 「께(옵)서」의 어원

한국어의 조사를 통시적으로 살펴보면 이 조사가 처음으로 나타나는 시기는 17세기부터이다.

(1) a. 주편으로겨오셔 겨오시고, 아래로 어린 아히들을 싱각으옵시다… (명성 왕후언간)

 b. 네 츄자ㅣ라 ᄒᆞ옵시ᄂᆞᆫ 성현네겨옵셔 서ᄅᆞ 친ᄒᆞᆫ 부인네의 권당 아니와 도…(송시열 언간)

c. 명헌공겨오셔 영안위 증손이시고(한듕 p.6)

d. 우리 부모긔셔 이샹이 편이ㅎ오시던 일을 싱각ㅎ니(한듕 p.6)

e. 노친긔셔 이쳑이 ㅎ 과ㅎ오시니(한듕 p.82)

f. 님계셔 볃다 ㅎ셔든 내 긔로라(一石本 海東歌謠 133)

g. 님계셔 보오신 後에 녹아진들 엇더리(가곡 p.5)

h. 경무ㅅ쟝긔셔 필경 이 일을 자셔이 몰으기예 일이 그러케 쳐치가 된 게
니(독닙신문 1-1 잡보)

i. 陛下께서 저 豫言者를 무서워하시는 것도 저도 압니다(백조2-p.185)

j. 郡守령감긔옵셔 나림 잠간 郡廳으로 드러 오시라고 합니다(백조1-p.22
하단)

(1)a-j까지의 예를 보면, 「께(옵)서」는 「겨웁셔(겨오셔)」계와 「ㅅ긔셔」
계의 둘이 있는 것으로 보인다. 왜냐하면, 「겨웁셔」는 분명히 동사 「겨다」
에서 온 듯하니 그것은 「웁」이 「겨」와 「셔」 사이에 끼어들었기 때문이며
한중록에서 보면 「겨오셔」와 「긔셔」의 두 형태가 동시에 보이며 더구나,
「겨웁셔」는 「긔셔」보다 더 존중할 경우에 쓰이고 있기 때문이다. 사실 오
늘날의 「께옵서」와 「께서」를 보면 「께옵서」가 「께서」보다 더 높일 때 사
용된다는 사실은 전술한 역사적 사실에 기인하는 것으로 보아지기도 한다.
그러면 「긔셔」는 어디에서 왔을까? 이것은 「그어긔」계의 「그긔」의 축약형
「긔」에 「이시어)이셔)셔」가 합하여 된 것으로 보아진다. 그러던 것이 주로
구어에서 쓰이다가 17세기부터 차차 구어체 문장에 쓰이기 시작하다가 18
세기로 접어들면서 일반화한 것으로 보이는데, 이와 같은 말의 발달은 지
나친 예절이 낳은 결과라 보아진다. 왜냐하면, 15세기에는 「이」가 존비칭
에 통용되었기 때문이다. 그런데, 필자는 앞에서 「께옵서」는 「겨웁셔」에서
발달하고 「께서」는 「긔셔」에서 발달하였다고 말하였는데 다시 한번 더 그
근거를 제시하면, 「께옵서」는 (1)a에서 보는 바와 같이 「으로」 다음에도
사용되었으며 (1)b에 의하면 「긔」로 쓸 때는 반드시 「긔」를 쓰고 「께옵
서」는 「겨웁셔」로 나타났으며, 더구나 한중록에서는 「겨오셔」와 「긔셔」가
동시에 사용되었다는 것은 절대로 우연한 일이 아니라고 보아질 뿐 아니
라 「겨웁셔」가 후대에 와서 「쎄옵셔)께옵서」로 변해 왔다고 보는 것은 형
태론적 처지에서 보아 당연한 일로 생각되고 「께서」도 「긔셔)께서」로 변

한 것으로 보는 것이 자연스럽기 때문이다. 이와 같은 사실을 바탕으로 하여 보면 「께옵서」는 극존대의 주격조사요, 「께서」는 버금가는 존대의 주격조사인 의미자질을 가진다는 사실을 알 수 있을 것이다. 그런데 여기서 하나 덧붙일 것은 「끠」, 「에」 등에 「이시어〉이셔〉셔〉서」의 「서」를 붙이면 그 조사가 동작성의 의미자질을 가지게 된다는 사실이다.

(2) a. 아버지께서 가신다.
 b. 그는 집에서 공부한다.
 c. 그는 집에서 간다.
 d. 그는 집에 간다.

(2)a에서 보면, 「아버지」는 「께서」가 옴으로써 동작주가 되었고, (2)b의 「집에서」는 주어가 어떤 동작, 즉 공부하는 동작을 하고 있음을 (2)d와 비교해 보면 알 수 있을 뿐 아니라, 특히 (2)c와 (2)d를 비교하여 보면, (2)d의 「집에」는 목적지로서 밖에서 「집」으로 향하여 동작이 이루어짐을 보이는데 대해 (2)c의 「집에서」는 어떤 동작이 그 「집」으로부터 시작됨을 보이고 있다. 따라서 어떤 조사에 「서」가 오면, 그 조사는 동작을 일으키는 기점을 나타낸다는 중요한 언어사실을 간과해서는 안 될 것이다. 그런고로 옛날의 「으로서」는 출발이나 경유의 뜻을 나타내었는데 그 뜻이 번져가서 비교의 뜻으로도 쓰이게 되었다. 다시 말하면, 「으로셔」가 출발(경유)과 비교의 두 뜻을 나타내던 이형태소가 아님에 유의할 필요가 있다는 것이다.

2. 대비격조사의 어원

(1) 「과/와」의 어원

「과」와 「와」는 그 본체가 어느 것인가를 먼저 알아본 다음에 그의 어원을 밝히기로 하겠다.

(1) a. 祖父母及父母果夫矣祖父母及父母等乙…伯叔父果伯叔妻在母果父矣同生妹在故果吾矣兄果長妹果母矣父母果夫尊乙謀殺爲行臥乎事(십악사

　왈악역)
　b. 祖父母果父母果夫矣祖父母果父母果乙訴學爲旀(십악일왈불효)

위의 예에서 보듯이「果」는 향가에서는 나타나지 아니하고 대명률직해에
서 나타나는데 (1)a에 의하여 보면 「果」는 개음절 명사나 폐음절 명사 다
음에 같이 사용된 것을 보면 「과」가 그 본체임이 틀림없으나, 다시 「과」를
그 본체로 보아야 할 방증을 몇 더 들어 보겠다.

첫째, 중세어에서 「ㄹ」이나 「ㅣ」 밑에서 「과」의 「ㄱ」은 탈락하과 「와」
로 되는데, 이와 같은 사실은 「과」가 대비격 조사의 본체임을 암시하는 것
으로 볼 수 있다.

(2) a. 엄과 혀와 입시울와 목소리옛 字는 中國 소리예 通히 쓰느니라(훈언)
　　b. 나모와 곳과 果實와는(석상 6-40)

둘째, 후대로 오면서 개음절 명사 다음에 「과」가 사용된 예를 많이 볼
수 있는데 이와 같은 사실은 「과」가 본체임을 뜻하는 복고적 언어사실의
재현으로 보아야 할 것으로 생각된다.

(3) a. 그 ㄱ당 수과 ㄱ티 사당을 너허(언해두창上 p.17)
　　b. 혈지일은 쩌리는 거시 우과 ㄱ다(馬解上 49)
　　c. 녜과 ㄱ티 ᄒᆞ니라(태평광1-p.19)

그러면, 「과」는 어떠한 단어에서 조사로 발달되어 왔을까? 이것을 밝히
기 위해서는 먼저 다음의 예문을 보기로 하자.

(4) a. 부텨와 즁괏 그에 奉施ᄒᆞ며(석상13-p.44)
　　b. 罪와 福괏 이리며(석상6-p.73)
　　c. 金과 水와 風괏 輪이 앗느니(능엄8-29)
　　d. 사롬과 하놀왓 福이 報ㅣ 뉘 몬져리오(금三3-p.89)

(4)a의 「괏 그에」를 분석하면 「과+ㅅ+명사(그에)」로 되는데, 이것을
형태론적으로 보면 「과」는 본래 명사였다는 사실이 밝혀진다. 이에 준하여

(4)b의 「괏」 또한 그러하고, (4)c의 「괏」 또한 그러하며 (4)d의 「왓」 또한 그러하다. 이와 같은 사실을 바탕으로 하여 보면, 「과」는 본래 접속의 뜻을 가졌던 명사였던 것인데, 이것이 형용사 앞이니 부사(같이) 앞에 쓰이면서 대비의 조사나 공동의 조사로 발달한 것이라 보고자 한다. 「과」가 본래 명사가 아니었더라면, 사이시옷이 올 리 만무하기 때문이다. 15세기에는 사이시옷이 명사와 명사 사이, 또는 처소격조사에 쓰여 「엣/앳, 잇/읫」 등으로 나타났는데, (4)의 예는 조사에 「ㅅ」이 왔다고 볼 수 있으나, 조사에 「ㅅ」이 왔다 하더라도 그 조사의 어원은 명사였기 때문임은 「에」가 본래 명사에서 왔기 때문에 「ㅅ」이 왔음과 통한다.1) 이와 같은 관련사실과의 대비에서뿐 아니라 이두에서 보면, 「果乙」「果等乙」이 나타나는데 「等」은 명사 「들」을 나타내는데 「果」를 명사로 보지 아니할 수 없다. 연결을 나타내던 명사로 보아야 함은 어찌할 수 없다고 생각한다.

(2) 「보다」의 어원

이 조사는 동사 「보다」에서 왔는데, 이 조사의 발달은 월의 몇 차례 변형에 의하여 이루어졌다고 보아진다. 가령

(1) a. 이것을 보다가 저것을 보니, 저것이 낫다.
   b. 이것을 보다 저것을 보니까 저것이 낫다.
   c. 이것 보다 저것을 보니까 저것이 낫다.
   d. 이것보다 저것이 낫다.

위의 a에서 b로, b에서 c로, c에서 d로 바뀜에 따라 「보다」가 완전히 조사로 화하고 말았다.2) 그런데, 오늘날은 「보다」가 「보러」로 쓰이면서, 또 하나의 다른 조사로 발달하려는 경향을 보이고 있다.

(2) a. 그는 나보러 바보라 한다.
   b. 너보러 달라고 했나?

---

1) 「한국어조사의 어원 연구(I)의 「에」조를 참조할 것.
2) 「보다」는 동사의 원형이 그대로 조사화한 것이 다른 조사와 비교하여 특이한 현상이다.

이때의 「보러」는 「더러」와 가이 쓰이고 있으나, 완전히 동일한 뜻은 아니다. 이처럼 문중에서의 「보다」는 그 본래의 의미와는 거리가 먼 조사로 발달하고 있다.

(3) 「처럼」의 어원
한국어에서 이 조사가 문헌상에 나타나기는 19세기 후반기이다.

(1) a. 어리광처럼 힘업시 넘어집니다(백조1-p.2)
    b. 호랑나비처럼 훨훨 나라듭니다(백조1-p.27)
    c. 달콤한 비애가 안개처럼 이 어린 넉슬 휩싸들으니…(백조1-p.2)

이 「처럼」은 이조시대에는 「쳐로」로 사용되다가 백조에 와서 「처럼」으로 나타난 것을 보면, 그간 문어에서보다 구어에서 상당히 많이 사용된 듯하다. 이 조사는 문에서의 위치로 보나, 그 의미로 보나 본래 부사였던 것이 조사로 발달한 것으로 보아진다. 왜냐하면, 다음 예를 보자.

(2) a. 호랑나비와 처럼 훨훨 나라듭니다.
    b. 나와 처럼 하시오.
    c. 나 처럼 하시오.

(2)a와 b에서 보는 바와 같이 「처럼」은 그 앞에 대비격조사 또는 연결조사 「과」를 취하고 있을 뿐 아니라, (2)b-c에서 보면 「처럼」은 마치 「같이」와 같은 위치를 취하고 있기 때문이다. 더구나, 문맥적 의미로 보아도 대비를 나타내는 부사로 보이며, 그 문중에서의 구실이 마치 「같이」와도 일맥 상통하는 것으로 보이므로 대비의 부사로 보아 두기로 한다.

(4) 「만큼」의 어원
15세기부터 한국어에는 「마곰」이라는 낱말이 있었는데 이것이 후대로 오면서 조사로 발달하게 되어 오늘날의 「만큼」이 되었다.

(1) a. 환 밍ᄀ로더 머귀 여름 마곰 ᄒ야(爲丸如桐子) : (救急簡易方 1:9)

    b. 룡안 마곰 굵고 ᄀ장 묽고 조ᄒ니라(초박상 p.39)

    c. 환을 녹두 마곰 밍ᄀ라(언해등창상 p.10)

    d. ᄭᅩᆺ 만콤 민ᄃ라 물근 술의 ᄀ라 먹거나(두창경 p.63)

    e. 디셕 노픠 혼자 맛감 ᄒ라(가례해8-18)

    f. 조선ᄶᅡ 만콤 기름진 ᄯᅡ히 업ᄂᆫ디(독닙 1-26호)

(1)의 a에 의해 판단하여 보면, 「마곰」은 본래 정도(등비)를 나타냈던 명사였었는데 이것이 고유의미를 점점 상실함에 따라 「마곰〉만콤〉만큼」으로 형태도 바뀌면서 오늘날 조사가 되었는데, 오늘날도 깊이 따져 보면, 정도의 뜻이 있음을 알 수 있다.

(5) 「하고」의 어원

이 조사는 이조초기부터 나타난다.

(1) a. 夫人도 목수미 열둘ᄒ고 닐웨 기텨 겨샷다(월석2-13)

    b. 요강보 ᄒ고 ᄒ디 뭉쳐 둣다가(송강부인 언간)

    c. 숙안에게ᄒ고 네게ᄒ고 ᄂᆫ호니(인선황후 언간)

    d. 죠선 국문ᄒ고 한문ᄒ고 비교ᄒ면(독닙1-1)

    e. 나하고 아즈머니하고 엇더케든지 하여 볼 터이니(백조1-p.37)

위의 a에서 e까지의 예문으로 보아 알 수 있듯이 「하고」는 「ᄒ다」의 어간에 계기의 어미 「고」가 붙어서 된 것인데 「ᄒ고」가 「하고」로 나타나는 것은 가곡원류에서부터이다. 그러면, 왜 「하다」가 굳이 「하고」로 굴절하여 조사가 되었겠느냐 하는 것인데, 「하여」로 되면, 「여」는 반드시 그 뒤에 동사를 요구하게 되기 때문이다. 다시 말하면, 「여」는 완료의 형태소로서 상태를 나타내기 때문에 「하여」는 조사가 될 수 없고 「-고」는 거듭, 단절의 뜻이 있으므로 「하고」는 조사로 발달한 것이다. 이와 같이 「하며」의 「며」는 나열하는 뜻이 있음으로써 이것도 또한 조사가 된 것이다. 그런데, 「하고」는 계기의 어미를 가짐으로써 누적의 뜻을 나타내는데 반하여 「며」는 나열의 뜻을 가지고 있음으로써 「하며」는 나열의 뜻을 나타내는 조사로 된 것이다.

(2) a. 떡하고 술하고 밥하고 막 먹었다.
   b. ?떡이며 술이며 밥이며 막 먹었다.
   c. ?떡하고 술하고 없는 게 없다.
   d. 떡이며 술이며 없는 게 없다.

(2)a,d는 자연스러우나 (2)b,c는 좀 부자연스러운데, 그것은 (2)a,b의 서술어는 그 조사와 호응이 맞는데 반해 (2)b,c의 서술어는 조사와 호응이 맞지 않기 때문이다.

3. 위치격조사의 어원

(1) 「에게」와 「께」의 어원

15세기어에서 보면, 이와 유관한 단어에는 「ㅅ+거긔」, 「그에」, 「인+그에」, 「인+게」, 「의+거긔」, 「의+게」, 「의+그에」 등이 있는데, 이들은 「ㅅ」, 「인/의」 등의 사이시옷과 조사를 떼어 버리면 「거긔」, 「「그에」, 「게」 등이 되는데 이것들은 「거기」를 뜻하는 단어였었다. 따라서, 「아버지 그에」, 「아버지 거긔」는 오늘날의 뜻으로는 「아버지 거기」가 된다. 이와 같은 뜻의 단어가 의미를 잃어버리게 되며 허사화한 것이다. 이와 같이 「께」도 「끠」에서 발달한 것인데 「끠」도 「그에긔」에서 발달해 온 것이다.

(1) a. 부텨와 즁괏 그에 布施ᄒᆞ며(석보 13-22)
   b. 부텨 本來 至極 寂靜혼 그에 住ᄒᆞ샤(석보23-44)
   c. 그에 드리텨든 후르ᄂᆞ니라(월석1-29)

(1)a의 「그에」는 「괏」 다음에 와 있으므로 명사임이 분명하고 (1)b의 「그에」는 「寂靜혼」 다음에 와 있으니 「그에」가 명사임은 더욱 분명하다. (1)c의 「그에」는 본래 「거기」라는 대명사였음을 확실히 알 수 있다. 그런데, 이 「그에」는 단음절로 줄어들어 「게」로 되었을 것이니 그리 되면 「거긔」가 「게」로 축약된 것과 같은 길을 걷게 된 셈이라 할 것이다. 이 「게」는 「쎄」로도 표기되어 19세기까지 쓰이다가 20세기초 1919년의 「創造」지에는 「게」로 나타나더니, 결국은 「께」로 바뀌고 말았다. 그리고, 「인그에」,

「인거기」, 「의거기」는 축약되어 「인게」와 「의게」로 바꿔어 이것이 17세기에 조사화하여 사용되어 오다가 18세기의 동문유해, 한중록 등에서부터 「인게」는 쓰이지 아니하고 「의게」만 사용되었는데, 「의게」는 1919년 「創造」까지 쓰이다가 없어지고 1922년의 「白潮」부터는 「에게」로 통일되어 오늘에 이르고 있다. 이를 예로 보이면 다음과 같다.

(2) a. 華色比丘尼게 出家ㅎ야(월석10-23A)
　　b. 雲雷音王佛께 風流 받ᄌᆞᆸ며(월석17-62B)
(3) a. 쇠사ᄅ미 쇠몰게 쇠채 아니 티면(초박상 p.80)
　　b. 사ᄅ미 내게 긔탁호몰 잘 맛ᄃᆞ며(여향 p.7)
(4) a. 이몰께 실온 져근 모시뵈도(중老上 p.14)
　　b. 죄롤 제게 닙히단 말이라(경민21B)
(5) a. 몰게 ᄂᆞ닐 제 은 주고(삼역2-p.5)
　　b. 몰쎄 ᄲᅱ여 오르다(한청 4-p.90)
　　c. 쇽 게 메오ᄂᆞ 술위채(한청 2-49)
(6) a. 믹게 좃긴 가톨의 안과(가곡p.143)
　　b. ᄂᆞ히 미션의게 일이셔 더ᄒᆞ고(인봉쇼 1-2)
(7) a. 셰상 사ᄅᆷ의게 ᄒᆞ고스븐 말 잇스면(독닙1-1)
　　b. 그럼 이번은 자네게 물려 주지(창조6-p.3)
　　c. 녀자에게 미친 것을 보니 우습기도 하거니와(조선문단1-p.22)

위의 (2)는 15세기의 예요, (3)은 16세기, (4)는 17세기 (5)는 18세기, (6)은 19세기, (7)은 20세기의 보기인 바, 오늘날의 「에게」는 「그어긔>거기>(의)게>(에)게」로 발달해 왔음을 위의 예 (2)-(7)에서 보아 알 수 있을 것이다.3) 이에 대하여 「께」는 15세기의 「ᄭᅴ」가 죽 계속 쓰여 오다가 19세기의 孤山의 夢天謠에서 「ᄭᅴ」로 나타나더니 다시 「ᄭᅴ」로 표기되어 1919년의 創造까지 쓰이다가 그 이후부터는 「께」로 변하여 오늘에 이르고 있다.

이제 이의 변천 과정을 예를 통해 보면 다음과 같다.

(8) a. 淨飯王ᄭᅴ 安否 ᄉᆞᆲ더니(석상6-p.3)

---

3) 김승곤, 1978, 한국어 조사의 어원고, 참조.

　　b. 如來의 나사가(능엄8-18)

　　c. 嫡子ㅅ긔 無禮홀씨(용98장)

　　d. 즈걋긔, 아두넚긔(용25장)

(9) a. 스승님끠 글 듣줍고(초노상 p.34)

　　b. 부못긔 효도ᄒᆞᄉᆞ오며(초박상 p.100)

(10) a. 삼촌의 인스나 ᄒᆞ여라(인션왕후 언간)

　　b. 몬져 부모끠 받줍고(동국신속건p.56)

(11) a. 父母의 드리 하직ᄒᆞ고(팔세아p.4)

　　b. 부인긔 혹얌을 밧ᄌᆞ와(한듕p.12)

(12) a. 샹관의 실례ᄒᆞ여도(독닙1-1잡보)

　　b. 왕후긔 드리고(독닙1-40논셜)

(13) a. 여러분의(창조7-끝 광고)

　　b. 自己 父母의 海州 잇던 친구를 차자(창조1-p.28)

　　위의 (8)은 15세기의 예요, (9)는 16세기, (10)은 17세기, (11)은 18세기, (12)는 19세기, (13)은 20세기의 예인데, 허웅 교수의 우리옛말본, p.347의 27의 설명과 위의 (8)-(13)의 예로 보아, 「께」는 「그어긔」에서 발달한 조사임을 알 수 있다.

　　이상과 같이 살펴본 바에 의하면, 오늘날의 「에게」와 「께」는 모두 고어 「거긔」를 뜻하던 대명사 「그어긔」가 「그에」와 「거긔」로 바뀌고 「거긔」는 다시 「게」와 「에게」로 바뀌어 오늘날 쓰이고 있으며 또 「그어긔」는 「긔」로 바뀌어 후대로 계속 쓰여 오다가 창조 이후에 「께」로 바뀌었다. 이를 도시하면 다음과 같다.

　　　　　긔(끠) → 끠(끠) → 께
　　그어긔 그에 ↘
　　　　　거긔 → 게 - (익/의)게 → 에게

(2) 「한테」의 어원

　　「한테」가 나타난 것은 20세기 초이다. 이때 「한대」도 함께 나타나는데, 이와 같은 일로 미루어 보면, 15세기의 「ᄒᆞᆫ디」가 이 조사의 어원이 되는가 싶다. 본디 「ᄒᆞᆫ디」는 「ᄒᆞᆫ+디」로 두 단어가 합하여 하나의 조사로 이루어진것인데 그 뜻은 「하나의 장소」, 즉 「같은 장소」였던 것이 그 본래의 뜻을 잃게 되면서 허사화한 것이다. 그러면, 「ᄒᆞᆫ디」가 어떻게 변천해 왔는가 살펴보기로 하겠다.

(1) a. 슈슈 主ᄒᆞᆫ디 잇ᄂᆞ니(능엄4-52)
   b. 대가ᄒᆞᆫ디 져그나 좀곳 자면 리일좀 나브디 아니ᄒᆞ리라(초노상 p.574)
   c. 령리호 그는 이러호 자긔 아부지한테 音樂을 비호겠단 말은 편지로도 안 하였다.(창조8-p.76)
   d. 申先生한대는 英語도 배호고(창조1-p.49하단)

위 (1)a는 15세기의 보기요 (1)b는 16세기 (1)c-d는 20세기의 용례인데 이것이 「한테」로 굳어진 것은 1930년 이후의 일일 것이다.

(3) 「더러」의 어원

이 조사는 이두에서는 나타나지 않으나 15세기부터 그 어원이 될 만한 것이 나타나기 시작한다.

(1) a. 이제 쏘 내 아ᄃᆞᆯ 드려 가려 ᄒᆞ시ᄂᆞ니(석상6- p.10)
   b. 須達일 드려 닐오디(석상6- p.381)
   c. 부톄 目蓮이 드려 니ᄅᆞ샤디(석상6- p.1)
(2) a. 내 너ᄃᆞ려 말ᄉᆞᆷ 무러지라(초노상 p.26A)
   b. 네 가 쥬인 드려 무러(초노상 p.69A)
(3) a. 쥬인ᄃᆞ려 니로디 무당을 맛기ᄂᆞ…(두창경 p.23)
   b. 부군ᄃᆞ려 니론대…(대평광기1-p.4)
   c. 아비ᄃᆞ려 고ᄒᆞ야 ᄀᆞᆯ오디(동국신속건 p.93)
(4) a. 몌일 귀신 왕랑ᄃᆞ려 닐러 ᄀᆞᆯ오디(왕랑반혼전)
   b. 집사름ᄃᆞ려 니르시고(한듕 p.38)
   c. 뉴하주 ᄀᆞ득 부어 둘ᄃᆞ려 무른 말이(관동별곡)
(5) a. 미션ᄃᆞ려 왈 닉 비록…(인봉쇼1-p.29)
   b. 좌우다려 무ᄅᆞ디 엇지 져리 분향ᄒᆞ고…(인봉쇼1-p.31)
(6) a. 情 몰은는 지어미야 날다려 안존치 못하다고(백조1-p.18)
   b. 고 약은 거시 날더러 드르라고 하는 말이야(창조1-p.40)

위 예문의 (1)a-c는 15세기의 예요, (2)a-b는 16세기, (3)a-c는 17세기, (4)a-c는 18세기, (5)a-b는 19세기, (6)a-b는 20세기 초의 보기들인데, (1)a-b에 의하여 보면 「ᄃ려」는 분명히 동사 「ᄃ리다」에서 온 것임을 알 수 있다. 왜냐하면, 「ᄃ려」 앞에 목적어 「아ᄃ롤」과 「須達일」이 와 있기 때문이다. 이런 「ᄃ려」가 16세기에 와서는 조사화가 완전히 이루어진 듯하여 그 앞에 목적격 조사가 없어졌는데 이와 같은 사실은 17세기, 18세기, 19세기까지 계속되다가 20세기 초에 와서는 다시 15세기와 같은 사실이 나타났다. 오늘날의 언어 사실을 보면 「더러」 앞에 목적격 조사가 오는 일이 있는가 하면 또 경우에 따라서는 그렇지 않고 「더러」가 바로 조사로 쓰이고 있다. 그러면, 「ᄃ려」가 어떻게 변천하였는가를 알아보면 「ᄃ리어〉ᄃ려〉다려〉더러」와 같이 변해 왔다. 그렇다ᄏ, 「더러」의 어원 「다리다」의 뜻은 무엇인가 하면 오늘날의 「데리다」이다. 즉, 「아랫사람을 몸 가까이 있게 하거나 또는 따라다니게 하다」는 물론 다시 「더불다」의 뜻인 타동사이다. 이 동사가 조사화할 수 있었던 것은 그 의미가 앞 명사에 수반하는 관계를 나타내는 데서 유래되었다. 이와 같은 사실을 가지고 보면, 실사가 허사화하는 조건의 일단을 알 수 있게 되는데, 다시 말해서, 용언이나 실사가 허사화하는 데는 그 앞의 체언에 대하여 구문론적으로나, 또는 단어 그 자체의 의미 자질에 의하여 예속성을 지녀야 한다는 사실이다. 이 사실은 매우 중요한 것임을 명념해야 할 것이다.

그런데, 이 「더러」는 오늘날도 그 앞에 목적격조사를 수반하는 일이 있으므로 완전한 조사가 아니라 할 것이다.

4. 연유격조사

(1) 「로써」의 어원

이 조사의 어원을 밝히기 위해서는 먼저 「로」의 어원부터 알아 보고 다음에 「로서」의 어원을 알아 보아야 할 것으로 생각한다. 따라서 먼저 「로」의 어원을 향가에서부터 알아 보기 위하여 그 어례를 보기로 하겠다.

(1) a. 手良每如法叱供乙留 法界滿賜仁佛體(廣修供養)

　　b. 心未筆留慕苦白乎隱佛體前衣(禮敬諸佛)

　　c. 淨戒叱主留卜以支乃遣只(懺悔業障)

　　d. 煩惱熱留煎將來出來(請轉法輪)

　　e. 曉留朝予萬夜未(請佛住世)

　　f. 大悲叱水留潤良只(恒順象生)

　(1)a-f에서 보는 바에 의하면, 신라 향가에는 나타나지 아니하고 균여전의 향가에서 나타나는 것을 보면, 아마 「으로」는 고려시대에 발달한 것은 아닌가 싶다. 그런데 「乙留」나 「留」는 순수한 음을 적은 것으로 보인다. 그러면 이것으로는 그 어원을 알 수 없겠기에 대명률에 의하여 보기로 하겠다.

(2) a. 有事人矣財物乙爲爲曲法以決斷爲在乙良(刑律 官吏受財)

　　b. 一半以科罪爲乎事(刑律 官吏爲財)

　　c. 趣便以進來問當不冬爲旀(名例律 廣議者犯罪)

　　d. 仰官亦所屬官乙非理以侵＠爲去等(名例律 職官有犯)

　　e. 官吏等亦公事以犯罪爲去等(名例律 文武官犯公罪)

　(2)a-e까지에서 보면 대명률에서는 모두 「以」 하나로 나타나는데, 대명률의 부록 이두략개에 의하면, 「以」는 「(으)로」로 읽는다고 해 놓고 이것은 한자의 뜻 그대로 「을 가지고」, 「보다」의 뜻으로 사용된다고 해 놓았다. 그러면 「로」는 본래 동사였겠느냐 아니면 다른 품사였겠느냐 의심스러우나 아마 명사였을 것으로 보인다. 그 이유를 말하기 위하여 다음에 예를 보자.

(3) a. 하눌롯 몬졔며 짜ᄒ롯 後ㅣ라(두3-p.126)

　　b. 이 法身ᄋ롯 우히라(금삼2-p.53)

　　c. 華嚴에 十地롯 前엔(능엄6-40)

　　d. 四禪ᄋ롯 아래 낫논 業 업수믈(능엄9-18)

　　e. 二禪으롯 우흔 말ᄊᆞ미 업슬ᄊᆡ(석보13-p.12)

　　f. 二禪으롯 우흔 이 世界 여러번 고텨 드외야(월석1-p.76)

(3)a-f까지에서 보면 「로」에는 모두 사이시옷이 와 있다. 이와 같은 사실은 「로」가 명사인 증거로 보아지며 만일 「로」가 동사라고 한다면, 그 앞에 조성모음 「ᄋ/으」가 어떻게 올 수 있는가 의심스러울 뿐만 아니라 「로다」라는 동사를 아직 보지 못했으며 더구나, 동사의 어간이 조사로 발달할 때는 반드시 그 어미가 완료형이 아니면 계기형이 되어야 하는데 이것만은 그렇지도 않기 때문이다.

그러면, 「로써」는 어떻게 발달된 조사일까? 다음 예문을 보기로 하자.

(4) a. 般若智로 뻐 얼굴 삼고 萬行 고ᄌ로 뻐 문을 사ᄆ니 … (般若知로 以爲質ᄒ고 萬行花로 以爲文ᄒ니 … (금삼2-p.30)

b. 空生이 일로 뻐 물ᄌ오몬 버록 쏘 本來金이라도 내죵에 노교ᄆ로 이ᄂ니(空生이 以 此問者ᄂ 雖復本來金이라도 終以鎖로 成就ᄒᄂ니(금삼2-p.8)

c. 善男善女로 뻐 닐오몬 자 내 아로몰 긋이도다(금삼2-p.8)

(4)a-c까지에서 보면 오늘날의 「로써」는 15세기에는 「로」 조사 다음에 동사 「쓰다(以)」의 완료형 「뻐」가 와서 사용되다가 「뻐」가 그 본래의 뜻을 점점 상실하게 되자 「로」와 「뻐」가 합하여 「로뻐〉로써」로 사용되다가 결국에는 오늘날 하나의 조사로 굳어진 것이다. 필자의 조사에 의하면 「로+뻐」가 하나의 조사로 굳어진 것으로 보이는 시기는 18세기 후반기부터인 것으로 보아지는데 그 이유는 「으로써」가 이미 하나의 조사로 사용된 듯한 예가 보이기 때문이다.

(5) 吳超의 군ᄉ로써 中國에 어양씨 당홈 ᄀᆾᄒ면 머리 정홀만 밋지 못ᄒ리라 (삼역3-p.21)

바로 (5)의 예가 그것인데, 여기서의 「로써」는 분명히 하나의 조사로 보아진다. 어원으로 보면 합성조사인 것이 18세기 후반기부터는 하나의 단순조사로 굳어진 것이다. 그러면, 「로」와 관련하여 한 가지 생각할 문제가 있는데, 그것은 방향을 나타내는 조사 「로」이다. 필자의 생각으로는 이 두 조사는 어원이 같을 것으로 보아지는데, 사실 「로」의 근본 뜻은 「까닭」

또는 「말미암음」이었을 것으로 짐작된다.

(6) a. 그는 집으로 간다.
　　b. 그는 빚으로 고생한다.
　　c. 그는 연필로 글을 쓴다.

(6)a-c에서 보면 이 세 예문의 「으로」에 공통적으로 통할 수 있는 뜻은 「까닭」, 즉 「말미암다」이다. 그런데 만일 「가지다」 또는 「쓰다」로 보면 (6)a는 「그는 집을 쓰고(가지고) 간다」로 되어 너무도 거리가 멀다. 뿐만 아니라 (6)b는 「그는 빚을 가지고(써서) 고생한다」로 되어 다소 뜻은 통하나 「빚 때문에 고생한다」가 올바른 뜻일 것이다. 그러나 (6)c는 「그는 연필을 가지고(써서) 글을 쓴다」로 되어 아주 자연스럽다. 그렇다고 해서 「그는 연필로 말미암아 글을 쓴다」로 본다고 어색할 것도 없다. 따라서, 「로」의 근본 뜻은 「까닭」인 것으로 보고자 한다. 오늘날 「로」를 「기구격조사」니 「원인격조사」니 「방향격조사」로 보는 것은 「로」의 근본적인 뜻을 제대로 파악하지 못한 데서 온 때문이다. 그러므로 굳이 공통된 명칭을 붙이려면 「연유격조사」라 명명하면 좋을 것이다.

(2) 「로서」의 어원

이 조사는 「로」에 「이시어〉이셔〉셔〉서」로 바뀐 「서」가 합하여 발달된 것이다. 다음에서 역사적으로 그 형태의 변천과 아울러 의미의 변천을 살펴보기로 하겠다.

(1) a. 西湖ᄂᆞᆫ 玉泉으로셔 흘러 오ᄂᆞ니(초노상 p.134)
　　b. 내 高麗王京으로셔 브터 오라(초노상 p.14)
　　c. 흐ᄅ 스이로셔 다 머기면(두창경 7)
　　d. 분별이 그지업서 ᄒᆞ며 김셩으로셔 두번 ᄒᆞᆫ 편지 보고 난 디오난 편지라(언간의 연구, 보24)
　　e. 氏는 元來 「未來社」의 頭目으로셔 多數한 弟子를 가졌섯다(폐허1-p.78)
　　f. 예술적 表現으로서 가장 審美性 及 必然性에 부하여(폐허 1-p.84)

(1)a-b의 「으로서」는 16세기의 예요, (1)c는 17세기, (1)d는 18세기, (1)e-f는 20세기의 예인데, (1)a는 출발격을 나타내고 (1)b 또한 그러하다. 그런데, (1)c에서의 「으로셔」는 동안이나 경과를 나타내는데 반하여 (1)d의 「으로셔」는 시발 또는 출발로도 볼 수 있고 또 보기에 따라서는 오늘날의 자격이나 신분의 뜻으로 변하게 된 것은 아마 19세기 후반부터일 것으로 보인다. 그러하였기에 20세기로 접어들면서는 완전히 신분·자격의 뜻으로 쓰인 것이 아니였겠느냐 하는 것이다. (1)e-f가 바로 그것인데 여기서는 경과나 출발의 뜻은 완전히 없어지고 말았다. 그러면, 어찌하여 시발이나 경과·경유를 나타내던 「으로서」가 자격이나 신분의 뜻으로 바뀌었느냐 하는 것인데, (1)c나 (1)d로써 볼 때, 경과·경유는 문맥에 따라서는 신분의 뜻과도 어떤 관련성을 가지고 있었기 때문인 것으로 보인다. 의미의 변화, 특히 조사의 의미변화는 서로 사이의 관련성에 의해서 이루어진다. 따라서, 여기서의 의미변화는 바로 그 관련성에 의해서 이루어진 것이다.

5. 호격조사 「아/야」, 「여/시여」의 어원

(1) 「아/야」의 어원

옛날부터 한국어에는 호격조사가 쓰였는데 이에는 「하」, 「아/야」, 「이여」 등이 있었다. 이제 향가에서부터 차례로 살펴보기로 하겠다.

(1) a. 郞也 慕理尸心未(慕竹旨)
　　 b. 雪是毛冬乃乎尸花判也(讚耆婆)
　　 c. 放冬矢用屋尸慈悲也根古(수천수)
　　 d. 哀反多矣徒良(豊謠)
　　 e. 目下(願往生)
　　 f. 花良 汝隱(慧星)
　　 g. 慧星也 白反也(慧星)
　　 h. 世理都之叱鳥隱第也(怨歌)
　　 I. 南无佛也 白孫舌良希(稱讚如來)
　　 j. 燈炷隱須彌也(慶修供養)
　　 k. 伊於衣波最勝供也(上同)
　　 l. 佛道向隱心下(常隨佛學)

(1)a-1에서 보면 「也」, 「良」, 「下」의 셋이 향가에서는 사용되었는데, 이 두에서의 예는 잘 나타나지 않으나, 아마 「也」는 여전히 쓰였을 가능성이 있었을 것으로 생각된다. 그런데 필자가 보기에는 본래 우리말의 호격조사에는 「하」계와 「아/야」계가 있었다고 생각되는데, 「하」계는 부르는 자가 불리는 상대에 대하여 부르는 자(여기서는 「내」라고 하자) 자신을 낮추는 뜻으로 일컬을 때 쓰는 호격조사요, 같은 「하」계도 「何」는 상대방을 꾸짖으며 부를 때 쓰는 호격조사이다. 즉, 구지가의 「何」가 그것인데 구지가의 내용으로부터 미루어 보아도 쉽게 이해될 수 있을 것으로 보인다. 따라서, 이들은 다 동사에서 왔다고 보아진다. 이에 대하여 「아/야」계는 결정을 나타내는 말에서 왔다고 생각된다. 「혜성아」는 「혜성」에 대하여 무슨 말을 할 것을 결정하였다는 뜻으로 「아/야」가 쓰여 오다가 오늘날의 호격조사가 되었다고 보아진다. 향가에서 호격조사로 「也」를 사용한 것은 당시 중국에서 「也」를 호격조사로 사용하고 있었던 데서 인용한 것이겠으나 그렇다고 무조건 향가에서 「也」를 사용했다는 것보다는 우리말의 「아/야」와 어딘가 상통하는 데가 있었기 때문인 것으로 생각된다. 그러므로 이들 「下」와 「也」에 의하여 필자는 위에서와 같은 결론을 내리었으나, 사실 문맥적 의미에 의하여 보더라도 독립어는 상대방에게 무엇을 결정하여 명령하거나, 아니면 무슨 말을 하기 위한 마음의 결정에서 부르는 것임을 보아도 상술의 결론이 나올 수 있을 것으로 보인다. 그런데, 보기에 따라서는 「아/야」계는 「이다」에서 왔다고도 볼 수 있겠다. 왜냐하면 「이다」가 「이아」로 바뀌고 다시 「아」와 「야」로 변할 수도 있을 뿐만 아니라, 호격의 의미도 이와 같이 느껴지기도 하기 때문이다.

(2) 「이(시)여」4)의 어원

이것은 「이다」의 완료형 「이여」로 어떤 감탄을 나타낼 때 쓰이고 「이시여」는 상대방을 높여서 부를 때에 쓰인다. 그런데 역사적으로 보면, 「이

---

4) 「이여」의 「이」를 「이다」의 어간으로 보지 아니하고 조모음으로 볼 수도 있겠으나, 그것은 그렇지 아니하다.
　　　　· 聖女ㅣ여 슬치마라(월석21-21)　　　· 鄭公이 四代옛 孫子ㅣ여(두언 22:41)

여」는 15세기부터 20세기초까지 사용되었으나, 「이시여」는 1930년 이후에 주로 많이 쓰인 것이 아닌가 한다.

6. 보조조사의 어원

(1) 「도」의 어원

신라의 향가에서부터 고찰해 보기로 하겠다.

(1) a. 吾隱去內如辭叱都毛如云遣(祭亡)
 b. 後理叱軍置來叱多(慧星)
 c. 月置入切爾數於將來尸波衣(上同)
 d. 世理都之叱逐鳥隱第也(怨歌)
 e. 必只一毛叱德置(稱讚)
 f. 皆佛體置然叱爲賜隱伊留兮(常隨佛學)
 g. 遷徙付處人等矢家口置如前放還齊(名例律一徒流人在道會赦)
 h. 次知管領捉調置亦是監臨主學(名例律一稱監主學)

(1)a-h까지의 예를 보면 제망매가에서는 「辭叱都」로 나타나서 「都」가 본래 명사였음을 알 수 있는데 반해 기타에서는 「置」로 한결같이 나타나는데 이것은 훈을 따서 사용한 「두」를 표기한 것이다. 그러면 「도」의 어원은 어느것이겠느냐 망설여지게 되는데, 오늘날의 문맥적 의미로 볼 때, 「두다」의 뜻은 전혀 없다. 오히려, 「또한」의 뜻으로 쓰이고 있음이 일반적이다. 따라서 「도」의 어원은 「都」로서 「모두」의 뜻의 명사였을 것으로 보고자 한다.

(2) a. 산도 설고 물도 설다.
 b. 배도 고프다. 몸도 아프다.

(2)a-b에서 보는 바와 같이 「도」는 「모두」의 뜻을 나타내고 있다. 「모두」 어떠어떠하다 할 때 쓰임은 오늘날의 일반적인 현상이다. 그러니까, 「또한」의 뜻으로도 볼 수 있는데서 「역시」 보조조사로 보는 소위이다.

(2) 「만」의 어원

이 조사는 15세기까지는 나타나지 않다가[5] 16세기의 초간본 **박xhd**사
언해에서 처음 나타나는 것을 보면 아마 구어계에서 발달된 듯하다. 이제
예를 보기로 하겠다.

(1) a. 일쳔 쏜 거시 훈 무저비만 フ트니 업스니라(초박상 p.23)
   b. 손가락모 큰 ᄌ타날 딩ᄌ애 공작의 짓 고잣고(초박상 p.58)
   c. 수이 주금만 ᄀ디 몯ᄒᄃ다(동국신속건 p.51)
   d. 밥과 물만 마시고(동국신속건-14)
   e. 세월이 더 가면 니 정신이 이쎠만도 못혼 닷ᄒ기 …(한듕p.2)
   f. 茅첨 츤자리의 밤듕만 도라오니(속미인곡)
   g. 크기 동희만 ᄒ고(낙성 1- p.252)
   h. 한강을 ᄒ임만 갓지 못ᄒ지라(인봉손 1-p.41)
   I. 이것만 생각하야도(少年1-p.9)
   j. 晝夜長天에 누어 있기만 하고(少年1-p.7)

(1)a-j까지에서 보면 16세기부터 19세기까지는 「만」이 대비의 뜻으로
만 쓰였는데 20세기로 접어들면서 단독보조조사의 뜻으로 바꿔었는데 사
실 단독의 뜻을 나타내기 시작한 것은 17세기부터이다. (1)d가 바로 그것
이다. 이로써 보면, 「만」은 16세기 후반에서부터는 의미상으로 관련성이
있는 단독의 뜻으로도 사용되다가 20세기로 들어오면서 어문일치의 문장
운동의 결과 「만」은 단독의 뜻으로만 쓰이고 비교의 뜻으로는 쓰이지 않
게 되었다. 그런데 「만」이 명사였다는 증거는 (1)e에서 보면 「만」 뒤에
조사 「도」가 사용되었고, 또 (1)d의 「만」 뒤에는 목적격조사를 붙일 수
있을 뿐 아니라, 허웅 교수의 우리옛말본에 의하면 이것을 전형적인 매인
이름씨라고 설명해 놓았기 때문이기도 하다.[6]

(3) 「마다」의 어원

이 조사도 본래 명사에서 발달되었다. 먼저 향가에서부터의 예를 보기

---

5) 15세기에는 명사이기 때문에 조사로 보지 않았기 때문이다.
6) 허웅, 1975, 우리옛말본, p.285 참조.

로 하겠다.

   (1) a. 利刺每如 @里白乎隱(禮敬諸佛)
      b. 手良每如 法叱供乙悠(廣修供養)
   (2) a. 人人온 사룸마대라(석상6-p.60)
      b. 사룸마다 히뼈 수비 니겨(훈언)
      c. 네 날마다 므슴 이럭 ᄒᆞᄂᆞᆫ다(초노상 p.92)

「마다」는 (1)에 의하면 고려시대부터 사용되었음을 알 수 있는데 (2)a
에 의하여 「마다」는 그 다음에 「이다」를 취하고 있는 것으로 미루어 보면
분명히 명사였던 사실을 알 수 있다. 더구나, (2)b의 「마다」 뒤에는 목적
격조사를 넣을 수 있음을 보아도 그것이 본래 명사였다는 사실이 입증된
다. 그러한 「마다」가 본래의 의미를 상실하면서 조사화한 것이다.

   (4) 「부터」의 어원

「부터」는 15세기에 조사로도 쓰이면서 동사로도 쓰이었다. 그러던 것이
18세기 이후에 음운의 변동으로 오늘날 「부터」로 바뀌었다. 그러면 「부
터」의 어원은 무엇인가 의문인데 이숭녕 박사는 동사 「附」에서 왔다고 하
고 이것은 원인격으로 쓰인다고 하면서

   (1) a. 허므리 根 브터 니디위(名由根起@ 88)
      b. 녀미 妄見을 브터 조차 妄業을 지을씩(由比妄見循 造妄業@ 79)

등을 보이고는 (1)a-b의 한자 「由」를 비롯하여 「因,依」의 역이 「브터」,
「올브터」가 되었으니 원인격의 구실을 함은 물론이라7) 하였다. 그러나,
다음의 예를 보자.

   (2) a. 泰中은 녜로브터 님금 겨신 ᄀᆞ올히니라(泰中自古帝王州) (두언6-9B)
      b. 뎌 즈음 믜브터 나랏일 시름ᄒᆞᄂᆞᆫ 눉므롤 괴외히 衣中에 ᄲᅳ리노라(何來
         憂國沒寂莫酒衣中)(두언6-31B)

---

7) 이숭녕, 중세국어문법, p.155.

(2)a-b 중 필자는 (2)a의 「브터」를 중시하고자 한다. 그것은 「브터」의 어원은 「自」이고 「附」가 아닌 것으로 보아지기 때문이다. 위에 이숭녕 박사가 예로 든 「由」나 「從」은 「自」와 통하지 「附」와 통하지 않을 뿐만 아니라, 「브터」의 문맥적 의미로 보더라도 「달라붙은 것」이 아니고, 「떨어져 나오는 것을」 나타내기 때문이다. 더구나, 「브터」로 번역되는 한자어에는 「自」이외에 「因, 由, 從, 隨, 依」 등이 있는데 이들을 대한한사전에서 보면, 「自:부터자(自也, 從也)」의 뜻을 가진 「붙다」에서 「從 부터종(自也)」, 「因＝由」, 「隨＝從(좇을 따름)」 등으로 설명되어 있어 대개가 「自」의 뜻임을 알겠기 때문이다. 그러므로 필자는 「브터」는 「自」의 뜻을 가진 「붙다」에서 왔다고 주장한다.

(5) 「까지」의 어원

이 조사는 이두에서 「至」, 「可只」로 나타나며 15세기에는 불완전명사 「ᄀ장」이 17세기부터 조사화한 것이다. 다음에 그 예를 보기로 하겠다.

(1) a. 殺人爲旀十人至成黨爲在乙良……(明律十八 7)
    b. 石練時己順可只而今良中至分(淨兜寺石塔記)
    c. 左右道井精軍四千名至卜定督發爲白臥乎所(壬狀38)
(2) a. 님금 섬기ᅀᆞ보몰 홊 ᄀ장 훌씨 忠이라(월석 2:63)
    b. 五慾올 ᄆ含 ᄀ장 편 後에ᅀᅡ 出家ᄒ져(월석7:2)
    c. 비복ᄀ지 흘러 가ᄂᆞᆫ 줄만 알고(두창경 p.70)
    d. 목구무ᄭ지 드러(두창경 p.92)
    e. 뼈ᄭ지 ᄉ못 칩다(한청1-p.56)
    f. 나목 속ᄀ지 ᄆ르다(한청13-p.60)
    g. 심지어 왕후폐하ᄭ지 피회ᄒ엇스니(독닙1-8호)

(2)a와 (2)b에서 보면 「ᄀ장」은 그 앞에 사이시옷을 취하고 있다. 따라서, 이것이 명사임을 충분히 알 수 있다. 더구나 (2)d,e,g 등에서 보면 15세기에 명사였던 「ᄀ장」이 그 형태마저 바꾸어 17세기부터는 「ᄀ지」로 되면서 그 앞에 사이시옷을 그 초성으로 취하여 「ᄭ지」로 나타나고 있는데 이 사이시옷과 「ᄀ」가 합하여 오늘날 된소리화하여 「까지」가 된 것이다.

그런데, 향가에서는

(3) 月下 伊底亦西方念丁去賜里遣(원왕생가)

에서와 같이 「念丁」으로 나타나는데 이때는 물론 명사로 보아야 한다.

(6) 「조차」의 어원

이 조사는 본래 동사 「좇다(隨)」였으나 16세기부터 조사화한 것으로 보인다.

(1) a. 白雲音 逐于 淨去隱安支下(찬기파랑가)
    b. 事畢學戶追于 前伴信牌乙還納㫆周學乎矣(대명률삼-p.11B)

(1)a는 향가에서부터 사용되었음을 알 수 있는데 그 표기는 뜻을 나타내도록 되어 있으니 동사 「좇다」임이 분명하고 (1)b에서도 「좇다」의 뜻으로 「좇어」로 표기되어 있다. 따라서 15세기까지는 추종한다는 뜻의 동사였던 것이 16세기부터 조사화하기 시작하였다.

(2) a. 의미서 장조처 가져 오라(초노상 p.41A)
    b. 이믜서 맛뵈조쳐 가져다가 짜 쁠라(초노상 p.69A)
    c. 큰 니근 석뉴 ᄒ나홀 겁질조차 디허 동으로 흐르는 믈 서되 브어 달혀
       (언해태산 p.21)
    d. 싱강 녁냥을 겁질조차 디허 즙 내여(언해태산 p.21)
    e. 너조차 날을 긔이니 그럴더 어디이시리(한듕 p.186)
    f. ᄒ믈며 富貴ᄒ고 康寧좃ᄎ ᄒ오시니(이정 309)
    g. 긔좃ᄎ 줏즐 일 업서 곳 디는더 조으더라(가곡원류 p.19)
    h. 柯枝돗쳐 곳좃ᄎ 저리 푸엿논다(가곡원류 p.37)
    I. 눈은 매일 오게 되고 찬바람조차 氣勢 조케 불어(백조1-p.8)
    j. 그런 瞬間의 말벗조차 차질 수 없섯다(백조2-p.134)

(2)a-j까지를 가지고 그 변천 과정을 보면 「조처〉좃ᄎ〉조차」로 된다.

(7) 「마저」의 어원

이 조사는 부사였던 것이 후대로 오면서 조사화하였는데 정확한 시기는 18세기부터인 것으로 보인다.

(1) a. 다 아랫 비들 ᄆᆞᆽ 가포ᄆᆞ로(능엄8-128)
    b. 아랫 쳡이 ᄆᆞᆽ 업서(능엄 10-1)
    c. 올홀 즈슴처 블더 나맛는 잔올 ᄆᆞᆽ 머구리라(두언 22-6)
    d. 내 몸을 내 ᄆᆞᆽ 니즈니 눕이 아니 니즈랴(진청 p.37)

(1)a-c까지의 「ᄆᆞᆽ」는 부사임은 그 문에서의 위치로 보아 분명하다. 그러던 것이 (1)d에서는 조사화하고 있다. 사실 (1)d에서의 「ᄆᆞᆽ」도 보기에 따라서는 부사로 볼 수도 있겠다. 그런 것이 19세기에는 잘 나타나지 않다가 20세기에 와서 문장에 다시 등장하게 되어 오늘에 이르고 있다. 사실 오늘날의 문맥적 의미로 볼 때도 「마저」는 부사 「마저」와 그 의미가 매우 흡사하다.

(8) 「뿐」의 어원

이두에서의 예를 보고 이조어에서의 예를 봄으로써 그 생생한 맥락을 이어 보고자 한다.

(1) a. 二字良中一家叱分觸犯爲在乙良(明律三-p.3B)
    b. 罪分論遣物色生微安徐爲齊(明律十六-p.5B)

(1)a-b에 의하면 「뿐」은 본래 「叱分」 또는 「分」으로 나타나는데 어떤 경우에는 「䒳」, 「分叱」으로도 나타나나, 그 기본형은 「분(分)」이요, 「叱(人)」은 사이시옷이다. 그러므로 「뿐」은 본래 명사에서 발달해 왔는데 그 증거로는 사이소리인 「ㅅ」이 「분」 앞에 왔다는 사실과 또 한청문갑 11-p.74B에 의하면 「獨自 혼자 又뿐」이라고 설명되어 있을 뿐만 아니라 허웅 교수의 우리옛말본에도 그렇게 보고 있기 때문이다.

(2) a. 이 비록 等ᄒᆞ샤도 잘 드르싫 분이도, 妙애 다듣디 몯ᄒᆞ시니(월석2-62)

    b. 처엄 地예 네 보라 ᄲᅟᅮᆫ 니ᄅᆞ시고(二於也初地예 獨言汝觀ᄒᆞ시고)(능엄3-p.6)

(2)a의 「분」을 보면 그 기본형이 「分(분)」임이 입증될 뿐 아니라 또 「분」은 그 앞에 관형사형어미를 취하고 있기 때문에 본래 명사였음은 조금도 의심할 여지가 없다. 이와 같은 「ᄲᅮᆫ」은 17세기부터는 한편으로는 명사로 쓰이면서 한편으로는 조사화하였다.

(3) 평생애 고텨 못홀 이리 잇ᄲᅟᅮᆫ인가 ᄒᆞ노라(경민3-9B)

(3)에서의 「잇ᄲᅮᆫ」을 보면, 「ᄲᅮᆫ」이 「이」에 예속된 것을 보이는 것으로 생각되는데, 그 이유는 「ᄲᅮᆫ」이 제 형태를 유지하고 있으면서 「이」에 「ㅅ」을 취하게 함으로써 그 예속성을 분명히 나타내고 있기 때문이다. 고로 17세기의 용례를 몇 개 더 보기로 하겠다.

(4) a. 갓가이 녀도 ᄒᆞᆫ 몸ᄲᅟᅮᆫ이오 머리 가면 ᄆᆞᄎᆞ매 곧 失ᄒᆞ리언마론(중두시 4-p.23)

    b. 셴 머리에 오직 赤心ᄲᅟᅮᆫ 잇도다(중두시 5-p.49)

이와 같은 「ᄲᅮᆫ」이 「뿐」으로 굳어진 것은 1930년 이후부터의 일이다.8)

(9) 「이나」의 어원

여기의 「이나」, 「라고」, 「요」는 모두 「이다」의 활용형이 조사화한 것이므로 여기서 한꺼번에 다루기로 한다.

① 「이나」의 어원

이 조사는 15세기에는 「이(거)어나」, 「이나」로 나타나는데 「이나」는 현재까지 쓰이고 있는데 반해 「이어나」는 1896년의 독립신문에서부터는 「이든지」로 나타나면서 자취를 감추고 말았다. 다음에서 각 세기별의 예를 들

---

8) 총독부의 제3차 철자법 개정에 의해서 「뿐」으로 표기된 데서 그렇게 되었다.

어 보기로 하겠다. 그런데 이것은 대명률에서도 나타나므로 먼저 이두의
예부터 들고 차례로 세기별 예를 들기로 하겠다.

(1) 遷官段他官良中移差是去乃出使是去乃隣官良中權知是齊　去任段政滿遞置是
　　去乃在喪是去乃致仕等類是乎事(名例律一無官犯罪)

(2) a. 아뫼나 이 經을 디녀(석상9-p.41)
　　b. 比丘ㅣ 어나 比丘尼어나 … 보니다마 다 절ᄒ고(석상19-p.58)

(3) a. 아모 사롬이나 보차거든(여향 p.70)
　　b. 주는 거슨 비단이어나 수을밤이어나 과실이어나 ᄒ라(여향 p.52)

(4) a. 우리 무른 또 바비나 더 먹고 이셔(중두5-p.98)
　　b. 박하즙이어나 혹 정화수를 디거(언해태산 p.154)

(5) a. 공심의 졍화쉬어나 혹 ᄃ순 술의 프러 ᄂ리오ᄃᆡ(언히납약 p.5-6)
　　b. 쟝쉬 또 언마나 잇ᄂ뇨(삼역3-p.14)

(6) a. 내 버디 몃치나 ᄒ니(오우가)
　　b. 이 中에 바라는 일은 허물이나 업과저(가곡p.21)
　　c. 누구든지 보거든 그 집으로 차자 보내시오(독닙1-15 참조)
　　d. 빅성들 ᄭ 달게 원이든지 관찰ᄉ를 ᄒ엿스니(독닙1-4 論說)

(7) a. 敎人이나 學生에 대한 사랑이 적고(창조 6-p.29)
　　b. 어대든지 갈터입니다(백조1-p.38)

(1)에 의하면 「是去乃」는 분명히 「이거나」이며 (2)a-b를 비롯하여 (5)
a-b까지에서 보면 「이거나」와 「이나」는 「이다」의 활용형임이 분명한데
「이어나」는 독립신문에서 「든지」로 바뀌어 「이나」와 「(이)든지」는 오늘에
이르고 있다.

　② 「라고」의 어원
　앞에서 「라고」는 「이나」와 「요」와 함께 「이다」계라고 하였으나 사실은
「라고」는 본래 「하고」가 준 「코」에서부터 시작하여 발달한 「고」에 「이라」
의 「라」가 합하여 된 것으로 오늘날 인용조사를 모두 「라고」로 보고 있으
나 그것은 잘못이요, 어디까지나 「고」이다. 이것을 잘못 사용하여 오늘알
대부분의 사람들은 (1)a가 옳은데도 불구하고 (1)b를 사용하고 있다.

(1) a. 이것이 아름답다고 한다.

    b. 이것이 아름답다라고 한다.

(1)a-b에서 (1)b가 정확한 것으로 잘못 알고 그렇게 사용하나 실제에 있어서는 (1)a가 옳은 것이요, (1)b는 비문법적인 것이다. 이제 15세기에서부터의 발달과정을 세기순으로 보이면 다음과 같다.

(2) 堅意롤 測量호미 어렵도다코 房中에서 혜아리고(법보上 17a)

(3) a. 출하리 주거도 존디 아니호리라코 믄득 도적의 멱 잡고 … (동국신속 건 p.78 上)

    b. 다곰다곰 긔특다코 일ㅋ줌ㄴ더(청해 9-14B)

(4) a. 힘세다고 사람을 함부로 죽이는 법이 없고(한글1-5:p.215)

    b. 우리들의 父母는 悉皆라고는 할 수 업겟으나(少年1-p.26)

(2)는 15세기, (3)은 17세기, (4)는 20세기의 보기인데 15세기에 「코」로부터 출발한 것이 후대로 오면서 「고」로 바뀌어 오늘날에 이르고 있으나 「코」가 「고」로 바뀐 시기는 분명치는 않아도 18세기 후반이나 19세기 초로 느껴진다. 왜냐하면, 이조어의 대부분이 이 시기에 현대 한국어로 탈바꿈하기 때문이다. 이렇게 발달한 「고」에 최근에 와서는 인식의 잘못에서 오는 「라」가 덧붙어서 「라고」를 인용조사의 본체로 보고 있으나 전술한 바와 같이 이것은 결코 잘못이다.

(5) a. 그는 「나는 갑니다」고 말했다.

    b. 그는 「나는 갑니다」(이)라고 말했다.

(5)a의 「고」는 「하고」의 「하」가 준 것으로 보는가 하면[9] (5)b의 「라고」가 정상이라고 하나 사실은 (5)a의 「고」가 정사이요, (5)b는 군더더기에서 발달한 것이다. 왜 (5)a가 본체냐 하면 전술한 바와 같이 본래 인용조사는 「하고」의 「하」가 줄어서 발달한 것이기 때문이다. 그러므로 한국어의 본문에는 「고」계와 「라고」계의 둘이 있다고 보는 것이 현재의 언어살

---

9) 남기심, 1972, 완형 보문의 연구.

실로서는 정당한 것임을 명심하여야 한다.

③ 「요」의 어원

이 조사가 처음 나타난 시기는 1920년대이다. 우선 예문부터 보기로
하자.

(1) a. 얼굴이 붉을 때야 조금도 없지요(백조2-p.49)
    b. 새 생활의 計劃을 짓고 잇스니까요(백조2-p.59)
    c. 前엔 그러치 안넛다오(창조1-p.38하단)
    d. 안야요 아무것도 안야요(백조3-p.59)

(1)a-d까지에서 보면 「요」는 문미에는 물론 감탄사 뒤에도 쓰이고 있
다. (1)의 여러 예에서 보듯이 「요」는 「이오」의 「이」가 줄어서 된 것이다.
그리고, 이 조사는 문어계에서보다 구어계에서 발달하였는데 아마 서울 서
민계층에서 사용한 말로 보아진다.10)

(10) 「나마」의 어원

이 조사는 본래 동사 「남다(餘)」에서 발달해 왔는데 「그 위에 더 있음
을 나타내는」 뜻으로 쓰이는 조사이다. 그러던 이 조사가 후대로 오면서
「부족하여 미안하다」는 뜻으로 변하였으니 의미면으로 보면 정반대의 방
향으로 바뀌었다고 할 수 있다. 이제 각 세기마다의 예를 보이기로 하겠
다.

(1) a. 門人이 一千 나마 잇느니(門人一千有餘)(법보上-5)
    b. 머리 조아 一千디위나마 절호고(월석23-82)
(2) a. 길히 ᄀ장 험호야 십니나마 가되 민가롤 만나디 못호고(태평광1-p.33)
    b. 셧녁 모집이 반나마 붐텃더라(태평광1-p.43)
(3) 玉 ᄀ튼 얼굴이 半이나마 늘거셰라(속미인곡)
(4) 나라롤 기혁호기는 서로에 셕은 나라느마 셕은 디로도 업슬 터이니(독닙1
    -21호)

10) 한국방언학회 편, 1974, 국어 방언약, p.278 이하.

(5) a. 이 짜른 동안이나마 그는 잠을 잔다느니보담 차라리 주리난장을 마진
　　　 사람 모양으로 …(백조2-p.48)
　　 b. 이 짧은 休息이나마 곰부임부 교란되엿나니 …(백조3-p.3)

(1)a의 한문 문장으로 미루어볼 때 오늘날의 불만보조조사 「나마」는 15
세기의 동사 「남다(餘)」에서 발달되어 왔음을 알 수 있다. 그런데 「나마」
가 동사의 뜻을 그대로 유지하고 있는 예문은 (1)a부터 (3)까지이고 불만
의 뜻을 나타내는 것은 (4)부터 (5)b까지의 세 예문이다. 이러고 보면 「나
마」가 참된 뜻의 조사로 발달된 시기는 19세기부터인 것으로 보인다. 그런
데 여기서 특히 한 마디 첨언하고 싶은 것은 (3)과 (5)a-b의 「나마」 앞에
조성모음 「이」가 와 있는데, 이것은 참된 뜻의 조성모음이 아니라 사실은
본래 주격조사였음에 유의하여야 한다. 따라서, 우리 옛말을 형태분석할
때, 「아/어」나 「이」 등을 조성모음이라고 하는 학자가 많은데, 그것은 근
본적으로 큰 잘못이니 앞으로는 이런 오류를 범해서는 안 될 것이다. 다시
말하면 「이」는 주격조사요, 「나마」는 동사 「남다」의 굴곡형이었는데 「남
다」가 조사화하니까 주격조사 「이」도 함께 합하여 복합조사화 한 것에 지
나지 않는다는 것에 유의하여야 할 것이다.

(11) 「커녕」의 어원

이 조사는 15세기에 처음으로 「는커니와」로 나타나서 오늘날의 「커녕」
으로 변천해 왔다.

(1) 比丘尼 닐오디 너희는커니와 내 지븨 이싫 저긔 爲苦 만타라(월석 10-23A)
(2) a. 手品은커니와 制度도 ᄀ줄시고(사미인곡)
　　 b. 아직 두번 돈녓노라커니와 대단티 아니ᄒ니 넘녀 마라(인선왕후 언간)

「는커니와」는 15세기에 처음 나타났는데 16세기와 17세기에는 나타나
지 않더니 18세기의 송강가사에서 나타났다가 다시 문헌에 잘 나타나지
않다가 오늘날 많이 쓰이고 있다. 이와 같은 점으로 보면 이 「커녕」은 아
마 남부방언이 아니었던가 하는 생각도 들게 되는데, 그러면 이 조사의 어
원은 어떤 말이었겠는가? 의문이나, 아마 이 조사는 「는+커니와」의 두형

태소가 합하여 된 조사인 것 같다. 그러면 「는」은 분별(대조)보조조사요,
「커니와」는 「ᄒ거니와」의 축약형으로 생각된다. 그 이유는 문맥적 의미에
서 그렇게 보아지기 때문이다. 그렇게 이루어진 「는커니와」는 「커녕」으로
다시 축약되어 현재에 이르고 있는 것으로 생각된다. 따라서 이 조사는 본
래 복합조사가 다시 축약되어 하나의 단순조사로 발전한 것이다.

(12) 「시피」의 어원

이 조사는 1930년대부터 발달한 것으로 생각되는데 형용사 「싶다」의
어간 「싶」에 「이」가 합하여 「싶이〉시피」로 발달된 것이다.

(1)a. 네가 알다시피 그는 착하다.
　 b. 네가 보다시피 그는 바보다.

(1)에서 보는 바와 같이 「시피」는 「는 것과 같이」의 뜻으로 「시피」가
대용된 데서 오늘날 조사로 발달된 것이다. 이와 같이 분석해 볼 때, 훈민
정음 창제시부터 오늘날까지 형용사가 조사로 발달한 것은 필자의 아는
바로는 이것과 「같이」의 둘밖에 없다. 그런데 여기서의 「시피」는 일종의
접미사로 보아야 할 것으로 생각된다. 그래도 형태소 분석이 가능하기 때
문이다.

(13) 「그려」의 어원

먼저 예문을 보기로 하겠다.

(1)a. 英彬氏 오래갓만이십니다. 그려(백조1-p.31)
　 b. 자네는 아조 時代에 뒤진 사람일세그려(백조2-p.111)

(1)a-b에 의하여 보면 「그려」는 입말에서 발달해 왔는데 「그리다」가 조
사로 발달한 것 같다. 왜냐하면, 문맥적으로 볼 때 그렇게 보지 않을 수
없기 때문이다.

Ⅲ. 국어 조사의 발달원리

지금까지 필자는 한국어 조사의 어원을 일일이 살펴본 바 다음과 같은
몇 가지의 원리를 찾게 되었다.

(1) 한국어의 조사는 본래 하나의 독립단어가 문 속의 성분으로 쓰였다가 그
   것이 허사화한 것이다.

어원적으로 말하면, 한국어에는 본래 조사가 없었다. 따라서, 후대에 발
달한 조사는 본래 월 속의 독립단어였다. 그러던 것이 각 시대에 따른 한
국인의 의식구조의 변화화 문법의식의 발달에 다라 조사화한 단어가 본래
지니고 있던 의미를 상실하고 새로운 문맥적 의미를 얻든가 아니면 월 속
의 어떤 단어에 문법적 기능을 도맡게 해 줌으로써 조사라는 새로운 단어
로 바뀐 것이다. 그러나, 오늘날에 있엇도 한국어의 격조사는 그 고유의
의미를 어느 정도 가지고는 있으나 본래의 의미에 비하면 상당히 추상화
되어 있다. 그러나, 보조조사는 대부분 그 고유의 의미를 지니고 있다. 그
런데. 어떤 조사는 그 고유의미와 정반대의 의미를 나타내는 것도 있
다.11) 이제 몇몇 격조사를 가지고 예를 들어 보겠다.

(1) a. 학생이 책을 읽는다.
   b. 그는 나에게 선물을 주었다.
   c. 나의 책이 여기 있다.

(1)a에서 주격조사 「이」는 본래 3인칭의 근칭대명사였다. 그리고 목적
격조사 「을」은 대상물을 나타내는 명사였다. 따라서 그 뜻을 가지고 풀이
해서 월을 만들어 보면,

(2) 학생 이이 책 대상물 읽는다.

로 된다. 이러한 체언 「이」와 「을」이 그 고유의미를 상실하게 되자, 월 속

---

11) 불만보조조사 「나마」의 고유의미는 「남다(餘)」였었다.

에서 사라질 수도 없고 하니까, 「이」는 「학생」에게 예속되고 「을」은 「책」에게 예속됨으로써 조사로 굳어진 것이다. 또 (1)b도 (1)a와 같이 풀어서 써 보면,

(3) 그 분별(지적) 나 거기 선물을 주었다.

와 같이 되는데 (2)에서 「그는」의 「는」은 다른 사람과 대조하여 「그」가 선물을 준 사람임을 분별 내지는 지적하는 뜻의 단어였다. 그리고 「에게」는 본래 「거기」라는 뜻의 단어였다. 그러므로 오늘날의 처소격조사 「에」와 「에게」는 장소를 나타내던 단어였다. (1)c도 이와 같이 풀어서 보면 (4)와 같다.

(4) 나 이이 소유한 책 이것이 여기 있다.

(1)c의 「의」는 본래 3인칭 대명사의 소유형이었는데 이게 오늘날 「의」로 조사화하였다. 이와 같이 따져 보면 격조사도 모두 뜻이 있는데, 그것은 이들이 본래 독립된 단어였다는 증거가 되는 것으로 짐작된다. 그런데, 여기서 특히 언급하여 두고 싶은 것은 (1)a 하나만을 가지고 말하면 사실 옛날은 「학생」이 「이」를 수식하고 「책」이 「을」을 수식하던 관계가 「이」와 「을」이 고유의미를 상실하게 되자 그 앞의 명사에 각각 예속하고 말았다는 사실이니, 이것을 역사적인 언어 사실로써 예시해 보겠다.

(5) 字쫑ᄂᆞᆫ 아모 그에 ᄒᆞᄂᆞᆫ 겨체 쓰ᄂᆞᆫ 字쭝ㅣ라(훈민정음 언해)

(5)의 「그에」는 본래 독립된 대명사였다. 그래서 「아모」는 「그에」를 꾸미는 수식어였다. 그러던 것이 「그에」가 그 고유의미를 상실하게 되자 그만 「아모」에게 예속되면서 조사 「(에)게」로 발달해 온 것이다. 이 예는 (1)a와는 직접적인 관계가 없으나 이와 같은 언어사실은 한국어조사 전반에 걸쳐서 설명할 수 있는 엄연한 진실이다. (5)는 (1)b에 직접적으로 관련된 문제임을 보아도 이해가 될 것으로 보인다.

(2) 한국어의 격조사는 불완전명사와 대명사에서 발달하고 보조조사는 명사 (불완전명사), 동사, 부사 등에서 발달한다.

이제 (2)를 증명하기 위하여 지금까지 필자가 밝힌 바를 일람표를 만듦으로써 간명하게 나타내 보이기로 하겠다.

격조사 \ 품사		대명사	명사	비 고
주격조사	이	○		
	가		○	
	께서	○		대명사 「끠」에 「이시어〉이셔〉셔〉서」의 「서」가 합했음
	께옵서			이것은 동사 「겨다」에서 발달
목적격조사	을		○	
관형격조사	의	○		
위치격조사	에게	○		
	께	○		
	에서	○		「에＋서」(「이시어」의 축약형」로 된 것임
	한테		○	
	더러			이것은 예외로 동사 「다리다」에서 왔음
대비격조사	과/와		○	
	처럼		○	
	만큼		○	
	보다			예외로 동사에서 왔음
	하고			동사 「하다」에서 왔음
연유격조사	로써		○	「명사＋(쓰＋어)」로 된 것임
	로서		○	「명사＋(이시어〉이셔〉셔〉서」로 됨
호격조사	이야			「이다」에서 왔음

이상의 19개 조사 중 대명사에서 발달한 것이 6개, 명사에서 온 것이 8개, 동사와 「이다」에서 온 것이 5개인데 이 다섯 개 중 「로써」와 「로서」는 「로」 하나만으로도 통할 뿐만 아니라 호격조사는 말이 격조사이지 사실은 특수조사나 보조조사로 보아도 괜찮을 것이다. 그렇다면 3개가 더 줄어 드는 셈이니까, 진짜 예외는 2개(「보다」와 「하며」)뿐이다. 따라서 필자의 밝힌 바 원리에는 크게 그릇됨이 없을 것이다. 다음에는 보조조사를 보기로 하겠다.

품사 보조조사	명 사	동 사	부 사	비 고
도	○			
만	○			
마다	○			
부터		○		
까지	○			
조차		○		
마저			○	
뿐	○			
(이)나				「에다」에서 발달
라고				「이다」에서 발달
요				「이다」에서 발달
나마		○		
커녕		○		
시리				형용사 「싶다」에서 발달
그려			○	

보조조사도 15개 중 명사에서 발달한 것이 5개, 동사에서 발달한 것이 5개 부사에서 발달한 것이 1개, 「이다」에서 발달한 것이 3개, 형용사에서 발달한 것이 1개이다. 그런데 여기서의 「시피」와 「그려」는 사실 특수조사로 보아야 할 것인가 문제이나, 이들을 조사로 보지 않는다면, 보조조사의 발달은 대체적으로 명사(주로 불완전명사)와 용언(「이다」 포함)에서 발달

한다고 하여도 잘못은 없을 것이다. 따라서, 필자는 이상의 (1)과 (2)를
합하여 한국어조사의 발달 원리라고 부르고자 한다.

III. 한국어조사의 발달요건

여기서는 「한국어조사의 발달원리」에서 밝힌 독립 단어가 조사로 발달
하기 위해서는 어떠한 조건을 갖추어야 하느냐에 대하여 논해 보기로 하
겠다.

(1) 하나의 월 속에서 명사 다음에 쓰이면서 그 앞에 조사를 취하지 않아야 문법
적인 문을 이루는 동사나 부사는 조사로 발달할 가능성이 있다.

(1) a. 너 보러 바보라 한다.
b. 如來 믜 나아가(능엄8-18)

(1)a에서 「너」와 「보러」 사이에 어떤 조사를 넣는다면 오히려 비문법적
이 되는데 그 이유는 「보러」의 「러」 때문이다. 그러나, 「보러」를 「보고」로
굴절시킨다면, 「너」와 「보고」 사이에는 목적격조사 「를」을 삽입할 수 있
다. 따라서, 다 같은 동사 「보다」도 그 굴절 여하에 따라서 조사가 되기도
하고 되지 못하기도 한다. 그러면, 여기서 하나의 새로운 문제가 야기되는
데, 왜 동사가 굴절하여 계기형어미 「고」를 취하면 조사가 될 수 없고 상
태형어미 「아/어」를 취하면 조사화할 수 있느냐 하는 것인데, 그것은 어미
「고」는 동작성을 나타내는데 반하여 「아/어」는 상태성, 즉 정지성을 나타
내기 때문이다. 이제 국어의 조사 중 동사에서 발달한 것만을 추려서 보고
이에 대하여 더 설명해 보기로 하겠다.

번호	어미＼조사	동사에서 발달한 조사	비고
1	「아/어」를 취한 것	께옵서, 더러, 부터, 조차, 나마	예외적인 것 「보다」
3	「고」를 취한 것	하고, (라)고	

위의 표 번호1(앞으로는 1로만 나타낼 것임)의 조사는 모두 어미를 「아/어」로 취하였고 2는 모두 「고」를 취하고 있는데 1에서의 조사 하나하나의 어미를 「고」로 바꾸어 보면 「께옵서」는 「께옵고」로 되고, 「더러」는 「더리고(「더러」는 「드리다」에서 왔기 때문임)」, 「부터」는 「붙고」, 「조차」는 「좇고」, 「나마」는 「남고」로 되는데 이들 어미 「고」가 옴으로써, 반드시 그 다음에 어떠한 동작을 하는 동사를 요구하게 된다. 그 이유는 어미 「고」가 계기적 동작을 필요로 하는 어미이기 때문이다. 그러므로 그렇게 되면 여기서의 「께옵고」, 「더리고」, 「붙고」, 「좇고」, 「남고」는 동사 그대로이므로 조사가 될 수 없다. 그러나 이들이 어미 「아/어」를 취하면 그들은 동작을 멈추게 되므로 벌써 다른 품사, 즉 조사로 바뀌고 말게 되는 것이다. 그렇다면, 2의 「하고」, 「(라)고」는 왜 조사인데도 어미를 「고」를 취하였느냐는 의문이 생기게 될 것이나 그것은 다음 (2)를 보면 의문점이 해결될 것이다.

(2) a. 그는 밥을 국하고 먹었다.
b. 그는 밥하고 국을 먹었다.
c. 그는 밥하고 국하고 먹었다.
d. 그는 국하고 밥을 먹었다.
e. 그는 그가 잘못하였다고 하였다.

(2)b-d를 보면 「하고」는 무엇을 자꾸 주워 섬기기를 요구하는 성질을 지니고 있다. 그런가 하면 (2)a의 「하고」는 바로 뒤에 동사가 와 있다. 그리고 (2)e의 「고」는 그 뒤에 반드시 동사가 오게 되어 있다. (2)a-d까지의 「고」는 그 어간 「하」의 의미자질상 「하다」가 조사화하는데 이바지함과 동시에 그 계기성을 잃지 않고 있다고 결론지을 수 있을 것이다. 이제 다시 앞 (1)b를 보면 「늬」는 「ㅅ」이외의 어떠한 말도 「如來」와 「긔」 사이에 올 수 없다. 그러므로, 「긔」가 그 고유의미를 잃음에 의하여 조사화할 수 있었던 것이다. 이와 같이 현대어에 있어서도 (1)a-b와 같은 요건을 갖춘 말은 틀림없이 조사화할 수 있다.

(2) 용언이 조사가 될 때, 그것이 굴곡하여 형성되는 어간은 반드시 한 음절이 되어야 한다.

현재까지 용언에서 발달한 조사를 보면, 굴곡하였을 때의 그 어간은 반드시 한 음절임을 보아서 위와 같이 말할 수 있을 것이다.

(3) 조사가 될 수 있는 동사의 자질은 상태성, 즉 정적인 성격을 지녀야 한다.

예를 들어 말하면, 「먹다, 뛰다, 달리다, 씹다, 웃다, 날다, 가다, …」 등은 반드시 동적인 동작을 하지 않으면 안 되는 동사들이다. 이와 같은 동사는 앞으로 조사화할 가능성이 없다. 이에 반하여 「따르다, 미치다, 보다,…」 등은 정적인 행동도 할 수 있는 동사이므로 장차 조사화할 수 있다.

(4) 조사로 발달할 가능성이 있는 단어는 반드시 토박이말이라야 한다.

흔히 「가」주격조사는 임진왜란 때 일본어의 그것에서 온 것이 아닌가 하고 생각하는 학자들이 있으나, 그것은 절대로 그렇지 아니하다는 것을 깊이 인식하여야 한다. 조사발달의 원리에서 볼 때, 「가」는 어떤 불완전 명사에서 발달해 왔음을 알아야 한다. 또 어떤이는 「은」은 만주어에서 발달해 온 것이 아니겠는가 하고 추정을 하나 이것도 절대로 그렇지 아니하고 반드시 우리의 고유어에서 왔다는 것을 인식하여야 한다.

(5) 형용사 중 대비의 뜻을 나타내는 것 이외의 것은 조사화할 가능성이 없다.

예를 들면, 오늘날 「같이, 시피」는 대비의 뜻을 나타내므로 조사화하였는데, 여타의 것은 그런 일이 없으므로 조사라할 수 없다.

(6) 최현배 박사가 말한 「안, 가운데, 속, 아래, 앞, 뒤」 등은 절대로 조사화할 수 없다.

여기서 그 이유를 말하기 위하여 다음 몇 개의 예를 보기로 하겠다.

(1) a. 나는 가방 안에 책을 넣었다.
   b. 나는 책을 아래에 두었다.

(1)a에서 보는 바와 같이 「가방」과 「안」 사이에는 「의」를 넣을 수 있고 또 「안」은 이미 조사 「에」를 취하고 있다. 또 (1)b의 「아래」도 (1)a의 「안」과 똑 같은 성격을 지니고 있다. 다시 말하면, 「안」, 「아래」 등은 자립형태소로서 분명한 뜻을 지니고 있을 뿐 아니라, 앞으로 절대로 불완전명사화할 가능성이 없다. 따라서 월에서 당당한 독립성분이 되므로 허사화할 수 없다.

(7) 조사화할 수 있는 명사, 동사 등은 그 의미를 잃을 가능성이 있는 것들이어야 한다.

이와 같은 요건은 지금까지 다루어온 모든 조사가 그러하기 때문에 내세울 수 있는 요건의 하나이다. 특히, 관형사형어미 다음에 쓰이지 않는 불완전명사는 허사화할 가능성이 많다.

Ⅳ. 한국어의 격의 본질

격(case)의 어의는 platon의 철학설에서 유래한 것으로 본래는 「변화의 세계」 ptosis를 뜻했는데, Aristoteles는 onoma에는 물론 rhema에도 적용하여 굴절을 의미하였다. 따라서, 희랍문법가들이 인정한 격은 사격뿐이고 nominative는 격으로 인정하지 아니하였다. 그러던 것이 stoa학파에 이르러 nomainative도 ptosis orthe라하여 인정되어 이때 이미 ptosis의 원의는 상실되고 격이란 명사적 어류가 타어에 대하는 관계를 나타내는 뜻으로 변했다. 그러면, 격의 본질 즉 격에 의하여 어떠한 언어상의 사실이 표시되는가 하는 것이 문제인데 래틴문법에서는 어형변화를 격이라고 하였다. 그래서, Jespersen은 격이란 순수하게 문법적 관계이지 의미에서의 개념적 범주는 아니라고 하였다.12) 그런데, 우리 한국어의 경우를 보면, 한국어에서는 본래 조사가 없이 단어가 문 중에서 오늘날의 조사의 구실을 하여, 단어와 단어 사이의 의미적 연결 관계를 나타내어 주었던 것이다. 이제 그와 같은 사실을 몇 개만 조목을 들어 보면 다음과 같다.

주격조사 「이」 : 본래 문에서 서술어가 나타내는 동작이나 상태의 주체가 누구인가를 지적해 주는 의미 기능을 하였다. 예를 들면 「사람이 간다」를 「사람 이것(이사람) 간다」는 식의 뜻으로 사용되었다.

목적격조사 「을」 : 이것은 주어가 문에서 서술어인 타동사가 나타내는 동작의 대상이 무엇임을 확정해 주던 단어였다. 예를 들면, 「그는 책을 읽는다」를 「그는 책이라는 대상 읽는다」는 식의 뜻을 나타내기 위하여 사용되었다.

소유격조사 「의」 : 이것은 문에서 어떤 사물의 소유주가 누구인가를 나타내어 주기 위하여 사용되었다.

위치격조사 : 「에」, 「에게」, 「한테」, 「더러」

「에」 : 이 조사는 본래 「가운데」의 뜻을 나타내던 단어였었는데, 문에서 주어가 서술어인 동사의 동작을 행하는 장소의 가운데를 나타내어 주기 위하여 사용되었다. 예를 들면, 「그는 집에 있다」는 「그는 집 가운데 있다」의 뜻이었다. 따라서 「에」는 의미관계를 나타내기 위하여 사용되었다.

「에게」 : 이것도 「에」와 역시 같은데, 다만 「에게」는 그 장소가 유정물인 것에 한하여 사용되었다. 예를 들면, 「그는 선생님에게 편지를 썼다」는 「그는 선생님 거기 편지를 썼다」의 뜻으로 「선생님 거기」는 「선생님이 계시는 거기」의 뜻이었다. 따라서, 사실 위에서 말해 온 「에」는 「집」의 수식을 받았고 「에게」는 「선생님」의 수식을 받던 관계였다. 이와 같이 볼 때 오늘날의 조사는 어원적으로 말하면 「성분의 비성분화」라 할 수 있다. 고로 조사는 어원적으로 보면 서술어와는 순수한 의미관계였지 문법관계는 아니었다. 그러던 것이 그 고유 의미를 상실함에 의하여 문법범주에 속하게 되었다.

「한테」 : 이것은 주어가 나타내는 동작 즉 서술어인 동사의 동작이 귀착하는 곳을 나타낸다. 즉 「한곳에」 또는 「같은 곳에」의 뜻이다. 예를 들면 「나는 아버지 한테 간다」하면 「나

---

12) Otto Jespersen, Philosophy of Grammar, 半田一郎 역(東京, 岩波書店, 1959), p.248.

는 아버지(와) 같은 곳에 간다」의 뜻이다. 이 조사는 어원적
으로 복합조사이다.

「더러」: 이 조사는 본래 동사 「드리다」에서 발달해 왔다. 그래서,
이 조사는 명령문이나 비리적인 내용의 문에 쓰인다. 예를 들
면 「그는 나더러 바보라 한다」, 「나더러 가라고 한다」, … 등
과 같다. 그러니까, 그 뜻은 「나 더러」는 「나 이끌어」이다. 따
라서 「드리다」가 「이끌다」이니까, 이것이 붙는 명사는 주어에
게 이끌리는 것이 되니까, 비리적이거나 명령적인 문에 쓰이
게 되는 것이다. 그러니까, 오늘날 변형문법이니 격문법이니
하는데서 조사의 의미의 차이니 문에 따른 그 용법의 차이 등
을 밝힌다고 야단을 떠나 다 그것이 어원에 유래함을 알아야
한다.

이와 같이 위에서 몇몇 격조사를 가지고 조사의 본질을 살펴본 바에 의
하면 조사는 문 속에서 명사적 어류가 다른 말에 대하여 어떤 의미적 관
계를 나타내기 위하여 사용되는 허사나 어원적으로 보면, 조사화한 단어
는 그 앞에 오는 명사에 의하여 수식을 받는 피수식어의 관계에 있었는데
이것이 그 고유의미를 상실함에 의하여 오히려 옛날의 관계는 전도되고,
그 앞의 명사에 예속되는 관계로 바뀌게 되었다. 따라서 필자는 생성문법
에서 격표지(조사)를 표층의 것으로 보아야 한다고 하나 한국어의 경우에
있어서는 심층구조에서 이미 주어져 있는 것으로 보아야 한다고 주장한다.
왜냐하면, 앞에서 이미 어원적으로 살펴본 바와 같이 한국어의 조사는 문
에서 없어서는 안 되는 당당한 피수식어로서 문의 성분이었다는 사실과
다음과 같은 문에서 만일 격표지의 부여를 표층현상으로 보면 의미가 완
전히 다른 문이 되어 버리기 때문이다.

(1) a. 그 돈 보물 나 주었다.
    b. 나 그 아버지 돈 주었다.

(1)a를 다시 고쳐 써 보면 (2)와 같다.

(2) a. 그는 돈과 보물을 나에게 주었다.
　　b. 그는 돈을 보물과 나에게 주었다.
　　c. 그의 돈과 보물을 나에게 주었다.
　　d. 그에게 돈과 보물을 내가 주었다.
　　e. 그로부터 돈과 보물을 나에게 주었다.

또 (1)b를 다음 (3)과 같이 고쳐 써 보자.

(3) a. 나는 그의 아버지에게 돈을 주었다.
　　b. 나와 그는 아버지에게 돈을 주었다.
　　c. 나는 그와 아버지에게 돈을 주었다.
　　d. 나는 그에게 아버지의 돈을 주었다.
　　e. 나는 그 아버지에게 돈을 주었다.

(2)와 (3)에 의하여 보면 (1)a와 (1)b는 조사가 어떻게 오느냐에 따라서 그 문의 의미가 완전히 달라진다. 이와 같은 사실로 보면 격표지는 절대로 표층구조에서 부여되어서는 아니 되며 만일 표층구조에서 주어진다고 한다면, 표층구조에서 어떻게 주어야 할지 갈피를 잡지 못할 것이다. 뿐만 아니라, 한국어의 구문은 조사가 주어지기 전에는 절대로 수형도나 구절구조규칙을 만들 수 없다. 그러므로, 격표지는 한국어의 경우 절대로 심층구조에서 이미 주어져 있는 것으로 보지 않으면 안된다. 따라서, 격의 본질은 의미관계의 합리화에 있다 할 것이다.

V. 맺는 말

필자는 위에서 한국어 조사의 어원에 대하여 장황하게 논하였으나, 여기에 다룬 조사들을 다음과 같이 표를 만들어, 그 어원을 비롯하여 문에서의 의미기능, 또는 문법기능을 간략하게 설명함으로써 이 글을 끝맺기로 하겠다.

구분 조사	어원	의미기능	비고
께옵서	계시다	동작성	고로 이들이 붙는 격은 행위 자격으 로 볼 수 있다.
께서	믜(거기)+셔	동작성	
라/와	연결의 뜻의 명사	동시	「과」가 기본형이다
보다	동사 「보다」에서 발달	우위비교	
처럼	부사 「쳐로」에서 발달	등위비교	
만큼	명사 「마곰」에서 발달	정도의 비교	
하고	동사 「ㅎ다」에서 발달	첨가	
에게	불완전 명사 「이그에」에서 발달	귀착점	
한테	「한+더」에서 발달	귀착점	
더러	「드리다」에서 발달	「더불다」의 뜻을 나타냄	
로(써)	연유의 뜻을 가진 명사 「로」에서 발달	연유	
로서	「로+이시어」에서 발달	자격	
아/야	말에서 결정을 나타내는 말로 발달	부름(결정)	
여/시여	「이라」에서 발달	부름	
도	명사 「도」에서 발달	모두	
만	명사 「만」에서 발달	단독(유일)	
마다	명사 「마다」에서 발달	매양	
부터	동사 「브터(自)」에서 발달	출발(분리)	
까지	명사 「ᄀ장」에서 발달	한도	
조차	동사 「좇다(隨)」에서 발달	추종	
마저	부사 「ᄆ즈」에서 발달	최종	
뿐	명사 「ᄲᅮᆫ」에서 발달	독자	
이나	「이다」에서 발달	선택	
나마	동사 「남다(餘)」에서 발달	불만	
커녕	15세기의 「ᄂᆞ커니와」에서 발달	불문	
시피	「싶다」에서 발달	피비(등위)	
(라)고	「ㅎ고」에서 발달	인용	
요	「이다」에서 발달	지적	
그려	「그리다」에서 발달	긍정	

끝으로 격의 기원에 대하여 한 마디 언급해 두어야 하겠다. 아마 전통 문법에서의 통설은 위상설인 듯하나 부착어인 한국어에 있어서는 「문중에 서의 실사의 허사화」 즉 「문중에서의 실사의 의미 상실」에서 구하여야 할 것으로 생각한다. 실사가 의미를 잃음에 의하여 그것이 조사화하고 그 조 사가 어떤 격(자리)을 그것이 붙는 실사에게 부여하게 된다. 우리는 의사 를 전달하기 위하여 말을 한다. 그런데, 「의사」란 우리들의 활동을 뜻한 다. 활동하는 데는 장소가 있어야 하고 이 장소에서 일어나는 활동이란 어 떤 동작의 시작, 귀착, 대비 등이 이에 해당된다. 이와 같은 행위를 말로 써 나타내는데 있어서의 시발, 귀착, 대비 등을 표현하기 위하여 실사가 허사화한 것에서 격이 시작되는 것이다. 그러므로, 문중에서의 실사의 허 사화에서 격이 비롯된다고 할 것이다.

참 고 문 헌

건대국어국문학회(1966), 『문호』 제4집.

김승곤(1978), 『한국어조사의 통시적 연구』, 대제각.

남기심(1971), 『국어완형보문의 연구』, 계명대 출판부.

성관수(1977), 『국어조사에 대한 연구』, 학위논문.

양주동(1965), 『고가연구』, 일조각.

이가원·장삼식(1973), 『상해 한자대전』, 삼성출판사.

이숭녕(1983), 『중세국어문법』, 일조각.

장지영·장세경(1976), 『이두사전』, 정음사.

정인승(1975), 『표준문법』, 교학사.

총독부 중추원), 『이두집성 대명률직해』.

최현배(1965), 『우리말본』, 정음사.

한국방언학회편(1974), 『국어방언학』.

허 웅(1975), 『우리옛말본』, 샘문화사.

허 웅(1975), 『표준문법』, 신구문화사.

Otto Jespersen, *Philosophy of Grammar*, 半田一郎譯, 1959, 岩波書店.

* 이 논문은 『학술지』 제27호(건국대학교 출판부, 1982)에서 옮겨 실은 것임.

국어 이름법의 통시적 고찰

최 남 희

1. 머 리 말

풀이씨가 한편으로는 풀이말로 기능하면서 한편으로는 이름씨처럼 기능하는 것을 이름법이라 한다. 즉 앞선 어휘에 대해서는 풀이씨 본래의 기능인 풀이말의 역할를 하면서 뒤 따르는 어휘에 대해서는 이름씨의 역할를 한다. 이때 그 풀이씨의 줄기에 '-ㅁ'이나 '-기' 씨끝이 붙어서 두 기능을 나타내기 때문에 두 기능법의 문법 범주에 포함시킨다.(허 웅:1975-627)

현대 국어에서 같은 말본상의 직능을 가지면서 두가지의 씨끝 형태를 아울러 가진다는 것은, 곧 이 두 씨끝이 통어상과 의미상에 차이를 나타내기 때문이다.

지금까지 이 문제를 보는 관점은 크게 두 가지로 분류된다. 그 하나는 '-ㅁ'과 '-기' 씨끝에 의하여 그 이름법이 내포된 상위문의 풀이말이 제약을 받는 것으로 보는 관점이다. 바꾸어 말하면 상위문의 풀이씨가 움직씨냐 그림씨냐에 따라, 또는 그 풀이씨의 의미 특성에 따라 '-ㅁ'이나 '-기'의 선택이 거의 자동적으로 이루어 지는 것으로 보는 견해이다.1) 또 다른 견해는 '-ㅁ'과 '-기' 씨끝이 각각 다른 고유의 의미 특성을 가졌다고 보는 견해인데, 그 내용이 다양하다. 곧 전자에는 '+사실성' '+결정성' '+완료성' '+대상' 등의 의미 특성이 있고, 후자에는 '-사실성' '-결정성' '-완료성' '-대

---

1) 李孟成(1968), 李鴻培(1970), 梁續錫(1971), 蔡琬(1979), 권재일(1981, 1982, 1985) 등이 이러한 견해를 보이고 있다.

상' 등의 의미 특성을 가졌다고 보는 견해이다.2) 이러한 의미 특성의 차이
는 '관점의 차이'일 수도 있고, '인식 양상'의 차이일 수도 있으나, 이 이
름법의 씨끝이 가지고 있는 뭇 뜻의 한쪽면만 본 결과라 생각된다. 이러한
여러 가지 견해에 대한 확실한 결론을 위해서는 통시적인 고찰의 필요성
을 느낀다.

이 통시적 고찰은 고대 국어에서부터 통시적으로 그 변천의 배경과 모
습을 찾아, 그 원인과 의미 특성을 구명하게 되므로 현대 국어 이름법의
올바른 이해에 도움을 주게 될 것이다.

이 연구는 두 기능법의 문법 범주에 포함된 이름법의 연구이기 때문에
파생 이름씨는 배제한다. 15세기 국어에서는 파생 이름씨와 이름꼴의 모
습이 '-오/우-' 형태소의 개재로 분명히 구분 되지만 고대 국어와 17세기
이후의 국어에서는 이 형태소가 쓰이지 않는 경우가 많아 구별 되기 어려
운 점이 있으나, 이 연구에서는 통어적 기능 등에 의하여 구분하였으며,
'명사화소' 등의 명칭으로 같은 문법 범주 속에 포함시키는 방법을 취하
지 않았다. 15세기 국어에서 파생 이름씨와 이름꼴의 차이점이 부각되는
몇 개의 용례를 보자.

(1) 四天下애 ᄀ득ᄒ 보비를 어더도 부텨 向ᄒᄉ바 ᄒ 거름 나소 거름만 몯ᄒ
    니라(석보 6:20)
(2) 됴ᄒ ᄢ 심거든 됴ᄒ 여름 여루미 前生앳 이릐 因緣으로 ……(월석 1:2)
(3) 그림 그리기예 늘구미 將次 오몰 아디 몯ᄒᄂ니 (초-두언 16:25)
    雲臺예 形像ᄋᆯ 그류믄 다 妖氣 쓰러 ᄇ료몰 爲ᄒ얘니라(초-두언 20:53)

이번 연구의 문헌 자료 목록을 그 약칭과 함께 정리하면 아래와 같다.

약칭	연대	자료 이름
모죽	신라	慕竹旨郞歌
안민	신라	安民歌
원왕	신라	願往生歌

---

2) 張奭鎭(1966), 任洪彬(1974), 梁東輝1976), 沈在箕(1980, 1982) 金永錫 李相億(1992)
   등.

혜성	신라	彗星歌
용가	1445	龍飛御天歌
석보	1447	釋譜詳節
월곡	1448	月印千江之曲
월석	1459	月印釋譜
능엄	1462	楞嚴經 諺解
영가	1464	禪宗永嘉集 諺解
몽산	세조	蒙山和尙法語略錄
법화	1463	妙法蓮華經諺解
내훈	1475	內訓(蓬左文庫)
육조	1479	六祖法寶壇經 諺解
초-두해	1481	杜詩諺解 初刊本
금삼	1482	金剛經 三家解
이륜-초	1518	二倫行實圖 初刊本
번소	1518	飜譯 小學
노번	1547?	老乞大
박번	1547?	朴通事
백련	1560	百聯 抄解
칠대	1569	七大萬法
소해	1585	小學諺解
논어	1590	論語 諺解
맹자	1590	孟子 諺解
대학	1590	大學 諺解
중용	1590	中庸 諺解
동신	1617	東國新續三綱行實圖
중-두해	1632	杜詩諺解 重刊本
계녀	?	尤庵 戒女書
경민-신	1658	警民篇(이후원 신역)
노해-초	1670	老乞大 諺解
첩신	1676	捷解新語
박해	1677	朴通事 諺解
친언	1603~99	친필 諺簡 총람(김일근 편주)

2. 고대 국어의 이름법

고대 국어의 표기 수단이 한자의 차자 표기였기에, 음운 체계가 다른 우리말 표기에는 많은 제약이 따랐다. 즉 차자 표기에 의한 당시의 표기가 현대인에게는 매우 불완전한 기록으로 인식된다. 거기다가 자료의 부족은 고대 국어의 복원을 더욱 어렵게 한다. 그러므로 고대 국어의 연구에는 많은 오류의 위험성이 항상 뒤따른다.

2.1 「-ㅁ」 이름법

중세어에서는 이 씨끝 앞에 「-오/우-」를 앞세우는 경우가 대부분이나, 고대 국어에서는 「-오/우-」를 앞세우는 일이 없이 줄기에 바로 결부 된다. 즉 고대 국어에서는 중세어에서 「-오/우-」를 반드시 앞세우는 씨끝에 해당 할 경우에도 대상법과 인칭법을 제외하고는 쓰이지 않았다.(최남희:1987-184) 이 점이 15세기와의 큰 차이로 드러난다.

또 이름법의 「-ㅁ」씨끝 아래에 위치토씨 「-의/의」가 결합된 경우에는 한데 녹아붙어서 제약법의 이음씨끝의 성격을 강하게 나타내므로 이 「-미/믜」는 이음씨끝으로 처리한다.(최남희:1991-30)

2.1.1 阿冬音乃叱好支賜烏隱貌史(모죽)--〉아ᄃ롭사ㅎ 됴히시온 즈시

「아ᄃ롭」의 뜻이 무엇인지 짐작하기 힘들다. '아름다움'(양주동), '애달픔'(김준영), '아득함'(서재극) 등으로 읽히고 있다. 그 뜻이 무엇이든지 간에 풀이말의 줄기임에는 틀림없는 것 같다.

「乃」는 한문의 '語助辭'로 쓰인 글자이므로 중세어 도움 토씨 「-ᅀᅡ」와 대응된다. 이것의 고대어는 「-사」이므로 「乃叱」은 '강조'의 도움 토씨 「-사ㅎ」으로 읽는다. 이와같은 용례로는 다음과 같다.

* 貌史沙叱望阿乃(원가)--〉 즈시사ㅎ ᄇ라나
* 法供沙叱多乃(광수)--〉 法供사ㅎ 하나

2.1.2 年數<u>就音墮</u>支行齊(모죽)--〉年數 <u>나솜</u> 디히 녀져

「就音」을 「낫-」의 줄기에 이름법의 씨끝 「-ㅁ」이 결부된 것으로 읽었다. 고룸홀소리의 표기가 누락되었고, 부림자리토씨가 생략되었으며, 「齊」는 꾀임법의 씨끝이다.

2.1.3 <u>誓音深</u>史隱尊衣希(원왕)--〉<u>다딤</u> 기프신 尊이희

중세어에 쓰인 「다딤」은 이름씨로 보이나, 고대어에서는 이름꼴일 가능성이 많아 여기에 포함시켰다.

2.1.4 三花矣<u>岳音</u>見賜烏尸聞古(혜성)--〉三花ㅣ <u>오롬</u> 보시올 듣고

「岳」은 「오른--」의 줄기이며, 「音」은 이름법의 「-ㅁ」 씨끝이다. 이 때 「-오/우-」가 개입되지 않는 것이 중세어와 다르다. 이 성분은 부림말로 쓰였고, 「見賜烏尸(보시올)」 아래에 생략된 임자씨가 있다. 그러므로 여기 쓰인 「-오-」는 대상법의 안맺음씨끝이다.

2.2 「-기」 이름법

15세기 국어에 있어서도 '-기' 씨끝의 쓰임이 매우 드물다는 사실 때문에, 고대 국어 시절에 이름꼴의 씨끝 '-기'가 존재했을런지 의심스러운 점이 있다. 「支」가 상고음 [Rieg]의 영향으로 [ki]로 반영되기도 했기 때문에 이 씨끝이 존재했으리라고 생각했고, 이 [ki]가 다시 [hi]로 바뀐 것과 중고음의 반영으로 [ci]로 쓰인 것 등 세 가지로 쓰인 것 같다. 이 글자의 상고음을 동통허를 제외한 모든 학자들이 한결같이 [ţie]계통으로 읽고 있으나, 『집운』에는 위의 『광운』의 반절과 같은 음과 또 다른 음이 기록되어 있다.

· 平聲一 支第五 翹移切 令支縣名 在僚西

여기서 「支」의 또 다른 음이 「翹移切」인데, 성모인 「翹」의 중고음이 [ɡǐɛu]이므로 이를 중고음으로 재구한다면 [ɡǐɛ]정도로 추정되고, 신라한자음은

「기(ki)」로 추정된다. 따라서 중고음 시절에 이미 〔tɕie〕와 〔ɡie〕가 함께 쓰였을 것이고, 이 두 음이 신라에 함께 들어와 「지(ci)」와 「기(ki)」로 동시에 쓰였을 가능성이 있다. 우리 나라에서 건너간 것으로 생각하는 일본한자음도 〔si〕과 〔ki〕으로 쓰이고 있으며, 한어 방언(漢語方言) 중의 하나인 「閩南話(厦門話)」에서 〔tsi〕와 〔ki〕의 두 음으로 발음되는 점도 관계가 있을 가능성은 충분히 있다.

다음 용례가 이름꼴의 씨끝으로 해석하는 것이 원활하기 때문에 「-기」이름법을 인정하였다.

2.2.1 逢烏支 惡知 作乎下是(모죽)--〉 맞보기 앗디 지소아리

「逢」은 「맞보-」의 줄기, 「烏」는 음차자 「오」로 끝소리덧적음, 「支」는 음차자 「기」로 이름꼴의 씨끝이며 부림말로 쓰였다.(최남희:1990-24)

2.3. 「-ㄹ」 이름법

Altai어 계통의 언어에서는 말할 것도 없거니와 중세어에서도 상당수의 용례를 보이는 이름법의 씨끝 「-ㄹ」이 고대 국어에 쓰였을 가능성은 충분하다.

2.3.1. 奪叱良乙 何如爲理古(처용)--〉 아살 엇다히리고

「奪」은 「앗-」의 줄기이며 「叱」은 「ㅅ」 표기로 끝소리덧적음, 그 발음은 〔asa-〕일 것이다. 「良」은 약훈차자 「아」 표기자로 개음절의 홀소리 표기이다. 「乙」은 「-l」 표기로 이름꼴의 씨끝이다. 고대 국어의 끝소리 「-ㄹ」 표기는 「乙」과 「尸」인데, 매김꼴의 씨끝 「-ㄹ」과 임자씨의 끝소리 「ㄹ」은 전적으로 「尸」를 썼으며, 토씨와 기타의 「ㄹ」 표기는 주로 「乙」을 거의 혼동 없이 쓴 것은 고대 국어에서의 흐름소리가 「r」과 「l」이 끝소리에서 서로 대립하였음을 알 수 있다. 「엇다히리고」는 그림씨로 중세어 비인칭 물음법의 통어 구조와 일치한다.(최남희: 1991a-26, 1991b-783)

2.4. 「-ㄴ」 이름법

「-ㄹ」 이름법과 함께 Altai어 계통의 언어에 쓰이는 「-n」 이름법의 용례가 중세어에 드물게 보이며, 신라 향가의 아래 용례가 이와 같은 「-ㄴ」 이름법으로 생각된다.

2.4.1. 哀反多羅(풍요)--〉 셜븐 하라

「哀」는 훈독자로 「셟-」의 줄기, 「反」은 음차자 「번」이나 홀소리어울림에 따라 「븐」으로 읽는다. 이 때 씨끝 「-ㄴ」이 이름꼴이므로 「哀反」을 이름씨로 보고 '설움이' 정도로 생각할수 있다.

「多」는 신라 향가나 고려 향가를 막론하고 주로 음차자 '다'로 쓰이어 마침법의 맺음씨끝 형태로 쓰이고 있다. 이 부분을 회상법의 '-드-', '-더/다-' 형태소로 읽는 것은 무리다. 이 형태소는 주로 '等, 如' 등이 쓰였다. 여기서는 「多」를 그림씨로 읽어 「하-」의 줄기로 본다. 전체의 뜻은 '설움이 많다' 정도가 된다.

「尸(-ㄹ)」 씨끝 아래에 풀이씨가 오는 다음의 용례에서는 이를 이름법으로 보지 않고 굳이 매김꼴의 씨끝으로 보는 이유는, 이 「-ㄹ」 씨끝 앞에 「-오-」 형태소가 개재하는 대상법으로 생각하기 때문이다. 그래서 그 아래에 임자씨가 생략되었다고 생각한다.

* 祈以支白屋尸 置內乎多(도천)--〉 비히술볼 ( )올 두ᄂ오다.
* 見賜烏尸 聞古(혜성)--〉보시올 ( )올 듣고

3. 15세기 국어의 이름법

현대 국어의 두 기능법 문법 범주에 속하는 이름법의 종류는 「-ㅁ」 이름법과 「-기」 이름법의 두 가지밖에 없다. 그리고 그 의미 특성을 밝히려는 많은 노력들에 의하여 어느 정도는 차이를 인식하고 있는 실정임은 앞에서 언급하였다. 또 「-ㅁ」 씨끝은 주로 글말에, 「-기」 씨끝은 주로 입말에 많이 쓰인다는 것도 잘 알려진 사실이며, 「-기」 씨끝이 더 생산적이고

사용 빈도도 더 많으며, 「-ㅁ」 씨끝의 영역이 차츰 「-기」 씨끝에 의하여
잠식당하고 있음도 인식된다.

그러나, 15세기 국어 이름법의 양상은 「-ㅁ」, 「-기」, 「-ㄹ」, 「-ㄴ」, 「-
디」,등의 5 가지 씨끝에 의한 다양한 모습으로 나타난다. 그리고 이 5 가
지 이름법의 양상은 명목상으로만 다양한 것이지 실제의 쓰임은 「-ㅁ」 이
름법만 존재한다고 할 정도로 「-ㅁ」 씨끝 일색이다. 그래서 15세기 산문
문헌정보의 대표격인 '釋譜詳節'에 쓰인 이름법의 양상을 통계에 의하여
나타내고자 한다.

석보상절에 쓰인 이름법의 씨끝과 횟수

	-ㅁ	-기	-ㄹ	-ㄴ	-디
6권	50	2			1
9권	40	1			
13	61				2
19권	43	1			
23권	11	1			
24권	28				
계	233	5			3

이상의 통계는 석보상절만 대상으로 삼았기 때문에 당시에 쓰인 비율과
꼭 맞으리라 생각은 하지 않지만 대략은 비슷할 것이다.

이름법의 씨끝이 쓰인 전체 횟수는 241회였는데, '-ㅁ' 씨끝 이외의 경
우는 단 8회 뿐이다. 비율로 계산하면 3.3% 이외의 97%가 '-ㅁ' 씨끝만
사용되었으니, 15세기 이름법의 씨끝에 의한 의미 특성이나 통어상의 제
약 등에 대한 고찰은 별 의미가 없다. 그러나 17세기 이후 급격히 확대되
는 '-기' 이름법의 사용과 현대로 오면서 더욱 생산적인 '-기' 이름법의
배경을 찾기 위해서는 15세기부터의 검토가 필요함을 느낀다.

3.1. 「-ㅁ」 이름법

위의 통계에서 보인 바와 같이 15세기의 이름법은 대부분이 '-ㅁ' 이름

법이므로 현대 국어의 '-기' 이름법이 가지는 의미 특성이 이 '-ㅁ' 이름
법 속에 포함되었을 가능성도 가지고 있다.

3.1.1 岐山 올모샴도 하눐ᄠᅴ디시니 (용가:4)

3.1.2 宮女로 놀라샤미 宮監이 다시언마론 問罪江都를 느치리잇가
     (용가:17)

3.1.3 龍鬼 위ᄒᆞ야 說法ᄒᆞ샤미 부텻 나이 셜흔 둘히러시니 (석보 6:1)

3.1.4 羅雲이 出家호미 부텻 나히 셜흔 세히러시니 穆王 닐굽찻ᄒᆡ
     丙戌이라 (석보 6:11)

3.1.5 東方ᄋᆞ로 이에셔 버으로미 十恒河沙等佛土 디나가 世界이쇼ᄃᆡ
     일후미--- (석보 9:3)

3.1.6 七寶로 이러 이쇼미 ᄯᅩ 西方極樂世界와 곧ᄒᆞ야 클히요미 업고
     (석보 9:11)

3.1.7 ᄒᆞ다가 므슴 ᄲᅮ미 가ᄃᆞᆨᄒᆞ면 므슴ㅅ조기 뮈여(몽산7)

3.1.8 사ᄅᆞ미 나미 하ᄂᆞᆯ ᄣᅡᆺ 靈ᄒᆞᆫ 긔운을 ᄐᆞ며 (내훈. 서2)

3.1.9 아비와 아ᄃᆞᆯ왜 친ᄒᆞ미 이시며 (내훈.서3)

3.1.10 應用호ᄃᆡ 잇버 슬희욤 업슬 시 일후미 흘러 내요미니 (원각.
      상1-2:18)

3.1.11 훛히 生死애 그우뇸 이실ᄉᆡ (원각. 상 1-2:147)

3.1.12 닐며 그우러듀믄 사ᄅᆞ미 젼ᄎᆞ라 (금삼3:41)

3.1.13 됴ᄒᆞᆫ ᄢᅵ 심거든 됴ᄒᆞᆫ 여름 여루미 前生앳 이릐 因緣으로 後
      生애 됴ᄒᆞᆫ 몸 ᄃᆞ외어나 구즌 몸 ᄃᆞ외어나 호미 ᄀᆞ툴ᄊᆡ 果ㅣ
      라 ᄒᆞ고(월석1:12)

3.1.14 雲臺예 形像ᄋᆞᆯ 그류믄 다 妖氣 ᄡᅳ러 ᄇᆞ료몰 爲ᄒᆞ얘니라 (초-
      두언 20:53)

3.1.15 理ㅣ 王과 돌콰이 달오미 업수ᄃᆡ(내훈.서3)

3.1.16 蘭草와 쑥의 달옴 이쇼믄 엇뎨오(내훈.서3)

3.1.17 太姒ㅣ 볼ㄱ샤매 더욱 넙고(내훈.서3)

3.1.18 智慧ㄹ 비며 勇猛코 게여보미 큰 力士ㄱ트니도 이시며 (석보
       9:20)

위의 예는 풀이씨가 임자말의 기능을 하는 이름법의 용례로 그 의미 특
성이 「＋사실성」「＋결정성」「＋완료성」「＋대상」 등의 의미 기능을 충분
히 느낄 수 있다. 또 현대어로 바꿀 경우 '-ㅁ'씨끝이 가능하고, '-기' 씨
끝은 불가한 것으로 인식된다. 즉 밑줄 친 「-ㅁ」 이름법의 움직씨들은 이
미 이루어진 사실, 가시적인 사실, 완결된 사실, 결정된 사실임을 알 수
있다. 3.1.1의 용례를 보자. 「올ㅁ샴」은 주국 대왕이 '幽谷'을 떠나 '岐
山'으로 옮겨와 있는, 이미 완결되고 가시적이며 결정된 사실이 하늘의 뜻
임을 노래한 것이다. 나머지도 모두 이러한 의미 특질을 가지고 있다. 그
러므로 위의 이름법은 현대어 「-ㅁ」 이름법의 의미 특성과 같거나 비슷하
리라 생각되는 것들이다. 그러나 다음의 용례들을 검토해 보자.

3.1.19 어미롤 濟渡ㅎ야 涅槃得호물 나ㄱ게 ㅎ리라(석보6:1)

3.1.20 人生 즐거본 쁘디 업고 주구믈 기드리노니 목수미 므거본 거
       실씨 (석보 6:5)

3.1.21 열가짓 戒눈 산 것 주기디 마롬과 도죽 마롬--- 金銀보비 잡
       디 마롬 괘리 (석보6:10)

3.1.22 뎌 부텻 行과 願과 工巧ㅎ신 方便은 다오미 업스리라(석보
       9:29)

3.1.23 쑤메도 또 話頭롤 연즈리니 이런 時節에 키 아로미 갓가ᄫ리
       라 (몽산4)

3.1.24 처엄 안쫍저긔 精神올 뻐러 펴 모ᄆ로 端正히 훓디언뎡 둥
       구표미 몯ㅎ리라(몽산:24)

3.1.25 ᄆ술히 업서 브라몰 머리 ㅎ리로다 (초-두언 7:7)

3.1.26 미해셔 밥 머구멘 고기롤 그므레 자보몰 기들오노라 (초-두
       해 20:24)

이상의 용례들은 풀이씨에 '-ㅁ' 씨끝이 붙은 이름법으로 임자말이나 부림말의 기능을 하고 있다. 그런데 3.1.26을 제외하고는 그 풀이말에 안맺음씨끝 '-리-'가 내포되었음을 알 수 있다. 이 추정법의 안맺음씨끝 '-리-'는 "장차 일어날 일, 방금 일어날 일을 기술하거나, 또는 추측적인 사실를 기술하는 ----바꾸어 말하면, 이미 확정되었거나, 방금 눈앞에 진행되고 있는 일이 아닌 사실를 기록하는 ----문법적 방법이다.(허웅.1975-891) 곧 이 풀이말의 앞에 있는 이름법의 임자말이나 부림말 등은 아직 일어나지 않은 사실, 또는 추측적인 사실임을 알 수 있다.또 3.1.26의 용례는 풀이말이 '기들오노라'이므로 역시 일어나지 않은 사실임을 알 수 있다. 곧 「-사실성」「-결정성」「-완료성」「-대상」 등의 의미 특질를 엿볼 수 있다. 앞에서 말한 것처럼 15세기의 「-ㅁ」 이름법 속에는 현대어 「-기」 이름법의 의미 특질까지 함께 가지고 있음을 알 수 있다. 이 용례들을 현대어로 바꾸어 보아도 「-기」 이름법이 자연스러우며, 「-ㅁ」 이름법은 불가능하거나, 매우 어색한 것으로 인식된다. 그러면 또 다음 용례들을 검토해 보자.

3.1.27 四天下애 ᄀ독ᄒᆞᆫ 보비를 어더도 부텨 向ᄒᆞᅀᄫᅡ ᄒᆞᆫ <u>거름</u> 나ᅀᅩ 거룸만 몯ᄒᆞ니라(석보 6:20)

3.1.28 一切 天地 衆生이 供養 <u>바도미</u> 맛당ᄒᆞ실ᄊᆡ(석보 6:9)

3.1.29 어드본 딋 衆生도 다 <u>불고ᄆᆞᆯ</u> 어더 -- (석보 9:5)

3.1.30 천랴올 모도아 두고 제 <u>뿚</u>도 오히려 아니ᄒᆞ거니 (석보 9:12)

3.1.31 人間애 나고도 ᄭᅥ어나 미리어나 라귀어나 ᄃᆞ외야 長常 채 맏고 <u>주으룜</u>과 <u>목물로ᄆᆞ로</u> 受苦ᄒᆞ며 (석보 9:15)

3.1.32 뫼 어울며 돌히 어울며 매와 <u>가롬</u>과 ᄀᆞ로미 잇ᄂᆞ니 (능엄 8:92)

3.1.33 내 혼 匹ㅅ 됴ᄒᆞᆫ 東녁 기블 뒤쇼디 <u>앗교ᄆᆞᆯ</u> 錦繡段애 디우 아니 너기노라 (초-두해 16:34)

3.1.34 甚히 기픈 힁뎌기라 <u>아로미</u> 어려보니 (석보 9:26)

3.1.35 有志ᄒᆞᆫ 士ᄂᆞᆫ 간대로 <u>뮈요ᄆᆞᆯ</u> 앗기건마ᄅᆞᆫ (초-두해 23:33)

3.1.36 能히 衆生ᄋᆞ로 <u>가돔</u>과 미욤과 갈와 鎖왜 能히 著디 몯디 몯

게 ᄒᆞ며(능엄6:28)

3.1.37 優曇花 곧ᄒᆞ야 맞나미 어려보니 너희들히 至極ᄒᆞᆫ 誠心ᄋᆞ로 -
　　 - (석보 23:11)

이상의 예들은 움직씨나 그림씨의 줄기에 「-ㅁ」 이름법의 씨끝이 붙어
견줌말 부림말 방편말 임자말 등으로 쓰였다. 그런데 여기에 쓰인 이름법
의 의미 특질은 「+사실성」「+결정성」「+완료성」 등과 「-사실성」「-결정
성」「-완료성」 등의 어느 쪽인지 분명하지 않다. 또 현대어로 바꾸어 보아
도 「-ㅁ」 씨끝이나 「-기」 씨끝이 모두 가능할 것 같다. 현대 국어의 다음
용례들은 「-ㅁ」 씨끝이나 「-기」 씨끝을 동시에 만족시키고 있다.

가. 휴일에는 책을 읽기가 좋다.　　가. 휴일에는 책을 읽음이 좋다.
나. 늙어서는 일하기가 어렵다.　　나. 늙어서는 일함이 어렵다.
다. 너가 학교에 가기를 바란다.　　다. 너가 학교에 감을 바란다.
라. 나는 타이프 치기를 배운다.　　라. 나는 타이프 침을 배운다.

현대어의 이러한 의미 특질이 15세기의 국어에서는 모두 「-ㅁ」 이름법
속에 함께 내포되어 있었음을 의미한다.

다시 말한다면 15세기의 이름법은 「-ㅁ」 이름법이 대부분이었으며, 그
속에는 현대 국어 「-ㅁ」 이름법과 「-기」 이름법의 의미 특질을 함께 가지
고 있었다고 생각된다.

3.2. 「-기」 이름법

15세기 국어 「-기」 이름법의 외형적 특징은 풀이말의 줄기에 씨끝이 바
로 연결된다는 점이다. 「-ㅁ」 이름법은 몇 번의 예외적 현상 외에는 항상
안맺음씨끝 「-오/우-」를 앞세우며 이외에 「-습-」, 「-시-」와 같은 안맺음
씨끝도 앞세울 수 있는 것이 외형적 특징이다. 그래서 「-ㅁ」 파생 이름씨
와 「-ㅁ」 씨끝에 의한 이름꼴은 쉽게 구별되나, 「-기」 파생 이름씨와 「-
기」 씨끝에 의한 이름꼴은 쉽게 구별되지 않는다. 그래서 「-기」는 파생의

가지에서 그 생산성을 획득하여, 활용의 씨끝으로 변화해왔을 가능성도 제기되고 있다.(허웅1975-637)

고대 국어의 안맺음씨끝 '-오/우-,는 대상법과 인칭법에서만 쓰였고, 그 이외에는 전혀 쓰이지 않았으나 15세기에 오면 여러 가지의 경우에 아무런 문법적 의의나 통어 기능이 없이 기계적으로 쓰였다. 「-ㅁ」 이름법의 경우도 마찬가지이다.(최남희1987-192) 고려 500년의 시차에서 이처럼 큰 변화가 있었다는 사실은 우리를 매우 당혹하게 한다. 그러나 고려어의 통어적 기능을 알 수 있는 자료가 전무한 현 상태에서는 뒷날을 기약할 수밖에 없다.

앞의 통계 자료에서도 보았지만 15세기 「-기」 이름법의 용례는 매우 적다. 찾을 수 있는 것은 모두 찾아 정리하고자 한다.

3.2.1 열 가짓 戒는 산 것 주기디 마롬과 ……花鬘瓔珞 빗이기 마롬과--- (석보 6:10)

3.2.2 須達이 가ᅀᆞ며러 쳔랴이 그지업고 布施ᄒᆞ기ᄅᆞᆯ 즐겨 艱難ᄒᆞ며 어엿븐 사ᄅᆞᄆᆞᆯ 쥐주어 거리칠ᄊᆡ 號ᄅᆞᆯ 給孤獨이라 ᄒᆞ더라 (석보 6:13)

3.2.3 有德ᄒᆞᆫ 사ᄅᆞ믈 셰여 받ᄂᆞᆫᄒᆞ기ᄅᆞᆯ 決케 ᄒᆞ니 (석보 9:19)

3.2.4 부텨 供養ᄒᆞ기 外예 년듸 몯ᄡᅳ리니, ᄡᅳ면 부텻 것 도죽혼 罪ᄃᆞ외리라 (석보 23:13)

3.2.5 놀애 브르며 춤 츠며 롱담ᄒᆞ야 남진어르기ᄅᆞᆯ ᄒᆞ며 믓 몬져 贍婆城을 ᄡᅡ니 (월석 1:44)

3.2.6 術法이며 藥材ᄒᆞ기 니르리 다 몬ᄒᆞᄂᆞᆫ 일 업스니 (월석 2:71)

3.2.7 말라 겨집 出家ᄒᆞ기ᄅᆞᆯ 즐기디 말라 (월석 10:18)

3.2.8 가야미 사리 오라고 몸 닺기 모ᄅᆞᄂᆞᆫᄃᆞᆫ 舍利弗이 슬피 너기니 (월곡.상 170)

3.2.9 목 몰롬 거릿고쳐ᄒᆞ더 믈 求ᄒᆞ기 몰롬 ᄀᆞᆮᄒᆞ니라 (법화 4:91)

3.2.10 磨滅ᄒᆞ매 글ᄒᆞ기옷 나맷ᄂᆞ니(초-두언15:24)

3.2.11 그림 <u>그리기예</u> 늘구미 將次 오몰 아디 몯ᄒᆞᄂᆞ니 (초-두언 16:25)

3.2.12 <u>일ᄒᆞ기예</u> ᄀᆞ린 거시 젹도다 (초-두언25:7)

3.2.13 글지싀와 <u>글스기</u>로 지븨 올아 그듸를 爲ᄒᆞ야 ᄣᅳ러ᄇᆞ리노라 (초-두언 25:49)

3.2.14 져믄 나해 <u>글스기</u>와 갈쁘기와 비오니 (초-두언 21:6)

위의 용례에 쓰인 「-기」 이름법은 모두 움직씨에 '-기' 씨끝이 붙어 이루어진 두 기능법이다. 현대인의 언어 직관으로 15세기 국어의 의미 특질을 파악하기는 불가능하기 때문에 현대어로 바꾸어 그 의미 특질을 유추하는 수밖에 없다.

15세기 「-기」이름법	현대어 「-ㅁ」이름법	현대어 「-기」이름법
1. 빗이기	아름답게 꾸밈	아름답게 꾸미기
2. 布施ᄒᆞ기	布施함	布施하기
3. 받논호기	받나눔	받나누기
4. 供養ᄒᆞ기	供養함	供養하기
5. 남진어르기	시집감	시집가기
6. 藥材ᄒᆞ기	약지음	약짓기
7. 出家ᄒᆞ기	집나감	집나가기
8. 몸닷기	몸닦음	몸닦기
9. 믈求ᄒᆞ기	물구함	물구하기
10. 글ᄒᆞ기	글지음	글짓기
11. 그리기	그림	그리기
12. 일ᄒᆞ기	일함	일하기
13. 글스기	글씀	글쓰기
14. 갈쁘기	칼씀	칼쓰기

이렇게 현대어로 바꾸었을 때 앞엣 것과 뒤엣 것의 의미 차이를 찾아야 한다. 심재기(1982-318)는 앞엣 것은 그 '행위'가 완결되었다고 하는 말할이의 판단이 확정적이라고 해석하였으며, 뒤엣 것은 그 '행위'가 아직 완결되지 않았거나 또는 앞으로 그런 행위가 일어날 것으로 예상되기 때

문에 그 행위에 대한 말할이의 판단은 미정의 상태라고 해석하였다. 이러한 직관은 동감이다. '완결된 행위'는 곧 「+사실성」「+결정성」「+완료성」「+대상」 등의 의미 특질이 느껴지고, '완결되지 않은 행위'나 '예상되는 행위'는 미정의 상태이기 때문에 곧 「-사실성」「-결정성」「-완료성」「-대상」 등의 의미 특질이 느껴진다.

그러나 중세어 자료에서 「-ㅁ」 파생 접사에 의한 전성 이름씨의 수는 많고, 「-기」 파생 접사에 의한 전성 이름씨의 수가 적은 것은 고대 국어와 15세기 국어의 이름법은 거의 「-ㅁ」 이름법에 의한 당연한 결과이지, 결코 이름씨가 지녀야 할 실체성 때문이라고 보기는 어렵다. 앞에서 말한 바와 같이 15세기 「-ㅁ」 이름법 속에는 두 가지 의미 특성이 함께 내포되어 있음이 이를 증명한다.

고대 국어에서부터 15세기 국어에 이르기까지 아주 적은 수의 「-기」 이름법이 생성되기 시작한 것은, 「-ㅁ」 이름법 속에 내포된 동음 이의어의 의미 충돌을 피할려는 노력이 「-기」 이름법을 생성시킨 것 같다.

「-기」 파생의 가지에 의한 전성 이름씨로 보여지는 것은 모두 여기서 제외시켰다. 에를 들면, 다음과 같은 것들이다.

  * 난겻기 *몰보기 *쇠디기

3.3 「-ㄹ」 이름법

「-ㄹ」 씨끝에 의한 이름꼴은 고대 국어에서부터 15세기까지 쓰이다가 16세기 이후에 소실된 이름법이다. 그 자료부터 검토해 보자.

3.3.1 힘뻐 사룸마다 여러 아라 慧命이 <u>다오</u> 업게 홀 디니 (금삼 5: 49)

3.3.2 너펴 돕스오미 <u>다오</u> 업서 後世롤 기리 주노라 (법화.서 18)

3.3.3 流落ㅎ야 돈뇨매 쁘디 <u>다오</u> 업소라 (초-두해 21:25)

3.3.4 내 願ㅎ더 일로 流布ㅎ더 <u>다오</u> 업시 호리라 ㅎ니 (능엄 1:4)

3.3.5 놀애롤 노외야 슬픐 업시 브르느니 (초-두언 25:53)

3.3.6 여러 劫ㅅ 內이 <u>아닔</u> 아니며 (육조.상 47)

3.3.7 緣을 조추며 感애 브트샤미 두루 <u>아니ᅘ</u> 아니ᄒ시나(금삼 5:10)

3.3.8 내 쳔랑애 거시 <u>다오</u> 업스니 (법화 2:75)

3.3.9 시혹 時예 싸해 <u>버으롤</u> 혼자 두자 ᄒ야 (법화 2:118)

3.3.10 眞實로 行ᄒ리 便宜롤 브틀씨(誠由行者之便宜) (영가.하 31)

3.3.11 二乘에 <u>버으롤</u> 甚히 머로몰 알리오(去二乘而甚遠) (영가.하 17)

3.3.12 ᄆᅀ매 서늘히 너기디 <u>아니ᅘ</u> 아니ᄒ노라 (내훈.서 5)

3.3.13 말ᄊ몰 두터이 <u>아니ᅘ</u> 업시ᄒ야 誥호디 (내훈 1:69)

3.3.14 ᄀᆞ비야온 비룔 제 <u>갈</u> 조초 나소아 가리라 (초-두해 10:39)

위의 자료를 검토해 그 특징을 살펴 보면, 첫째「-ㄹ」이름꼴을 현대어로 바꾸게 되면「-ㅁ」씨끝만 가능하고「-기」씨끝은 불가능하다. 이것은「-ㄹ」씨끝이 소실되면서 그 의미 영역이「-ㅁ」씨끝에 흡수된 것으로 생각된다. 따라서 그 의미 특질도「-ㅁ」이름법과 비슷했을 것으로 본다.

둘째, 임자말로 쓰일 경우 임자 토씨의 기능을 가진「ㅅ」이 사용되었다. 이는 발음할 때 목청 닫음소리「ʔ」의 표기로 생각된다. 이 임자 토씨「ㅅ」아래의 풀이말은 반드시 부정사가 쓰인 점이 특징이다. 부림말로 쓰인「버으롤」,「갈」과 위치말로 쓰인「行ᄒ리」등은 그렇지 아니하다.

3.4 「-ㄴ」 이름법

앞의「-ㄹ」이름법과 같이 Altai어 계통의 언어에 쓰이던 이름법의 일종으로 15세기 이후에 오면 소실된다.

3.4.1 <u>虞芮質成</u>ᄒᄂ로 方國이 해 모도나 (용가 11)

3.4.2 <u>威化振旅</u>ᄒᄂ로 興望이 다 몯ᄌᄫᅡ나 (용가11)

3.4.3 子息이며 내 몸 니르리 布施ᄒᆞ야도 그 뒷 혼 조초ᄒᆞ야 뉘웃븐
ᄆᆞᅀᆞ몰 아니호리라 (석보 6:8)

3.4.4 ᄆᆞ렛 ᄃᆞ리 이시며 업소ᄆᆞ란 <u>ᄒᆞ욘</u> 조초ᄒᆞ고 (금삼 2:25)

3.4.5 옷도 ᄆᆞ슴 <u>난</u> 조초 ᄀᆞ라 닙고 (석보 24:26)

3.4.6 믌 가온디 곳니플 <u>잇ᄂᆞ</u> 조초 노코(능엄7:12)

3.4.7 自枉詩<u>ᄒᆞᄂᆞ로</u> ᄂᆞ 十餘年이오=그를 <u>보내요ᄆᆞ</u>로브터 ᄒᆞ마 여라
ᄆᆞᆫ 힝오 (초-두언 11:5)

3.4.8 自有我人相<u>ᄒᆞᄂᆞ로</u> 高下執情이 生ᄒᆞ도다=我人相 이쇼몰 <u>브토</u>
<u>ᄆᆞ로</u> 노ᄑᆞ며 놋가온 잡논 ᄠᅳ디 나도다 (금삼 5:5)

3.4.9 自佛이 屬迦葉ᄒᆞ시ᄂᆞ로 展轉于今ᄒᆞ야=부톄 迦葉ᄭᅴ <u>附屬ᄒᆞ샤</u>
<u>ᄆᆞ로</u>브터 이제 올ᄆᆞ며 올마 (원각. 상 1-1)

3.4.10 德이여 福이여 <u>ᄒᆞ놀</u> 나ᅀᆞ라오소이다 (악궤.동동)

앞의 「-ㄹ」 이름법과 함께 위의 용례들을 매김 씨끝으로 처리하고, 그
아래에 임자씨가 숨어 있는 것으로 보기도 한다.(허웅:1975-644,652) 이렇
게 볼 가능성을 더욱 짙게 하는 것은 3.4.3과 3.4.4의 '혼'과 'ᄒᆞ욘'에서
「-ㄴ」 씨끝 앞에 안맺음씨끝 '오'와 '요'가 쓰였기 때문이다. 이 안맺음씨
끝이 곧 대상법이며 그 아래에 숨어 있는 임자씨가 속구조에서는 그 풀이
씨의 부림말 구실을 하는 것으로 볼 수 있기 때문이다.

그러나 Altai어 계통의 언어에 「-l」이나 「-n」이 풀이씨에 첨가되어 이
름법으로 쓰이고 있으며,3) 위의 3.4.7이나 3.4.8의 번역시가 이름꼴로 된
것으로 미루어 여기서는 이름법의 범주에 넣어서 처리하고자 한다.

「-ㄴ」 이름법도 현대어로 바꾸어 보면, 「-ㅁ」 씨끝으로 처리되거나 「-
ㄴ 것」으로 처리된다. 이것도 소실되면서 「-ㅁ」의 의미 영역에 흡수된 것
으로 생각된다.

---

3) Poppe.n(1954)이나 김형수(1981) 및 김영일(1986) 등의 업적을 참고 하기 바람.

3.5 「-디」 이름법

고대 국어에서 발견되지 아니한 「-디」 이름법이 15세기의 언어 자료에서 발견된다. 물론 고대 국어에서도 쓰였을 것으로 추정하며 15세기 이후부터 소실되기 시작한다. 이것은 연결법의 이음씨끝 「-디」와의 동음충돌 회피현상일 가능성도 있다. 연결법의 「-디」는 그 아래에 매인풀이씨가 와서 「-디」 씨끝이 붙은 으뜸풀이씨와 연결시켜주는 구실을 하나, 이름꼴의 씨끝 「-디」 활용형이 임자말이 될 때에는 그 아래에 으뜸풀이씨가 온다. 조어법적으로 볼 때에는 완전히 별개의 형태소로 취급해야 한다.

3.5.1 ᄆᆞᅀᆞᆯ히 멀면 <u>乞食ᄒᆞ디</u> 어렵고, 하 갓가ᄫᅵ면 조티 몯ᄒᆞ리니 (석보 6:23)

3.5.2 부텨 일웻ᄂᆞᆫ 第一엣 쉽디 몯ᄒᆞᆫ <u>아디</u> 어려본 法은 부텨ᅀᅡ 諸法의 實相ᄋᆞᆯ ᄉᆞᄆᆞᆺ 아ᄂᆞ니라 (석보 13:40)

3.5.3 一切世間앳 <u>信디</u> 어려본 法을 다 듣ᄌᆞᄫᅡ 알에 호리라 (석보 13:27)

3.5.4 내 겨지비라 <u>가져가디</u> 어려ᄫᅳᆯᄊᆡ 두 줄기ᄅᆞᆯ 조쳐 맛디노니(월석 1:13)

3.5.5 하ᄂᆞᆯ 뜨든 노파 <u>묻디</u> 어렵거니와 사ᄅᆞ미 뜨든 늘구매 쉬이 슬프도다 (초-두언 23:9)

위 용례의 공통점은 「-디」 이름법의 풀이말이 모두 '어렵-'이다. 그런데 이 '어렵-'를 풀이말로 하는 임자말 중에는 「-ㅁ」 이름꼴이 있다.

* 부텨 <u>맛나미</u> 어려ᄫᅥ며 法 <u>드로미</u> 어려ᄫᅵ니 (석보 6:11)
* 사ᄅᆞ미 몸 <u>ᄃᆞ외요미</u> 어렵고 (석보 9:28)
* 微妙ᄒᆞᆫ 體 <u>보미</u> 어렵도소니 (금삼 2:7)
* 서르 본딘 머리 허여ᄒᆞ니 흐믈며 나ᄃᆞᆯ <u>머믈오미</u> 어려오미ᄯᆞ녀 (초-두해 22:47)
* 山陰ㅅ 미햇 누네 興心을 <u>토미</u> 어려웨니라 (초-두해 10:24)

이 예들은 「-ㅁ」 이름법을 임자말로 한 '어렵-' 풀이말의 15세기 용례들이다. 따라서 이 '어렵-'를 풀이말로 한 「-디」 이름법도 「-ㅁ」 이름법과 그 의미 특질이 비슷하리라 본다. 즉 15세기 「-ㅁ」 이름법 중에는 「-기」 이름법의 의미 특질을 가진 것도 존재했음은 이미 앞에서 밝혔다. 다음 단락에 검토할 예정인 16세기 「-디」 이름법의 풀이말은 '어렵-'와 '둏-'가 쓰여 별다른 변화의 흔적은 없으나, 17세기에 오면 달라진다.

* 반ᄃᆞ시 곫기며 더데 <u>짓기</u> 어렵ᄂᆞ니 (언두.하 8)

즉 「-기」 이름꼴이 임자말로 쓰였다. 그 다음 18세기의 용례도 마찬가지이다.

* 님을 미들 것가 --- <u>밋기야</u> 어려와마는 아니 밋고
어이리 (청언 13)

위의 3.5.1 를 현대어로 바꾸어 보자.

* 마을이 멀면 <u>걸식하기</u> 어렵고, 너무 가까우면 깨끗하지 못할 것이다.
* ?마을이 멀면 <u>걸식함</u>이 어렵고, 너무 가까우면 깨끗하지 못할 것이다.

이렇게 보면 「-디」 이름법은 17세기 이후부터 「-기」 이름법에 흡수됨을 알 수 있고, 현대어 '어렵-'의 임자말도 「-기」 이름꼴이 더 자연스럽다. 따라서 「-디」 이름법의 의미 특질도 「-기」 이름법과 비슷했을 것으로 보여지며, '어렵-'를 풀이말로 가진 15세기의 「-ㅁ」 이름법의 의미 특질도 현대어의 「-기」 이름법의 의미 특질과 같았을 것으로 생각한다.

4. 16세기 국어의 이름법

15세기 국어의 이름법은 명목상으로는 「-ㅁ」 이름법 외에 '-기' '-ㄹ' '-ㄴ' '-디' 등의 씨끝에 의한 이름법들이 있었으나 실질상으로는 「-ㅁ」 이름법

일색으로 쓰였음을 앞 단락에서 살펴 보았다. 그래서 「-ㅁ」 이름법 속에는 현대 국어 「-기」 이름법의 의미 특질도 함께 가지고 있음을 알았다.

그러나 16세기 국어의 이름법에서는 「-기」 이름법의 용례가 급속히 늘어난다. 그 실태를 어느 정도 파악하기 위하여 '飜譯 老乞大' 상권에 쓰인 이름법의 통계 횟수를 밝히면 아래와 같다.

* '-오/우+ㅁ'의 경우 : 45회
* '-+ㅁ'의 경우 : 2회
* '-기'의 경우 : 22회
* '-디'의 경우 : 1회

위의 통계에서 나타난 이름법은 모두 68회였는데, 「-기」 이름법이 22회나 쓰였음이 밝혀졌다. 전체 이름법의 33%를 차지하는 횟수이다. 15세기의 2% 정도에 비하면 매우 급속한 확산이다. 물론 이 통계도 '飜譯 老乞大' 상권에 한정되었기 때문에 당시에 쓰인 비율과 꼭 같지는 않겠지만 비슷하리라 추정한다.

15세기 국어에서 「-ㅁ」 이름법에 내포된 현대 국어의 「-기」 이름법의 의미 특질을 가진 이름법이 16세기부터는 '-기' 씨끝으로 바뀌었다는 증거이다. 따라서 16세기 「-ㅁ」 이름법 속에는 현대 국어의 「-기」 이름법의 의미 특질을 가진 「-ㅁ」 이름법은 거의 발견되지 않는다. 그러나 같은 환경에서 '-기' 씨끝과 '-ㅁ' 씨끝이 동시에 나타나는 현상도 보인다.

* 머기 ᄆ차든 가져가라(노번.상42)
* 머구믈 ᄆ차든 ᄯ 그릇돌 설어저오라(노번.상43)

이것은 현대 국어에서도 보이는, 두 씨끝을 동시에 만족시키는 경우가 16세기에도 있었음을 보이는 증거가 된다.

4.1 「-ㅁ」 이름법

앞의 통계에서 보이는 바와 같이 「-기」 이름법이 확산되면서 16세기

「-ㅁ」이름법의 의미 특질은 현대 국어와 같은 의미 특질만 가진 것으로 보인다. 그리고 '-ㅁ' 씨끝 앞에 반드시 쓰이던 안맺음씨끝 '-오/우-'가 16세기에 오면 점차 안 쓰이는 경우가 많아지고 있다. 그러나 이의 개재 여부가 아무런 의미 변화를 가져오지 않는 점이 특이하다.

4.1.1 가난히 <u>사로미</u> 이러ᄒ니 편안티 몯ᄒ여(이륜.초 8)

4.1.2 님금이 命ᄒ샤 블으거시든 술위 <u>메옴</u>을 기들이디 아니코 가더시다 (소해 2:41)

4.1.3 너는 高麗ㅅ 사ᄅ미어시니 ᄯ 엇디 漢語 <u>닐오미</u> 잘 ᄒᄂ뇨 (노번.상 2)

4.1.4 믈갑시 요ᄉᄭ <u>됴호모로</u> 이 ᄒ 둥엣 ᄆ른 열닷량 우흐로 풀오 (노번.상 9)

4.1.5 平則門이 이 廣豊倉의셔 ᄉ이 <u>ᄯ미</u> ᄉ십릿 ᄶ히니 (박번.상 11)

4.1.6 뎌 앞 ᄌ믈돈 세 나츤 <u>밍ᄀ로미</u> 됴코 (박번.상 18)

4.1.7 딥 <u>사ᄒ로ᄆ</u>를 ᄀᄂ리ᄒ라(박번.상 21)

4.1.8 由아 너ᄅᆯ <u>알옴</u>을 ᄀᄅ칠면뎌 아ᄂ 거슬 아노라 ᄒ고 아디 몯ᄒᄂ 거슬 아디 몯ᄒ노라 홈이 이 <u>알옴</u> 이니라 (논어 1:15)

이상의 용례는 풀이씨의 줄기에 '-오/우' 안맺음씨끝이 앞선 다음 이름꼴의 씨끝 '-ㅁ'이 붙은 전형적인 「-ㅁ」이름법의 용례들이다.

4.1.9 中庸의 <u>德이로옴</u>이 그 至ᄒ뎌 (논어 2:12)

4.1.10 네 엇디 ᄀᆯ오더 그 <u>사ᄅᆷ이로옴</u>이 憤을 發ᄒ야 食을 니즈며 樂ᄒ야ᄢ 시름을 니저 늘금의 쟝ᄎ 니르롬을 아디 몯ᄒ다 아니ᄒ뇨 (논어 2:20)

4.1.11 流水의 <u>物이로옴</u>이 科애 盈티 몯ᄒ면 行티 몯ᄒᄂ니 (맹자 3:20)

위의 예들은 잡음씨의 줄기에 이름꼴의 씨끝 '-ㅁ'이 오는 경우이다. 15 세기의 국어에서는 이 경우에 '-오-'가 '-로-'로 바뀌는데(허웅:1975-631). 1 6세기에 오면 「오」를덧붙인 '늘임꼴'이 쓰이게 된 예들이다.(허웅:1989-259) 4.1.10의 예문에서는 '이로옴'이 있는가 하면, '-오/우-'가 쓰이지않는 '늘금'이 쓰였고, '오'가 '로'로 바뀐 '니르롬'이 한 문장 속에 섞인 것을 보면 16세기부터 이 이름법의 변화가 많음을 알 수 있다.

4.1.12 ᄀᆞᄅ치믈 셰미니 츠례예 ᄒᆞ낫재라 (소해 1:1)

4.1.13 性을 조츠몰 닐온 道ㅣ오 (소해 1:1)

4.1.14 스승어믜 ᄀᆞᄅ치믈 유슌히 드러 조츠며--- (소해 1:7)

4.1.15 夫子의 求ᄒᆞ시믄 그 사ᄅᆞᆷ의 求홈애 다ᄅᆞ신뎌 (논어 1:5)

4.1.16 그리ᄒᆞ라 ᄒᆞ심을 얻디몯ᄒᆞ야든 다시 주심을 받ᄌᆞᆸᄂᆞᆫ ᄃᆞ시 ᄒᆞ야--- (소해 2:13)

이 용례들은 이름꼴의 씨끝 '-ㅁ'이 올 때 안맺음씨끝 '-오/우-'가 쓰이지 않는 예들이다. 15세기 국어 이름법에서는 거의 볼 수 없었던 현상으로 상당수를 차지하고 있다. 그러나 이들 간의 의미 변화는 없는 것 같다. 고대 국어 이름법에서 볼 수 없었던 '-오/우-'가 15세기 국어 이름법에서는 반드시 쓰인 점이 신비스러우며, 16세기부터 쓰이지 않는 경우가 생기게 되는 이유가 무엇인지 알 수가 없다.

4.2 「-기」 이름법

앞에서 밝힌 바와 같이 16세기에 오면, 「-기」 이름법의 쓰임이 급격히 확산되고 있다. 그리고 그 의미 특질도 현대 국어의 의미 특질과 비슷한 것으로 생각된다.

4.2.1 흑당의 노하든 지븨 와 밥 머기 몯고, 쏘 흑당의 가셔 셔픔쓰기 ᄒᆞ고, 셔픔쓰기 몯고, 녇구ᄒᆞ기 ᄒᆞ고…… (노번.상 3)

4.2.2 글 <u>사김흐기</u> 못고 또 므슴 공부흐느뇨 (노번.상 3)

4.2.3 이 버다 네 콩 <u>숢기</u> 아디 몯흐는듯 흐고나 (노번.상 19)

4.2.4 나는 高麗ㅅ 사로미라 다 고기 <u>봇기</u> 모로노라 (노번.상 21)

4.2.5 즌 국슈 <u>머기</u> 닉디 몯흐얘라 (노번.상 60)

4.2.6 이 수울 푤리여 <u>싯구기</u> 잘흐노라 (노번.상 65)

4.2.7 녯 사로미 닐오디 수울이시며 고지 퓌여신 적기어든 눈 앏픳
　　　 <u>즐기기</u>룰 홀 거시라 (박번.상 7)

4.2.8 本音을 쓰면 <u>듣기</u>예 희괴홈이 이실 故로…… (번소.범 3)

4.2.9 사롬이 道ㅣ 이시매 <u>먹기</u>룰 비브르흐며 오술 덥개흐야 (번소
　　　 1:9)

4.2.10 믈읫 사롬이 ᄌ식되연는 이 <u>잇기</u>룰 奧애 主티 아니흐며 <u>안씨</u>
　　　 룰 돗의 가온대 아니흐며 <u>드니기</u>룰 길혜 가온대 아니흐며 셔
　　　 <u>기</u>룰 문에 가온대 아니흐며(번소 2:10)

　이상의 예들은 많은 「-기」 이름법의 용례들 중에서 일부만 뽑은 것이
다. 현대어로 바꾸어도 한결같이 '-기' 씨끝만 타당한 것으로 생각된다.
밑줄 친 말의 '행위'가 아직 완결되지 않았거나 또는 앞으로 그런 행위가
일어날 것으로 예상되기 때문에 그 행위에 대한 말할이의 판단은 미정이
라고 본 직관이 여기서도 그대로 적용되어야겠다. 다시말하면 현대 국어
「-기」 이름법의 의미 특질은 16세기 국어에서부터 확고히 자리잡기 시작
한 것으로 보인다.

4.2.11 어듸 쏜 <u>샹급흐시기</u>룰 브라리잇가 (박번.상 60)

4.2.12 계오 열설에 큰 치위와 덥고 비 올 제라두 뫼셔 <u>셧기</u> 날이
　　　 못도록 흐야 (번소 6:2)

　이 두 용례에서 15세기에 볼 수 없었던 현상이 나타난다.(허웅:1989-264)
즉 '-기' 씨끝 앞에 안맺음씨끝 '-시-'와 '-앗-'이 개재되기 시작했다는 점

이다. 현대 국어의 '-기' 씨끝 앞에 주체 높임의 안맺음씨끝 '-시-'와 때매
김의 안맺음씨끝 '-았/었-'이 개재되는 현상이 16세기부터 시작되었음을
알 수 있다. 그리고 '-습-'이 '-기' 씨끝 앞에 개재된 용례를 찾지는 못하
였지만 쓰였을 개연성은 충분히 있다. 의미가 달라지긴 했지만, 현대 국어
의 '-기' 씨끝 앞에 들을이 높임의 안맺음씨끝 '-옵-' '-오-' '-사옵-' 등
이 쓰이기 때문이다. 어떻든 현대 국어 「-기」 이름법의 의미 특질과 형태적
특징이 16세기에서부터 시작된 것 같다.

4.3 「-디」 이름법

15세기의 「-디」 이름법과 별 차이 없이 쓰이고 있다. 다만 15세기에는
풀이말이 '어렵-'만 보이지만 16세기의 자료에는 '둏-'도 풀이말로 쓰인
점이 다를 뿐이다.

  4.3.1 天下애 <u>얻디</u> 어려운 거슨 兄弟오 求키 쉬운 거슨 田地니 (번
      소 6:63)

  4.3.2 어름 다믄 그릇 안해 둠가 두면 ᄀ장 <u>보디</u> 됴ᄒ니라 (박번.상 5)

  4.3.3 붇그테 다 <u>스디</u> 어려우니 (박번.상 69)

  4.3.4 이 ᄆ리 엇디 이리 <u>잡디</u> 어려우뇨 (노번.상 45)

  4.3.5 <u>혀디</u> 어렵다. (노번.하 31)

  4.3.6 므스거시 <u>가져가디</u> 됴홀고 (노번.하 66)

  4.3.7 <u>넙디</u> 됴ᄒ며 <u>먹디</u> 됴ᄒ며 <u>쓰디</u> 됴ᄒ 거시 다 虛空애셔 난 거
      시라 (칠대 14)

  '-디' 씨끝의 이름꼴이 선택 되는 조건은 그 아래의 풀이씨와 관련이
있는 듯하다. 위의 4.3.1에서 '어렵-' 앞에는 '-디' 씨끝이 쓰였고, '쉽-'
앞에는 '-기' 씨끝이 쓰인 점으로 보아 알 수 있다. 그러나 17세기 이후
에는 「-기」 이름법에 흡수된다. 물론 의미 특질도 현대 국어의 「-기」 이름
법과 같았을 것이다.

이상의 이름법 외에 「-ㄹ」 이름법이나 「-ㄴ」 이름법의 용례가 한두 개씩 보이나, 이는 앞 세대의 잔재일 것일 것으로 생각하여 논외로 한다.

5. 17세기 국어의 이름법

16세기 국어의 이름법에서부터 「-기」 이름법의 사용이 급속히 확산된 사실을 앞 단락에서 확인하였다. 15세기에 2% 정도의 용례가 보이다가 16세기에 오면 33% 정도의 「-기」 이름법 용례가 쓰였다. 이제 17세기의 이름법의 분포 양상을 가늠하기 위하여 조사한, '捷解新語'에 사용된 이름법의 분포는 아래와 같다.

	'-+ㅁ'	'-오/우+ㅁ'	'-기'	'기타'
1권	7		2	
2권	8	1	2	
3권	2	1	6	
4권	16	6	6	
5권	7	6	8	
6권	14	5	11	
7권	15		1	
8권	24	3	6	
9권	16	5	4	
계	109	27	46	

이상의 분포에서 이름법의 전체 횟수는 182회였는데, 「-기」 이름법의 횟수는 46회로 전체 이름법 중 25%의 빈도수를 나타낸다. 16세기보다 더욱 확산될 것으로 예상하였으나 오히려 훨씬 줄어진 현상을 보인다.

이런 현상은 자료상의 문제일 것으로 추정된다. '첩해신어'의 저자 강우성(康遇聖)은 1592년(선조 25년) 임진왜란 때 왜병에게 잡혀 일본에 납치되어 10년 후에 귀국한 후로 일본어 역관이 되어 편찬한 것을, 1627년(인조 5년)에 역관 최학령(崔鶴齡)이 교정, 1676년(숙종 2년)에 사역원에서 중간한 것이다. 따라서 간행 연대는 17세기 중엽 이후이나 실제 지은 시기는 17세기 초엽인 점과, 사역원의 표기가 보수성이 강하다는 점 때문으로

추정된다. 그러나 '-ㅁ' 씨끝 앞에 오는 '-오/우-' 형태소는 그 사용 횟수
가 급격히 줄어든 현상을 나타내는 점이 특이하다. 그래서 현실 언어의 가
장 충실한 표기로 보이는 우암(尤庵) 송시열(宋時烈)의 '계녀서'에 쓰인
이름법의 사용 횟수를 살펴 보았다. 쓴 시기는 미정이나 17세기 중엽 이
후로 추정된다.

'-오/우+ㅁ'	'-+ㅁ'	'-기'
2	29	32

이 통계는 「-기」 이름법의 용례가 50%를 넘고 있다. 물론 지금 전하는
자료가 원본이 아닌 후대의 필사본이란 점이 마음에 걸리긴 하나, '친필
언간 총람'(김일근 편주)의 편지 글에서도 이와 비슷한 분포인 점으로 보
아 당시의 현실 언어는 위의 통계와 비슷하리라 생각한다. 즉 우리말 이름
법의 분포가 「-기」 이름법으로 중심 세력이 바뀐 것은 17세기 이후로 보
아야 할 것이다.

5.1 「-ㅁ」 이름법

17세기 「-ㅁ」 이름법의 특색은 안맺음씨끝 '-오/우-' 형태소의 급격한
감소 현상이다. 앞 단락에서 보인 바와 같이 16세기 「-ㅁ」 이름법의 대부
분이 '-오/우-'를 앞세우고 있으나 앞의 통계에서 보인 바와 같이 '첩해신
어'에서는 약 20%의 사용이라도 보이고 있으나, 당시의 현실 언어의 반영
이라고 볼 수 있는 '우암 선생 계녀서'에서는 전체 31회의 사용 중 단 2회
만 쓰였다는 사실은 '-오/우-' 형태소의 소실을 의미한다고 볼 수 있다.

5.1.1 奇特이 너기믄 아는 앎피니 (첩신 1:7)

5.1.2 代官네긔 書簡을 뻐 니름은……(첩신 1:9)

5.1.3 正官이 나디 아니면 우리의 그르믄 발명 못 홀 것시니 (첩신
1:29)

5.1.4 우리 싱각과 그 어긔미 天地 ᄀᆞᆺ거니와 (첩신 4:14)

5.1.5 이번은 브더 時分을 혜아려 <u>됴흠</u> 구줌을 군말 업시 잡습소 (첩신 4:17)

5.1.6 형제 친쳑을 <u>박더흐게흠</u>도 불효요…흠도 불효라 흐여스니 (계 녀. 4)

5.1.7 즈식 <u>나흐미</u> 자연 단졍하니라 (계녀. 13)

5.1.8 젹이 그 스스로 <u>주그믈</u> 분히여 주검을 가시 덩울히 그으고 (동신.열. 8:57)

5.1.9 믈의 比컨대 근원이 흔가지오 가래 <u>다롬</u>이니 (경민.신 6)

위의 용례들은 풀이씨의 줄기에 '-ㅁ' 씨끝만 단순하게 붙은 것들이다.

5.1.10 처음으로 <u>극진흐시믈</u> 미더 (첩신 1:15)

5.1.11 앗가는 서르 멀리 안자시니 술을 <u>남기시믈</u> 아란마는 (첩신 3:10)

5.1.12 公木의 大切히 <u>되야시믄</u> 자녀네도 <u>아르심</u> 겨시리 (첩신 4:12)

5.1.13 친히 뵈읍는 둣 든든 <u>반갑스오미</u> ㄹ히 업스와흐오며 (친언. 인선왕후)

5.1.14 내 죵내 길흐올 일을 <u>싱각흐읍심믈</u> 쳔만 ㅂ라읍노이다(친언. 윤선도)

5.1.15 진지나 잘 자읍시고 ㅁ음을 위로흐여 <u>디내읍시믈</u> 수업시 ㅂ 라읍노이다 (친언. 명성왕후)

5.1.16 브더 무스히 <u>돈녀오읍심</u> ㅂ라읍ㄴ이다 (친언. 숙종)

위의 용례들은 '-ㅁ' 씨끝 앞에 높임의 안맺음씨끝 '-시-'가 앞선 것과, 들을이 높임의 안맺음씨끝 '-스오-'가 앞선 것과, 이 두 안맺음씨끝이 함께 앞선 용례들이다. 그 안맺음씨끝들이 가지고 있는 고유의 의미 외에는 다른 의미가 없다.

5.1.17 안 엿줍고 야간 셩후 안녕ᄒ오신 문안 아옵고져 바라오며 날
    이 포오니 더옥 <u>섭섭ᄒ오미</u> 아ᄆ라타 업ᄉ와 ᄒ옵노이다 (친
    언. 숙명공주)

5.1.18 연셕의 드르시니 그 <u>비감ᄒ오믈</u> 어이 다 니르리잇가(친언.
    명셩왕후)

5.1.19 쳔만 의외예 상시 나오니 경통 <u>참졀ᄒ오미</u> 아ᄆ라타 업ᄉ온
    듯--- (친언. 강백년부인)

5.1.20 졍니롤 ᄉ각ᄒ오니 새로이 <u>참측ᄒ오미</u> ᄀ이 업ᄉ더이다(친
    언. 숙종)

5.1.21 <u>깃브오미</u> 아ᄆ라타 업ᄉ와 ᄒ옵노이다 (친언. 인현왕후)

위의 용례들은 풀이씨의 줄기에 안맺음씨끝 '-오-'가 붙은 다음에 이름
법의 씨끝 '-ㅁ'이 붙었다. 그러나 이 '오'는 이름법의 '-ㅁ' 씨끝 앞에
붙던 전통적인 것이 아니고, 들을이 높임의 안맺음씨끝으로 보인다.

5.1.22 비옵디 <u>몯ᄒ믈</u> ᄀ장 셜이 너겨 病이 더 <u>重ᄒ가</u> 너기옵넝이다
    (첩신 2:5)

5.1.23 다 도라 ᄌ셰 보시고 <u>됴홈</u> <u>사오나옴</u>을 니르옵소 (첩신 4:10)

5.1.24 三使롤 請ᄒ여 <u>샹졉홈이라</u> (첩신 6:1)

5.1.25 힝여 병이날가 ᄒ여 놀게ᄒ고 편케 <u>홈</u>은 ᄌ식을 쇽이ᄂ 즉시
    니 (계녀 14)

5.1.26 ᄌ식 곳 아니면 비록 과궁의 <u>박ᄃ호믈</u> 바ᄃ나 엇디 부형의게
    조쳐 그런 망극호 홰 미츠링잇가 (친언. 인목대비)

5.1.27 텬되도 <u>현호믈</u> ᄒᄒ더니 (친언.인목대비)

5.1.28 七去之禍롤 업시 <u>살오미</u> 역시 孝道라 ᄒ신….(친언. 인목대비)

5.1.29 가ᄋ멸며 <u>貴호믈</u> 내 이 生애 므던히 너기노라 (중-두해 6:48)

위의 예들은 15세기 때의 「-ㅁ」 이름법과 같은 표기 방법을 그대로 유
지한 것들이다.

그러나 앞에 열거한 '-오/우-' 형태소가 없는 것과 아무런 의미상의 차이를 느낄 수가 없다.

5.2 「-기」 이름법

'첩해신어'에 쓰인 「-기」 이름법은 전체 이름법 중 25%에 불과하나, 이는 앞에서 이미 밝힌 바와 같은 자료상의 문제일 것으로 생각되어 '우암 계녀서'에 쓰인 이름법의 횟수를 조사한 결과는 50%의 용례로 나타났다. 당시의 현실 언어에 가장 가까운 표기로 생각했기 때문에 이 자료를 조사 대상으로 삼았다. 물론 이 자료가 원본이 아니고 18세기에 들어와서 전사된 것이기는 하나, 원본에서 크게 벗어난 표기로 바뀌었을 것 같지는 않다.(임인년 동 십이월에 전사한 것으로 기록되었는데,1722년 경종 12년으로 추정됨) 역시 당시의 현실 언어에 비교적 가까우리라 생각된 '친필언간'에서도 이와 유사한 빈도를 보이고 있다. 따라서 현대 국어에서는 「-기」 이름법이 더 생산적인 현실로 바뀌었는데, 이런 현상은 17세기가 분기점이 된 듯하다.

5.2.1 오눌은 건넘즉흔 구롬 <u>가기도</u> 있고 (첩신 1:8)

5.2.2 쇼인네는 보더 못먹습건마는 감격ᄒ오매 <u>먹기롤</u> 과히 ᄒ엿스오니 (첩신 2:6)

5.2.3 엇디흔디 예는 <u>달호기롤</u> 잘못ᄒ여 이러ᄒ니 허믈마ᄅ시소 (첩신 2:9)

5.2.4 어와 ᄌ로 우다히 <u>오로ᄂ리기</u> 御大儀흔 일이옵도쇠 (첩신 3:14)

5.2.5 지아비 <u>셤기기</u>는 뜻을 어긔오지 말밧긔 업스니 (계녀 3)

5.2.6 <u>말솜ᄒ기</u>ᄂ <u>긔거ᄒ기</u>ᄂ 일동일졍의 마음을 노치말고 (계녀 6)

5.2.7 날이 ᄑᄃ록 아마도 <u>셤셤ᄒ기</u> ᄀ이업서 ᄒ노라(친언. 인선왕후)

5.2.8 ᄌ고로 셩인의 법이 국개나 ᄉ개나 대ᄉ <u>결ᄒ기롤</u> 남지 ᄒ욥되 (친언. 윤선도)

5.2.9 여돈의 난 사ᄅ이 더 살고져 흔 ᄆ음은 실로 업스더 <u>고롭기</u>

ㄱ이 업스이다 (친언. 송시열)

5.2.10 초와 팀치와 저술 밧드러 <u>버리기롤</u> 도으며 (친언. 인목대비)

이상의 예들은 많은 「-기」 이름법의 용례들 가운데에서 그 일부만 뽑은 것이다. 16세기부터 급증하기 시작한 '-기' 씨끝의 쓰임이 17세기오면서 더욱 확대되어 현대 국어 「-기」 이름법의 의미 특질을 여기서도 그대로 볼 수 있다.

5.2.11 너일 <u>힘쓰시기</u>눈 오로미 덧습니 (첩신 4:30)

5.2.12 비록 <u>오르시기</u> 슈고롭스올디라도 (첩신 6:19)

5.2.13 참마다 비예 <u>느리시기 어렵기</u>눈 죠고마ᄒ고 (첩신 6:21)

5.2.14 스당의 디수 치와 <u>두시기</u>롤 맛당히 아니 녀기시고(친언. 윤선도)

5.2.15 망극 등 <u>보읍시기</u> 폐롭스올가 이제야덕스오며…(친언. 명성왕후)

16세기의 「-기」 이름법에서 한 용례가 발견된, '-기' 씨끝 앞에 높임의 안맺음씨끝 '-시-'가 개재된 용례가 17세기에 와서는 많이 발견되고 있다. 즉 '-기' 씨끝 앞에 '-시-'가 개재 되기 시작한 것은 16세기부터이고, 본격적인 쓰임은 17세기부터 시작되었다고 할 수 있다. 또 5.2.15번의 예에서는 '-읍-'과 '-시-'가 동시에 개재되기 시작한 특이한 예이다.

5.2.16 ᄒ온 것도 업스온디 <u>머므로읍기</u>도 젓습건마눈… (첩신 6:6)

5.2.17 아즈마님 <u>셤기읍기</u>도 졍셩 업습고 (친언. 윤선도)

5.2.18 조식 업손 사롬이 <u>양조ᄒ읍기</u>도 서ㄹ 인연이 잇스왜야… (친언. 윤선도)

5.2.19 제 형의 교디 <u>못ᄒ읍기</u>눈 내 ᄠᅳ디 싱각이 잇스와이다(친언. 윤선도)

5.2.20 션셰 봉ᄉᆞ 원계 **싱각ᄒᆞ옵기**와… (친언. 윤선도)

5.2.21 ᄉᆞ당의 **내옵기**롤 미안히 아니 녀기실분 아녀 (친언. 윤선도)

5.2.22 이제는 대셰 거의 다 차복ᄒᆞ여 겨옵시니 회 **횡ᄒᆞ옵기** 아므라타 업ᄉᆞ오디 (친언. 숙종)

5.2.23 일긔는 춤ᄒᆞ오니 **깃브옵기** ᄀᆞ이 업ᄉᆞ오이다 (친언. 인현왕후)

5.2.24 오늘에 다ᄃᆞ라는 **셥셥ᄒᆞ옵기** 술올 양도 업ᄉᆞ오니 (첩신 8:26)

5.2.25 이귀 **업습기**로 ᄒᆞ와 가간의 이런 일이 잇ᄉᆞ오니 (친언. 윤선도)

5.2.26 명쳔이 ᄌᆞ식 **낫습기**롤 시작ᄒᆞ엿습고 (친언. 송시열)

5.2.27 명쳔이롤 시시로 글 **넑습기**와 힝실 닷글 일을 니ᄅᆞ옵시고 (친언. 송시열)

위의 용례들은 안맺음씨끝 '-옵-'이나 '-습-'이 이름법의 '-기' 씨끝 앞에 개재한 문장들이다. 앞 단락에서 16세기부터 '-기' 씨끝 앞에 안맺음씨끝 '-시-'와 '-앗-'이 개재 되는 사실을 지적하고, 객체 높임의 안맺음씨끝 '-습-'도 쓰였을 개연성을 거론하였으나 그 용례는 찾지 못하였다. 그런데 17세기 자료에서는 위와 같이 많은 용례들을 확인할 수 있다.

여기서 특이한 사실은 '-습-'의 변이형태인 '-옵-'의 쓰임이 많아 졌고, 높임의 대상이 객체가 아닌 들을이 높임으로 쓰인 용례가 많아 졌다는 사실이다.

위의 예문 중 18, 19, 23, 25, 26, 27 등은 들을이 높임의 안맺음씨끝으로 쓰였다. 객체 높임의 '-습-'의 변이형 '-옵-'이 쓰이기 시작하고, 이 '-습-'이 객체 높임에 쓰이지 않고 들을이 높임에 유용되기 시작한 것은 16세기부터이다.(허웅:1989-300,310)

현대 국어의 '-기' 씨끝 앞에 들을이 높임의 '-옵-' '-오-' '-사옵-' 등의 안맺음씨끝이 쓰이게 된 기원은 17세기부터 시작되었다고 할 수 있다.

1632년에 간행된 '두시언해 중간본'에 「-ㄹ」 이름법과 「-ㄴ」 이름법의 몇 용례가 발견되나, 이런 사실은 1481년에 간행된 초간본의 영향 때문이지 당시의 현실 언어에서는 쓰이지 않았을 것으로 생각하고 제외하였다.
그 이유는 '두시언해 중간본' 외에는 이 이름법이 발견되지 않았고, 중간본
은 초간본을 거의 그대로 옮겨 놓은 사실로도 알 수 있다.

6. 맺음말

우리말 두 기능법의 문법 범주에 포함된 이름법의 의미 특질과 앞으로
의 전개 양상을 예상하기 위하여, 그 쓰이는 모습과 변천 과정을 통시적으
로 고찰하여 보았다. 그 결과, 특이한 현상과 변천의 양상이 드러나고 있
는데, 이를 시대별로 기술하고, 그 변천의 원인을 추정하여 맺음말에 대신
하고자 한다.

1. 고대 국어에 「-ㅁ, -기, -ㄹ, -ㄴ」 등의 씨끝을 가진 여러 이름법이
존재한 것으로 추정된다. 그러나 자료가 워낙 부족하여 그 의미 특질까지
언급하기는 어렵다.

2. 15세기 국어에 「-ㅁ, -기, -ㄹ, -ㄴ, -디」 등의 씨끝을 가진 여러 이
름법이 다양하게 존재하였으나, 실제 사용은 주로 「-ㅁ」 이름법이 쓰였다.
따라서 「-ㅁ」 이름법의 용례를 분석해 본 결과, 그 속에 현대 국어의
「-ㅁ」 이름법과 「-기」 이름법의 의미 특질을 가진 것이 함께 섞여 있음을
발견하였다. 고대 국어에서부터 15세기 국어에 이르기까지 적은 수의
「-기」 이름법이라도 생성되기 시작한 것은, 「-ㅁ」 이름법 속에 내포된 동
음 이의어의 의미 충돌을 피하기 위한 노력이 「-기」 이름법을 생성시켰다
고 보겠다. 그리고 「-기」 이름법도 그 예가 드물기는 하나, 그 의미 특질
은 현대 국어에서와 비슷한 것 같다.

또 「-기」 이름법의 외형적 특징은, 항상 풀이말의 줄기에 바로 연결되
어 다른 안맺음씨끝이 개재하지 않는 것이다.

15세기의 「-ㄹ, -ㄴ」 이름법의 의미 특질이 「-ㅁ」 이름법과 비슷하여
현대로 오면서 「-ㅁ」 이름법에 흡수되었고, 「-디」 이름법은 그 의미 특질
이 「-기」 이름법과 비슷하여 후대에 오면서 「-기」 이름법에 흡수되었다.

3. 16세기 국어 이름법의 특성은 「-기」 이름법의 급속한 확산으로 생각

된다. '번역 노걸대' 상권의 경우 약 33%의 빈도를 보이고 있으며, 현대 국어 「-기」 이름법의 의미 특질과 형태적 특징은 16세기에서부터 시작된 것 같다. 따라서 「-ㅁ」 이름법의 의미 특질은 현대 국어와 같은 것만 가지게 되었다.

또 「-ㅁ」 이름법에서 '-오/우-' 형태소가 쓰이지 않는 경우도 점차 늘어 나고 있으며, '-기' 씨끝 앞에 안맺음씨끝이 개재하기 시작한 용례가 보이기 시작한다.

4. 우리말 이름법의 분포가 「-기」 이름법으로 중심 세력이 바뀐 것은 17세기부터라 할 수 있다.(자료에 따라 많은 차이가 있으나, 편짓글 등의 현실 언어에 충실한 자료를 중심으로 보았을 때)

17세기 「-ㅁ」 이름법의 특색은 '-오/우-' 형태소의 급격한 감소 현상이다. 또 '-기' 씨끝 앞에 안맺음씨끝 「-시-, -앗-, -습-」 등의 본격적인 개재 현상도 17세기부터이다.

5. 우리말 이름법의 실상을 고대 국어에서부터 17세기 국어까지 통시적으로 고찰한 결과, 현대 국어와 같이 「-기」 이름법이 더욱 생산적으로 쓰이기 시작한 것은 17세기부터이다. 「-기」 이름법이 '-사실성'·'-결정성'·'-완료성'·'-대상' 등의 의미 특질을 가졌기 때문에, 현대로 내려올수록 복잡 다양하고 불확실해지는 사회 현실을 반영하기 위한 언어 현상의 결과가 「-기」 이름법이 확산된 원인이라 추정할 수 있다.

참 고 문 헌

권재일(1985), 『국어의 복합문 구성연구』, 집문당.

김승곤(1992), 『국어 조사의 연구』, 서광학술자료사.

김영석·이상억(1992), 『현대 형태론』, 학연사.

김영일(1986), 한국어와 알타이어의 접미사 비교연구, 효성여대 박사학위 논문.

김형수(1981), 한국어와 몽고어와의 접미사 비교연구, 『동악어문논집』 15집.

심재기(1980), 명사화의 의미기능, 『언어』 5-1.

_____(1982), 『국어 어휘론』, 집문당.

양동휘(1976), On Complementizer in Korean, 『언어』 2-1.

양연석(1971), Korean Syntax, University of Hawaii 학위논문, 백합출판사.

이맹성(1968), Nominalization in Korean, 『어학연구』 4-1.

이홍배(1970), A Study of Korean Syntax, 범한서적.

임홍빈(1974), 명사화의 의미 특성에 대하여, 『국어학』 2.

장석진(1966), Some Remarks on Korean Nominalization, 『어학연구』 2-1.

채 완(1979), 명사화소 '기'에 대하여, 『국어학』 8.

최남희(1986), 『고려향가의 차자 표기법 연구』, 홍문각.

_____(1987), 선어말 어미 '-*오/우-'의 통어기능, 『동의 어문론집』 3.

_____(1990), 고대 국어의 마침법 연구, 『한글』 208.

_____(1991a), 고대 국어의 이음법에 대한 연구, 『한글』 212.

_____(1991b), '처용가' 제8구에 대하여, 『들메 서재극박사 환갑 기념논문집』.

_____(1992), 고대 국어의 맺음씨끝 연구, 『김승곤박사 정년 퇴임 기념논문집』.

허 웅(1975), 『우리 옛말본』, 샘문화사.

_____(1983), 『국어학』, 샘문화사.

_____(1989), 『16세기 우리 옛말본』, 샘문화사.

Poppe, N(1954), *Grammar of Written Mongolian*, Wiesbaden.

영문제목 : A Diachronic Survey of Nominalization in Korean. Choi, Nam-Hee.

• 이 논문은 『한글』 제220호(1993. 한글학회) 109~152쪽에서 옮겨 실은 것임.

설명법 이음씨끝 "-되"의 변천사(고쳐 쓴)

리 의 도

1. 머 리 말

우리말 이음씨끝에 관한 내 작업의 첫결실은 "우리말 이음씨끝의 통시적 연구"(1990)[1]라는 이름으로 세상에 나왔다. 그런데, 그 논문을 쓸 당시에도 그런 생각을 했었지만, 뒤에 찬찬히 살펴보면서 충분한 논의를 하지 못한 내용이 적지 않음을 다시 한번 절감하였다. 교정을 잘못 보았거나 자료를 빠뜨린 부분도 여러 군데 눈에 띄었다. 그러한 점을 깁고 더하고 바로잡아야 하겠다는 마음에서 "15세기 우리말의 이음씨끝"(1989.12)과 "비례법 이음씨끝의 역사"(1991.3)를 다시 썼고, 이제 세번째로 이 글을 쓴다.

'설명법'은 이음법의 여러 하위 범주 가운데 하나인데, 앞마디의 말을 이어서 '설명'해 나가거나, '인용'을 나타낸다.[2] 이 설명법은 허웅(1975 : 612)에서 설정되고 정의된 것인데, 이것은 『우리 말본(1937)』의 '풀이꼴(說明形)'에 그 뿌리를 두고 있다. 리의도(1990)에서의 기준으로 말하면, 현대 우리말에서 설명법에 드는 이음씨끝은 "-으되, -는데, -은데" 들이다. 이 글에서는, 이 가운데서 "-으되"만을 살핌의 대상으로 삼고자 한다.

---

1) 이것은 박사 학위 논문인데, 1989년 10월에 탈고하여 1990년 2월에 처음 세상에 내놓았고, 똑같은 내용으로 같은 해 7월에는 책으로 간행하였다.
2) 『우리 말본』 398쪽에 "-(으)되"에 관한 풀이가 있는데, 그 끝에 [잡이] 「말하되, 가로되, ……」 따위를 特히 끄러옴꼴(引用形)이라 하여, 나는 일찍 이음법의 한 꼴로 풀어 왔었으나, 그것도 역시 한 풀이꼴로 봄이 옳겠다고 생각하게 되어서 위와 같이 하였노라." 하는 언급이 있다. '인용'을 '설명(풀이)'이라는 이름으로 아우르게 된 것은 여기에서 비롯된다.

이 글의 전체적인 테두리와 관점은 앞의 논문들과 크게 다르지 않을 것
이다. 그러나 리의도(1989. 1990)에서와는 달리, 시기를 나눔에 있어 20세
기를 따로 세우고, 각 세기별(공시적) 현상보다는 통시적인 현상에 더욱
주목하고자 한다. 이는 리의도(1991.3)에서 취했던 관점과 같다. 그리고
자료를 좀더 넉넉히 제시하고 좀더 세부적인 사항까지도 논의하고자 한다.
그러다 보면, 앞 논문에서 빠뜨린 것을 집어넣거나, 지난번의 내용을 수정
하는 일도 생기게 될 것이다.

조사 문헌과 그것의 준이름은 리의도(1990 : 4~9)에서 보인 것 그대로
이고, 그 밖에 다음이 더 보태어진다.

준이름	펴낸 때	책 이름	영인처(때)·간행처
훈언	~1459	세종 어제 훈민정음 언해	대제각(1973)
구방	1466	구급방(언해)	한글학회(1975)
정속	1518	정속 언해(이원주 본)	홍문각(1984)
무덤	1565~75	청주 북일면 순천김씨묘 출토 간찰	충북대 박물관(1981)
종덕	1758	종덕신편 언해	홍문각(1982)
일동	1764	일동장유가(가람문고 본)	대제각(1987)
춘-완33	1846	열녀춘향 슈절가(완판본 33장본)	개문사(1985)
춘-완84	1800?	열여춘향 슈절가(완판본 84장본)	교학연구사(1990)
예수서	1887	예수 셩교 젼셔	문광 셔원
사과	1894	사과 지남(辭課指南, J. S. Gale)	탑 출판사(1979)
협성	1898	협성회 회보	협성회
혈루	1905	혈의 루	아세아 문화사(1978)
아이들	1913~14	아이들 보이(월간 잡지)	신문관
통일안	1933	한글 마춤법 통일안	조선어 학회
모음	1936	사정한 조선어 표준말 모음	조선어 학회
수심	1936	수심론(백용성)	대각교 중앙본부
임종	1936	임종결(백용성)	삼장 역회
현조문-수	1938	현대 조선 문학 전집(수필·기행집)	조선일보사 출판부
채만-단	1939	채만식 단편집	학예사
삼대	1948	삼대(엽상섭)	을유 문화사
육당-강	1948	육당 최남선 강연집	동명사

2. "-되"의 세기별 변천 모습

2.1. 15세기

"-되"는 앞마디(선행절)[3]의 말을 이어서 '설명'을 해 나가거나, '인용'을 나타내는 이음씨끝이다. 2.1의 자료 중에서는 (1)ㄴ과 (3)ㄱ과 (5) 들이 '인용'을 나타내는 보기이고, 그 나머지는 모두 '설명'을 나타내는 보기이다.

먼저, 형태에 주목하여 보면, 다음 자료들에서 보는 바와 같이, 15세기의 "-되"는 오로지 하나의 형태로 분포하였다.[4] 그런데 "-되"는 형태 결합상에 불구성(不具性)이 있었으니, 풀이씨의 줄기(어간)에 바로 결합하지 못하고 반드시 "-오-"를 앞세워야 했다(허웅 1975 : 612, 리의도 1990 : 46, 53). 아래 (1)의 "出入호되"와 "기류되"는 각각 "出入ᄒᆞ+오+되"와 "기리+우+되"로 분석되는데, 이 때의 "-오/우-"는 아무런 말본적인 뜻은 짊어지지 않으며 오로지 형태소끼리의 결합만을 도와 준다.[5] 이 "-오/우-"는 (2)와 (7)에서 보듯이 "이-"와 "아니-" 및 미정 때매김법의 "-리-" 뒤에서는 "-로-"로 변이된다(허웅 1975 : 614~615, 리의도 1990 : 46). 그러나 "-오-" 앞에 높임법의 "-시-"가 앞서면 "-오-→-로-"의 변이가 일어나지 않는 바, (4)ㄴ이 그런 보기이다. 이 경우의 "-오-"는 가장 먼저 "-시-"를 "-샤-"로 변이시키고 뒤이어 자신은 무형(Ø)이 되어버리기 때문이다. 다시 말하면, (4)ㄴ의 "이비샤되"는 "입+이+시+오+되→ 입+이+샤+Ø+되"의 과정을 거친 것이다.

---

3) 이음씨끝으로 이루어지는 겹월에서, 선조상으로 앞서는 마디를 '앞마디(선행절)' 또는 '이음마디'라 부르고, 뒤따르는 마디를 '뒷마디(후행절)' 또는 '마침마디'라 부른다.
4) 여기에는 유의하여야 할 점이 있다. 그것은, 그 때가 새 글자 훈민정음을 창제하여 이제 막 보급하는 시기였고, 따라서 이 글자를 마음대로 부려쓰는 (더구나 글을 쓰고 문헌을 펴내는) 이는 특별한 부류의 극소수 사람이었다는 점이다. 이런 점을 두루 생각하면, 그 당시에는 표기의 규범을 엄격히 유지해야 할 필요성이 매우 절실했을 것이며, 한편으로는 그것을 유지하기가 비교적 쉬웠을 것이라는 점을 넉넉히 짐작할 수 있다. 이렇게 볼 때에, 15세기 문헌의 언어 자료와 현실 언어와의 거리는 여느 경우보다 좀더 멀었다고 보아야 할 것이다. 리의도(1990 : 57, 60) 참조.
5) 형태소 "-오/우-"에 대한 자세한 풀이는 허웅(1975 : 730)을 참고하실 것.

(1) "-오+디"

ㄱ. 十二部 修多羅애 出人호디 곧 기튼 히미 업스며 〈월석序 : 19ㄴ〉

ㄴ. 顔淵이 孔子롤 기류디 "울워디옷 더 노프시고 비븨디옷 더 구드시다."
호니라. 〈법화2 : 17ㄱ〉

(2) "-로+디"

ㄱ. 人弊은 點 더우믄 호가지로디 씬ᄅ니라. 〈훈언 : 14ㄱ〉

ㄴ. 모든 想이 호나히 아니로디 다 能히 輕淸ᄒᆞ며 눌씨 〈능엄8 : 71〉

다음으로, 통어적인 면을 살펴보면, 풀이씨의 줄기와 "-디" 사이에는 여러 가지 형태소들이 끼여들 수가 있었다. 바꿔 말하면, "-디"가 이끄는 이음마디(앞마디)의 풀이말은 여러 가지 말본 정보를 짊어지기도 하였다.

첫째로, (3)~(5)에서 보는 바와 같이, "-디"는 객체 높임(-습-), 주체 높임(-시-), 객체·주체 높임(-습+으시-)의 형태소들과 아무런 제약 없이 결합할 수 있다. (3)에서 ㄱ의 "-습-"은 풀이말 "묻-"의 객체 '菩薩'(예문에 드러나지 않음)을, ㄴ의 그것은 "알-"의 객체 '태조의 置陣이 남들과 다름'(예문에 드러나지 않음)을 높이는 정보를 나타낸다. (4)ㄱ "업스샤디"의 "-시-"는 "없-"의 임자말 '태조'[6](예문에는 드러나지 않음)를 높이는 정보를, (4)ㄴ "이비샤디"의 "-시-"는 "입이-"의 주체인 "世尊"을 높이는 정보를 각각 짊어지고 있다. (5)ㄱ의 "請ᄒᆞ솝병샤디"는 "請ᄒᆞ+습+으시+오+디→ 請ᄒᆞ+습+ᄋᆞ샤+∅+디"로 분석되는데, "-습-"은 "請ᄒᆞ-"의 객체인 "摩耶"를, "-시-"는 그 주체인 "文殊"를 높이고 있다. (5)ㄴ의 그것은 각각 '善慧'(예문에는 드러나지 않음)와 "俱夷"를 높이는 정보를 나타낸다.

(3) "-습+오+디"

ㄱ. 大瞿曇이 天眼으로 보고 虛空애 ᄂ라와 묻ᄌᆞ봉디 "그디 子息 업더니 므슷 罪오?" 〈월석1 : 6~7〉

ㄴ. 置陣이 눔과 다ᄅ샤 아ᅀᆞ봉디 나ᅀᅡ오니 〈용가 51〉

(4) "-시+오+디"

ㄱ. 討賊에 겨를 업스샤디 션비롤 ᄃᆞᅀᆞ실씨 太平之業이 빛나시니이다. 〈용가 80〉

---

6) 이 마디에는 임자말이 명시되어 있지 않은데, 그것을 드러내어 현대말로 옮기면 "태조가 討賊에 겨를이 없으시다."가 되겠다.

ㄴ. 世尊이 …… 諸佛와로 다른 이비샤딕 훈 소리로 地藏菩薩ᄋᆞᆯ 讚嘆커시

눌〈월석21 : 156ㄴ〉

(5) "-ᅀᆞᆸ + 으시 + 오 + 딕"

ㄱ. 文殊ㅣ 摩耶의 請ᄒᆞᅀᆞᄫᅡ샤딕 "歡喜園에 가 아ᄃᆞᆯ님 보쇼셔."〈월석21 : 1〉

ㄴ. 俱夷 묻ᄌᆞᄫᅡ샤딕 "므스게 쓰시리?"〈월석1 : 10ㄴ〉

둘째로, 때매김법의 정보를 짊어지기도 하는데, (6)은 완결법의 "-아시/
어시-"를, (7)은 미정법의 "-리-"를 앞세운 보기이다. (6)에서 ㄱ의 "두퍼
쇼딕"는 "둪(盖) + 어시 + 오 + 딕"로, ㄴ의 "이러슈딕"는 "일(成) + 어시 + 우
+ 딕"로 분석되는데, 이런 환경에서 /시/와 /ㅗ, ㅜ/가 녹아붙어 각각 /쇼,
슈/가 되는 것은 이 때의 일반적인 현상이었다.

(6) "-아시 + 오 + 딕"

ㄱ. 짒소리 六合에 두퍼쇼딕 녀가는 비치 ᄌᆞ모 殘微ᄒᆞ도다.〈두해-초 22 :
41ㄴ〉

ㄴ. 書信이 이러슈딕 디나갈 그려기 업고〈두해-초20 : 26〉

(7) "-리 + 오 + 딕"

世間에 드르며 디니리 혜디 몯ᄒᆞ리로딕 果然 能히 …… 種智 낸 사ᄅᆞ미 누

고?〈월석17 : 34〉

그 밖에, "-오 + 딕" 구문에서 이음마디(앞마디)와 마침마디(뒷마디)의
임자말이 같은 경우가 대부분이었다. 그렇기 때문에 뒷마디의 임자말은 대
개의 경우 생략된다. 특히, '인용' 구문의 경우에는 뒷마디(상위문)의 풀
이말까지 생략됨이 보통이었다. (3)ㄱ을 보기로 하여 살펴보면, 앞마디의
짜임새는 "大瞿曇이 …… 묻(다)"으로서, 겉구조에서 '임자 - 풀이 짜임새'
(허웅 1983 : 258)가 온전히 드러나 있지만, 뒷마디(상위문)에는 풀이말(일
반적으로 "ᄒᆞ-" 따위)이 드러나 있지 않다. (5)도 이런 보기이다. 이러한
용법은 한문에서 비롯된 것으로 보인다.[7] 다만 (1)ㄴ에서는 뒷마디의 풀
이말 "ᄒᆞ니라"가 드러나 있으나, 이러한 예가 널리 분포하지는 않았다.

---

7) 한문 "子曰學而時習之不亦說乎"를 우리말로 옮길 때에는 예나 이제나 그 한문에 맞추어 "공
자 가라사대 배우고 때때로 익히면 또한 기쁘지 아니하랴?" 하는 식으로 하고 마는 것이 예
사다.

2.2. 16세기

15세기에 단일 형태로 분포하던 "-오+디" 형이 16세기에 와서는 새로
나타난 몇 어형과 공존하게 된다. (2)의 "셤교되"(←셤기+오+되), ":두
되"(← ·두+오+되)8)에서 보듯이, 무엇보다도 중요한 새 어형은 "-오+
되"이다. 이 어형은 이미 있어 온 "-오+디"에 버금갈 정도로 세력을 확장
하면서(리의도 1990 : 82), 줄기와의 결합 양상에까지도 변화를 불러일으키
게 된다. 매우 드물기는 하지만, (3)과 (4)에서 보듯이 "-오+듸"와 "-오
+데" 형도 찾아진다(허웅 1989 : 247). (1)~(7)의 자료들은 16세기에 이
어형들이 어떻게 분포했는가를 잘 보여 주고 있는바, 이를 보면서 분포와
변화의 양상에 대하여 좀더 자세히 논의해 보기로 하자.

(1) "-오+디"

ㄱ. 한 사롬둘히 다시 중ᄃ려 무로듸 "네 다시 ᄂᆞ미 겨집 도적ᄒᆞᆯ다?" 그 중
   이 닐오듸 "노의여 아니ᄒᆞ리이다."〈박번上 : 37ㄱ〉

ㄴ. 黑子ㅣ 高允이를 怨ᄒᆞ야 닐오듸 "그듸ᄂᆞᆫ 엇디 사롬을 달애여 주글 짜해
   나ᅀᅡ가게 ᄒᆞᄂᆞ뇨?" ᄒᆞ고 드러가〈번소9 : 43ㄴ〉

ㄷ. 희여 내 가고져 ᄒᆞ듸 ᄒᆞ령 겨시다 홀시 몯 가 잇ᄉᆞ오리.〈무덤 24〉

(2) "-오+되"

ㄱ. 王延이 어버이롤 셤교되 빗츠로 치더니 …… 한겨을 盛ᄒᆞᆫ 치위예 몸애
   샹녜 암ᄋᆞᆫ 옷시 업소듸 어버이ᄂᆞᆫ 맛난 마슬 極히 ᄒᆞ더라.〈소해6 : 25ㄴ〉

ㄴ. 齊景公이 馬 千駟를 :두되 死ᄒᆞᆫ 날애 民이 德을 稱홈이 업고, 伯夷와 叔
   齊ᄂᆞᆫ 首陽ㅅ 下에 餓호듸 民이 이제 닐으히 稱ᄒᆞᄂᆞ니라.〈논해4 : 26ㄴ〉

(3) "-오+듸"

ㄱ. 대혹개 닐오듸 "형의 도애도 올ᄒᆞ며 앗의 도애도 올ᄒᆞᆫ 훼사 나랏 사ᄅᆞ
   몰 ᄀᆞᄅᆞ칠 거시라." ᄒᆞ도다〈정속 : 4ㄴ〉

ㄴ. ᄒᆞ마 발인ᄒᆞ여 무들 짜해 가쇼듸 곽기 아니 가거눌〈이륜-초 : 33ㄴ〉

(4) "-오+데"

그듸 날 가디 말라 ᄒᆞ더니 그 올ᄒᆞᆫ 마리로데 사라셔 아므려나 가 다시 ᄌᆞ
식ᄃᆞ리나 ᄃᆞ리고 사다가 죽고져 ᄇᆞ라뇌.〈무덤 152〉

---

8) ":두되"에는 "-오-"가 개입되지 않은 것 같아 보이나, /두/ 앞의 /:/가 그것의 흔적이다. 줄
기(어간)의 성조를 상성으로 바꾸고 자신은 무형(∅)이 되어버린 것이다. 허웅(1975 : 613)
참조.

(5) "-으더"

ㄱ. 이리 알타가 하 셜오면 내 소ᄂᆞ로 주그더 말 업시 쇼쥬롤 밉게 히여 먹고 죽고쟈. 〈무덤 41〉

ㄴ. 쏘 이번 별시 줄 몯 ᄒᆞ니 가무니 낙박히여 그러타 홀 이리 ᄀᆞ이 업스더 바차네 아니 이른 하 불샹ᄒᆞ니 뎌려셔 주글노다. 〈무덤 145〉

(6) "-으되"

ㄱ. 橫渠 張 先生이 골ᄋᆞ샤되 "젹은 아히롤 골ᄋᆞ치되 몬져 모롬이 안졍ᄒᆞ고 샹심ᄒᆞ며 공슌ᄒᆞ고 조심케 홀디니 ……"〈소해5 : 2ㄴ〉

ㄴ. 쓌 호 붓식 ᄀᆞ마니 쓰되 病人이 아디 몯ᄒᆞ게 ᄒᆞ라. 〈간벽-만송 : 15〉

ㄷ. 초나ᄒᆞᆫ날 제 미처 녀려오고져 시브되 그리면 션사놀 아니 가디 몯홀 거시니 너 딜가 ᄒᆞ여 민망ᄒᆞ여 ᄒᆞ뇌. 〈무덤 51〉

(7) "-로+더"

ㄱ. 未人이 밥 먹디 모호몰 두셔 히로더 편안히 잇더니 〈번소9 : 29ㄴ〉

ㄴ. 나ᄂᆞᆫ 즉시 갈 거시로더 댱니롤 반도 몯 바다시니 너월 여ᄒᆞ르뻐나 될 가 시브니 민망ᄒᆞ예. 〈무덤 51〉

16세기 설명법 이음씨끝의 변화를 주도한 것은 "-오-"이다. 김완진(1975 : 147)에서도 지적된 바와 같이, "-오-"가 "-더" 앞에 언제나 필수적으로 끼여(-오+더) 쓰이다 보니 앞선 /ㅗ/의 입술둥근(round) 자질이 /더/에 옮겨져 /되/로 바뀌게 된 것이다(B형 형성). 이러한 변화는 또 다른 변화를 불러왔으니, "-되" 앞에서의 "-오-" 빠짐이 그것이다(C형 형성). "-되"에 "-오-"의 흔적(음성적 자질)이 남아 있기 때문에 굳이 그것을 겹쳐 쓸 필요가 없어진 것이었다(허웅 1989 : 247). 변화는 여기에서 끝난 것이 아니다. "-되" 앞의 "-오-"가 빠지는 현상은 끝내 기존의 어형 "-오+더"에도 영향을 미치어 이 어형까지도 "-오-" 없이 쓰이기에 이르렀다(D형 형성). 이러한 과정을 그림을 그려 보면 다음과 같다. 이 그림은 변화가 A→B→C →D의 방향으로 진행되었음을 나타낸다.

A형: "-오+더"   →   B형: "-오+되"

                                ↓

D형: "-으더"   ←   C형: "-으되"

이 그림에서 "-으더, -으되"의 "으"는 고룸홀소리의 표기인데, (5)와 (6)에서 보듯이 앞 음절의 음성적 환경이 이것의 개입 여부를 결정해 주었다. 다시 말하면, 열린음절 뒤에서는 홀소리 /—/가 끼여들지 않고 닫힌음절 뒤에서만 /—/가 끼여들었다.

위의 자료에서 (1)은 15세기와 같은 A형의 보기이고, (2)는 B형의 보기이며, (5)는 D형의 보기이고, (6)은 C형의 보기이다. 이 가운데서 16세기까지는 A형이 가장 우세한 편이지만, B형과 C형의 세력도 만만하지 않았다. 거기에 비하여 D형의 세력은 그리 크지 않았다. (3)과 (4)는 A~B형의, 많지 않은 변이형태의 보기이다. 어쨌든, 16세기에는 이 모든 어형들이 매우 임의적으로 쓰였는데, 그것은 (2)와 (6)ㄱ에서 보는 바와 같이 한 월(文)에서도 B형(셤교되, :두되)과 A형(업소더, 餓호더), C형(골 ᄋ치되)9)과 A형(골ᄋ샤더)이 각각 나란히 분포하는10) 데서 잘 알 수가 있다.

그러나, (4)와 (7), 그리고 다음의 (14) 및 (15)ㄷ에서 보는 바와 같이 잡음씨와 때매김법의 "-리-" 뒤에서 "-오-"가 "-로-"로 변이되는 현상은 15세기와 다르지 않았다. 또 이들 뒤에서 "-오-"나 "-로-"가 빠져 버린 C형(이+∅+되, -리+∅+되)이나 D형(이+∅+더, -리+∅+더)의 예는 발견되지 않았다. 그리고 2.1(15세기)의 (4)ㄴ에서 본 바와 같은 현상도 변함이 없었으니, 다음 (9)ㄴ이 그러한 사실을 뒷받침해 준다.

다음은 통어적인 면을 살펴볼 차례인데, (8)~(14)에서 보는 바와 같이 15세기와 크게 다르지는 않았다. 그러나 새 형태 "-으되, -으더"의 출현으로 말미암아 새로운 어형이 여럿 등장하였다.

먼저 높임법의 경우를 살펴보자.

(8) "-습+오+더"

　ㄱ. 有僧ㅣ 趙州 和尙긔 問ᄒ_슙오더_ "어늬 이 祖師 西來ᄒ샨 ᄠ디닛고?" 州

---

9) (6)ㄱ의 "골ᄋ치되"는 이 책 『소학 언해(1585)』보다 먼저 나온 『번역 소학(1518)』에서는 "ᄀᆞ르쵸더(←ᄀᆞ르+치+오+더)"로 되어 있었다. 이것은 "-오+더>-으되"의 변천 양상을 보여 주는 좋은 보기이다.

10) 예문 (5)ㄴ의 출전인 〈무덤 145〉의 다른 자리에서는 "업소더"로도 적혀 있다. 한 사람이 쓴 같은 편지에 D형(업ᄉ더)과 A형(업소더)이 공존하고 있는 것이다.

ㅣ 니르샤디 "庭前 柏樹子ㅣ라." 호시니 〈선가上 : 12ㄱ〉

ㄴ. 자시고겨 호시는 바를 묻즈와 공경호야 드리오디 빗츨 유화히 호야 ……
반드시 맛보신 후에 믈러날 디니라."〈소해2 : 3~4〉

(9) "-시+오+디"

ㄱ. 부텨는 이 닐굽 가짓 거슬 보샤디 다 寶俳라 호야 업시 몯홀 거시로다
혜시ㄴ니라.〈칠대 : 3〉

ㄴ. 大禹는 聖人이샤디 히 흔 치만 디나갈 저글 앗겨 노디 아니호시니 〈번
소10 : 9ㄱ〉

(10) "-시+되"

巍巍호다, 舜과 禹의 天下롤 두시되 與티 아니호심이여!〈논해2 : 35ㄴ〉

(11) "-숩+으시+오+디"11)

父王이 世子 되여 겨실 적의 王季의 뵈으오샤디 날마다 세 번곰 호더시니
〈소해4 : 11〉

(8)의 ㄱ에서 "問호ᄉ오디"의 "-ᄉ오-"는 객체 "趙州 和尙"을, ㄴ에서 "드
리오디"의 "-오-"는 이 월에 드러나지 않은 객체인 '부모'를 각각 높이는
기능을 담당하고 있다. 주체 높임의 "-시-"를 앞세운 보기로는, (9)에서
보듯이 15세기와 동일한 어형도 있지만, (10)에서 보는 바와 같은 새 어
형도 나타난다. "-시-"와의 결합에 "-오-"가 개입되지 않은 것인데, 이는
"-으되"의 출현에서 비롯된, 당연한 결과이다. 그리고 (11)의 "뵈으오샤
디"는 15세기와 같은 어형이다.

때매김법 형태소와의 결합에서도 새로운 어형이 나타났다. 완결법 "-아
시-"와의 결합에서 기존의 "-아시+오+디(-아쇼디)" 형과 함께 "-아시+
디, -아시+되" 형이 공존하게 되었는데, (12)와 (13)이 그것을 보여 주
고 있다. (12)ㄱ의 "닐어쇼디"는 "니르(云)+어시+오+디"로, (13)ㄱ의
"됴하시디"는 "둏+아시+디"로, (13)ㄴ의 "닐으러시되"는 "니르(至)+어
시+되→ 니르러시되→ 닐으러시되"로 각각 분석된다. 그러나 (14)에서
보듯이 미정법 "-리-"와의 결합 양상은 15세기와 다름이 없다.

---

11) 리의도(1990 : 83)에서는 이러한 예가 찾아지지 않는다고 했었는데, 이는 수정되어야 하겠
다.

(12) "-아시+오+디"

ㄱ. 쥬역에 닐어쇼디 "됴훈 일 만히 무쎠난 지븐 반두시 기튼 경시 잇느니라." 〈박번上:31〉

ㄴ. 모다 다 춧그리 걸안자 서르 對호여쇼디 쫌이 홀로 쓸어안자 더옥 공순호거놀 〈소해6:106ㄱ〉

(13) "-아시+디/되"

ㄱ. 네 아바니미 …… 죽다가 사라 이제는 다 됴하시디 쯔미 굿디 아니커니와 〈무덤 148〉

ㄴ. 子孫이 두어 디예 二百 남은 사롬에 닐으러시되 오히려 훈디 살며 〈소해6:100ㄴ〉

ㄷ. 李勣이 貴호야 僕射이 되여시되 그 몯누의 病호엿거든 반두시 친히 위호야 블 디더 粥을 글히더니 〈소해6:73ㄱ〉

(14) "-리+오+디"

兆ㅣ 足히 뻐 行호리로디 行티 몯훈 후에 去호시니 〈맹해10:19~20〉

그리고, "-디, -되"가 인용 구문을 이룰 경우에 뒷마디(상위문)의 풀이말이 드러나는 일이 점점 늘어났다. (1)~(14)의 자료 가운데 여섯이 '인용'을 뜻하는 보기인데, 뒷마디의 풀이말이 드러난 것이 (1)ㄴ과 (3)ㄱ과 (8)ㄱ 등 셋이다. 다른 연구 결과(허웅 1989:532)까지를 참조해 보면 15세기와는 꽤 달라진 것으로 이해된다.

의미적인 면을 살펴보면, 15세기와는 달리, 이 씨끝이 '조건'을 나타내는 일이 더러 있다. (15)가 그러한 보기이다.

(15)ㄱ. 안직 여러 날 머겨 프로디 됴호니라. 이제 풀면 갑시 도다나디 아니호리라. 〈박번上:52ㄱ〉

ㄴ. 子弟ㅣ 도외여서 …… 버들 디졉호디 버듸게 능히 느죽디 아니호고 〈번소6:3ㄴ〉

ㄷ. 너희 호마 姑舅兩姨에셔 난 형뎨로디 엇디 길 조차셔 더러운 말소믈 회피티 아니호는다? 〈노번上:16ㄴ〉

ㄱ의 "프로디"는 『박통사(번역)(~1547)』에 있는 예인데, 그 뒤 월의 "풀면"과 비교해 보아도 '조건'의 뜻이 강하며, 17세기에 다시 간행된 『박통사 언해(1677)』에서는 아예 이것까지도 "풀면"으로 바뀐다. ㄴ의 "디졉호

뒤"는 『번역 소학(1518)』에 나타나는 예로서 한문 "接朋友卬"을 우리말로 옮긴 것인데, 언뜻 보기에는 '설명'의 계속으로도 비칠 수도 있겠지만, 다시 간행된 『소학 언해(1585)』에서는 이 구절이 "뒤접홈애눈"으로 옮겨진 것을 보면 먼저 사람들도 이에서 '조건'의 뜻을 느꼈음을 짐작할 수 있다. ㄷ의 "형뎨로뒤"는 『노걸대 (번역)(~1547)』에 있는 예인데, 똑같은 구절이 17세기의 『노걸대 언해(1670)』에서는 "兄弟일쟉시면"이라고 번역되는 것을 볼 때에 '조건'의 뜻으로 해석하지 않을 수 없다. 이처럼 "-으뒤" 부류의 씨끝이 '조건'의 뜻을 나타내는 쪽으로도 쓰이게 된 것은 '가정'이나 '조건'의 뜻을 나타내는 구속법의 "-은댄, -ㄴ뒨"들과 음성 형식이 비슷한 데서 유추된 때문으로 보인다. 이 씨끝은 각각 '늘어난 형태'인 "-은대눈, -ㄴ뒤눈"으로도 쓰였기 때문에, 이들을 각각 "-은대+눈, -ㄴ뒤+눈"의 구조라고 잘못 분석하여 "눈"을 대수롭지 않은 형태로 생각하게 되면(리의도 1990 : 64~65, 102~103 참조), "-으뒤"는 이들과 음성적으로 매우 흡사한 것이 되고 마는 것이다.

2.3. 17세기

17세기에는 C형 "-으뒤"으로의 합류가 가속되는데, 입말에서는 합류가 거의 완성된 것으로 보인다.[12] 따라서 줄기와의 결합에서 반드시 "-오-"를 앞세워야만 하던 불구성도 거의 극복되고, "-오-"의 개입은 임의적이 되었다. 다음 자료에서 (1), (5)ㄱ, (6)ㄱㄴ, (7)ㄱ, (9) 들이 "-오+뒤" 형이고, (2), (5)ㄴ, (6)ㄷ, (12) 들은 "-오+뒤" 형이고, (3)과 (7)ㄴ은 "-으뒤" 형이고, 다른 것은 모두 "-으뒤" 형의 보기이다. 이렇게 평면적으로만 보면 17세기에도 "-오+뒤" 형이 꽤 널리 분포했던 것으로 생각할 수도 있다. 그러나 토와 번역문을 비교해 보면 그러한 생각이 너무도 소박

---

12) 이 같은 사실은 『노번(~1547)』과 『노해-초(1670)』를 비교해 보면 아주 잘 드러난다(리의도 1990 : 118).
　(1)ㄱ. 야지 닐오뒤 뎌의 주려 ᄒᆞ는 갑시 올ᄒᆞ니 〈노번下 : 60ㄴ〉
　　 ㄴ. 즈름이 니ᄅᆞ뒤 뎌의 주려 ᄒᆞ는 갑시 올ᄒᆞ니 〈노해-초下 : 54ㄴ〉
　(2)ㄱ. ᄒᆞᆫ 근 고기를 :사뒤 ᄀᆞ장 술지니란 말오, 〈노번上 : 21ㄱ〉
　　 ㄴ. ᄒᆞᆫ 근 고기를 사뒤 ᄀᆞ장 술지니란 말고, 〈노해-초上 : 19ㄱ〉

하다는 것이 드러난다. 예를 들면 (2)ㄱ과 (4)의 밑줄 친 부분의 한글 토가 각각 "問閣提三藏호딕", "和立穀喂之호딕", "復作是言호딕"로 되어 있다. 이러한 예들은, 글말에서는 "-오+딕"가 쓰였지만 입말에서는 "-오+되, -으되"가 널리 쓰였다는 것을 뒷받침한다. 그러니까 이 때까지도 보수적인 글말에서는 "-오+딕" 형이 여전히 적잖게 분포하였으나, 입말에서는 "-오+되"와 "-으되" 형이 주류를 이루었다고 보는 것이 타당하다. 특히 "-으되" 형의 세력이 매우 커졌으며, "-으딕" 형은 그리 널리 분포하지 않았다.

(1) "-오+딕"
  ㄱ. 비록 낙틱 아녀도 열 둘 너모딕 나티 아니라 하느니 〈언태 : 60ㄴ〉
  ㄴ. 새 믈을 째째로 먹교딕 밤 디날 제는 먹키디 말며 〈마경上 : 39ㄱ〉
(2) "-오+되"
  ㄱ. 문데 사데 삼장도려 무로되 "이 엇던 샹셔오?" 디답호야 굴오딕 〈권념 : 22ㄱ〉
  ㄴ. 가샹이는 샹한은 대단티 아니호되 여러 날 더러니 민망호여 호노라. 〈친언 69〉
(3) "-으딕"
  흔 방문의 산후 피기 고티딕 납거미 집 세히나 다스시나 믈에 달혀 더우니를 마시면 즉시 근느니 〈언태 : 56ㄴ〉
(4) "-으되"
  ㄱ. 오로 줄기만 가져 콩과 곡식을 섯거 먹기되 긔우늘 한딕 두어 비록 셜한 이라도 히여곰 집 아리 드리디 말고 〈마경上 : 42ㄴ〉
  ㄴ. 일심으로 아미타불을 일ᄏᆞ라 렴호야 쏘 이 말을 지으되 댱뷔 일심으로 믈러나디 아니호야 〈권념 : 19~20〉
(5) "-로+딕/되"
  ㄱ. 내 주근 후 열 흔 희로딕 그 죄올 무러 못디 아니호고 그디롤 기드려사 결단호리라. 〈권념 : 2ㄱ〉
  ㄴ. 일하롤 출합호면 녜수 업는 거시로되 네 삼촌이 수용데 되매 지간호여 인호여 셩티는 주긔 호여시니 삼촌의 인수나 덕어라. 〈친언 89〉

이제 통어적인 면을 살펴보기로 하자.

(6) "-숩+오+더/되"

　ㄱ. 或이 묻즈오더 "이제 士庶人이 …… 또흔 오직 四代롤 祭흐리잇가? …
　　… 그러티 아니니잇가?"〈가례1 : 36〉

　ㄴ. 죄인이 그 례룰 의거흐와 흔적 편지룰 알외옵고져 흐오더 이제 시절의
　　업수온 일이오매 즈져흐옵더니〈친언 133〉

　ㄷ. 그러흐온 디 ᄀ장 췌흐오되 正根을 계요 츨여 안잣숩ᄂ이다.〈첩신3 :
　　18〉

(7) "-시+(오+)더"

　ㄱ. 그 孝行을 긔록흔 글에 ᄀᆯ으샤디 "孝子의 어버이 셤교매 겨실 제논 그
　　공경을 닐위며 …… 다ᄉᆞ 거시 ᄀᆞ존 후에야 能히 어버이롤 셤김이라."
　　흐시니〈경민-신 : 33〉

　ㄴ. 이천이 더 즈음ᄋᆡ 닐으시더 "조부모상의 모로미 이에 부거티 말 ᄡᅥ시
　　라." 흐시거롤〈가례6 : 23〉

(8) "-시+되"

　ㄱ. 몸을 칙흐고 말을 구흐시논 교셰 젼후의 만흐시되 그 추리틴 더 ᄀᆞᆯ오
　　더〈인조행 : 34ㄱ〉

　ㄴ. 先生이 前의 니르시되 "諸侯ㅣ 三年喪을 畢홈애 다 祭 잇다 흐되 다만
　　그 禮 업섯고 大夫 以下는 ᄯᅩ 可히 考티 흐리로다." 흐시니〈가례9 :
　　26ㄱ〉

(9) "-숩+으시+오+더"

　ㄱ. 염왕이 령을 ᄂᆞ리오샤더 "뎌 왕랑을 엄히 미여 ᄀᆞ져 오라." 흐시니〈권념 :
　　4〉

　ㄴ. (샹이) 폐롤 더르시는 ᄠᅳᆮ든 니디 못ᄒᆞ매 넘흐오샤더 더욱 듯겁ᄉ오시더라.
　　〈인조행 : 58ㄴ〉

(10) "-숩+으시+되"

　ㄱ. 션ᄆᆡ 보오시고 긔특이 너켜 니르오시되 "이는 한조의 샹이니 누셜티 말
　　라." 흐오시더라.〈인조행 : 2ㄱ〉

　ㄴ. 이윽고 봉군을 흐오시되 다 지조와 공으로ᄡᅥ 흐오신 일이오〈인조행 : 2
　　ㄴ〉

먼저, "-으되" 이음마디의 풀이말이 젊어지는 높임법 정보의 면은 16세
기와 조금 다르다. 그것은 높임법 체계의 변화에서 말미암는다. 다시 말하
면, 객체 높임법이 쇠퇴함으로써 형태소 "-숩->-(ᄉ)오-"도 주체 높임이
나 들을이(상대) 높임을 실현하는 데로 돌려지게 되는(김정수 1984 : 25)

데서 비롯된다. 위 (6)ㄷ의 "취ᄒᆞ오되"의 "-오-"는 객체 높임이 아니라 들
을이 높임을 나타내기 위하여 쓰인 것이며(아래 (12)의 "-ᄉ오-"도 그러
함), (9)의 "-오샤딕"와 (10)의 "-오시되"의 "-ᄉᆞᆸ+ᄋᆞ시->-오시-"는 주체
(덧)높임[13]을 나타내기 위하여 쓰인 것이다. 결국 이음마디의 풀이말이
월 밖의 사람(들을이)을 높이는 정보도 짊어질 수 있게 된 것이다. 이는
매우 큰 변화라고 보아야 할 것이다.

다음으로, 때매김 형태소들과의 결합 양상은 16세기와 크게 다르지 않
았다. 다만, 미정법의 "-리-"를 앞세운 예가 찾아지지 않는데, 이는 문헌상
의 제약으로 보아야 할 것 같다. 그러나 18세기에 이르러 "-리-"의 형태가
손상되었다(허웅 1987 : 232)는 점을 상기할 필요도 있다. 그리고 (12)는
"-으되" 앞에 때매김법과 높임법의 형태소가 혼합되어 결합된 예인데,[14]
앞시기에는 없던 것이다. 이것은, 완결 때매김법이 확립되어 가는 과정에
서, 특정한 음성적 환경에서는 이미 "-앗-"의 형태가 고정됨으로써[15] 일어
난 결과로 보인다.

(11) "-아시+되"

ㄱ. 공회 대왕, 영경 대왕 업스실 제 나히 일혼 나마시되 쏘흔 다 법졔롤
다 ᄒᆞ더라. 〈동신孝5 : 24〉

ㄴ. 네 아래 北京 ᄃᆞ녀시되 엇디 아디 몯ᄒᆞ다? 〈노해-초ㅏ : : 54ㄴ〉

ㄷ. 說文에 닐러시되 "쳐적 制度애 ㆍ과 尺과 ㅃ와 尋을 다 사롬의 몸으로
ᄢᅥ 法을 삼으라." ᄒᆞ연ᄂᆞ니라. 〈가례1 : 37ㄴ〉

(12) "-앗+ᄉᆞᆸ+오+되"

이러로셔 몬져 슬오려 싱각ᄒᆞ엿ᄉ오되 말슴ᄒᆞ노라 ᄣᅥ뎌습더니, 이리 니르
시니 …… 더옥 아룜왕이다. 〈첩신9 : 1~2〉

그리고 "-으되"가 인용 구문을 이룰 때에도 뒷마디(상위문)의 풀이말이
드러나는 일이 더욱 늘어났다. (7)ㄴ에서 "조부모상의 모로미 이에 부거
티 말 쎠시라"가 인용마디인데, 그 뒤에 뒷마디(상위문)의 풀이말 "ᄒᆞ시거

---

13) '주체 덧높임'에 대해서는 김정수(1984 : 176)을 참고하실 것.
14) 리의도(1990 : 14)에서는 이러한 것을 '혼합 형태(의 안맺음씨끝)'라는 이름을 붙였었다.
15) 허웅(1987 : 235)에서는 "-앗-"이 확립된 시기를 19세기 끝이라고 추정하였는데, "-ᄉᆞᆸ-"
앞에서는 이미 17세기에서부터 "-아시->-앗(시)-" 형으로 굳어진 사실이 확인된다.

롤"이 앞마디의 풀이말 "닐〇시더"와 짝을 이루고 있다. (8)ㄴ으로써 다시 풀이하면, "諸侯ㅣ …… 흐리로다"는 인용마디이고, "흐시니"는 ("니르시되"가 이끄는 이음마디를 받는) 뒷마디의 풀이말이니, 〔(先生의) "諸侯ㅣ …… 흐리로다." 흐시니]와 같은 '인용 짜임새'(허웅 1983 : 258)가 온전히 드러난 것이다. (7)ㄱ과 (9)와 (11)ㄷ도 이런 점에서 마찬가지이다. 15세기에는 이러한 예가 드물었지만, 16세기에 그 빈도가 좀 늘어나더니 17세기에는 이러한 구문이 상당히 널리 분포하였다. 이러한 구문의 보급은 한문투의 말에서 우리말스러운 말로, 글말투에서 입말투로의 발전으로서, 매우 의미있는 변화로 받아들여진다. 그런데, 이 때까지도 "-고, -라고" 들과 같은 인용토씨 없이 인용 구문을 이루었다는 것이 주목된다.

의미적인 면은 16세기와 다르지 않으며, '조건'을 나타내는 경우가 있는 점도 그러하다. 앞의 (3)이 그 보기이다.

2.4. 18세기

18세기에 이르러서는 여러 형태가 "-으되" 형으로 합류되었다. 그리고 "-오-"의 개입이 더욱 줄어들게 되었으나, 아래 (5)에서 보는 바와 같이, 잡음씨 "이-"와 "아니-" 뒤에서는 앞시기와 다름없이 "-로-"가 나타났다. 그 밖에, 형태적인 면에서는 17세기와 다른 점이 별로 없다.

(1) "-오+더"
   범원지눈 …… 본더 가난흐더 뜻을 굿게 흐야 글을 닑더니 〈종덕ㅣㅣ : 14ㄱ〉
(2) "-오+되"
   雲長이 셩 내여 니로되 "네 엇지 업슈이 너기느니?" 孔秀ㅣ 니로되 "법이 이리 아니면 되느냐?" 〈삼역2 : 25ㄴ〉
(3) "-으더"
   ㄱ. 내 이제 추셩의 훈을 니어 뻐 흐더 "십불회라." 흐노니 〈어백행 : 19ㄱ〉
   ㄴ. 몬져 炭火롤 펴더 시례와 기릭 되며 너븨 될 만티 흐고, 우희 열온 뵈 롤 펴더 띠히 炭과 샹등케 흐고 〈증무원1 : 47ㄴ〉
(4) "-으되"
   ㄱ. 각각 길이 준힝흐게 흐되 …… 차등흐지 아니치 못홀 거시니 〈자휼 : 2 ㄴ〉

ㄴ. 흉얼이 엿보믄 죡히 ᄆᄋᆷ을 움ᄌ길 ᄡᅧ서 업ᄉ되 슉의 엇디 이러ᄐ시
    허소ᄒᆞ뇨? 〈명의下 : 3ㄱ〉
ㄷ. 거울은 믠다라 아름답고 극히 조코 ᄆᆰ으되 後에 濕氣예 쏘이면 곳 동
    녹 쓰ᄂᆞ니 〈첩몽1 : 8ㄱ〉

(5) "-로+디/되"

ㄱ. ᄑᆞ리ᄂᆞᆫ 셰간의 믜온 즘싱이로되 혹 믈그ᄅᆞ시 ᄣᅢ진 양을 보면 부더 건
    져 그눌애 몰나 ᄂᆞᄂᆞᆫ 양을 보며 〈어경민 : 6ㄱ〉
ㄴ. 이 말이 소견이 업ᄉᆞᆫ 줄이 아니로되 나는 ᄲᅥ ᄒᆞ되 그러치 아니ᄒᆞ다.
    〈유경기 : 4ㄴ〉

통어적인 면도 17세기와 크게 다르지는 않았다. 그런 중에 높임법 체계
의 변화로 말미암아 "-으되" 이음마디의 풀이말이 짊어지는 말본 정보가
조금 달라진 점이 눈에 뜨인다. 객체 높임법의 쇠퇴로 말미암아 17세기부
터는 "-습-"이 주로 들을이 높임과 주체 높임을 나타내는 데에 쓰이는데,
(6)ㄴㄷ과 (12)는 들을이 높임, (9)ㄱㄴ은 주체 높임(둘 다 임자말은 임
금)의 보기이다. 그러나 일정한 범위에서는 "-습->-(스)오-"가 여전히 객
체 높임의 기능을 담당하고 있었는데, (6)ㄱ과 (9)ㄷ과 (11) 들이 그런
보기이다.

(6) "-습+오+디/되"

ㄱ. 소신이 황공ᄒᆞ야 긔복ᄒᆞ야 엿ᄌᆞ오되 "진ᄉ 신 김인겸은 문졍공 현손으
    로 션 일곱 먹ᄋᆞᆸ고 공줘셔 ᄉᆞ나이다." 〈일동 1〉
ㄴ. ᄯᅩ 단계적이란 츽을 츄후 어더 보온즉 죠흔 말ᄉᆞᆷ이 만ᄉᆞ오되 힘이 ᄆᆞ
    음을 밋지 못ᄒᆞ와 판본을 못 내오므로 〈경신序 : 1ㄴ〉
ㄷ. 날을 능히 긔록디 못ᄒᆞ오되 대뎌 금년 삼월이니이다. 〈명의下1:38~39〉

(7) "-시+(오+)디"

ㄱ. 왕셰손이 ᄀᆞᆯ으샤되 "양휘 일즉 옥당망 들기롤 열 닐곱 번을 ᄒᆞ되 ……
    내 그 ᄣᅢ에 이믜 양후의 본말을 아랏노라." ᄒᆞ시고 〈명의上 : 45ㄱ〉
ㄴ. 孟子ᄂᆞᆫ 신하 位예 居ᄒᆞ샤되 스스로 맛드시미 이러툿ᄒᆞ시니 〈어훈서 : 7ㄱ〉
ㄷ. 밍지 닐으시디(至) 능히 쓰디 아니ᄒᆞ다. 〈십구2 : 21ㄴ〉

(8) "-시+되"

ㄱ. 되 임의 통홈애 졔와 냥의 노르시되 쓰지 아니ᄒᆞ거눌 …… 뭇는 거슬
    디답ᄒᆞ야 닐곱 편을 지으시다. 〈십구1 : 98ㄱ〉

ㄴ. 태미 션군 슈훈에 닐으시되 "만일 착혼 글로뼈 일인의게 견혼 쟈논 십
   션을 당호고 ……" 호와누니 〈경신序 : 1ㄴ〉

(9) "-습+으시+디/되"

ㄱ. (샹이) 또 뭇즈오시디 "샹범이 비야호로 젼줘 잇거눌 혼가지로 잣노라."
   호니 〈명의下1 : 7~8〉

ㄴ. 텬어가 슌슌호샤 곳쳐 하교호오시되 "명됴의 손즈로셔 …… 나라 일노
   가게 되니 귀호고 긔특하다."〈일동 1〉

ㄷ. 스신너 투신 남여 한줄노 메오시고 군물과 고춰호고 뉵힝 녜로 가오시
   디 내 혼자 싱각호니 내 몸이 션빈니라.〈일동 3〉

때매김법의 경우에는, 중간씨끝의 결합 서열이 서로 반대인 어형이 공
존하는 것이 특징적이다. (11) "-습+아시-"와 (12) "-앗+습-"이 그 예인
데, "-습+아시-" 결합형은 저 앞시기 언어의 잔영이다. (11)의 "보오와시
디"는 "보+옵+아시+디→ 보오바시디"로 분석되며, "-옵-"은 "-습-"의 후
대 형태로서, 여기서는 (12)의 "-습->-ㅅ오-"와 같이 들을이 높임을 나타
낸다.

(10) "-아시+디/되"

ㄱ. 이제 나의 나히 이믜 孔聖의 耳順호신 히예 다나시디 그 行혼 거술
   도라 보면 도로혀 漢唐中主의게 붓그럽도소니 〈어훈서序 : 6ㄴ〉

ㄴ. 글에 닐러시되 "사롬마다 天性이 다 어지되 後에 私慾에 그리여 口옴
   이 어득호지라. ……"〈첩몽1 : 7ㄴ〉

ㄷ. 부쳬 다 나히 오십의 갓가와시되 아돌이 업스니 그 쳬 힝즈롤 출혀
   보내여 〈종덕中 : 36ㄱ〉

(11) "-습+아시+디"

   나의 여론 德으로써 이믜 몸소 아옵고 쏘 우러러 보오와시디 이제 이에
   니르니 …… 聖考롤 져브리옴이로다. 〈어훈서 : 7ㄴ〉

(12) "-앗+습+으되"

ㄱ. 東萊계셔 니른심은 御渡海호션 지 오래 되엿스오되 서르 보옵지 몯호
   오니 그리워호옵더니 이리 보오니 다힝이 너기옵늬. 〈개첩신3 : 1ㄱ〉

ㄴ. 더브러 힘을 혼가지로 호엿스오되 그 역모논 실노 참예호야 듯지 못
   호엿느이다. 〈명의下1 : 13ㄱ〉

그 밖에는 17세기와 다른 점이 별로 없으나, 인용 구문의 경우 뒷마디 (상위문) 풀이말의 드러남이 더욱 보편화되었다. (3)ㄱ, (7)ㄱ, (8)ㄴ, (9)ㄱ 들이 그 보기이다. 그러나 인용토씨는 여전히 쓰이지 않았다.

18세기에 이르러서는 "-으되" 구문이 '조건'의 의미를 나타내는 예는 쉬이 보이지 않는다.

2.5. 19세기

19세기에는, "-으되" 형이 폭넓게 우세한 가운데, 앞시기에 비하여 "-으디" 형도 더 널리 분포하였다. "-오+디, -오+되, -오+대" 형이 간혹 발견되기는 하지만, 전반적으로 볼 때에 19세기가 저물 무렵에는 "되, -디" 씨끝은 결합상의 불구성을 완전히 극복한 것으로 보인다. 그것은 잡음 씨 뒤에 개입되는 "-로-"까지도 이 시기에 꽤 흔들리게 하였다. 아래 (2) ㄴ과 (3)ㄹ이 그것을 보여 주고 있으니, "이-" 뒤인데도 "-로-"가 개입되지 않은 채로 각각 "-디, -되"가 직접 결합되어 있다.

(1) "-오+디"
　滿호디 能히 容홈이 잇고, 仁호디 能히 斷을 善호고, 明호디 察에 傷치 아
　니호고, 直호디 矯에 過치 아니홈이 …… 〈국소 : 18ㄱ〉
(2) "-으디"
　ㄱ. 선현이 말슴호디 "군자는 문학으로써 벗을 모히고 벗으로써 어질믈 보
　　　성흔다." 호엿시니 〈협성1-1 : 2/1〉
　ㄴ. 가령 ㅏ ㅈ도 아 음이오 ·뎜도 아 음이디 웃 아 ㅈ는 외 이와 뎜을
　　　합호여시니 쟝음이 되어야 올코 〈국문 : 4ㄱ〉
(3) "-으되"
　ㄱ. 사룸이 너희룰 쳥호여 혼연에 나아가되 슈석애 안지 말나. 〈예수서-누
　　　가 : 28ㄴ〉
　ㄴ. 호쵸와 고쵸 파 못 흔 케룰 놋되 이 모양으로 칭칭이 놋고 〈조반 : 2ㄴ〉
　ㄷ. 귀로눈 말 듯고 코로난 너 맛트되 입으로눈 말도 흐고 음식도 먹나니
　　　라. 〈사과 : 57〉
　ㄹ. 벨지암이란 나라이 …… 젹은 나라이되 그 안에 대학교 네시 잇스니
　　　〈협성1-4 : 3/2〉

(4) "-로+딕/되"

ㄱ. 오놀은 싱됴로딕 정신이 고이ᄒ여 싱각이 업셔 봉셔도 못ᄒ여시니 〈친언 206〉

ㄴ. 입은 ᄒ나이로되 귀는 둘이요 〈신심1 : 9ㄴ〉

그런데 여기에 제시한 19세기의 자료를 통틀어 보면, "-으딕" 형의 보기가 많다. 그러나 이 시기의 현실 언어에서 이것이 "-으되" 형을 압도한 것은 아니다. "-으딕" 형의 분포가 늘어난 것은 결합상의 불구성을 극복한 "-으되" 형의 영향이 다소 있기는 하지만, 조사 대상 문헌의 한정성에 가장 큰 원인이 있다.

다음 예들을 보면서, 통어적인 면을 살펴보기로 하자.

(5) "-ᄉᆞᆸ+으딕/으되"

ㄱ. 그 사이 혹 인편 잇ᄉ오딕 셔역이 극난ᄒ야 못 ᄒ야ᄉ오니 됴 만ᄉᆞᆸ. 〈추사 3〉

ㄴ. 방자놈 엿ᄌᆞ오되 "글 공부 하시난 도령임이 경쳐 차져 부질업소." 〈춘완 84 : 4ㄱ〉

(6) "-시+(오+)딕"

ㄱ. 世宗大王게으셔 ᄒ샤대 "世界 各國은 다 國文이 有ᄒ야 人民을 開曉하되 我國은 홀노 업다." ᄒᄉ 〈신심序 : 1ㄱ〉

ㄴ. 셰종조끠셔 …… 말이 되게 쓸 글을 궁구ᄒ시딕 증거홀 거시 업더니 〈국문 : 1~2〉

ㄷ. 조픔이 퇭담질실ᄒᆞ시딕 고집은 장ᄒ시니 그리 아소. 〈친언 205〉

(7) "-시+(오+)되"

ㄱ. 예수 딕답ᄒ샤되 "너 너희게 일오기롤 너가 기로다 ᄒ여스니 …… 가게 하라." 하니 〈예수서-요안 : 31ㄴ〉

ㄴ. ᄉ쏘 말삼ᄒ시되 "급피 너향을 모셔 치향을 밧비 ᄒ라." 〈춘-완 33 : 11 ㄴ〉

ㄷ. 도련임 드러가니 사쏘 말삼하시되 "여바라, …… 쩌나거라." 〈춘-완 84 : 36ㄱ〉

(8) "-ᄉᆞᆸ+으시+(오+)딕"

ㄱ. (예수) 다시 물오샤딕 "너희 뉘롤 찻ᄂ냐?" 하니 〈예수서-요안 : 31ㄴ〉

ㄴ. 긔희년 봄의 선친이 …… 선희궁의 ᄒ오시딕 "오날 셰자랄 위ᄒ야 정승 ᄒ나홀 어더노라." ᄒ오신딕 〈한중6 : 532〉

ㄷ. 션왕이 ㅎ<u>오시더</u> "그러ㅎㄹ 묘리 업고 본심과 ㅅ실이 이 슈추의 이시니
올니라."〈한중6 : 540〉

"-으되" 이음마디의 풀이말에 놓이는 높임법의 정보는 18세기와 다름이
없다. 궁중말의 잔영이기는 하지만, (8)ㄴ에서 "-ᄉᆞᆸ->-오-"가 객체 높임
의 기능("선희궁"을 높임)을 하고 있는 점도 18세기와 같다.

때매김법은 완결법부터 살펴보자. 아래 (9)에서 보는 바와 같이 완결법
의 형태는 주로 "-아시/앗시-" 형<u>으로</u> "-으더/으되"에 앞섰다. 그러나 19
세기 후반에는 "-앗+으되" 결합형으로의 통일이 촉진되었다. 그리고, 18
세기에 보이지 않던 미정법의 "-리-"를 앞세운 어형이 보이며, "-아실-"(←
-아시+리-), "-오실-"(←-오+시+리-) 들을 앞세운 새 어형도 보인다.
(11)ㄱ의 "먹을더"는 일단은 "먹+을+더"로 분석되는데, 이 때의 "-을-"
은 "-으리+로-→-을로-→-으로-→-을-"의 과정을 거친 것이다. ㄷ의
"조비ㅎ로더"는 "-을-"과 "-으로-"의 넘나듦을 보여 주고 있다. (12)의
"너기실더"는 "너기+<u>어시</u>+리+더"로 분석되며, (13)의 "상덕이시오실더"
는 "상덕+이+<u>시</u>+오+시+리+더"로 분석되는데 앞의 "-시-"는 잘못 쓰
인 것이다(허웅 1987 : 276). (11)~(13)와 같은 보기들은 한정된 문헌에
나타나기 때문에 여기에 절대적인 의의를 부여할 것은 없으나, 이 시기에
"-으되, -으더" 앞에 미정법이 많이 쓰였다는 것은 부정할 수 없다. 이는
18세기 말엽에서부터 19세기 초엽에 새 형태소 "-겠-"으로 말미암아 미정
법이 재건되면서(허웅 1987 : 232) 옛 어형들이 일시적으로 부활된 것으로
해석된다.

(9) "-앗시+더/되"

ㄱ. ᄌᆞ모는 이십 팔 ᄌᆞ로 몬ᄃᆞ럿<u>시더</u> 아 ᄌᆞ 줄에 ㆆ ㅇ과 사 ᄌᆞ 줄에 ㅿ 과
이 세 글ᄌᆞ가 말음에는 ᄡᅳ지 아니ᄒᆞ고 〈국문序 : 2ㄱ〉

ㄴ. 녯 말ᄉᆞᆷ에 닐러<u>시되</u> "지어미ᄂᆞᆫ 처음으로 올 ᄢᅢ에 ᄀᆞᄅ치고 ᄋᆞ희ᄂᆞᆫ 어렷
실 ᄢᅢ에 ᄀᆞᄅ치라." ᄒᆞ지라 〈협성1-4 : 1/2〉

ㄷ. 그 경히 記錄ᄒᆞᆫ 글에 ᄒᆞ얏<u>시되</u> "人生 競爭에 一步도 不讓ᄒᆞ고 …… ᄒᆞᆯ
지어다." ᄒᆞ니 〈국소 : 41ㄴ〉

(10) "-앗 + 으되"

ㄱ. 不久에 玻璃 等物의 稅法은 廢ᄒ얏스되 茶稅는 依然히 如舊ᄒ더라.
〈국소 : 51ㄴ〉

ㄴ. 청국에 잇는 공ᄉ가 본국에 편지ᄒ엿스되 "청국이 죵시 일본에 주의을 모
르니 인졔는 위엄을 쓰는 것이 맛당ᄒ다."고 ᄒ엿는디 〈협성1-4 : 3/2〉

(11) "-리 + 로 + 디"

ㄱ. 갈우약은 더운 물에 타 쓰고 환약은 ᄒ루 세 알식 먹으디 조반 젼에
한 알 젼역 후에 두 알식 먹으랍니다. 〈사과 : 64〉

ㄴ. 그겨 학질이라도 게셔 근력의 견디기 어려올디 ᄒ물며 이 증은 졸연
이 각이 어렵ᄉ올 거시오니 엇지 이긔여 갈가 보옵. 〈추사 29〉

ㄷ. 복위롤 ᄒ셔야 초죵 졔구롤 조비ᄒ로디[16] 셩의가 아니ᄒ랴 ᄒ신 거
시 아니로디 복위롤 앗기오시고 〈한중3 : 276〉

(12) "-아시 + 리 + 디"

여념 필부로 닐러도 칠십 노인이 독ᄌ롤 굿겨시면 동늬 사롬도 서로 됴문
ᄒ고 위로ᄒ야 참연이 너기실디 션왕을 여횐 수월 니의 니 션친긔 참욕이
망유 긔극ᄒ고 니 쳐의ᄒ랴 ᄒ는 일노 슉뎨의 격동이라 〈한중6 : 502〉

(13) "-ᄉᆸ + 으시 + 리 + 디"

복졔와 상하의셔 힝ᄒ더면 상덕이시오실디 그롤 못ᄒ여시니 그겨 셜우며
〈한중3 : 276〉

인용 구문에서 "-으되"의 뒷마디(상위문)에 풀이말이 드러나는 현상은
더욱 보편화되었다. (1)~(13)의 자료 가운데서 '인용'을 나타내는 것이
12개인데, 이 중에서 (5)ㄴ과 (7)ㄴ과 (8)ㄷ을 제외하고는 모두 상위문의
풀이말이 드러나 있다. 그리고, 19세기 후반에 이르면 인용토씨가 쓰이는
예가 점차 잦아지기 시작한다. (10)ㄴ이 그 보기이다.

2.6. 20세기

"-으디"는 거의 사라지고, 반면에 "-오대, -으대" 형이 적잖게 나타난
다. 특히 20세기 초엽에는 "-오대" 형이 꽤 널리 보인다. 그러나, 이는 표
기상의 변이형태로서, 오래 가지 않아서 "-으되"로 합류, 통일된다. 거기
에는 글자(한글) 생활의 일반화와 함께 "한글 마춤법 통일안"(1933)을 비

---

16) 이것은 일사본의 기록인데, 다른 두 이본(가람본과 나손본)에는 "조비ᄒ로디"로 되어 있다.

못한 어문 규정의 보급이 절대적인 영향을 미쳤다.[17]

그런데 "-되" 앞에의 /ㅡ/의 개입에 관한 규칙성이 많이 손상되었다. 대체로는 앞시기와 같이 앞선 음절의 음성 환경에 따라 /ㅡ/의 개입 여부가 결정되지만, 아래 (4)에서 ㄹ의 "적되"는 거기에서 벗어나 있으며, ㄷ은 "믈으되"로 되어 있으나 같은 책 5ㄱ쪽에서는 "뭇되"로 표기되어 있다. 이런 양상은 지금까지 그대로 이어지고 있으며, 오히려 "-되"만이 표준으로 수용되는 경향도 있다. 요즈음 여러 국어사전에서 "-되"를 풀이할 때에 '모든 줄기에 붙는 씨끝'이라고 기술함은 그런 경향을 반영한 것이라고 하겠다. 그러나 현실 언어는 꼭 그렇지만은 않다. "적+되, 말+으되 /말+되, 없+으되, 가겠+으되, 하였+으되" 들에서 보는 바와 같이 "-되, -으되"가 임의적으로 선택된다. 그러는 중에서도 "-되"의 분포가 훨씬 덜 제약적이며, "-으되"는 /ㅅ/ 뒤에서만 쓰이는 쪽으로 정리되어 가는 추세에 있다.

아래 (5)의 자료가 보여 주는 바와 같이 잡음씨 뒤에 "-로-"가 쓰이는 현상은 여전히 있으나, 그 쓰임이 점점 줄어들어 현대말에서는 거의 쓰이지 않게 되었다.

(1) "-오+디"
　　부인이 탄식하야 굴오디 "달아. 무러 보즈. 너는 널니 보리로다. ……"〈혈루ㅣ: : 20〉

(2) "-오+대"
　　ㄱ. 사람이 …… 굿세기는 닷는 김생에 미치지 못호대 그 知覺이 신령호야
　　　　萬物의 어룬 되느니라.〈노독1 : 2〉
　　ㄴ. 사람이 말삼호대 "내 일은 내가 호고 남의 일은 남이 혼다." 호나 〈노독
　　　　1 : 60〉

(3) "-으디"
　　무수히 형벌을 밧으디 뜻잡음이 견확호야 〈계해-활 : 33ㄱ〉

(4) "-으되"
　　ㄱ. (아씨가) 수없이 내리쳐 살을 으깨리고 피를 터뜨리되 (오월이는) 터력

설명법 이음씨끝 "-되"의 변천사 129

하나의 빈자리도 피할 것 없이 된 매서운 매 밑에 엎드린 그 순간은
……〈채만-단 : 22〉

ㄴ. 文章의 各 띩語는 띄어 쓰되, 토는 그 웃 말에 붙여 쓴다.〈통일안 : 1〉

ㄷ. 제자가 물으되 "곧 명을 마쳐 죽는 동시에 어떻게 하야 생사를 받지 아
니하겠읍니까?"〈임종 : 3ㄴ〉

ㄹ. 한글 마춤법은 표준말을 그 소리대로 적되, 語法에 맞도록 함으로써 原
則을 삼는다.〈통일안 : 1〉

ㅁ. 안진쟝샤는 로동이라 홀 것이 업시되 우리 나라 등짐쟝샤는 로동 니에
심흔 로동이라 홀지라.〈노독1 : 27〉

(5) "-로+더/되"

ㄱ. 그저 보기에는 항용 흰 조희로더 이것을 불로 쏘이면 글씨가 나오게
ᄒᄂ 법이 잇습니다.〈아이들2 : 36〉

ㄴ. 急하기로 말삼ᄒᄆ 밥이 첫재며 옷이 둘재며 집이 셋재로대 完久ᄒ 경
영으로는 집이 웃듬이오 옷이 버금이오 밥이 그 다음이라.〈노독1 : 23〉

ㄷ. 언제라고 부자간에 따뜻한 말 한 마디 주고받은 것은 아니로되, 수원집
이 들어온 후로 더 심한 것을 생각하면〈삼대ㅏ : 18〉

ㄹ. 이 말에 '봄'은 임기로되 그 '꽃'이 어느 때에 꽃이라고 말하는 언기
가 되나니라.〈국어 : 49〉

"-으되" 이음마디의 풀이말이 짊어지는 높임법의 정보는 주체 높임 하
나로 한정되며, 대부분이 "-시되" 형으로 분포한다. (6)ㄱ에서 보듯이 "-
샤되" 형이 더러 사용되기도 하였는데, 이는 앞시기에 공존하던 "-샤더, -
샤대" 들의 잔영이다. 그러나, 이는 특정한 문헌에만 분포할 뿐, 전체적으
로는 20세기 초엽에 이미 "-시되"로 합류, 통일되었다.

(6) "-시+되"

ㄱ. 능엄경에 말슴하샤되 "허공이 대각중(大覺中)에서 나는 것이 바다에 한
물거품 발하는 것과 같다." 하시니〈수심 : 3ㄴ〉

ㄴ. 각기 되도록 ᄒ야 보시되 졍 못 ᄒ겟거든 이 다음 번에 낼 풀이를 보
시오.〈아이들1:37〉

(8)과 (9)에서 보듯이, 때매김법의 경우는 완결법의 "-았-"과 미정법의
"-겠-"을 앞세우는 것이 매우 자연스럽게 되었다. 그러나 20세기 초반의

문헌에는 "-되" 앞에 완결법의 "-아시-" 형이 더러 분포하였는바, (7)이 그 보기이다.

(7) "-아시＋되"
  속담에 일<u>너시되</u> "구슬이 셔 말이라도 꾀어야 구슬이라." <u>호니</u> 〈노독1 : 90〉
(8) "-앗＋으되"
  ㄱ. 이 그림은 알에 편으로 치우치<u>엇으되</u> 그 자리만 넘기지 아니하면 어데
     든지 다 한가지니라. 〈국어 : 47〉
  ㄴ. 표준말은 같은 말 여럿 가운데에서 다만 하나만 취하<u>였으되</u>, 간혹 實際
     使用의 便宜를 따라 준말을 認定한 것도 있다. 〈모음:일러두기〉
(9) "-겠＋으되"
  당자들인 닭 내외가 얼마큼 기뻐했는지 그것은 <u>모르겠으되</u>, …… 태진이가 신
  기해서 알을 꺼고 날뮈며 좋아한 것은 말할 것도 없거니와 〈채만-단 : 171〉

그런데, 이 시기에 이르면 "-으되"가 '인용'을 나타내는 경우는 점점 줄어들어 현대말(20세기 후반)에서는 그렇게 쓰이는 일은 매우 드물다. 옛 글말투를 유지하고 있는 종교 계통의 말에 남아 있을 뿐이다. 그리고 간혹 쓰일 때에도 대부분 뒷마디(상위문)의 풀이말로 "(말)하다" 따위가 드러나며, 인용토씨도 명시되는 것이 보통이다.[18]

3. 맺음 말

이제까지 설명법 이음씨끝 "-되"가 15세기 중엽부터 지금까지 변천되어 온 발자취를 살펴보았다. 여기에 그 내용을 마무리하고, 이 글을 맺기로 한다.

3.1. 이 씨끝은 15세기부터 '설명'이나 '인용'을 나타내는 데에 쓰였는데, 20세기 초~중엽부터는 '인용'을 나타내는 일이 거의 없어졌다. 그리고, 16~17세기에는 간혹 '조건'의 뜻을 나타내기도 하였다.

---

18) 현대말의 인용 짜임새는 일반적으로 〔N가 "S"(<u>라)고</u> (말)하다〕 또는 〔N가 말하기를
   "S"(<u>라)고</u> (말)하다〕와 같이 나타난다.

3.2. 이 씨끝의 형태는 중간씨끝 "-오-"와 서로 영향을 주고받는 속에 변해 왔는데, 그 변화의 단초는 "-오-"이었다. 이 씨끝의 세기별 분포 상황을 표로 보이면 아래와 같다.

〈이음씨끝 "-디, -되"의 형태 변천 일람표〉

15	16	17	18	19	20초	20후
오+디	오+디	오+디	오+디	오+디	오+디	
	오+되	오+되	오+되	오+되	오+되	
	오+듸					
	오+데					
				오+대	오+대	
	으디	으디	으디	으디	으디	
	으되	으되	으되	으되	으되	으되

이 씨끝은 크게 보아 "-디"에서 "-되" 쪽으로 발전해 왔는데, 위 표에만 의지하면 이 변화는 16세기에 시작되어 20세기 중엽에 완성된 것으로 기록될 수 있다. 그러나 현실 언어(입말)를 중심으로 생각한다면, 이 변화는 17세기에 이미 거의 완성된 것으로 볼 수 있다.

3.3. 이 씨끝은 15세기부터 형태소와의 결합이 불구적(不具的)이어서, 줄기(어간)에 결합될 때에는 반드시 그 앞에 중간씨끝 "-오-"를 앞세워야 했다. 그러나, 16세기부터 그런 제약성이 흔들리기 시작하여 "-오-"의 개입이 임의적이 되었으며, 17세기에는 그 불구성이 거의 극복되었다. 20세기 초~중엽부터는 글말에서조차도 "-오-"가 쓰이는 일이 완전히 없어졌다.

3.4. 통어적인 면에서는, "-되" 이음마디(앞마디)의 풀이말이 높임법과 때매김법의 말본 정보를 짊어지기도 하였는데, 그것을 세기별로 보이면 다음 표와 같다. ("-습->-ᄉ오-"는 15~16세기에는 객체 높임을, 17세기부터는 주로 주체 높임이나 들을이 높임을 나타내었다.) 이 표에서도 나타나듯이, 이 씨끝 앞에는 비교적 여러 가지 형태소가 별다른 제약 없이 놓일 수 있었다.

〈이음씨끝 "-디, -되"에 앞서는 중간씨끝의 변천 일람표〉

범주	중간씨끝	15	16	17	18	19	20초	20후
높임법	습+오	ᄉᆞᆸ오	(ㅅ)오	(ㅅ)오	(ㅅ)오	(ㅅ)오		
	시+오 시	샤	샤 시	샤 시	샤 시	샤 시	사 시	시
	습+으시+오 습+으시	ᄉᆞᆸ샤	(ㅅ)오샤	(ㅅ)오샤 (ㅅ)오시	*(ㅅ)오샤 (ㅅ)오시	(ㅅ)오샤 (ㅅ)오시		
때매김법	아시+오 아시	아쇼	아쇼 아시	아시	아시	아시/ 앗시/앗	아시/ 앗/았	았
	리+오	리로	리로	*리로	*리로	리로/ ㄹ(+오)		
	겟						겟/겠	겠
	아시+리 았+겟					아실		았겠
혼합	습+아시 앗+습 습+으시+리			앗스오	오와시 앗스오 오실			

3.5. 15세기에는 "-디" 인용 구문에서 뒷마디(상위문)의 풀이말이 생략되는 것이 예사이었다. 그러나, 16세기부터 뒷마디의 풀이말이 드러나는 일이 점차 늘어나기 시작하여 17세기부터는 그런 경향이 재촉되었으며, 그 뒤로는 그것이 점차 보편화되었다.

참 고 문 헌

김석득(1987), "완료와 정태지속에 대한 역사적 정보", 한글 제196호, 서울 : 한글학회.
김완진(1976), 『노걸대 언해에 대한 비교 연구』, 서울 : 한국연구원.

김정수(1984), 『17세기 한국말의 높임법과 그 15세기로부터의 변천』, 서울 : 정
　　음사.
리의도(1990), 『우리말 이음씨끝의 통시적 연구』, 서울 : 어문각.
리의도(1991), "비례법 이음씨끝의 역사", 한글 제211호, 서울 : 한글학회.
최현배(1937), 『우리 말본』, 서울 : 연희대학교 출판부.
허　웅(1975), 『우리 옛말본』, 서울 : 샘문화사.
허　웅(1987), 『국어 때매김법의 변천사』, 서울 : 샘문화사.
허　웅(1989), 『16세기 우리 옛말본』, 서울 : 샘문화사.

연 구 자 료

머리말에서 밝혔으므로 여기에 다시 옮기지 않음.

---

* 이 글은 같은 이름으로 1991년에 발표한 논문을 가다듬은 것인데, 자료를 더하거나 바꾼 것
이 많을뿐더러 내용도 고친 데가 많아서 1991년치와는 별도의 논문으로 내놓음. 〈글쓴이〉

고대국어 자료 「叱」의 소리값과 기능

최 남 희

0. 머리말

현재 남아 있는 고대국어 자료에서 쓰임의 잦기가 가장 많은 글자가 「叱」자이다. 그런데도 이 글자에 대한 소리값과 그 기능에 대한 확실한 이해가 되어 있지 않는 것 같다. 좀더 분명한 소리값과 기능, 그리고 그렇게 읽는 이유를 알아야 하겠다.

고대국어의 자료에 반영된 「叱」자의 쓰인 용례는 크게 두 가지로 볼 수 있다.

첫째는 역사서에 왕의 호칭으로 쓰였다.

(1) 儒理尼師今 立 南鮮太子也 …左右奉立之 號 尼師今…脫解尼師今, 婆娑尼師今, 祇摩尼師今, 逸聖尼師今(사기 1.儒理尼師今條 이후)
(2) 第三弩禮 一作 弩 尼叱今 父 南海 母 雲帝 妃 辭要…甲申立 理三十三年 尼叱今 或作 尼師今(유사 왕력 제일)
(3) 脫解齒叱今 一作 吐解尼師今(유사 1 제4탈해왕조)

위의 예는 왕에 대한 신라의 호칭으로 「尼師今 = 尼叱今 = 齒叱今」이 모두 같은 소리의 다른 표기임은 누구나 알 수 있다. 곧 「叱」의 소리값이 〔sV〕 또는 〔sa〕 정도가 아닐까 한다. 아떻든 성모의 소리값은 /ㅅ/이 확실하다.

둘째는 향가 표기에 쓰인 용례들로서, 실제로 쓰인 곳은 대부분 여기에 쓰였다. 그런데, 향가 표기에 쓰인 「叱」자도 또한 크게 두 가지로 나누어

진다.

(가) 宿尸 夜音 有叱下是(모죽)
　　　花肹 折叱可(안민)
(나) 千手觀音叱 前良中(도천)
　　　千隱手叱 千隱目肹(도천)

위의 예문 (가) 단락은 「叱」자가 /ㅅ/ 표기임을 알 수 있고, (나) 단락
은 토씨가 생략된 자리에 쓰인 목청닫음소리 /ㆆ/ 표기로 생각된다.

그 외에 이두 표기나 『향약구급방』에도 쓰였으나, 고대국어의 범주에서
벗어나므로 여기서는 논외로 한다.[1]

우선 이 글자에 대한 종래의 견해부터 머리말에서 소개하고 난 뒤에 글
쓴이의 견해를 피력하고, 위와 같은 소리값과 기능을 「叱」자로 표기한 이
유를 밝히고자 한다.

ㅇ 오구라 (小倉進平)님의 설[2]

① 「叱」가 음절 끝소리로 쓰인 경우

ㅇ 法界毛叱(예경) = 法界믿(法界의 끝). 「毛叱」을 「믿」이라고 읽는 것
은, 「毛」의 글자의 음 「모」의 첫소리와 「叱」의 음(고음ch'il, ch'it 전음chi
l)의 끝소리 하고를 반절한 것이며, 향가 제5에 있는 「佛伊衆生毛叱所只」
의 「毛叱」도 「믿」이라고 읽어야 하며, 「끝」·「말」의 뜻이다. 따라서 「끝」·
「말」의 한국어는 오늘날 「믿」이지만, 엣날에는 「믿」이었다.

ㅇ 毛叱等耶(예경) = 믿으드라(信). 여기에 있는 「毛叱」는 「믿」 또는

---

1) 고대국어의 시대 구분을 고려 개국 이전까지로 보았기 때문이다. 박병채(1989:22)에서는
전망적 방법이 적용되는 문헌시대 이전까지, 즉 훈민정음 창제 이전까지를 고대국어 시기로
보기도 하였다.
2) 오구라 신뻬이(小倉進平)의 『鄕歌及吏讀 硏究』(1929)의 43쪽에서 61쪽까지의 「叱」자에 대
한 해독만을 추려서 정리한 것이다. 전문을 거의 그대로 옮긴 것은 이 글자에 대한 첫 연구
업적이라는 뜻과 고대 한국어에 대한 65년 전 외국인인 오구라 교수의 혜안에 대한 경이로
움 때문이다.

「민」(앞의 「法界毛叱」의 「毛叱」과는 뜻이 다름)라고 읽으며, 「믿다」의 뜻이다. 『훈몽자회』의 「信」을 「미들」, 『천자문』의 「恃」·「信」도 「미들」로 훈하며, 『첩해신어』에도 「막대 扶持호몰 믿노라」(信杖扶)라고 되어있다.

② 「叱」가 토씨로 쓰인 경우

ㅇ 佛體叱利亦(예경) = 부텨ㅅ 刹이여(佛의 國土이다). 「佛體」는 「부텨」부처라고 읽는다. 「叱」은 지격(Genitive case)를 나타내는 조사이고, 오늘날에는 보통 「의」 또는 「ㅅ」으로 표기된다. 향가 중의

必只一毛叱德置.(칭찬)
淨界叱主留卜以支乃遣只.(참회)
嫉妒叱心音.(수희)
菩堤叱菓音.(청전)
法性叱宅阿叱寶良.(보개)
千手觀音叱前良中(도천)

에 있어서의 「叱」도 이 종류의 조사이다. 그 외 『대명률』에도

凡他矣戶叱所納貢稅乙攬管納倉爲在乙良.
凡各司員吏及使臣等叱差人亦.

와 같이 지격으로 사용된 예가 많다.

원래 한국어로 지격을 나타내는 경우에 고래로 여러 가지의 문자가 사용되었다. 잠시 한글 제작 이후에 대하여 고찰하여도, ㄱ·ㄷ·ㅂ·ㅈ·ㅅ·ㅎ·ㅿ·ㅸ 등의 여러 자가 지격 혹은 촉음(音休止 pause)으로서 사용되었다.

ㅇ ㄱ. 平生ㄱ뜯(素志) (용가) 등
  (생략)

ㅇ 양주동 님의 설3)

「叱」 약음차 「ㅅ」. 「叱」이 지격촉음 및 일반으로 「ㅅ」음에 관용됨은 주지의 일이다. 아마 그 고음 「신·진」에 의함일 것이다. 후세엔 심지어 「叱」을 배합한 조자(造字) 「哛·喸·旕」(뿐·것·엇)등이 사용되었다.

尼叱今 或作 尼斯今(유사 왕력)
厚叱只 홋기 在咸興東 二十七里許(용가 7:25)
海松子 佐叱(향약집성방 83)
桔梗 道乙阿叱(촌가구급방)
始叱·進叱(명률 1:14, 12:3)

「叱」자가 「ㅅ」 표기임을 반영시킨 예들이다. 「叱」과 「斯」의 대응, 「잣·도랏·비룻·나ᅀᅡ」 등이 모두 「ㅅ」을 반영시킨다. 일반 「ㅅ」음에 쓰여진 에를 드다면,

ㅇ 花肹折叱可獻乎理音如   (것)
ㅇ 奪叱良乙何如爲理古   (앗) 등
    (생략)

지격촉음자에 사용된 예.

ㅇ 逸烏川理叱磧惡希
ㅇ 千手觀音叱前良中 등
    (생략)

요약하면, 지격촉음 「ㅅ」과 음절말음 「ㅅ」의 용법으로 규정하였다.

ㅇ 박병채 님의 설4)

향가 표기에서 s- 단독 자음 표기로 「叱」자가 사용되었으며, 그 표기된

---

3) 양주동 『고가연구』(1942:85)에 의함
4) 『고대국어의 연구』(박병채 1971:315)에서 「叱」자 기능의 핵심적 내용이 여기서 비로서 나타난다.

향태를 보면 한결같이 후속음이 후두음화(喉頭音化)를 드러내고 있는 점
이다. 다만 후두음 影모자를 사용하지 않고 穿모자 「叱」자를 사용한 것은
하나의 관념적인 차자법이어서 叱」tśʼiĕt의 설내입성(舌內入聲) t-를 빌어
쓴 향찰 표기 체계 중에서도 특수 차용법의 하나에 속한다. 이 설내 입성
t-는 실질적으로 후속음에 작용하는 후두폐쇄의 기능을 담당하였는데, 이
와 같은 용법은 그후 이두에도 그대로 계승되었다. 그리고 중세국어의 실
제 〔ㆆ〕용례를 보더라도 우리말 표기에서 관형사형어미로 사용된 「ㅭ」형
은 실질적으로 후속음의 후두화를 초래하여 〔ʔ〕의 기능을 담당하고 있다.
그러므로 이 〔ㆆ〕음이 다른 자음처럼 독립하여 어두에 쓰이지 않았다 하
여 무음자로 볼 것은 아니며, 이는 고대국어에서도 음운으로 존재한 것으
로 보아야 할 것이다.

ㅇ 이기문 님의 설[5]

고대어 자료들은 음절말 자음의 내파화 경향이 아직 일어나지 않았거
나, 일어났더라도 매우 미약했음을 암시한다. 향찰 표기의 「叱」자는 그
자음과 관련하여 근원적인 의문을 안고 있지만, 적어도 그것이 음절말의 s
를 표기한 것임에는 의문의 여지가 없다. 이 사실은 "사이시옷"으로 쓰인
많은 예와 헌화가의 「折叱可」(것거), 혜성가의 「城叱」(잣) 등에 의해서 명
증되지만, 왕호의 「尼叱今」이 「尼斯今」 또는 「尼師今」으로 표기된 사실도
하나의 방증 자료가 된다.
「叱」(동음 '즐')은 주로 음절말의 s 표기에 사용되었고…「尸, 叱, 只」 등
의 음독의 근거는 아직 밝혀져 있지 않다. 「旀」가 실증하듯이 신라어 표기
법에 약자들이 존재했으니, 이들도 약자들이 아닌가 하는 가설이 있어 왔
으나 이러한 가설의 증명은 이루어져 있지 않다.

이상 몇 분의 대표적인 학설을 소개하였다. 고대국어 연구의 초창기 곧
오구라 님은 「叱」자가 「ㄷ」음의 표기로 쓰여, 이름씨 「믇」, 움직씨 「믇-」

---

5) 이기문(1972:64)와 (1977:64)에서 부분적으로 인용하였다.

의 받침 표기로 생각하였다. [chˈit] 음의 입성 운미의 「-t」을 차용한 것으로 본 것 같다. 또 한가지는 지격을 나타내는 토씨라고 하였다.

양주동 님은 「叱」이 약음차자 「ㅅ」 표기자로 쓰여, 사잇소리(지격촉음) 「ㅅ」이나, 음절 끝소리 「ㅅ」 표기자로 사용된 것으로 밝혔다. 오구라 교수의 학설에서 좀더 발전된 것으로 생각된다. 음절 끝소리의 「ㅅ」 표기를 정확히 밝혔다.

그러나, 박병채 님의 학설에서 더욱 진보된 업적을 발견할 수 있다. 곧 향가 표기에서 s- 단독 자음 표기 외에 후속음이 후두폐쇄의 기능을 담당하는 /ʔ/의 표기자로 사용되어, 고대국어의 자음 체계에 /ʔ/(ㆆ)의 존재를 확인하고, 후속음의 후두화를 초래한 기능을 담당하였다고 하는 점이다.

그러나 다음과 같은 소리값을 지닌 「叱」자가 왜 「ㅅ」 표기자로 쓰였는가 하는데 대한 확실한 증거가 부족하며, '후두폐쇄의 기능을 담당하는 /ʔ/(ㆆ)'의 표기자가 왜 후음의 影/ʔ/모자가 아니고 치음의 穿/tsˈ/모자을 사용하였는지, 이에 대한 확실한 규명이 있어야 할 것으로 생각한다.

◆ 叱 (상고)   昌質   [tˈi̯et]
  (광운)   昌栗切 昌質 개 3등 입 臻 [tɕˈi̯et][6]

이 「叱」의 신라한자음은 「질(cil)」 정도로 추정된다. 어디로 보아도 음절 끝소리 /s/이나, 목청닫음소리 /ʔ/ 의 소리값이나 기능과는 차이가 많다.

1.「叱」의 소리값

고대국어 자료에 나타난 「叱」자의 최초의 기록은 『삼국유사』왕력에 기

---

[6] 여기 인용한 상고음과 중고음은 북경대학 교수 꿔우어 시 량(郭錫良)의 『漢字古音手冊』(1986 북경대학출판사)에 의한 것이다. 상고음과 중고음에 대한 재구는 세계적인 석학 B. Karlgren, 쪼우 파 까오(周法高), 동 통 허(董同龢) 등의 여러 학자들에 의해 거의 완성 단계에 이르렀다고 할 수 있다. 그러나 학자마다 표기상의 약간의 차이와 기호의 차이 등 다소의 혼란은 불가피하다. 위의 책이 가장 최신에 간행된 점만 아니라, 상고음과 중고음에 대한 성모와 운모, 개·합구, 등, 성조, 운섭, I. P. A에 의한 주음 부호등이 명료하게 정리되어 있기에 이 책을 상고음과 중고음 인용에 주로 사용한다.

록된 「第三弩禮 尼叱今 或作 尼師今」이니, A.D 24년, 후한 광무제 즉위 전후이므로, 가장 오래된 절운계 운서의 기록부터 보겠다.7)

「質」운의 기록 중 왕이운(王二韻)8)에는 「齒臼反」, 당운(唐韻)에는 「呂栗反」, 광운(廣韻)에는 「昌栗切」로 기록되었다. 가장 이른 세 종류의 기록은 상당한 차이점이 노출된다. 상고음 당시부터 이 글자가 단순한 하나의 음운으로만 읽히지 않았음을 이들 기록에서부터 짐작할 수 있다. 수나라 때 육법언(陸法言)의 『절운』은 운서 중 가장 영향이 큰 책이다. 물론 이 책은 없어졌지만 왕인후(王仁昫)의 『간류보결절운(刊謬補缺切韻)』 등과 같은 잔권 일부가 보존되고 있고, 당나라 때의 『당운(唐韻)』과 송나라 때의 『광운(廣韻)』이 모두 이 『절운』을 바탕으로 한 것이다. 그러나 『당운』 또한 없어지고 잔권 일부가 남았을 뿐이다. 이것을 모아 한 곳에 대조시킨 것이 위에 소개한 『십운휘편』의 기록이나 확실성이 부족하다. 그러나 『광운』만은 진팽년(陳彭年) 등이 조칙을 받들어 편찬한 현존의 가장 이른 시기의 완전한 운서임에는 틀림없다. 그러나 여기서는 고대국어 자료에 사용된 「叱」자에 대한 소리값을 찾을 수 없다. 그래서 그 다음 대에 이루어진 운서들에서 찾을 수밖에 없다. "『광운』은 팽년과 옹이 정한 것으로 옛글을 많이 썼고, 번거롭거나 간략하여 마땅함을 잃었다(彭年 丘雍 定多用舊文 繁略失當)"하여 정도(丁度)・이숙(李淑)에게 칙명으로 찬집한 것이 『집운(集韻)』이다. 허신(許愼)의 『설문해자(說文解字)』의 훈을 바탕으로 하고, 많은 책을 인용하여 풀이하였다. 『집운』이 『광운』과 다른 점은 수록된 글자의 수가 27,331자가 더 많고, 주해가 상세하다는 점이다.(왕리 1983 계대출판부 번역본 116쪽)

『집운』의 기록에서 「叱」자의 소리값을 추정하겠다.

「叱」 : 「尺栗切」叱 訶也 從口七聲. 訶 大言而怒也. 大訶爲叱.
　　　　　叱或作嘯. (注)嘯讀爲叱.

7) 이것은 『十韻彙編』(劉復 臺灣學生書局) 270 쪽에서 인용한 것임.

8) 『十韻彙編』범례에 "劉復이 돈황에서 얻은 것과 파리 국립도서관 소장 돈황 당 사본인 王仁昫의 『刊謬補缺切韻』을 약칭하여 「王一」이라 하고, 延光室 영인 및 唐蘭이 베껴 쓴 청나라 고궁에 소장된 당 사본을 약칭하여 「王二」라고 한다'라고 하고 붙인 약칭이지 운서명은 아니다.

여기서 소리값이나 훈에 대한 기록은 『광운』과 비슷하다. 성모의 「尺」과 「呂」은 모두 정치음인 穿母/tˊsˊ/에 속하고 운모는 같다. 그러면 당연히 그 다음 기록인 「叱或作嘯. 嘯讀爲叱」에 관심을 가져야 할 것이다. 결국 「叱」과 「嘯」는 같은 음과 같은 뜻으로 쓰인 다는 같은 글자의 다른 표기라는 말이다. 한문에는 워낙 이런 종류의 글자들이 많다. 별로 신기하거나 이상하게 생각할 필요도 없다. 그러면 여기서 「嘯」의 소리값을 다시 『집운』에서 찾아 보자.

1. 거성 嘯운 「先弔切」 〔sieu〕 (신) 「소(su)」
2. 입성 屋운 「息六切」 〔sĭuk〕 (신) 「속(suk)」
3. 입성 質운 「尺栗切」 〔tɕiĕt〕 (신) 「질(cil)」

위에 소개한 것은 「嘯」자가 거성 嘯운일 때는 「先弔切」이요, 입성 屋운일 때는 「息六切」이요, 입성 質운일 때는 「尺栗切」로 발음한다는 말이다.9)

여기서 새로 발견된 사실이 2번의 발음이고, 여기에 촛점을 맞출 필요가 있다. 고대일본한자가 우리 나라 즉, 백제나 신라를 통하여 건너간 점을 고려하면서 이 두 자의 일본음을 찾아 보면, 「叱」은 〔ツ〕와 〔シチ〕로 되었고, 「嘯」는 첫째 〔セウ〕, 둘째 〔シユク〕, 셋째 〔シツ〕와 〔シチ〕로 되었다. 이것은 신라 때의 「叱」과 「嘯」의 한자음이 주로 위의 2번 음인 「속(suk)」으로 발음하였으리라는 강력한 증거가 된다.

다음으로 이 두 자에 대한 『집운』의 기록의 확실성 여부를 알아 보기 위하여 『고금운회거요』10)의 기록도 참고로 하겠다.

嘯 : 先弔切 說文吹聲也 從口肅聲 …歌箋云 蹙口而出聲 又質韻.
   (『고금운회거요』 권:22 거성 18 「嘯與笑韻」

---

9) I.P.A에 의한 발음 표기 중 1과 2는 글쓴이가 추정해본 중고음이고, 3은 앞에 소개한 郭 교수의 추정음이다. 그리고 (신)은 추정한 신라한자음이란 뜻인데, 이 또한 글쓴이가 추정한 것이다.
10) 원(元)나라 때의 황공소(黃公紹)가 지은 『고금운회(古今韻會)』30권을 웅충(熊忠)이 요점만 추려 『고금운회거요』라는 이름으로, A.D 1297에 편찬한 운서로 표면상으로는 36자모와 107운의 전통적인 운부(韻部)를 따르고 있지만, 실제로는 원 나라의 어음계통을 내포하고 있기 때문에 한글 창제 때 많이 인용된 운서로 알려지고 있다.

叱 : 尺栗切 說文詞也 從口七聲. 蒼頡篇 大呵爲叱. 禮記內則 不嘯不指注. <u>嘯</u>
<u>讀爲叱</u>.
(『고금운회거요』 권: 26 「質與術櫛通」)

위의 밑줄친 부분이 「嘯」와 「叱」이 같은 소리값을 가지기도 하였다는
기록으로 보인다. 「嘯」자가 '또 「質」운으로 발음하기도 함'이란, 「嘯」와
「叱」이 서로 상통하는 음이란 뜻이다. 그러나 「叱」의 설명 부분에 "增(韻)
別出嘯字誤"라는 기록도 첨가된 것으로 보아 『집운』의 음에서 상당히 멀어
졌음을 느낄 수 있다.

다음은 이 두 자에 대한 『홍무정운(洪武正韻)』[11]의 기록도 참고하겠다.

嘯 : 蘇弔切 吹聲 (質). (홍무정운 거성 12 嘯)
叱 : 尺栗切 呵叱. 嘯 : 內則不嘯不指音與叱同又(嘯) (홍무정운 입성 2 質)

위의 기록에서도 두 글자의 음이 같기도 하였음을 반영하고 있다. 「嘯」
자의 소리값 뒤에 (質)운 표시하여 두 자의 음이 상통함을 표시하였고,
「叱」자의 설명란에 「嘯」자도 함께 넣어 두고 (嘯)운의 소리값을 함께 가
졌음을 나타내고 있다.

마지막으로 근대에 와서 간행된 중국의 사서(辭書)인 『사원(辭源)』[12]의
기록도 참고하고자 한다.

「嘯」의 의미를 세 가지로 설명하였다. 첫째의 의미는 '噘口出聲'하는 휘
파람 소리이고, 둘째는 '鳴'이니, '길게 소리내서 운다'는 의미고, 셋째의
해설이 이 논문과 관계되는 부분이니, 그대로 옮긴다.

「大聲呼喝 通 '叱'. 禮內則 : '不嘯不指'. 注 : '嘯讀爲叱'. 釋文 : '嘯依注音叱,
尺失反'.
參閱唐顔師古 <u>匡謬正俗三嘯</u>.」

---

11) 명 나라의 악소봉(樂韶鳳) 등 11인이 조칙을 받들어 홍무 8년(1375)에 편찬한 운서로, 절
   운의 계통을 배척하고 '一以中原雅音爲定'을 표방하였으나, 고금과 남북이 함께 뒤섞여 실
   패한 운서로 평가 받고 있다.(왕리의 중국언어학사 계대출판부 133쪽 참고)
12) 1915년 상하이의 商務印書館이 간행한 문자 숙어 해석의 대표적인 저서이다.

다른 부분은 여러번 나온 내용이니 다시 첨가할 말이 없고, 밑줄 친 끝 부분에 관심을 가질 필요가 있다. '당나라 때의 안사고(A.D581-A.D645)가 바른 소리 속된 소리의 세「嘯」의 잘못을 바로 잡았다.'라고 한 부분이다. '正俗三嘯'는 바로『집운』의 세 음을 말한 것 같다. 어느 것이 바른 소리이고 어느 것이 속된 소리인지, 또 어느 소리를 어떻게 바로 잡았는지는 기록되지 않았으니 알 도리가 없으나, 확실한 것은「嘯」의 소리값이 세 가지라는 사실이다.

위의 여러 가지 자료를 참고하여 얻은 결론은, 첫째 고대국어 자료에 쓰인「叱」자는 약자가 아니며,「嘯」와 같은 소리값과 같은 뜻의 일부분을 공유하는 글자이다. 둘째 고대국어 자료에 쓰인「叱」자는 입성 㞌운의「息六切」의 소리값을 반영한 글자로 생각한다. 성모는 心母/s-/이고, 운모는 㞌운의 합구 3등의 /-ĭuk/이므로, 신라한자음은「속(suk)」정도일 것이다. 셋째 고대국어 자료의「叱」은 음차자로 쓰였고, 성모 /s/을 빌린 것은 혀 끝 갈이소리「ㅅ」표기이고, 운모 /-ĭuk/을 빌린 것은 뒤혓바닥의 약한 터짐소리「ㄱ」으로, 거의 비슷한 소리값을 가진 목청닫음소리「ㆆ(ʔ)」닿소리를 표기한 것으로 생각한다.

「叱」로 표기된「ㆆ」의 기능은 '소리 없는 휴식' 곧 '소리 끊음 현상'을 표기한 것으로 생각한다.

『훈민정음』에서「ㆆ喉音 如挹字 初發聲」이라고만 기록하고 구체적인 해설은 없다. 그러나 한자음 표기가 아닌, 당시의 우리말 표기에 쓰인「ㆆ」은 두 가지로 나타난다. 첫째, 미래를 나타내는 풀이씨의 매김꼴 씨끝「-을」은 반드시「ㆆ」과 병서하여「-ᅙᅳᆶ」로 기록되었고, 둘째는 '사잇소리'를 적는데 쓰였다.

우리말 표기에 쓰인 위의 두 경우로 본다면,「ㆆ」은 '소리 없는 휴식' 곧 '소리 끊음 현상'을 표기한 목청닫음소리를 적는 부호이었던 것이다(허 웅 1985:325).

중세국어에 쓰인 이「ㆆ」표기법이 고대국어에서는「叱」표기법으로 쓰인 것이다.

2.「叱」의 기능

2.1「ㅅ」 표기의 「叱」

「풀이씨」

2.1.1 蓬次叱巷中宿尸夜音有叱下是(모죽) ⇒ 다봊ㅎ 굴헝히 잘 밤 이<u>시</u>
아리

彗星也白反也人是有叱多(혜성) ⇒ 彗星야 술본 년기 이<u>시</u>다

此也友物北所音叱彗叱只有叱故(혜성) ⇒ 이야 벋물 배숨ㅎ 彗ㅎ
다믄 이<u>싈</u>고

達阿羅浮去伊叱等邪(혜성) ⇒ 둘아라 뼈가 이<u>시</u>드라

吾衣身不喩仁人音有叱下呂(수희) ⇒ 나이 몸 안딘 사룸 이<u>시</u>아리

不冬喜好尸置乎理叱過(수희) ⇒ 안둘 깃홀 두오리<u>시</u>고

이 단락의 용례들은 「이시-」의 표기를 위하여 「叱」이 〔cV〕 형의 〔sV〕
즉 「시」 표기임을 반영하는 예들이다. 즉 「有叱」은 「이시-」의 표기로,
「有」는 훈독자로 「이시-」이며, 「叱」은 끝소리덧적음으로 기록한 것이다.

중세국어에서 쓰인 「이시-」와 「잇-」도 같은 음의 다른 표기, 즉 똑같이
「이시-」로 발음되었음은 쉽게 알 수 있다. 고대국어 표기에서 「ㅅ」 표기의
「叱」 다음에 홀소리 표기자가 쓰이지 않은 것은 중세국어의 「잇-」처럼 약
한 홀소리의 연결이기 때문에 당시의 기록자들은 여기에 관심을 가지지
않은 것으로 보인다. 중세국어에서 음절 끝소리의 「ㅅ」도 〔s〕임은 이미 증
명되고 있다.(허 웅 1985:355)

○ 셜본 人生이 어딋던 이 ㄱㅌ니 <u>이시</u>리잇고(석보 6:5)
○ 가리라 ᄒ리 <u>이시</u>나 長子룰 브리시니(欲往者在 長者是使)(용가 6:40)
○ 子息의 일홈을 아비 <u>이시</u>며 어미 이샤 一定ᄒ사이다(월석 8:83)
○ 어버싀 ㄱᄌ 이<u>신</u> 저긔 일후믈 一定ᄒ사이다(월석 8:96)
○ 어듸사 됴ᄒ 또리 양ᄌ ㄱᄌ니 잇거뇨(석보 6:13)
○ 玄圃논 黃河룰 ᄎ자갈싀 아노니 잇ᄂ 둥 업슨 둥 ᄒ니라(두해-초 9:30)

○ 마순 사ᄉ미 둏과 도ᄌ기 입과 눈과 遮陽ㄱ 세 쥐 녜도 잇더신가(용가 9:40)
○ 네 이제 사ᄅ미 모몰 得ᄒ고 부텨를 맛나 잇ᄂ니(석보 6:11)

위의 예들은 「이시-」와 「잇-」가 도움 움직씨에서까지도 같은 소리 표기임을 나타내는 예들이다. 즉 15세기까지는 음절 끝소리에서 「ㅅ」과 「ㄷ」의 중화가 일어나지 않았음을 반증하는 용례들이다.

이해의 편의를 위해 향가의 다른 부분도 함께 설명할까 한다. 차례대로 "모죽지랑가"의 예문부터 설명하겠다.

「蓬」은 훈독자 「다봇」이며, 「次」는 약음차자 「ㅈ」 표기로 끝소리덧적음이며, 그 다음의 「叱」이 「ㆆ」으로 쓰인 것인데, 이는 다음 항목에서 설명하겠다.13) 그 다음에 매김토씨가 생략되었다.

「巷」은 훈독자 「굴형」, 「中」은 위치토씨 「희」, 「宿」은 훈독자 「자-」의 줄기이며, 「尸」은 매김꼴의 씨끝 「-ㄹ」 표기인데, 이 경우 주체법도 대상법도 아니다. 풀이말 매김꼴의 한정을 받는 임자씨가 속구조에서 어찌말의 기능을 가질 때도 있는데, 이 경우 안맺음씨끝 「-오/우-」가 쓰이지 않았다. 「夜音」이 속구조에서 어찌말의 가능을 한다.(최남희 1987.b:182)

「下」는 훈차자 「알」로 훈차자 「是」의 「이」와 결부, 「-아리」가 되어 물음법의 씨끝이 된다. 이때 「-아-」 형태소는 힘줌꼴의 안맺음씨끝이며, 「-리-」 아래의 「-가(아)」가 생략되었다.

"혜성가"의 첫 「也」는 느낌 토씨, 둘째 「也」는 「他」자와 통하는 자이므로, 「也人是」는 「년기」가 됨을 밝힌 바 있다.(최남희 1990:13)   그래서 「년기」가 임자말, 「이시다」가 풀이말이 된다. 같은 작품 그 다음 문장의 「伊叱」은 「有叱」과 같은 뜻의 다른 표기로 역시 「이시-」의 줄기이다. 「伊」는 음차자로 「이」 표기이며, 「叱」은 약음차자 「ㅅ」으로 「시」로 읽어 「이시-」가 된다.

「達」은 음차자 「둘(月)」, 훈독자 「月」로 표기되어야 할 곳이다. 의미 형태소의 표기는 훈독자가 많다는 점을 고려하면 다소 의문이 있기는 하나,

---

13) 「ㆆ」 표기로 쓰인 「叱」은 앞으로 향가 해독에서 모두 「ㆆ」으로 읽는다. 이때까지 「叱」은 모두 「ㅅ」 표기로 읽었으나, 「ㅅ」이 음절 끝소리에서 분명히 〔s〕이므로, 목청닫음소리의 「ㆆ」 표기의 「叱」은 「ㆆ」으로 읽는 것이 옳다.

문장 전체의 뜻으로 파악하면 '月'의 의미가 적당하다고 생각한다. 「阿羅」
도 음차자로 「알(下)」에 위치토씨 「아」가 붙은 현상이다. 경상 방언의 '알
(下)'은 고대국어의 잔재임이 확실하다.

향가 표기의 「耶, 邪」는 주로 마침법의 「-라」로 많이 쓰였고, 가끔 「-
아」로 쓰이기도 하였다. 이 「耶, 邪」는 원래 '語助'로 쓰였기 때문에 우리
말의 마침법 맺음씨끝 「-라/아」에 해당한다.

여기서 「等邪」의 「等」은 훈차자 「둘/들」이며 「邪」는 「아」이나 앞 음절
의 받침 「ㄹ」이 이어나므로 「-라」로 읽는다. 「-드-」는 중세어의 「-다/더-」
와 같은 회상법의 안맺음씨끝이다. 고대국어에서도 중세국어와 같은 여러
가지 변이형태가 쓰였는지는 확실하지 않으나, 이 형태소가 「如」로 쓰인
예도 있는 것으로 보아 「-다/더-」와 「-드-」 세 종류의 변이형태로 재구하
였다.

그 다음의 "혜성가"는 「此也」와 「有叱故」의 해독만 분명하고, 나머지는
모두 불확실하다. 앞의 것은 느낌씨이고, 뒤의 것은 「이시-」의 줄기에 인
칭물음법의 씨끝 「-ㄹ고」가 결부된 현상이다.

"수희공덕가"의 가장 어려운 문제는 「喩」자의 음이다. 중고음은 〔jǐu〕로
기록되었으니, 신라한자음도 「유(jü)」 정도로 생각한다. 그런데 이두 표기
의 「喩」는 모두 「디·지」로만 되었는데, 「지」는 입천장소리된 것이므로
「喩」를 「디」로 읽는 것으로 볼 수밖에 없다. 이렇게 읽는 원인을 찾아야
한다. 상고음 성모에 관한 동통허, Karlgrend의 재구음에서, 이류(以類)
의 喩(j) 성모는 상고의 d-, g-에서 발달한 것임을 알 수 있다. 곧 상고음
이 〔diu〕였으니 이것이 「디」의 차자로 쓰인 것이다. 「仁」은 약음차자 「ㄴ」
표기로 고려향가에만 쓰였고 신라향가에는 전혀 쓰이지 않았다. 「隱」과
「仁」이 모두 약음차자 「ㄴ」으로 쓰였으나, 「仁」은 매김씨끝으로만 쓰인데
반해 「隱」은 매김씨끝 이외에 도움토씨, 임자씨의 끝소리덧적음 등 다양하
게 쓰였다. 여기서는 잡음씨 「안디-」에 붙은 매김씨끝으로 생각한다. 「呂」
는 약음차자 「리」 표기로 위의 형태소와 같은 것이다.

「不冬」을 「안둘」로 읽는 것은 향가나 이두나 마찬가지이다. 「喜」는 훈독
자로 「깃ㅎ-」의 줄기, 음차자 「好」는 안맺음씨끝 「-오-」가 「깃ㅎ-」의 줄기
와 결부된 결과이고, 그 다음의 「尸(-ㄹ)」 매김씨끝 앞에 대상법의 「-오-」

형태소가 개재한 것이다. 그 다음에 임자씨가 생략된 것으로 생각한다.

「置」는 훈독자 「두-」의 줄기이며, 「乎」는 인칭법의 안맺음씨끝 「-오-」, 「理」는 음차자로 매김씨끝 「-ㄹ」과 매인 이름씨 「이」가 결부된 형태이며, 「ㅣ」 홀소리 아래에서 「이시-」의 「이」가 생략되는 이유로 「有」를 탈락시킨 것으로 보인다. 「過」는 약음차자 「-고」로 물음법 씨끝이다.

이상은 「有叱(이시-)」의 낱말을 가진 월을 묶은 것이다.

2.1.2 花肹折叱可獻乎理音如(헌화) ⇒ 고줄 것가 바도림다

중세국어에 「겼다」란 움직씨가 있다. 실제 용례를 소개한 후에 「ㅅ」이 음절 끝소리 자리에서 〔s〕로 발음되었나를 검토하겠다.

> (1) 재 ᄂᆞ려 티샤 두 갈히 것그니(용가 5:38. 36.)
> (2) 東門 밧긔 독소리 것그니 聖人 神功이 ᄯᅩ 엇더ᄒᆞ시니(용가 9:42. 88)
> (3) 雜草木 것거다가 ᄂᆞ츨 거우ᅀᆞᆫ둘 ᄆᆞᄉᆞᆷ잇든 뮈우시리여(월곡 62)
> (4) 누른 곳가리 프른 오새 비취엿ᄂᆞ니 허리 것구메 쓸 器具ㅣ 아니로다(두해
> -초 21:39)

『훈민정음』 종성해에 「然 ㄱ·ㆁ·ㄷ·ㄴ·ㅂ·ㅁ·ㅅ·ㄹ 八字可足用也」의 여덟 종성법을 규정하여, 「ㅅ-ㄷ」을 대립시켰다는 것은 당시까지도 음절 끝소리 「ㅅ」이 닫음소리 되기 이전임을 반영한다. 그러나 「如빗곶爲梨花 영의갗爲狐皮 而ㅅ字可以通用 故只用ㅅ字」라 하여 「ㅈ·ㅊ」이 음절 끝소리에서 「ㅅ」에 중화된 것처럼 기록되었으나, 근대국어나 현대국어의 변천 과정으로 보아 그렇게 볼 수는 없고, 「ㄷ」에 중화되었다고 보아야 할 것이다. 그렇다면 'ㅈ', 'ㅊ' 대신에 "ㅅ 자로 통용할 수 있기에 ㅅ 자만 쓴다"고 한 말과 서로 모순되는 것 같으나, 당시 'ㅅ'이 닫음소리 되는 과정임을 짐작할 수 있다. 'ㅅ'이 열린음절로 발음될 때에도 약한 터뜨림소리였을 것으로 추정된다.

"갈이가 매우 약하고 공깃길이 좁기 때문에 끝소리의 〔ㅿ〕와 잘 구별되지 않으며, 이것은 닫음소리 〔t〕에 매우 가까운 소리로서 자칫하면 〔t〕로 바뀔 가능성을 가지고 있었다."고 지적한 것은 15세기의 「ㅅ」이 닫음소리

되기 직전의 약한 터뜨림임을 지적하는 것으로 생각된다.(허 웅 1985:361)

결국 「ㅅ」끝소리는 15세기까지 개음절로 확인되기 때문에 고대국어에서는 당연히 개음절로 간주할 수밖에 없다. 고대국어 자료에 반영된 상당 부분이 개음절이었음이 확인된다.14)

따라서 「折叱可」는 「겪-」의 줄기에 이음법의 맺음씨끝 「-아」가 연결되어 「것가」 곧 [käska]로 읽어야 한다.

「花」는 훈독자 「곶」으로 읽는다. 『계림유사』에 「花曰骨」로 표기된 사실이 이를 증명한다.

◆ 骨 (상고) 頁物   [kuət]
     (광) 古忽切 見沒 합 1등 臻 입 [kuət]

「骨」의 상고음과 중고음이 이와 같으므로 고대국어에서도 중세와 같은 「곶」으로 발음되었으리라 짐작된다.

「肹」은 부림토씨인데, 이 부림토씨를 신라향가에서는 주로 「肹」자로 표기하였고, 고려향가와 이두 표기에서는 「乙」자로 표기하였다.

◆ 肹 (상고) 曉物   [xiət]
     (광) 義乙切 曉質 개 3등 입 [xǐět] (신) 「홀(heur)」

되르퍼(Doerfer)가 튀르크어와 몽골어의 부림자리토씨를 비교하여 [keur] 정도일 것으로 추정하였는데(Doerfer 1963:83), 「肹」을 [heur]로 읽는다면, [keur]은 [heur]의 선대형으로 추정된다. [keur﹄heur]의 변화는 여린입천장에서 발음되던 안울림의 터짐소리인 [k, q]가 그보다 조금 뒷편의 목청에서 갈이소리로 바뀐 것이다.

고구려 지명의 '城'을 「忽」로 표기했는데, 이의 중고음도 [Xuət]이고 만

---

14) 이병선(1993 :66)에서는 '향가에 표기된 말들은 지명에 표기된 것보다 먼저 폐음절화하였을 것이나, 많은 말들에 있어서 말모음을 유지했던 것으로' 생각하였고, 천소영(1990 :28) 은 '국어가 고대의 어느 시기까지는 개음절어였을 가능성을 완전히 배제할 수 없으나, 지명이 형성되던 당시만 해도 개음절형과 폐음절형이 불안정하게나마 공존했을 것'으로 보았다.

주어를 위시한 퉁구스 제 방언의 [Xoto(n)]으로 생각되는데, 이것은 몽골어 [qota(n)]의 차용어일 것으로 본다(김방한 1983:113). 이것이 고구려에서 「忽(Xuət)」로 기록되었다고 본다. 또 이 낱말이 「溝漊(kürü)」로도 나타나며, 백제 지명에서는 「骨(kol)」, 「屈(kul)」로 표기된 것도 모두 「X」와 「k」의 관계를 증명하는 자료들이다. 고려향가와 이두에서 부림자리토씨 「乙」이 쓰인 것도 「h」이 탈락되고 난 뒤의 현상이다. 이러한 현상은 「h」이 보편적인 갈이소리가 아니고 목청에서 이루어지는 갈이소리이기 때문에 일어나는 현상으로 생각된다.

향가 표기의 부림자리토씨는 「肹」과 「乙」이 홀소리어울림에 따라 「홀/흘」과 「올/을」을 각각 표기하였다.

「獻」은 훈독자로 「받-」의 줄기이며, 「乎」는 인칭법의 안맺음씨끝, 「理」는 '의지·미래'의 뜻을 나타내는 안맺음씨끝이다. 중세국어와 비교해 본다면 「音」이 상대높임의 안맺음씨끝 「-이-」의 표기라야 하나, 차자표기상의 「音」이 「ㅁ」 표기자로 쓰인 예만 보이므로 부득이 「ㅁ」으로 읽었다. 그러나 「-이-」 표기자로 읽지 않는다 하더라도 상대높임법으로 쓴 것만은 틀림없다.

「如」는 약훈차자 「-다」 표기자로 서술법의 맺음씨끝이다. 중세국어 「-다비」의 고대형이 「-다비」일 것으로 추상하고, 이의 일부인 「다」만 차용하여 「多」와 함께 마침법의 서술법 씨끝 「-다」 표기에 차용하였다.

2.1.3 奪叱良乙 何如爲理古(처용) ⇒ 아삿 엇더흐리고

「奪」은 훈독자로 「앗-」의 줄기이다. 「叱」은 「ㅅ」 표기로 끝소리덧적음이 되므로 실제 발음은 [asV-]일 것이다. 이 귀절은 글쓴이가 이미 한편의 논문으로 발표한 바가 있으므로 그것을 줄여 옮긴다.(최남희 1991b:783)

「良」은 약훈차자 「아」 표기이다. 글쓴이는 '차자 표기 규칙'을 새로 정리하면서 '약훈차' 개념을 주장하였다.(최남희 1986:4, 58)

즉 훈의 일부만 차용하고 나머지는 버리는 차자 표기 방법 중의 하나이다. 「良」은 「어딜-」로 재구하고 그 훈 중의 「어」만 차용하여 홀소리 대립에 따라 「아/어」 표기에 사용되었다. 이와같은 약훈차자에 해당하는 표기

는 「秋察」(제망)은 「ㄱ술」로 재구하였다. 「察」은 「술피-」의 약훈차자로
「술」만 차용하여 「ㄱ술」의 끝소리덧적음으로 썼으며, 「如」는 「-다비」의
「다」만 차용하여 홀소리어울림에 따라 「다/더」 표기에 사용하였다.

   그러므로 여기서는 약훈차자 「아」로 읽고, 〔asV-〕의 「叱」이 터뜨림소리
가 되게 하는 홀소리더보탬소리 〔a〕로 읽어 〔asa-〕가 된다.

   「乙」이 「ㄹ」 또는 「올/을」 표기로 사용된 경우는 신라향가에서 쓰인 경
우는 드물고, 고려향가에서는 주로 부림자리토씨로 사용되었다.

   향가 표기에서 「ㄹ」 표기자는 「尸」과 「乙」이 쓰였는데, 매김꼴의 씨끝
「ㄹ」과 임자씨의 끝소리 「ㄹ」 표기는 전적으로 「尸」자를 사용하였으며, 토
씨와 기타의 「ㄹ」 표기자는 주로 「乙」자를 사용하였다. 즉 「尸」와 「乙」이
「ㄹ」을 표기하는데 있어서 서로 혼용된 예가 거의 없다. 여기서 우리는 고
대국어 흐름소리에는 〔r〕과 〔l〕이 끝소리에서 서로 대립한다는 사실을 알
수 있고, Altai 제어와의 비교를 통하여 「乙」은 〔l〕 표기로 생각되고, 「尸」
는 〔r〕 표기로 추정된다.

   여기서 쓰인 「乙」은 곧 〔l〕로 이름씨 만드는 가지로 쓰여 「아사-」란 풀
이말이 이름씨로 바뀐 것이다. 이러한 현상은 Altai 제어는 물론이거니와
중세국어에서도 많은 용례가 나타난다.

   결국 「奪叱良乙」은 임자말이 되어 현대어로 바꾸면 '빼앗음이 -' 또는
'빼앗는 것이 -'정도로 해석이 된다.

   「何」는 훈독자 「엇더」의 표기자이다. 「如」는 약훈차자 「다/더」 표기자
로 「엇더」의 끝소리덧적음이다.

   「何如爲-」는 중세국어 「엇더ᄒ-」와 같은 그림씨이다. 「理」는 음차자
「리」로 안맺음씨끝이며, 「古」 역시 음차자로 「고」 표기의 물음법 씨끝이
되어 비인칭물음법이 된다.

   고대국어 물음법의 씨끝은 「-고」, 「-가」, 「-뎡」의 세 가지인데, 이 씨끝
앞에는 반드시 「-은」, 「-을」이나, 「-으니-」, 「-으리-」 가운데 그 하나를
앞세운다. 「-은」, 「-을」을 앞세우는 씨끝은 그 임자말이 인칭과 관계가 있
으므로 인칭물음법이라 하고, 「-으니-」, 「-으리-」를 앞세우는 씨끝은 임자
말의 인칭과 상관이 없으므로 비인칭물음법이라 하는데, 이는 중세국어와
비슷하다.(최남희 1990:21)

2.1.4 功德修叱如良來如(풍요) ⇒ 功德 닭그라 오다.

　　　修叱賜乙隱頓部叱吾衣修叱孫丁(수희) ⇒ 닭ㄱ시온　頓部ㅎ　나의
　　　닭ㄱ 손뎡

「修」는 훈독자「닭-」의 줄기로 읽는다. 이때「修」다음에「叱」이 쓰인
점은 받침의「ㅅ」과「ㄱ」이 제 소리값대로 발음되었을 나타내는 것이다.
즉 [taskV-]로 발음하였으리라는 것은 이미 밝혔다.

「如」는 훈독자로「그라-」을 표기한 것이다. 중세국어의 목적형 이음씨
끝「-으라」에 의하여「그라-」라고 읽는다.

「良」은 약훈차자「아」로 연결하면「닭그라」가 된다. 그래서 목적을 나
타내는 의도법 이음씨끝으로 보았다. 그리고 그 뒤에는「오다」가 이어 나
는데, 이 점은 중세국어의 의도법「-으라」다음에「오다, 가다」가 뒤따르
는 현상과 같다.

그 다음 "수희공덕가"의「修叱」도「닭-」의 줄기로 실제 발음은 [taskV-]
이었을 것이다.

「乙」은 약음차자「오」표기자, 종래「乙」자를 부림자리토씨나 고룸홀소
리 표기에만 쓴 것으로 생각하였다. 그러나 여기서는 대상법의 안맺음씨끝
「-오-」표기로 쓰였다.(최남희 1987b:187)

「頓部」는 음독자이며, 그 다음「叱」자는 다음 단락에서 설명할 목청닫
음소리「ㅎ」의 표기자이며 부림토씨의 기능을 가진다.

「衣」는 음차자「의」표기자로 매김토씨가 아니고 임자토씨로 쓰인 예이
다.

「孫」은 음차자「손」표기자인데「ㅅ+오+ㄴ」로 분석된다.「ㅅ」는 매인
이름씨임이 확실하나「오」형태소가 무엇인지 단정하기 어렵다.「ㄴ」은 그
다음 자인「丁」과 결부,「-ㄴ뎡」이 되어 불구법의 이음씨끝으로 쓰였다.
그래서「오」형태소를 잡음씨의 줄기로 볼 수밖에 없다. 그러나 이런 잡음
씨가 다른 용례에서 발견되지 않는다. 중세국어에서는「ㅅ」와 잡음씨의 줄
기「이-」와 결부되어「시-」로 쓰였다. 그렇게 본다면 이「孫」은「신」의 방
언적 표기로 생각하고,「신뎡」의 방언적 표기를「孫丁」으로 표기한 것으로
볼 수도 있다. 한편 매인이름씨「ㅅ」에 불구법의 이음씨끝「-ㄴ뎡」이 결부

된 「손뎡」을 「孫丁」으로 표기하였을 가능성도 있다. 그래서 결론은 좀더
고찰한 다음에 내릴 생각이다.

2.1.5 倭理叱軍置來叱多(혜성) ⇒ 여리ㅎ 軍두 오ㅅ다

「倭」의 중세 훈이 「ː예」로 쓰였다. 이에 근거하여 「여리」 예」로 변한
것으로 생각하기 때문이다(서 재극). 그래야만 「理」가 끝소리덧적음이 되어
올바른 읽음이 된다. 그 성조는 「여·리」였을 것이다. 이와같은 예들을 찾
아 보면 다음과 같다.

- 舊理(혜성)→ 녀리(중세어 'ː녜')
- 世理(원가)→ 누리(중세어 'ː뉘')
- 世呂(청불·상수)→ 누리(중세어 'ː뉘')
- 川理(찬기)→ 나리(중세어 'ː내')

「置」는 훈차자 「두」 표기로 도움토씨인데, 「都」의 방언적 표기로 보인
다. 신라향가에는 「置」와 「都」가 함께 쓰였다.

- 辭叱都(제망)→ 말ㅎ도

◆ 都　　(상고) 端魚　　　　　　　　　〔ta〕
　　　　(광) 當孤切 端模 합 1등 평 遇〔tu〕 (신) 「도(tu)」

「都」의 훈이 '總也'라 하였으니, '모두'의 뜻이다. 현대국어 도움토씨
「도」에도 '모두'의 뜻이 내포되어 있다. 따라서 「도」의 말밑은 '都' 즉 '모
두' 뜻의 이름씨로 추정된다(김승곤 1982 : 15). 차자 표기는 훈과 음을 함
께 차용하려는 의도가 엿보이고, 후대로 오면서 그 훈의 음만 차용하려는
경향이 고려향가에서 드러난다. 고려향가의 「置」는 뜻과는 관계없이 오직
그 훈의 음만 차용한 것이다. 「도」가 처음에는 실사로 사용되다가 '모두'의
의미가 없어 지면서 신라 때부터 「都」와 「置」가 함께 쓰였으며, 고려향가
에서는 「都」가 전혀 쓰이지 않고 「置」만 쓰인 것으로 보아 이 때는 이미

실사의 개념은 완전히 소멸된 것 같다. 이두 표기에서도「置」만 쓰였으며, 홀소리어울임에 따라「도/두」로 나누어 쓰였다고 볼 수 있다.

　「來叱多」는「오ㅅ다」로 읽는다. 움직씨「오-」의 줄기에 결부된 씨끝「-ㅅ다」의 형태소가 무엇인지 문제가 된다. 경북 방언에 쓰이는 '-ㅁ시더'라는 서술법의 씨끝과 관련이 있을 것으로 생각한다.

2.1.6　毛叱所只(예경·수희) ⇒ 못ᄃ록
　　　　毛叱等耶(예경) ⇒ 못ᄃ라
　　　　毛叱巴只(광수) ⇒ 못ᄃ록

◆ 毛　(상고) 明宵　　　　　　　　　〔mau〕
　　　(광) 莫袍切 明豪 개 1등 평 效〔mɑu〕(신)「모(mu)」

　「毛」는 음차자로「모」,「叱」은「ㅅ」표기자로 앞 음절과 결부되어「못-(musV-)」의 줄기이며 중세국어「몿-」의 방언형으로 생각한다.

　「所」는 훈차자로 매인이름씨「ᄃ」인데, 여기에 토씨「로」가 첨가되어「ᄃ로」로 변전되고, 이에「ㄱ」이 첨가되어 미침법의 이음씨끝「-ᄃ록」이 되었다. 글쓴이가 발표한『고대국어의 이음법에 대한 연구』(최남희 1991a 한글 제212호)에서는 미침법이 누락되었다. 다른 기회에 첨가시킬 예정이다.

　「只」는 약음차가「ㄱ」표기인데, 상고음〔kieg〕[15]이 신라한자음「기(ki)」로 반영된 것으로 생각한다.

　「毛叱所只」을「못ᄃ록(mustʌruk)」으로 읽어 중세국어의「못도록」과 동일하며, '法界가 마치도록'의 뜻으로 읽었다(최남희 1986:53).

　「巴只」도 또한「-ᄃ록」으로 읽는다.『광운』의「巴」훈에 '巴蜀又洲取國以名焉 三巴記云 閬白水東南流曲折三廻如巴字'라 한 것을 보면,「巴」자는 세 번이나 굽은 모습을 나타내는 글자이다. 고대국어 차자 표기에도 세 번씩이나 구부려져 다시 돌아오기 때문에「巴」의 훈을「ᄃ로」로 쓴 것 같다.

---

15) 이 상고음 부호는 董同龢의 재구음을 인용한 것이다.

이것은 어찌씨 '도로'의 고대형이다. 이두 표기에도 「㢱叱」는 「-도록, -두록」으로 읽는다.

2.1.7 人米無叱昆(수회) ⇒ 사ᄅ미 없곤

「米」는 음차자로 쓰였는데, 이름씨의 받침 「ㅁ」과 임자 토씨가 결부되었다. 「米」는 중고음이나 상고음이 모두 [miei]이므로 신라한자음은 「미(mʌi)」일 것으로 추정한다.

「無」는 훈독자 「없-」의 줄기, 「叱」은 「ㅅ」표기자로 「없-」의 끝소리덧적음이다.

『계림유사』에 「無曰不烏實」이라 기록된 것을 마에마와 진 태하는 「烏不實」의 오기로 보았다. 이것이 사실이라면, 중세국어 「없-」의 고대국어 발음은 「어브시-」가 될 것이다. 「없-」의 받침으로 기록된 음소가 고대국어에서는 독립된 소리값을 가진 것으로 보인다.

「昆」은 음차자로 중고음이 [kuən]이므로 신라한자음도 「곤(kun)」일 것이다. 곧 제약법의 이음씨끝이다(최남희 1991a:35).

2.1.8 出隱伊音叱如支(참회) ⇒ 나님ㅅ다

「出」은 훈독자 「나-」의 줄기, 「隱」은 약음차자 「ㄴ」으로 다음 글자인 「이」와 결부되어 「니-」의 줄기가 된다. 곧 「나-」와 「니-」가 합성된 비통어적 합성어 중 파생적 합성어에 속한다. 합성되는 두 뿌리 가운데 한 편이 가지에 가까운 성분을 가진 합성어를 파생적이라 한다. 글쓴이가 발표한 "고대국어의 조어법 연구"(1993 한글 제220호)에서는 이 어휘가 누락되었다.

「音」은 약음차자 「ㅁ」표기자, 「叱」은 「ㅅ」표기자, 「如」는 약훈차자 「다」표기로 연결하면, 「-ㅁㅅ다」가 되어 서술법의 마침법 씨끝이 된다.

2.1.9 逐好友伊音叱多(상수) ⇒ 조주임ㅅ다

「逐」은 훈독자 「좇-」의 줄기인데, 「好」가 음차자로 「友」와 결합하여 줄기의 받침 「ㅈ」과 하임말을 만드는 뒷가지 「-우-」와 결합된 「-주-」를 표현하게 된다.

「伊」는 음차자로 상대높임의 안맺음씨끝 「-이-」로 생각한다.

「音叱多」는 앞 단락의 「音叱如」와 함께 「-ㅁㅅ다」의 표기로 보고, 발음은 〔-msita〕로 읽어 상대높임의 서술법 씨끝으로 본다. 경북 안동, 청송 지방의 방언에 '-습니다'를 '-ㅁ시더'라고 한다.

2.1.10 一等沙隱賜以古只內乎叱等邪(도천) ⇒ ᄒᆞ돈사 그시시곡 나오ㅅᄃᆞ라

「一」은 훈독자 「ᄒᆞ돈」으로 『계림유사』의 「一曰河屯」과 일치하며, 『二中曆』의 「カタナ(katana)」는 「ᄒᆞ돈」의 고대형이 「ᄀᆞ돈」일 것으로 추정하게 한다. 「等」은 음차자 「돈」 표기자로 끝소리덧적음이며, 「沙」는 음차자 「사」로 힘줌 도움토씨로 쓰였다.

「隱」은 훈독자 「그시-」의 줄기이며, 「賜」는 음차자 「시」로 「千手觀音」을 높이는 주체 높임의 안맺음씨끝이며, 「以」는 음차자 「이」 표기자로 「그시시-」의 끝소리덧적음이다.

「古」는 음차자 「고」이며, 「只」는 약음차자 「ㄱ」 표기자로 「곡」이 되어 「遣只」과 같은 벌임법의 이음씨끝이 된다.

그 다음 풀이씨 「內乎叱等邪」를 「나오ㅅᄃᆞ라」라고 읽는 것도 앞 귀절 「隱賜以古只」의 임자말과 별개의 임자말에 대한 풀이씨로 생각한다. 앞 귀절은 임자말이 「千手觀音」이 분명하지만, 뒤의 귀절은 그렇지 않다. 안맺음씨끝 「-시-」가 쓰이지 않음으로 알 수 있다. 이의 임자씨는 「나」일 것이다. 왜냐하면 「-오-」가 1인칭임을 반영하는 인칭법의 안맺음씨끝이기 때문이다.

「叱等耶」를 「-ㅅᄃᆞ라」로 읽어 감탄의 씨끝으로 생각한다.

2.1.11 法雨乙 乞白乎叱等耶(청전) ⇒ 法雨를 비술보ㅅᄃᆞ라

「乙」은 부림자리토씨로 쓰였는데 「ㄹ, 올/을, 롤/를」이 음운론적인 환경의 조건에 따라 대립하였을 것으로 생각한다. 신라향가의 부림자리토씨

「朌(홀/홀)」의 「ㅎ」이 후대로 내려오면서 탈락한 모습이다.

「乞」은 훈차자로 「빌-」의 줄기이다. 중세국어에서 이 「빌-」의 의미가 '기도하다'와 '구걸하다'로 구분되어 있는 것으로 보아, 고대국어에서도 두 가지 의미로 구분되었을 것으로 보고 훈차자로 읽어 앞의 의미로 생각한다. 다음 자인 「-白(숣)-」과의 연결 관계로 보아 「비-」로 읽었다. 그러나 고대국어에서도 'ㄹ벗어난끝바꿈'이 있었는지는 의문이다.

그 다음 자 「-오-」는 인칭법의 안맺음씨끝으로 쓰인 글자이다.

2.1.12 不冬萎玉內乎留叱等耶(항순) ⇒ 안돌 이블옥 나오루ㅅㄷ라

「不冬」은 신라향가에 1회, 고려향가에 4회 쓰였는데 모두 부정의 어찌씨 「안돌」로만 쓰였다. 「冬」은 훈차자 「돌」인데, 이는 유사음자인 「等」의 훈차자를 빌려 쓴 것이다. 향가에 사용된 「冬」자는 「동」으로 읽는 경우는 없고 오직 「돌」로만 읽는다.

「萎」는 훈독자 「이블-」의 줄기로, 중세국어 「이블-」에 기댄 해독이다.

「玉」은 음차자 「옥」으로 벌임법의 이음씨끝 「-고」의 힘줌꼴인 「-곡」의 「ㄱ」 줄임꼴로 생각한다.

「內」는 음차자 「나-」의 줄기로 「出」의 훈독자와 같은 의미로 생각한다. 「乎」는 안맺음씨끝 「-오-」 표기자이며, 「留」는 음차자 「루」로 읽엇으나, 형태소의 성격을 명확히 규정하기 어렵다.

2.1.13 敬叱好叱等耶(항순) ⇒ 敬ㅎ 호ㅅㄷ라

「敬」은 음독자로 읽고, 「叱」은 「ㅎ」이며, 부림토씨가 생략되었다.

「好」는 음차자로 「흐-」의 줄기에 인칭법의 안맺음씨끝 「-오-」가 결합된 형태로 임자말 1인칭에 호응한다.

「임 자 씨」

2.1.14 窟理叱大(안민) ⇒ 굴리ㅅ대 (의미는 알지 못한다)

際叱(찬기) ⇒ ㄹ

惱叱古音(원왕) ⇒ 놋곰

汀叱(혜성) ⇒ 믈ㄹ

城叱(혜성) ⇒ 잣

物叱(원가) ⇒ 갓

兵物叱(우적) ⇒ 잠갯

　

위의 임자씨로 보이는 낱말들에 쓰인 「叱」은 모두 「ㅅ」 표기자로 쓰여 〔sV〕형임을 나타낸다. 「窟理叱大」의 의미는 알 수 없고, 「惱叱古音」은 '보고의 말씀'이란 의미로 주해되어 있고, 「汀」은 훈독자 「믈ㄹ」으로 읽어, 한 글자로 우리말의 합성어를 표기한 것으로 본다. 「物叱」를 「갓」으로 읽는 것은 『훈몽자회』(叡山本, 東大本)에 '갓 믈'로 기록되었을 뿐 아니라, 이 두 표기에서도 「物物」을 '갓갓'이라 한 데 기인한다. 「兵物叱」는 「병잠갯」의 가능성도 있다.

　

「어 찌 씨」

　

2.1.15 頓叱(청전) ⇒ 곱잣

然叱(상수, 보개) ⇒ 그럿

丘物叱丘物叱(항순) ⇒ 구믈ㅅ 구믈ㅅ

　

「頓」자가 쓰인 향가 어휘는 「頓部」와 「頓叱」의 두 가지인데, 앞의 것은 임자씨로 쓰여 '문득 깨달음'의 경지에 이르는 '頓的修行'을 말하고, 뒤의 것은 어찌씨로 쓰여 「곱잣」일 것으로 읽었다(최남희 1986:149).

「然叱」을 어찌씨 「그럿」으로 읽는 것은 중세국어 「그러ㅎ다」의 고대형을 「그러다」로 생각하고, 이의 줄기에 「ㅅ」이 첨가하여 어찌씨로 쓰인 것이다.

「丘物叱丘物叱」는 모양흉내말로 중세국어에서는 「구믈구믈」로 나타난다.

2.2 「ㅎ」 표기의 「叱」

「叱」자의 운모 /-ĭuk/을 빌린 것은 뒤혓바닥의 약한 터짐소리 「ㄱ」으로, 이와 거의 비슷한 소리값의 목청닫음소리 「ㆆ(ʔ)」 닿소리를 표기하기 위함이다.

「叱」자로 표기된 「ㆆ」의 기능은 '소리 없는 휴식' 곧 '소리 끊음 현상'을 나타내는데, 이것은 토씨의 생략 기능이나 힘줌 기능을 나타낸다. 이때 생략되는 토씨는 매김자리토씨16)와 부림자리토씨이다.

「매김자리토씨의 기능」

2.2.1 蓬次叱巷中(모죽) ⇒ 다봊ㆆ 굴헝희

지금까지 고대국어 자료에 반영된 「叱」자는 모두 「ㅅ」 표기로만 인식하여 왔다. 그러나 '소리 없는 휴식'의 기능인 「ㆆ」로 쓰인 것은 「ㆆ」으로 표기하는 것이 바람직하다고 본다. 고대국어의 닿소리 체계에 「ㆆ(ʔ)」이 존재한다고 생각하기 때문이다. 이 경우 매김자리토씨의 기능을 가진다.

2.2.2 逸烏川理叱磧惡希(찬기) ⇒ 逸烏 나리ㆆ 지벽아희

「磧」을 「지벽」으로 읽은 것은 중세국어의 「지벽」에 근거를 둔 것이고, 「惡希」는 「良中(아희)」와 같은 위치자리토씨의 다른 표기로 본다. 「아희」계 위치자리토씨에는 「良中(아희)」를 위시하여 「惡中(아희)」, 「惡希(아희)」, 「也中(야희)」, 「阿希(아희)」, 「衣希(의희)」, 「惡之(아익)」 등의 변이형태가 쓰였다.

---

16) 학교 문법이나 전통 문법에서 「-의」 토씨가 매기는 자리에 있기 때문에 '매김자리토씨'(관형격조사)로 처리하고 있다. 그러나 '자리'(격)를 월에 있어서 풀이말에 이끌리는 관계(피지배 관계)로 본다는 논리에서는 이를 자리로 볼 수 없다. 두 낱말을 이어 줌으로써 그것이 월성분이 되게 하는 이음토씨의 일종으로 처리하는 것이 옳다(허 웅 1983:211, 김석득 1992:378). 그러나 문법의식의 통념상 자리토씨로 인식하기 때문에 '매김자리'란 용어를 그대로 썼다.

2.2.3 柏史叱枝次(찬기) ⇒ 자시ㅎ 갗

「柏」은 훈독자로 「자시」이며, 「史」는 음차자 「시」로 끝소리덧적음이다. 「史」의 현대 한자음은 「사」이나, 신라한자음은 「시」로 추정한다.

◆ 史 (상고) 山之 〔ʃʲə〕
     (광) 疎士切 山之 개 3등 상 止 〔ʃʲə〕 (신) 「시(si)」

「枝」는 훈독자 「갗」의 표기자이며, 「次」는 약음차자로 「ㅈ」 표기에 주로 쓰였는데, 「갗」의 끝소리덧적음이다. 음절 끝닿소리 「ㅈ」이 제소리값을 가진 발음이었으므로 〔kacV〕로 발음되어 중세국어 「가지」와 비슷한 발음이었을 것이다.

2.2.4 千手觀音叱前良中(도천) ⇒ 千手觀音ㅎ 前아희

「前」은 음독자로 읽거나 훈독자 「앒」으로 읽거나 모두 가능하다. 그러나 위치자리토씨 「良中(아희)」와의 원만한 연결을 위하여 음독자로 읽었다.

2.2.5 倭理叱軍置來叱多(혜성) ⇒ 여리ㅎ 軍두 옷다
       (2.1.5에서 설명되었음)

2.2.6. 月羅理影支古理因淵之叱(혜성) ⇒ 드라리 얼히고인 모시ㅎ
       世理都之叱逸烏隱第也(원가) ⇒ 누리 모다이ㅎ 일온 뎨야
       唯只伊吾音之叱恨隱(우적) ⇒ 오직 이몸이ㅎ 恨온
       法界惡之叱佛會阿希(청전) ⇒ 法界아이ㅎ 佛會아희

「둘」이 고대국어에서는 아직 개음절로 발음된 현상이 「月羅」로 표기되었다. 즉 〔tʌrV〕로 발음되었을 것이다. 그러나 개음절의 〔-V〕 홀소리는 이미 폐음절화하는 시기의 홀소리이므로 매우 약한 것이었을 것이고, 그래

서 이어나는 임자자리토씨 「이」는 앞 음절의 〔r〕 영향으로 「理(리)」로 표기되었다.

「影」의 훈독은 이름씨 「그리메」라야 된다. 그러나 월짜임으로 보나 다음 글자 「支」자의 해독을 위해서나 풀이씨가 와야 할 자리이다. 그래서 '달 그림자 지는 것'을 물에 '어리다'라고 보는 서 재극의 해독을 좇아 「얼히-」라고 읽는다. 그러나 그 다음 자 「古」를 벌임법의 이음씨끝으로 읽지 않고, 「理」와 연결시켜 「고이-」로 읽는다. 그래서 앞의 낱말과 연결된 비통어적 대등적 합성어 「얼히-고이다」가 된다. 「閃」은 약음차자 「-ㄴ」 표기로 매김씨끝이 되어 다음 이름씨를 매김한다.

「淵」은 훈독자 「못」으로 읽는다.

「之」는 매김토씨 「이」를 빌어와서 위치자리토씨를 나타낸다. 「叱」은 '소리 없는 휴식'의 「ㆆ」 표기로 쓰였다. 위의 용례와 같이 「之叱」이 4 회나 사용된 점은 당시에는 널리 쓰이던 토씨 운용법 중의 하나로 보인다. 그리고 「叱」자를 소리 없는 휴식의 「ㆆ」 닿소리로 읽기 때문에 종래의 해독에 약간의 수정이 불가피하다.

「世」는 훈독자 「누리」이고 「理」는 그 끝소리덧적음이다. 「都」를 도움토씨 「도」로 읽어 왔으나, 「之叱」을 토씨와 소리 없는 휴식으로 본 이상 임자씨로 읽어야 한다. 즉 「都」는 훈독자로 「모다」로 읽는다.

「逸烏」는 모두 음차자로 읽어 「일오-」의 줄기가 된다. 「成遣(일고-)」의 「ㄱ」 탈락형이다. 「일-(成)」의 시킴꼴이 「일고-」이고, 그 「ㄱ」 탈락형이 「일오-」이며, 이의 중세국어 표기는 「일우-」이다. 경상 방언에 '일구다'가 쓰이는 것은 고대국어의 잔재임은 쉽게 알 수 있다. 그리고 당시에도 「일우-」가 함께 쓰인 사실은 다음 예에서도 나타난다.

○ 四十八大願 成遣賜去(원왕) ⇒ 四十八大願 일고실가
○ 大海逸留去耶(광수) ⇒ 大海 일우거라
○ 顚倒逸耶(참회) ⇒ 顚倒 이라
○ 佛體叱海等 成留焉日尸恨(보개) ⇒ 佛體ㆆ 바둘 일운 날흔

「弟」는 음차자 「뎨」로 매인이름씨이다. 이것이 중세국어에서는 입천장

소리가 되어 「제」로 나타난다.

「也」는 음차자로 느낌을 나타내는 서술법의 맺음씨끝이다. 뜻은 '세상 모두가 이루어진(성취된) 때이다'가 될 것이다.

「우적가」의 「唯」는 훈독자 「오직」이며, 「只」는 약음차자 「ㄱ」으로 끝소리덧적음이다.

「伊」는 음차자 「이」로 읽고, 「吾」를 훈독자 「몸」으로 읽어, 연결하면 「이몸」이 된다. 이두 표기에 「矣身(의몸)」이 많이 쓰였는데, 그 의미는 '나, 자신, 저' 등으로 쓰였다. 이두 표기는 고대국어 시절부터 유래된 표기법이다. 신라 때 '나'를 스스로 일컬어 「이몸」이라 하였을 가능성은 충분히 있다. 이를 「伊吾」라 표기한 것으로 본다. 그리고 「音」은 끝소리덧적음이다.

「恨」은 음독자로 읽고, 「隱」은 음차자로 도움토씨 「ᄋ」이다.

「청전법륜가」의 「惡之」는 「아익」의 표기이고, 「阿希」는 「아희」의 표기인데, 「惡中(아히)」계 위치자리토씨로 쓰였다.

2.2.7   行尸浪 阿叱沙矣以支如支(원가) ⇒ 녈 믌겨라ㅎ 몰개이 이히다히
　　　　　法性叱宅阿比寶良(보개) ⇒ 法性ㅎ 宅아ㅎ 보배아

「行」은 훈독자로 「녀-」의 줄기, 「尸」는 매김씨끝 「-ㄹ」 표기로 다음의 이름씨 「浪」을 매김한다.

「浪」은 훈독자 「믌결」로 읽는다. 중세국어에서 「믌결」로 표기되었으나, 이 '사잇시옷'은 소리 없는 휴식의 목청닫음소리이므로 고대국어 표기에서는 'ㅎ'를 넣어야 한다.

「阿」는 음차자 「아」로 원인을 나타내는 위치자리토씨이며, 「叱」은 「ㅎ」 표기로 소리 끊음 현상으로 '의' 토씨의 생략 효과를 나타낸다.

「沙」는 훈독자로 「몰개」의 표기이며, 「矣」는 음차자 「이」 표기로 위치자리토씨이다.

「以支」는 음차자로 「이히-」의 줄기로 읽는다. 풀이씨의 줄기를 모두 음차자로 읽는데는 무리가 있으나 전혀 용례가 없는 것은 아니다. 중세국어에 「어히-」가 쓰이는데, 이의 고대형으로 생각한다. 뜻은 '에다, 새기다'

등이다.

「如」는 약훈차자 「다」 표기자이고, 음차자 「支」와 더불어 「-다히」가 된다.

전체의 의미는 '흘러가는 물결에 의해 모래에 새기듯이' 정도로 생각한다.

「法性」은 음독자이고, 「叱」은 「ㅎ」 표기이며 「의」 토씨의 생략 기능을 가진다. 「宅」은 음독자로 읽을 수도 있고, 훈독자로 읽을 수도 있다.

「寶」는 훈차자일 것이나 고대국어의 '보배'가 무엇인지 알 수 없으므로 그대로 「보배」라 읽는다. 「良」은 약훈차자 「아」로 위치자리토씨로 읽어야 한다. 이를 약음차자 「라」로 읽어 서술법의 씨끝으로 생각하여 왔으나, 「良」을 약음차자 「라」로 읽는 경우는 거의 없다.

2.2.8 佛體叱 刹亦(예경) ⇒ 佛體ㅎ 刹역

　　　　無盡辯才叱 海等(칭찬) ⇒ 無盡辯才ㅎ 바둘

　　　　功德叱 身乙(칭찬) ⇒ 功德ㅎ 모몰

　　　　一毛叱 德置(칭찬) ⇒ 一毛ㅎ 德두

　　　　淨戒叱 主留(참회) ⇒ 淨戒ㅎ 主루

　　　　十方叱 佛體(참회) ⇒ 十方ㅎ 佛體

　　　　緣起叱 理良(수희) ⇒ 緣起ㅎ 理아

　　　　嫉妬叱 心音(수희) ⇒ 嫉妬ㅎ ᄆᆞᅀᆞᆷ

　　　　衆生叱 田乙(청전) ⇒ 衆生ㅎ 바줄

　　　　菩堤叱 菓音(청전) ⇒ 菩堤ㅎ 여름

　　　　難行苦行叱 願乙(상수) ⇒ 難行苦行ㅎ 願을

　　　　大悲叱 水留(항순) ⇒ 大悲ㅎ 믈루

　　　　衆生叱 海惡中(보개) ⇒ 衆生ㅎ 바둘아히

　　　　佛體叱 海等(보개) ⇒ 佛體ㅎ 바둘

　　　　衆生叱 邊(총결) ⇒ 衆生ㅎ 곳

　　　　佛體叱 事(총결) ⇒ 佛體ㅎ 일

　　　　普賢叱 心音(총결) ⇒ 普賢ㅎ ᄆᆞᅀᆞᆷ

이상의 용례들은 「叱」자가 목청닫음소리 「ㆆ」 표기로 쓰이고 매김자리 토씨가 생략된 기능을 하게 하는 월들을 전부 모은 것이다. 필요한 몇 개의 어휘에 대한 설명을 첨가하고자 한다.

(예경)의 「亦」은 음차자 「역」으로, 느낌의 부름자리토씨 「여」에 힘줌가지 「ㄱ」이 첨가된 형태이다. (수희)의 「良」은 약훈차자 「아」로 위치자리토씨로 쓰였다. 청전의 「田」을 훈독자 「밧」으로 읽는 데 대하여 약간의 설명이 필요하다. 중세국어에서는 「밭 받」으로 기록되었으나, 고대국어에서 「밧」으로 읽는 이유는 다음과 같다.

첫째, 이 작품 10구에 「秋察羅波處也」라 하였다. 이 「波處」는 '田'의 훈음 표기이다. 「波」는 음차자 「바」, 「處」는 약음차자 「ㅅ」, 따라서 「밧」으로 읽었다. 물론 음절 끝닿소리는 개음절로 발음되어 [pacV]가 될 것이다.

◆ 波   (상고) 幫歌   [pua]
       (광) 博禾切 幫戈 합 1등 평 果 [puɑ] (신) 「바(pa)」

◆ 處   (상고) 昌魚   [tʼĭa]
       (광) 昌與切 昌語 개 3등 상 遇 [tɕʼĭɑ] (신) 「쳐(ciä)」

둘째, 고구려 지명 표기에 「麻田淺縣 一云泥沙波忽」(사기 지리4)라 하였는데, 「麻」의 훈음 표기자가 「泥沙」이다. 이는 「너삼(närsam)」인 것 같다. 「淺」의 신라한자음은 「쳔(ciän)」이니, 이의 약음차자는 「ㅅ」일 가능성이 많다. 곧 「밧」의 끝소리덧적음으로 보인다.

셋째, 고대국어의 잔재가 가장 많이 남아 있는 경상 방언에서 '밭은, 밭에' 등을 '바튼, 바체'로 발음하는 것은 고대국어 「밧」이 후대에 오면서 거센소리로 바뀐 현상이다.

「부림자리토씨의 기능」

2.2.9 千隱手叱千隱目盻(도천) ⇒ 즈믄 손ㆆ 즈믄 눈홀
       一等下叱放 一等盻除惡支(도천) ⇒ ᄒᆞ든 알ㆆ 쁘고 ᄒᆞ든홀 닷곡

「千」은 훈독자 「즈믄」, 「隱」은 끝소리덧적음이다. 「손」 다음의 「ㅎ」은 소리 없는 휴식으로 「눈」 다음의 부림자리토씨 「肹」과의 대응으로 부림자리토씨의 생략 기능이 반영된다.

「一」은 훈독자 「ᄒᆞᄃᆞᆫ」이며, 「等」은 끝소리덧적음이다.

「下」는 훈차자 「알」로 곧 '눈동자'를 의미하며, '귀중한 것'과 같은 의미와도 관련이 있다. 그 다음의 「ㅎ」은 소리 없는 휴식으로 그 다음의 부림자리토씨 「肹」과의 대응으로 부림자리토씨의 생략 기능이 반영된 점은 앞의 월과 같다.

「放」은 훈독자 「ᄡᅳ-」의 줄기로 읽는다(모로하시 1960:5-478). 그 다음에 벌임법의 이음씨끝이 누락되었다.

「除」를 훈독자 「닺-」의 줄기로 읽는 것은 '潔好也'란 의미에 근거를 둔 것이다(모로하시 1960:11-835). 「惡」은 음차자 「오」, 「支」는 약음차자 「ㄱ」 표기로 연결하면 「닷곡」이 된다. 이때 「곡」은 벌임법의 이음씨끝 「고」의 힘줌꼴이다.

2.2.10 直等隱心音矣命叱 使以惡只(두숧) ⇒ 고돈 ᄆᆞᅀᆞ미 命ㅎ 브리옥

「直」은 훈독자 「곧-」의 줄기, 「等」은 음차자 「돈」으로 줄기의 받침 「ㄷ」과 매김씨끝 「온」의 결부 형태이며, 「隱」은 약음차자로 「ㄴ」 표기자로 끝소리덧적음이다.

「使」는 훈독자 「브리-」의 줄기이며, 「以」는 음차자 「이」로 끝소리덧적음이다.

「惡」은 음차자 「오」에 「只(ㄱ)」이 첨가되어 「옥」이 되고, 이것은 벌임법의 이음씨끝 「고」의 힘줌꼴이 된 「곡」의 「ㄱ」 탈락 현상이다. 이 「ㄱ」 탈락 현상은 「ㅣ」 홀소리와 「ㄹ」 닿소리 아래에서 탈락되는데, 이 점은 중세국어에서와 같으나, 그 이외의 경우에도 탈락되는 경우가 있어, 일정한 기준이 없는 임의적 현상으로 보인다. 「ㄱ」 탈락의 초기적 현상으로 보인다.

2.2.11 塵塵虛物叱 邀呂白乎隱(칭찬) ⇒ 塵塵虛物ㅎ 뫼슯본

「邀」는 훈독자로 「뫼-」의 줄기이며, 「ㅂ」는 약음차자 「ㅣ」로 끝소리덧
적음이다. 「邀里」(예경)로 표기되기도 하였다.

「白」은 훈차자로 객체높임의 안맺음씨끝 「-숣-」이며, 「乎」는 약훈차자
로 대상법의 안맺음씨끝 「-오-」 표기이며, 「隱」은 매김씨끝 「-ㄴ」 표기이
다. 이와같은 어휘의 중세국어의 용례로는 다음과 같은 것이 있다.

  ㅇ 各各 뫼슨ᄫᅵ니 브러셔(석보 11:4)
  ㅇ 各各 뫼슨ᄫᅵ니 보내샤(월석 21:9)
  ㅇ 뫼슨ᄫᅩᆫ 사ᄅᆞᄆᆞᆫ 阿難陀ㅣ러니(월석 2:9)

2.2.12 佛佛周物叱 供爲白制(광수)⇒ 佛佛周物叱ㅎ 供ㅎ숣져

「供爲」는 「供ㅎ-」로 「-ㅎ다」형 풀이씨의 뒷가지 파생어이며, 「制」는 음
차자 「-져」로 서술법의 맺음씨끝이다.

2.2.13 迷悟同體叱 緣起叱理良尋只見根(수희)⇒ 迷悟同體ㅎ 緣起ㅎ 理
      아 ᄎᆞ작보곤

밑줄 친 「ㅎ」과 그 다음의 「ㅎ」은 다같이 소리 없는 휴식의 표기이나,
앞의 것은 부림자리의 기능을 가졌고, 뒤의 것은 매김자리의 기능을 가졌
다.

「良」은 약훈차자 「아」 표기로 위치자리토씨, 「尋」은 훈독자 「ᄎᆞᄌᆞ-」의
줄기로 읽는다. 중세국어 「ᄎᆞᆺ-」가 고대국어에서는 「ㅈ」 끝소리가 개음절로
발음되었다면, 「ᄎᆞᄌᆞ-」일 가능성이 많다. 「只」는 약음차자 「ㄱ」으로 힘줌
뒷가지로 쓰였다. 이와같은 현상은 중세국어에서도 많이 나타난다.

「根」은 음차자 「곤」으로 제약법 이음씨끝 「昆」과 같은 형태소로 쓰였
다. 「根」의 신라한자음은 「근(kən)」으로 추정되나, 우리말 표기에 쓰인
「根」은 씨끝 「-곤」의 음차자로 많이 쓰였다.

  ◆ 根   (상고) 見文   〔kən〕
          (광) 古痕切 見痕 개 1등 평 臻 〔kən〕 (신) 「근(kən)」

2.2.14 修叱賜乙隱頓部叱 吾衣修叱孫丁(수희)⇒ 닷ㄱ시온 頓部ㅎ 나이 닷굴 손뎡

「乙」은 약음차자 「오」로 대상법의 안맺음씨끝으로 쓰였다. 일반적으로 「乙」은 부림자리토씨나 고룸홀소리로만 생각해 왔다. 그러나 여기서는 부림자리토씨도 고룸홀소리도 올 자리가 아니다. 「頓部」가 속구조에서 풀이씨의 부림말 기능을 하기 때문에 대상법임을 알 수 있다.

「衣」는 음차자 「의」이나 매김토씨가 아니고 임자토씨로 쓰였다.

「修」는 훈독자 「닷ㄱ-」의 줄기로 읽는다. 「叱」은 끝소리덧적음으로 보았고, 매김씨끝 「-ㄹ」이 누락되었다.

「孫」은 음차자 「손」 표기자이며, 그 짜임새는 「ㅅ+오+ㄴ뎡」으로 되었다. 「ㅅ」는 매인이름씨이며, 「오」는 잡음씨의 줄기로 생각되고, 「-ㄴ뎡」은 불구법의 이음씨끝으로 보아야 한다.

2.2.15 吾焉頓部叱 逐好友伊音叱多(상수)⇒ 나는 頓部ㅎ 조주임ㅅ다

「吾」는 훈독자 「나」, 「焉」은 음차자로 주제를 나타내는 도움토씨인데, 「온/은, 는/는」의 변이형태로 쓰였다. 그러나 이 도움토씨의 표기에는 주로 「隱」자가 사용되었다.

「頓部」는 음독자로 임자씨이며, 그 뜻은 '당장에 모든 것을 깨닫는 것'으로 '頓的修行'을 의미한다. 그 아래 귀절은 2.1.9항에서 설명하였다.

2.2.16 佛體爲尸如 敬叱 好叱等耶(항순)⇒ 佛體홀 다비 敬ㅎ 호ㅅ드라

「佛體」는 음독자로 임자말이다. 「爲」는 풀이씨로 훈독자 「ㅎ-」로 읽어야 할 곳이며, 「尸」는 매김씨끝으로 쓰였고, 「如」는 훈독자로 매인이름씨 「다비」로 읽는다. 중세국어에서는 물론 「다비」로 표기되었다. 그 용례를 들어 본다.

ㅇ 사룸들이 듣줍고 ㄱ룬치샨 다비 修行ㅎ야 偏眞理를 證ㅎ니라(월석 14:61)

ㅇ 聚落과 ㅐ里예 드룬 다비 父母…爲ᄒ야(월석 17:45) 〔=聚落ㅐ里예 如其
   所聞히 爲父母(법화 6:4)〕
ㅇ 제 ᄆᅀᆞᆷ 다비 몬 ᄒᆞᄂᆞᆫ사ᄅᆞᆷ돌해 니르리(월석-중 21:96)

고대국어 자료에 쓰인 「如」는 '~답다'와 '~같다'의 두 가지 의미로 쓰였
다. 중세국어에서 「다비, 다히, 답다」 등은 앞의 의미로 쓰였고, 「ᄀᆞᆮᄒᆞ다,
ᄀᆞᆮ」 등은 뒤의 의미로 쓰였다. 앞의 것은 음운론적인 변천과정에 따르면,
「다비」다비」다이」와 같이 변천한 것으로 생각되고, 이에 따라 고대국어에
서는 「다비」만 있어야 할 것 같다. 그러나 중세국어 자료에 「다히」가 쓰인
점과 "안민가"에 「君如臣多支民隱如」이 있어, 이 「多支」는 「다히」로 읽을
수밖에 없다. 중세국어에서 쓰인 「다히」의 역사가 이미 고대국어에서도 쓰
였음을 인정할 수밖에 없다.

「敬」은 음독자이며, 「叱」은 소리 없는 휴식의 「ㆆ」 표기로 부림토씨의
기능을 가졌다. (그 다음은 2.1.10 항을 참고할 것)

2.2.17 一切善陵頓部叱 廻良只(보개) ⇒ 一切 善陵 頓部ㆆ 도락

「廻」는 훈독자 「돌-」의 줄기, 「良」은 약훈차자 「아」로 제약법의 이음씨
끝이며, 여기에 힘줌꼴이 「-악」으로 나타난다.
「힘줌 기능」

고대국어 표기에서는 말할이의 생각을 강조하기 위하여 소리 없는 휴식
의 「ㆆ」 음소를 반영하는 「叱」자를 사용하였다.

2.2.18 吾隱去內如辭叱都 毛如云遣(제망) ⇒ 나는 가ᄂᆞ다 말ㆆ도 몯다
   니르고

「辭」는 훈독자 「말」로 읽고, 「叱」이 소리 없는 휴식를 반영하는 「ㆆ」
표기로 쓰였다. 이 소리 없는 휴식의 기능은 말할이의 생각을 강조하는 일
종의 힘줌 기능으로 보인다. 그리고 후대로 내려 오면서 이 기능은 다음

닿소리를 된소리로 발음하게 하는 역활을 하게 된다.

「都」는 음차자로 도움토씨 「도」 표기이다. 이 도움토씨의 향가 표기자
는 「置(두)」자를 더 많이 사용하였다.

「毛如」는 표기상으로는 「모다」이나, 내용상으로 보아 「몯다」의 표기로
보고, 「몯」과 「다」라는 두 어찌씨가 합성된 것으로 읽었다. 그러나 굳이
‘未盡’의 뜻으로 읽지 않고, ‘否定’의 어찌씨로 읽으면 「毛」를 「몯」으로
읽는 무리를 범하지 않을 수도 있다. 즉 중세어 「몯」의 표기는 고대 국어
「모다」가 닫음소리로 바뀐 형태로 보는 것이 더 타당할 것도 같다.[17]

그런데, 신라 향가와 고려 향가에 ‘否定’의 어찌씨 「毛等(청찬)」과 「毛
冬(모죽, 청전)」이 쓰였는데, 이는 「모들」의 표기이다.

한편 신라 향가에서 ‘不知’의 풀이씨 「毛冬(찬기, 제망)」이 쓰였는데,
이런 점으로 보면 신라 시대에는 ‘否定’의 어찌씨 「모들」과 ‘不知’의 풀
이씨 「모들-」가 공존한 것으로 보인다. 이 두 어휘의 변천과정을 추정해
보면, 앞의 것은 「모들」모들」 모다」 몯」의 과정을 거쳐 중세어에 「몯」으
로 나타나고, 뒤의 것은 「모들-」 모롤-」 모르-」의 과정을 거친 것으로 보
인다. 「바들」 바드」 바다(海)」의 변천 과정은 앞의 것과 같은 범주에 속하
고, 「가들」가롤(脚)」, 「바들」바롤(海)」, 「ᄒ들」홀롤」ᄒ르(一日)」 등의 변
천 과정은 뒤의 것과 같은 범주에 속한다.

그렇다면 신라 월명사의 작품에 「모다」가 쓰인 것을 어떻게 해석할 수
있을까? 음운 변천의 다른 용례를 살펴보면 결코 공존형으로 보이지는 않
는다. “제망매가”의 지은이 월명사는 신라 경덕왕 때 사람이며, “보현가”의
지은이 균여는 신라 말 고려 초기 사람이니, 약 200년의 시차가 있다.[18]
그래서 “제망매가”의 기록만은 신라 당시의 기록이 아니고, 일연이 고려
때의 언어로 기록하였을 가능성이 있다.[19] 이를 뒷받침하는 또하나의 증
거로 「有阿米(제망)→ 이사미」를 들 수 있다. 고대 국어에서는 대상법과

---

17) 「몯다」로 해독한 대표적 예는 양주동, 김완진 등이고, 「모다」로 읽는 이는 김준영, 서재극
   등이다.
18) 제망매가는 대략 AD 760년 경에 지은 것이며, 균여의 입적은 고려 광종 AD 973년으로
   알려진다.
19) 일연은 고려 충열왕 15년, AD 1289년에 입적하였다.

인칭법에서만 적용되는 안맺음씨끝 「-오/우-」나 「-아/어-」의 통어 기능 규칙을 깨뜨리는 오직 하나의 예외를 만들었다. 이는 채집 당시의 고려 언어로 기록한 결과로 보여진다.(최남희, 1987b:185)

  2.2.19 皃史沙叱望阿乃(원가) ⇒ 즈시사ㅎ ㅂ라나

「皃」는 「貌」의 약자이며, 훈독자 「즈시」의 표기자로 쓰였다. 중세국어 표기의 「즛」과 같은 발음이었을 것으로 생각한다. 「叱」는 음차자 「시」로 「즈시」의 끝소리덧적음이다.

「沙」는 음차자 「사」로 힘줌 도움토씨인데, 중세국어에서는 「-ᅀᅡ」로 쓰였고, 현대국어에서는 「-이야」로 쓰인다.

「望」은 훈독자로 「ㅂ라-」의 줄기, 「阿」는 음차자 「아」로 끝소리덧적음이다. 「乃」는 약음차자 「나」로 읽어 불구법의 이음씨끝 구실을 한다.

  2.2.20 法供沙叱多奈(광수) ⇒ 法供사ㅎ 하나

「多」는 훈독자 「하-」의 줄기이며, 「奈」는 음차자 「나」로 역시 불구법의 이음씨끝으로 쓰엿다. 향가 전체에서 「奈」자가 사용된 곳은 이 곳뿐이며 다른 향가에서는 「乃」자를 쓰고 잇다.

  2.2.21 伊留叱餘音良他事捨齊(총결) ⇒ 이루ㅎ 나마 녀느 일 ㅂ리져

「伊留叱」을 음차자로 보고 「이룻-」로 읽었다. '성취하다'의 뜻인 「일구다, 일우다」와 같은 낱말로 생각했기 때문이다(최 남희 1991a:17).

그러나 「叱」자의 소리값과 기능에 대한 새로운 해석은 앞의 해독이 오류임을 인식하게 한다. 다시 고쳐 읽고자 한다.

「伊」는 음차자 「이」로 대이름씨로 읽고, 「留」도 음차자 「루」로 읽어 '원인'을 나타내는 방편자리토씨로 읽는다.

「餘」는 훈독자 「남-」의 줄기이며, 「音」은 끝소리덧적음이다. 「良」은 약훈차자 「아」로 제약법의 이음씨끝이다.

「他事」는 훈독자로 「녀느 일」로 읽는다.

「捨」는 훈독자로 「브리-」의 줄기이며, 「齊」는 약음차자 「져」로 꾀임법의 씨끝이다. 이 꾀임법의 씨끝은 풀이씨의 줄기에 바로 연결되어 안맺음씨끝을 앞세우지 않는다. 그러나 같은 자로 표기된 서술법의 씨끝 「-져」 앞에는 안맺음씨끝이 쓰이지 않는 것이 서로 다르다(최남희 1990:21 및 30).

3. 맺음말

고대국어 자료, 특히 향가 표기에서 「叱」자의 쓰임 횟수는 매우 많다. 그리고 고대국어 표기 자료로 보지 않는 이두 표기나 고려어 표기 자료인 『향약구급방』에도 많이 쓰였다. 우리는 이 자료들에 반영된 「叱」자의 소리값과 문법적 기능을 확실히 규정하지 못한 채, 이두 표기 등의 용례를 좇아, 한결같이 「ㅅ」으로만 읽어 왔다.

이제 「叱」자의 소리값과 그 기능에 대하여 위에서 논술한 내용을 요약 정리하여 맺음말로 삼고자 한다.

1. 『광운(廣韻)』의 부족함을 보완하기 위해 칙명으로 찬집한 『집운(集韻)』에서 「叱」자의 반절음을 「尺栗切」로 기록하였으며, 그 의미 설명의 뒷부분에 「叱或作嘯」라 기록되어 있다. 이에 따라 「嘯」자의 반절음을 확인한 결과, 첫째 거성 嘯운의 「先弔切」과 입성 屋운의 「息六切」과 역시 입성의 「尺栗切」의 세 소리값을 가진 글자임을 확인하였다. 이는 상고음이나 중고음 시절에 「叱」자와 「嘯」자는 같은 소리값과 같은 뜻의 일부분을 공유하는 글자임을 알 수 있고, 결코 「叱」자가 약자가 아니며, 획수가 복잡한 「嘯」자를 쓰지 않고, 쓰기 단순한 같은 글자인 「叱」로 표기한 것임을 알 수 있다. 둘째 고대국어 자료에 쓰인 「叱」는 입성 屋운의 「息六切」외 소리값을 반영한 글자로 생각한다. 성모는 心모/s-/이고, 운모는 屋운의 합구 3등의 /-iuk/이므로, 신라한자음은 「속(suk)」 정도일 것이다. 셋째 고대국어 자료의 「叱」은 음차자로 쓰였고, 성모 /s/을 빌린 것은 혀끝 갈이소리 「ㅅ」 표기이고, 운모 /-uk/을 빌린 것은 뒤혓바닥의 약한 터짐소리

「ㄱ」으로, 거의 비슷한 소리값을 가진 목청닫음소리 「ㆆ(?)」 닿소리를 표기한 것으로 생각한다.

2.「叱」자의 기능은 두 가지로 볼 수 있다. 첫째 「ㅅ」 닿소리를 표기한 것으로, 풀이씨와 임자씨, 어찌씨 등에서 광범위하게 확인되는데, 낱말의 첫닿소리로 쓰인 경우는 없고 반드시 음절 끝닿소리로만 쓰였음을 알 수 있다. 그러나 이 음절 끝닿소리는 닫음소리되기(내파화) 이전이므로 개음절로 발음되었다. 둘째 목청닫음소리인 「ㆆ(?)」 닿소리 표기자로 쓴 것은 '소리 없는 휴식' 곧 '소리 끊음 현상'을 나타내는데, 이것은 토씨의 생략 기능이나 힘줌 기능을 나타낸다. 이때 생략되는 토씨 기능은 매김자리토씨 기능과 부림자리토씨 기능이다.

참 고 문 헌

김승곤(1992), 『국어 토씨 연구』, 서광학술자료사.

김석득(1992), 『우리말 형태론』, 탑출판사.

김완진(1980), 『향가 해독법 연구』, 서울대 출판부.

박병채(1971), 『고대 국어의 연구』, 고려대 출판부.

_____(1990b), 『고대 국어학 연구』, 고대 민족문화 연구소.

서재극(1975), 『신라 향가의 어휘 연구』, 계명대 출판부.

양주동(1942), 『조선 고가 연구』, 박문서관.

_____(1975), 『고가 연구』, 일조각.

유창균(1980), 『한국 고대 한자음의 연구(1)』, 계명대 출판부.

_____(1983), 『한국 고대 한자음의 연구(2)』, 계명대 출판부.

_____(1984), 『국어학 논고』, 계명대 출판부.

_____(1991), 『삼국 시대의 한자음』, 민음사.

이기문(1972), 『국어사 개설』, 탑 출판사.

_____(1991), 『국어 어휘사 연구』, 동아출판사.

이병선(1982), 『한국고대국명지명 연구』, 형설출판사.

_____(1993), 『국어학론고』, 아세아문화사.

진태하(1974), 『鷄林類事研究』, 臺北.

최남희(1985), 고대 국어의 목적격 조사에 대하여, 건국대 『논문집』 제20집(건국대 대학원).

최남희(1986), 『고려 향가의 차자 표기법 연구』, 홍문각.

_____(1987a), 선어말어미 '-*솗-의 통어적 기능, 『건국어문학』제11·12합집, 건국대국문과.

_____(1987b), 선어말어미 '-*오/우-'의 통어 기능, 『동의 어문론집』제3집, 동의대 국문과.

_____(1990), 고대 국어의 마침법 연구, 『한글』제208호. 한글학회.

_____(1991a), 고대 국어의 이음법에 대한 연구, 『한글』제212호. 한글학회.

_____(1991b), '처용가'제8구에 대하여, 『들메 서재극박사환갑기념논문집』.

_____(1993), 고대국어의 조어법 연구, 『한글』제220호. 한글학회.

한글학회(1992), 『우리말 큰사전』, 어문각.

허 웅(1975), 『우리 옛말본』, 샘 문화사.

_____(1983), 『국어학』, 샘 문화사.

_____(1985), 『국어 음운학』, 샘문화사.

小倉進平(1929), 『鄕歌及吏讀研究』, 京城帝國大學.

河野六郎(1968), 『朝鮮漢字音の研究』, 天理時報社.

藤堂明保(1965), 『漢字語源辭典』,

陳 彭年(1974), 『廣韻校本』, 世界書局.

張麟之외(1975), 『等韻五種(韻鏡, 七音略, 四聲等子, 切韻指掌圖, 經史正音切韻指南)』, 藝文印書館

龍宇純. 『韻鏡 校注』, 藝文印書館.

丁 度(1978), 『集韻』, 中華普局.

董同龢(1978), 『中國語音史』, 華崗出版有限公司.

董同龢(1985), 『上古音韻表稿』, 中央歷史語言研究所.

劉 復(1973), 『十韻彙編』, 學生書局.

前間恭作 (1925), 『鷄林類事 麗言考』, 東洋文庫論叢.

周法高(1973), 『漢字古今音彙』, 中文大出版部. 香港.

諸橋轍次 (1960), 『大漢和辭典』, 大修館書店.

郭錫良(1986), 『漢字古音手冊』, 北京大學 出版部.

熊 忠(1975), 『古今韻會擧要』, 아세아문화사.

樂韶鳳(1973), 『洪武正韻』, 아세아문화사.

王 力(1983), 『中國言語學史』, 계명대 출판부.

B. Kalgren.(1923), *Analytic Dictionary of Chinese and Sino-Japanese.* Paris.

_____(1954), *Compendium of Ponetics in Ancient and Archaic Chinese.*

B. Kalgren.(최영애 역), 『고대한어음운학개요』, 민음사(1985)

R. A. Miller.(1971), *Japanese and the Other Altaic Languages*. Chicago.

_____(1979), Old Korean and Altaic, *Ural-Altaische Jahbucher* 51.

N. Poppe. (1974), Remarks on Comparative Study of the Bocabulary of the Altaic Languages. *Ural-Altaische Jahbucher* 46.

G. Ddoerfer.(1963), *Türkische und Mongolische Elemente im Neupersischen*. 1. Wiesbaden.

• 이 논문은 『한글』 제224호 (1994, 한글학회) 5~46쪽에서 옮겨 실은 것임.

'모죽지랑가' 해독

김 형 춘

1. 全 文

居隱 呑 皆理米
毛冬 居叱沙 哭屋尸以 憂音
阿冬音 乃叱好支 賜烏隱
兒史 年數就音 墮支行齊
目煙 廻於尸七 史伊衣
逢烏支 惡知 作乎下是
良也 慕理尸 心未
行乎尸 道尸
蓬次叱 巷中 宿尸 夜音 有叱下是
(一표 대로 字句를 나누었음)

2. 字句解讀

1) 竹旨

이 노래 명칭을 梁柱東교수와 池憲英교수는 '慕竹旨郎歌'라 하였고, 小倉은 '得烏谷慕郎歌'라 하였으며, 金善琪 敎授는 '다기마로 노래'라 하였다. '다기마로'란 주인공 '竹旨'를 토박이말로 풀이한 것.

梁교수는 '대ᄆᆞᆯ'라고 하였음.

2) 去隱

∘小倉進平1) :가┌
∘梁柱東, 池憲英, 涂在克, 김승곤:간
∘金俊榮:깐
∘筆者:간

(2-a) '去'를 訓借로 본 점은 모두 같음. '去'는 그 의미를 '가-'로 표기한 것으로 봄.

(2-b) '隱'은 모두 音借로 보는 것이 같으나, 小倉은 '-┌'의 표기로 보아 다른 분의 '-ㄴ'과 다름.

'-┌'은 連體形으로 지금의 冠形詞形 語尾이며, 다만 그 時制가 다를 뿐이다. '-ㄴ'은 旣然으로 지금의 過去形과 같은데 대하여 '-┌'은 現在形이다. 여기서는 '隱'의 原音 '은'에서 末音 'ㄴ'만 借用된 것으로 봄.

3) 春

∘小倉, 梁, 池, 徐, 김 ; 봄
∘金 ; 밤
∘필자 ; 봄

(3-a) '春'字를 訓借로 보는 것은 모두 같다. '春'은 그 訓이 中世國語에서도 지금과 같이 봄이다. 다만 이때의 모음 '오'는 지금과는 달리 [U]에 가깝게 실현된 것이 아닌가 하는 견해도 있다. 金교수는 신라시대의 '夜'의 의미의 '밤'과 '春'의 의미의 '밤'은 同音異義語였다고 보았다. 그렇다면 왜 '夜'는 지금도 그대로 '밤'이고, '春'만 '봄'으로 변했는지는 잘 설명이 되지 않는다. 현재로서는 '春'의 訓은 '봄'을 취한다.

---

1) 小倉進平(1974), 梁柱東(1941), 池憲英(1947)
　　金俊榮(1964), 徐在克(1975), 김승곤(1988. 강의초)

4) 皆理米

- 小倉 : 다다스리메
- 梁, 池 : 그리매
- 金 : 가리매
- 徐 : ᄀ리매
- 김 : 다리매
- 필자 : 그리매

(4-a) '皆'는 小倉의 訓讀에 대해 梁교수 등은 반드시 音借字로 풀어야
한다는 입장이다. 문제는 '끼리다, 그리다, 가리다, 다리다'인데,
'그리매'로 읽어서 '戀慕'의 뜻으로 보는 것과, '끼리매'로 읽어
'積置, 重疊'의 뜻으로 보는 것과는 노래 뜻의 美的우열이 문제
될 듯하나 여기서는 '그리매'로 보고자 한다.

(4-b) '理'는 모두 '리'로 音讀하였고 별 문제가 없는 듯하다.

(4-c) '米'는 音借字로 본 것은 모두 같으나, 小倉은 '메'로, 다른 분은
모두 '매'로 보았다. '米'의 현대음은 '미'이나, 古音은 '메'이
다. 그런데 古地名엔 '미'로 音借字로 쓰여졌고, 향가 내에서의
사용례는 대개 '매'로 쓰였음.

5) 毛 冬

- 小倉, 梁 : 모든
- 池, 김 : 몰
- 金 : 모돈

옛꼴이므로 '사'로 보는게 좋을 것같다.

'居叱沙'를 '거스사'나 '것사'의 표기로 본다면 '몰래하다, 속히다'의
뜻으로나, '그스르다(逆)'로 새기는게 좋겠다.

7) 哭屋尸以

- 小倉 : 울오어

◦梁: 울이
◦池, 金 ; 울올이
◦徐, 김 ; 우롤이
◦필자 ; 우롤이

(7-a) '哭'字는 訓借로 보는 것에 다 견해가 일치함. '哭'字의 訓蒙字
會의 訓은 '울'이다.

(7-b) '屋'字는 音借로 보는 것에 모든 분의 견해가 일치한다. 그러나
梁교수는 '울'의 장음표기를 위하여 '우'로 略音借되었다고 보
아, 小倉의 '오어(屋尸以)'를 합쳐 連用形으로 본 것과 다르고,
池·金두 교수는 분명한 지적없이 '울(屋尸)'로 읽었으며, 徐·
김 두 교수는 '屋'이 약음차된 '오'와 '尸'의 '-ㄹ'을 묶어 '올'
로 다시 앞의 '哭'과 연결시켜 '우롤'로 읽은 듯 하다. '屋'은
廣韻의 예나 훈몽자회의 訓에서도 '옥'이므로 약음차하여 '-오'
로 보는 것이 좋겠다.

(7-c) '尸'字는 활용어간의 끝소리 'ㄹ'의 표기에 주로 사용되었던 것
으로 보이며, 格語尾表記의 '乙'字와 대조적인 것으로 보임.

8) 憂 音

◦小倉 ; 설음
◦梁, 池, 金, 徐, 김 ; 시름
◦필자 ; 시름

'憂'字는 訓讀하여 '시름' 혹은 '설음'으로, '音'字를 音讀하여 'ㅁ'으
로 본 것은 모두 비슷한 견해여서 문제될 것이 없다.
여기서는 '시름'을 따른다.

9) 阿冬音

◦小倉 ; 어듸매
◦梁 ; 아름

◦ 池 : 아롬
◦ 金 · 김 : 아돔
◦ 徐 : 아ᄃ롬
◦ 필자 : 아돔

小倉은 '何許處에'의 뜻으로, 徐교수는 '아득함, 노쇠함'의 뜻으로, 나머지 분들은 '美의 뜻으로 해독.

(9-a) '阿'는 音借로 '아'를 표기.
(9-b) '冬'은 (5-b)에서 다룬대로 'ᄃ, 도'로 역음차된 것으로 보이나, 美를 표기하는 국어의 옛꼴이 '아롬'에 그치고 혹 'ᄃ~ᄅ'와 'ᄃ~ᄅ'의 호전이 있었음을 주장하나 여기서는 'ᄃ, 도'로 읽는 것이 좋겠다.
(9-c) '音'字는 'ㅁ'의 표기로 8)에서 다루었음.

10) 乃叱好支

◦ 小倉 : 나롤 됴화ᄒ샨
◦ 梁 : 낫호
◦ 池 : 나토(ㅅ)
◦ 金 : 낟고디
◦ 徐 : 나토히
◦ 김 : 나ㅅ호이(낫호이)
◦ 필자 : 낫호이

小倉은 '乃叱'를 '나롤'로 읽고 이를 '阿冬音'에 이어지는 조사로 풀었고, 다른 분들은 '乃叱好支'를 한 덩어리로 묶어 '理, 顯'의 뜻을 表記한 것으로 보았다.

(10-a) '乃'는 音借로 '나'를 표기한 것으로 보임. 여기서는 모두 견해를 같이함.
(10-b) '叱'字 역시 음차로 끝소리 'ㅅ'을 표기한 것임. 설명은 (6-b)

에서 다루었음.

(10-c) '好'는 音借로 '호'를 표기하였음.

(10-d) '支'字의 해독은 대립되는 두 견해가 있다. 小倉과 梁교수는 이른바 '處字'로 보았고, 池교수는 'ㅅ'의 표기로 본 듯하고, 金교수는 訓借하여 '디'로 보았으며, 이숭녕 교수는 지명·인명 표기에서 '지'로 보고 있다. 또 김승곤 교수는 '이'로 보았는데, 廣韻에서 脣音·舌音·齒音系에서 '이'를 보여주는 근거와 '支·只'가 그 末音에 依하여 'ㅣ'의 音借字로 처리한 것이라 보여진다.

11) 賜烏隱

○小倉 : 샨
○梁, 池 : 샤온
○金 : 주온
○徐, 김 : 시온
○필자 : 시온

(11-a) '賜'字는 音借로 '샤, 시'를 표기한 것으로 보인다. 다만 金교수는 訓借로 '주-'로 보았다. '賜'는 訓蒙字會에서는 'ㅅ'이다. 또 '賜'字의 신라 때의 음은 '시'또는 '싀'로추정되어 여기서는 '시'를 택한다.

(11-b) '烏'字는 音借로 '오'를 表記한 것에 이의가 없는 것 같다.

(11-c) '隱'字는 略音借로 'ㄴ'을 表記한 것으로 (2-b)에서 다루었음.

12) 兒史

○小倉 : 짓
○梁 : 즈싀
○池 : 몿(즈싀)
○金 : 즛이
○徐 : 즛

◦김 : 즈싀
◦필자 : 즈시

(12-a) '皃'는 訓借로 '즛'을 표기한 것이다. '皃'는 '貌'의 略體이고, '貌容'의 訓蒙字會에서의 訓이 '즛'임과 중세어의 용례 등이 古歌硏究에 자세하다. 다만 끝소리가 'ㅅ'이냐 'ㅿ'이냐는 문제되었으나 이제는 대개 'ㅅ〉ㅿ〉ㅇ'과 같은 변화를 겪은 것으로 믿어지므로 '즛'으로 보고자 한다.

(12-b) '史'는 音借로 '시'를 표기한 것으로 보인다. '史'는 어두 음절에서는 흔히 '사·새'등에 通借되고 語末音節에서는 '시' 혹은 'ㅅ'을 표기한 것으로 보임. 訓蒙字會에서는 'ㅅ'로 표기되었고, '史'字의 신라음은 어말에서는 '시'로 표기하였을 가능성은 충분하다.

'皃史'는 중세어 '즛' 또는 '즈싀'의 전단계인 '즈시'로 보는게 좋겠다.

13) 年數就音

◦小倉 : 年數 닐음에
◦梁 : 살쭘, 주름
◦池 : 살음
◦金 : 나수 마촘
◦徐 : 年數 나삼
◦김 : 살
◦필자 : 年數 마촘

(13-a) '年數'는 義借로 '나ᄒ,나히'를 表記한 것으로 보임. 梁교수는 '살'로 해독하는 한편 '해'로 읽을 수 있다고 하였으나, '살'이든 '해'이든 義借로 본 것이다.

池교수는 年數에 대하여는 '살'로, '就音'에 대하여는 '옴'과 합하여 '살음'으로 해독하였고, 그 뜻은 '생명, 생활'로 보았다. 金교수는 '나수'로 읽고 그 뜻은 小倉의 年數와 같이 현대어의 '나이'로 보았다.

(13-b) '就音'은 '마춤'을 표기한 것으로 보인다. '就'는 訓借, '音'은
　　　音借가 된다. 그 뜻은 '마침', '終也'이다.
　　　전체적인 뜻은 '나히 마춤, 나히 마춤'으로 읽고, 小倉·金교수
　　　와 같이 '年數를 다 마침'으로 해석.

14) 墮支行齊

∘小倉 : 뻐러더녀제
∘梁 : 니니져
∘池 : 디ㅅ니져(디디니재)
∘金 : 빠디녀재
∘徐, 김 : 헐히니져
∘필자 : 디니져

(14-a) '墮'字는 訓借로 '디'를 표기한 것 같다.

(14-b) '支'字는 '處字'로 (10-d)에서 다루엇음.

(14-c) '行'자는 訓借로 '니'를 표기한 것이다. '行'에 대한 중세국어
　　　의 訓이 '니' 혹은 '녀'임은 알려진 사실이다.

(14-d) '齊'는 音借로 '져'를 표기한 것으로 보인다. 이상의 설명대로
　　　면 '墮支行齊'는 '디니져'로 해독된다.

15) 目煙

∘小倉 : 目煙
∘梁, 徐, 김 : 눈
∘池 : 눈(연)
∘金 : 눈깔
∘필자 : 눈

이 어휘의 해석은 구구하지만 대개 梁교수의 견해를 취한다. '目'은 訓
借로 '눈'을 表記한 것이고, '煙'은 '연'으로 '눈'의 末音이 '煙'의 末音
에 의하여 표기된 것이다. 이른바 漢字末音添記法이라고 본다.

16) 廻於尸七

◦小倉 : 멀
◦梁 : 돌칠
◦池 : 돌얼ㅅ(칠)
◦金 : 돌올 칠
◦徐 : 돌올 (칠)
◦김 : (내) 돌얼 (칠)
◦필자 : 돌올칠

(16-a) '廻'는 訓借로 '돌-'을 표기한 것이다. 小倉은 '逈'字를 '廻'字로 보고 그 訓「멀-」로 해석하였으나, 글자를 바꿀 이유가 없다.

(16-b) '於'는 音借로 '어, 오'를 표기한 것. '於'는 향가 표기나 인명, 관명, 지명 등에서도 '어'를 표기했던 것으로 믿어짐. '오'로 보는 근거는 일본어에서 '오'로 표기된다는 점.

(16-c) '尸'는 略音借로 '㔫'을 表記한 것으로 (7-c)에서 다루었음.

(16-d) '七'은 音借로 '칠'을 表記한 것. 小倉은 '七'은 '叱'의 약체이거나 혹은 같은 류로 'ㄹ'표기에 쓰인 것으로 보고 있다. 그러나 이 설명은 이미 앞의 글자 '尸'이 있으나 무리가 뒤따른다. 그리고 池·徐 두 교수는 다음 '史伊依'와 붙여 읽으려 하였다.

이상의 '廻於尸七'의 해독은 '돌칠, 돌올칠'이 좋겠다.

17) 史伊衣

◦小倉 : 스싀예
◦梁 : 스이예
◦池 : 사이예
◦金 : 스이애, 시이예
◦徐 : (七史伊衣) 츠시의
◦김 : 스이의
◦필자 : 스이의

(17-a) '叱'는 音借로 '스'를 표기한 것 같음.
(12-b)에서 다루었음.
(17-b) '伊'는 音借로 '이'를 표기한 것.
(17-c) '衣'는 音借로 '의'를 표기한 것으로 보임. 그러나 중세어의 표기법을 쫓는다면 '예,에'등에도 통용되는 것으로 봄.

그래서 '叱伊衣'의 표기는 '스이의'를 취하고자 함.

18) 逢烏支 惡知

- 小倉 : 맛나오어
- 梁 : 맛보읍디
- 池 : 맛보옷
- 金 : 맞오디 궂히
- 徐 : 맛보히 엇디
- 김 : 맞오 히읍디
- 필자 : 맛보악디

(18-a) '逢'은 訓借로 '맛보-'를 표기한 것이 아닌가 한다. 모두가 訓讀하여 '맛나-, 맛보-,맞-'으로 조금씩 다르나 訓借임엔 틀림이 없는 듯하다.
(18-b) '烏'는 訓借로 '오'를 表記한 것으로 (11-b)에서 설명하였음.
(18-c) '支'는 '處字'로 보았으나, 徐·김 두 교수는 '히'로 표기.
(18-d) '惡'字는 音借로 '오, 읍'의 표기로 보았으나, 金교수는 訓讀으로 '궂'으로, 徐교수는 '엇'으로 보았다.
(18-e) '知'는 音借로 '디'를 표기한 것으로 보인다. 해독이 조금씩 달라도 모두 音借字로 보고 있는 것 같다. 향가의 용례는 더러 訓借인 곳도 있다.

'逢烏支 惡知'는 '맛보악디'로 해독되는데, 여기서 '-악디'에 대해서는 '디'로 해독하기도 했다. 뜻은 '만나기'나 '만나는 일'의 뜻이 된다.

19) 作乎下是

○小倉 : 지스오이리
○梁 : 짓오리
○池 : 지스호리
○金 : 짓고까이
○徐 : 짓와리
○김 : 짓오아리
○필자 : 짓오하리

(19-a) '作'는 訓讀으로 '짓-'을 표기한 점 모두 같다.

(19-b) '乎'字는 '오'의 表記에 사용된 것 같다. 그러나 이것을 音借로
볼 것이냐는 문제는 따른다.

(19-c) '下'는 音借로 '하'를 표기한 것.
小倉은 '下'를 '이'로 읽었고, 梁교수는 處字로 보았다. 池교수
는 '호'로, 金교수는 '까'로 읽었는데 동국정운의 음 '햐(까)'
를 근거로 들었다. 향가 중의 용례는 音借로 '하, ㅎ, 희'로 사
용되었다. 여기서는 '하'로 읽고자 한다.

(19-d) '是'字는 訓音借로 '이'를 표기한 것이다. 이리하여 '作乎下是'
는 '짓오하이'로 재구해 본다.

20) 郎也

○小倉 : 郎이야
○梁 , 池 : 郎여
○金 : 님이야
○徐·김 : 郎(이)야
○필자 : 郎(이)야

이 부분은 의미상으론 모두 같으나 '郎'을 訓讀할 것인지, 혹은 音讀할
것인지가 사소한 문제로 남고, 呼格 '也'를 '야'로 읽을 것이냐 '여'로 읽
을 것이냐의 정도다. '郎'은 그대로 '낭'으로 읽어도 무방하겠으며, '也'
는 '어, 여, 야' 등이나 '야'가 지배적이다.

21) 慕理尸

◦모두 : 그릴
◦필자 : 그릴

모두 일치된 견해라서 문제될 건 없다. 그러나 이 노래의 첫부분 '皆理米'와 이 '慕理尸'이 동일어의 표기로 보는 점은 생각해 볼 문제이다.

23) 心未

◦小倉 : 므슴의
◦梁·池 : 므슨미
◦金 : 마삼애
◦徐, 김 : 므슴의
◦필자 : 므슨미

(22-a) 이 부분의 해독에도 의미상 문제될 것은 없다. 다만 신라어의 '心'을 나타내는 낱말이 '므슴'인가 '마삼'인가를 결정해야 할 것이다. 우선 '므슴'으로 읽은 분들의 뜻을 따르되 '슴'을 '슨'으로 바꾸어 '므슨'으로 취한다.

(22-b) '未'는 音借이므로 원음 '미'또는 '미'에서 취하며, 여기서 '心未'가 통어상 주격으로 본다면 '미'를 취하는게 좋겠다.

23) 行乎尸

◦小倉, 池 : 녀올
◦梁, 金, 김 : 니올, 녀올
◦徐 : 녀롤
◦필자 : 녀올

(23-a) '行'은 訓借로 '니-'혹은 '녀-'임은(14-c)에서 언급하였음.
(23-b) '乎'는 '오'의 표기 (19-b)에서 다루었음.
(23-c) '尸'는 'ㄹ'의 표기 (7-c)에서 언급.

이를 종합해 보면 '녀올'로 해독하는 것이 좋겠다.

24) 道尸

小倉이 '길이'로 읽었고, 나머지는 모두 '길'로 읽음. '道'는 訓借, '길', '尸'는 그 말음 'ㄹ'의 표기임.

25) 蓬次叱

◦小倉 : 뽁질
◦梁, 徐, 김 : 다봊ㅅ
◦池 : 뎌ㅅ
◦金 : 부딜
◦필자 : 다봊(ㅅ)

(25-a) '蓬'은 訓借로 '다봊'을 表記한 것이다. 小倉은 '뽁'으로 읽었
으나, '뽁'과 '다봊'은 실물이 좀 다르다. 訓蒙字會에 '뽁'은
'艾'의 訓으로 되어있고, '蓬, 蒿'은 '다복뽁'으로 되어 있다.
池교수의 '띠'나, 金교수의 '부딧'은 좀 더 예증이 필요한 것
같다.
(25-b) '次'는 略音借로 'ㅈ'의 表記로 봄.
(25-c) '叱'는 'ㅅ'혹은 '스'의 표기로 보임(6-b).
(10-b)에서 다루었음.

이래서 '蓬次叱'은 '다봊(ㅅ)'로 해독한다.

26) 巷中

◦小倉 : 굴헝여
◦梁, 池 : 굴허히(ㅁ숧히)
◦金 : 골항애(굴항애)
◦徐, 김 : 굴헝히

∘필자 : 굴헝에

(26-a) '玷'은 訓借로 '굴헝'을 표기한 것. 각자의 견해가 좀 다르다고
　　　 해도 訓借로 보는 점은 一致한다.

(26-b) '내'은 義訓借로 처격조사 '애'에, '희'등의 향찰 표기에 사용
　　　 되었다. 여기서는 '에'를 표기한 것으로 본다.

27) 宿尸

이 항은 모두 다 '잘'로 읽어 '宿'은 訓借, '尸'는 그 末音 'ㄹ'의 표
기로 보았다.

28) 夜音

모두다 '밤'으로 보았다. 의심의 여지가 없다.

29) 有叱下是

∘小倉 ; 잇이리(오)
∘梁 ; 이시리
∘池 ; 잇호리
∘金 ; 알까이(인까이)
∘徐, 김 ; 이사리
∘필자 ; 이시하이

(29-a) '有叱'는 '이시'의 표기로 본다.

(29-b) '下是'는 '이리(오), 리, 호리, 까이'로 되어 있으나 앞(19-c),
　　　 (19-d)에서 읽는대로 '이시하이'로 읽고자 함.

3. 解讀全文

(재구형) 간 봄 그리매 모 것사

우롤이 시름
아돔 낫호(이) 시온 즈시
年受 마춤 디니겨
눈 도올칠 스이의
맛보악디 짓오하이
郎야 그릴ᄆ스미 녀올 길
다봊(ㅅ) 굴형에 잘 밤 이시하이

(현대어 의역) 간봄을 그리워하매 (그것을)거스리지 못하여
울어(서) 시름(합니다)
아름다움(을) 나타내신 모습이
나이 마침에 떨어지려 하는구나
눈 깜짝할 사이에
만나봄을 짓고 싶습니다.
낭이여 그리워하는 마음이 가는 길(은)
쑥대밭 골짝에 잘 밤이 있겠습니까.

參 考 文 獻

김승곤(1988), 『吏讀硏究』(강의초).
金烈圭外(1972), 『鄕歌의 語文學的 硏究』, 서강대 인문과학연구소.
金完鎭(1980), 『鄕歌 解讀法 硏究』, 서울대출판부.
金俊榮(1964), 『鄕歌 佳解』, 敎學社.
徐在克(1975), 『新羅 鄕歌의 語彙硏究』, 계명大 출판부.
梁柱東(1941), 『朝鮮古歌硏究』, 一潮閣.
장지영외(1976), 『이두사전』 정음사.
全圭泰(1976), 『論註 鄕歌』, 정음사.
池憲英(1947), 『鄕歌 歌謠新羅』, 正音社.
최 철외(1984), 『향가의 연구』, 정음사.
小倉進乎(1929), 『鄕歌 및 吏讀의 硏究』(1974), 아세아 문화사.
中杞院編(1985), 『吏讀集成』, 한국학 진흥원.

---

* 이 논문은 『창원전문대학 논문집』 7호(1989, 창원전문대학), 9~25쪽에서 옮겨 실은 것임.

15세기 이음마디 연구

허 원 욱

Ⅰ. 머리말

이 논문은 15세기 이음마디의 통어적 제약관계를 살핀 것이다.

이음마디에서 제약이 일어날 가능성이 있는 문법범주는 ; 때매김법, 인칭법, 높임법, 마침법, 앞마디와 뒷마디의 임자말 제약, 앞마디와 뒷마디의 씨범주 제약이다.

이 중에서 높임법은 제약이 일어나지 않는다. 즉 모든 이음씨끝에는 높임법의 「-으시-」,「-습-」이 제약 없이 연결될 수 있으며, 뒷마디의 높임법과도 아무런 통어적 제약이 일어나지 않는다.

그러나 나머지의 경우는 통어적 제약이 일어난다.

Ⅱ. 15세기 이음마디의 통어적 제약

1. 인칭법 제약

1인칭을 나타내는 「-오/우-」가 연결될 수 있는 이음씨끝은 「-으니」와 「-으나」 뿐이다(때매김 회상법에서 1인칭을 나타내는 「-다」도 「-더-」에 「-오/우-」가 연결된 것으로 본다). 그러한 이유 때문에 「-으니」, 「-으나」에 있어서는 인칭법과 높임법이 상호 제약관계를 가지게 된다. 즉 1인칭을 나타내는 「-오/우-」와 주체높임의 「-으시-」는 공존할 수 없다. 이는 말할이가 자기자신을 높이는 결과가 되기 때문이다.

1.1. 「-으니」

「-노니」 (←「-ᄂ-」 + 「-오/우-」 + 「-으니」)

내 이제 너를 <u>놀노니</u> 뜨들 조차 가라 (월석 13:19)

내 샹녜 阿누… 菩提를 敎化ᄒ노니 이 사ᄅᆞᆷ둘히 … 佛道애 들리라(월석 14:55)

내 너의 깃구믈 <u>돕노니</u> 네 能히 오라건 劫엣 큰 盟誓 發願을 일워 너비 濟渡호ᄆᆞᆯ 거의 ᄆᆞᆾ면 즉자히 菩提를 證ᄒ리라 (석보 11:9-10)

내 이제 너ᄃᆞ려 <u>묻노니</u> (능엄 1:45)

「-ᄉᆞᆸ노니」 (←「-ᄉᆞᆸ-」 + 「-ᄂ-」 + 「-오/우-」 + 「-으니」)

내 이제 諸佛 니르시논 陀羅尼句를 엳ᄌᆞᄫᅡ 請ᄒᆞᆸ노니 … 이 神呪를 외오면 즉자히 비를 ᄂᆞ리오며 (월석 10:84)

「-오리니」 (←「-오/우-」 + 「-으리-」 + 「-으니」)

내 …반ᄃᆞ기 涅槃애 <u>드로리니</u> (법화 1:121)

「-ᄉᆞᄫᅩ리니」 (←「-ᄉᆞᆸ-」 + 「-오/우-」 + 「-으리-」 + 「-으니」)

舍衛國에 도라가 精舍 <u>이르ᄉᆞᄫᅩ리니</u> (석보 6:22)

「-다니」 (←「-더-」 + 「-오/우-」 + 「-으니」)

「-더-」 + 「-오/우-」 를 「-다-」로 보는 것은, 「-으샤-」를 「-으시-」 + 「-오/우-」로 보는 것과 다를 바가 없다.

고ᄫᅵ니 몯 보아 술읏 <u>우니다니</u> 님하 오ᄂᆞᆳ나래 넉시라 마로리어다 (월석 8:102)

(내) 두어 나를 ᄒᆞ오ᅀᅡ 믌ᄀᆞᅀᅢ <u>잇다니</u> 그 므리 漸漸 젹거늘 (월석 10:24)

우리 나히 ᄒᆞ마 늘거 … ᄒᆞᆫ 念도 즐기논 ᄆᆞᅀᄆᆞᆯ 아니 <u>내다니</u> 우리 오늘 …듣줍고 (월석 13:5-6)

天子ㅅ ᄆᆞ리 千里를 ᄃᆞᆮᄂᆞ니라 내 <u>듣다니</u> 이젯 그리미 아니 이가 = 吾聞天子之馬走千里 今之畵圖無乃是(두언 16:40)

내 …그저긔 됴흔 瓔珞을 <u>가젯다니</u> ᄒᆞᆫ 사ᄅᆞ미 밤ㅅ中 後에 파내야 (월석 10:25)

내 …舍衛國 <u>사ᄅᆞ미라니</u> 父母ㅣ 나를 北方 싸ᄅᆞᄆᆞᆯ 얼이시니 (월석10:23)

如來겨실쩌긔 …우리둘히 甚히 어려ᄫᅥ <u>ᄒᆞ다소니</u> 이제 涅槃ᄒᆞ시니 싁싁ᄒᆞᆫ 法이 ᄒᆞ마 업스리로다 (석보 23:42)

「-슙다니」(← 「-숩-」+ 「-더-」+ 「-오/우-」+ 「-으니」)

耎莃이 ᄃ외슨바 하ᄂᆞᆯ ᄀᆞᆮ 셤기ᅀᆞᆸ다니 ᄒᆞ年이 몯 차 世世 ᄇᆞ리시니 (천강곡 상.기140)

이 뎌를 다시 지ᅀᅥ 𡊁 비ᅀᆞᆯ 사ᄒᆞᆯ 삼고져 ᄒᆞᅀᆞᆸ다소니 (상원사 권선문)

〈앞마디와 뒷마디의 인칭법 통솔 관계〉

앞마디와 뒷마디의 임자말이 1인칭이면서 동일한 경우, 뒷마디의 풀이 말에 「-오/우-」가 실현되지 않을 때가 있다. 이는 앞마디의 인칭법이 뒷마디의 인칭법을 통솔한 결과이다.

내 이제 世尊ᄋᆞᆯ ᄆᆞᄌᆞ막 보ᅀᆞᆸᄫᅩ니 측ᄒᆞᆫ ᄆᆞᅀᆞ미 업거이다 (월석 10:8)

「-업소이다」로 실현되어야 할 것이 강조의 안맺음씨끝을 연결하여 「-업 거이다」로 실현되었다.

1.2. 「-으나」

내 …비록 戒律을 ᄀᆞ초호나 三摩地예 ᄆᆞᅀᆞ미 샹녜 흐터 뮈여 (능엄 5:56)

내 ᄒᆞ마… 뜨듸 欲ᄋᆞᆯ 조초나 그러나 이 衆生이… (법화 6:7-8)

내 비록 度티 몯호나 (능엄 6:82)

2. 때매김법 제약

이음마디에 있어서 때매김법은 제약이 매우 심하다. 때매김법이 실현될 수 있는 이음씨끝을 차례로 보이기로 한다.

2.1. 「-으니」

「-으니」에 있어서는 확정법의 「-으니-」, 「-과-」만을 제외하고는 모두 연결될 수 있다.

확정법은 시간에 대한 판단이라기 보다는, 어떠한 사실에 대하여 말할 이의 확언하는 마음가짐을 나타내는 문법범주이기 때문에, 이음법에서 나타나지 않고 마침법에서 나타나는 것이다. 그러므로 「-으니」에 있어서는 모든 때매김법이 실현될 수 있다고 할 수 있다.

〈현실법 「-ᄂᆞ-」의 연결〉

「-ᄂᆞ니」

大德하 사ᄅᆞ미 다 모다 잇ᄂᆞ니 오쇼셔 (석보 6:29)

衆生이 내 ᄠᅳ들 몰라 生死애 다 便安티 몯게 ᄒᆞᄂᆞ니 엇뎨어뇨 ᄒᆞ란디(월석 21:123)

「-노니」

내 이제 너를 놓노니 ᄠᅳ들 조차 가라 (월석 13:19)

내 샹녜 阿누… 菩提ᄅᆞᆯ 敎化ᄒᆞ노니 이 사ᄅᆞᆷ들히 … 佛道애 들리라(월석 14:55)

내 너의 깃구믈 돕노니 네 能히 오라건 劫엣 큰 盟誓 發願을 일워 너 비 濟渡ᄒᆞ몰 거의 ᄆᆞᄎᆞ면 즉자히 菩提ᄅᆞᆯ 證ᄒᆞ리라 (석보 11:9-10)

내 이제 너ᄃᆞ려 묻노니 (능엄 1:45)

「-으시ᄂᆞ니」

오ᄂᆞᆳ나래 世尊이 神奇ᄅᆞ 造化ㅅ 相ᄋᆞᆯ 뵈시ᄂᆞ니 엇던 因緣으로 이런 祥瑞 잇거시뇨 (석보 13:14-5)

이제 ᄯᅩ 내 아ᄃᆞᆯ 드려가려 ᄒᆞ시ᄂᆞ니 (석보 6:5)

太子ㅣ …ᄌᆞ걔 慈悲호라 ᄒᆞ시ᄂᆞ니 (석보 6:5)

ᄒᆞ게 도라가 자최 업스시ᄂᆞ니 (법화 4:65-6)

「-ᅀᆞᄇᆞ니」

赤島 안해ᅀ 움흘 至今에 보ᅀᆞᄇᆞ니 王業艱難이 이러ᄒᆞ시니(용 5장)

大王이 … 百姓을 어엿비 너기실ᄊᆡ 十方앳 사ᄅᆞ미 다 아ᅀᆞᄇᆞ니 오ᄂᆞᆳ나래 엇디 시르믈 ᄒᆞ시ᄂᆞ니잇고 (월석 10:4)

「-ᅀᆞᆸ노니」

내 이제 諸佛 니ᄅᆞ시논 陀羅尼句를 엳ᄌᆞᄫᅡ 請ᄒᆞᅀᆞᆸ노니 … 이 神呪를 외오면 즉자히 비롤 ᄂᆞ리오며 (월석 10:84)

〈미정법 「-으리-」의 연결〉

「-으리니」

불곰과 어드움과ᄅᆞᆯ 아디 몯ᄒᆞ리니 엇뎨어뇨 (능엄 2:23)

衆生이 드러든 뎌 나라해 나고져 發願ᄒᆞ야ᅀᅡ ᄒᆞ리니 엇뎨어뇨 ᄒᆞ란ᄃᆡ이러ᄒᆞᆫ ᄆᆞᆺ 어딘 사ᄅᆞᆷᄃᆞᆯ콰 ᄒᆞᆫᄃᆡ 이시릴ᄊᆡ니라 (월석 7:70)
네 어미 열세히 ᄆᆞᄎᆞ면 이 報 ᄇᆞ리고 梵志 ᄃᆞ외야 나 목수미 百歲리니(월석 21:58)

「-오리니」
내 …반ᄃᆞ기 涅槃애 드로리니 (법화 1:121)

「-으시리니」
如來 당다이 六乘經을 니르시리니 일후미 妙法蓮華ㅣ니 (석보 113:36)

「ᄉᆞᄫᆞ리니」
佛은 …얼구를 象ᄋᆞ로 아디 몯ᄒᆞᅀᆞᄫᆞ리니 (월석 9:13)

「-ᄉᆞ보리니」
舍衛國에 도라가 精舍 이ᄅᆞᅀᆞ보리니 (석보 6:22)

〈회상법 「-더-」 의 연결〉

「-더니」
子息ᄃᆞᆯ히 … ᄣᅡ해 그우더니 이 그 아비 지븨 도라오니 (월석 17:17)
長者ㅣ 닐굽 아ᄃᆞ리러니 여슷 아ᄃᆞᆯ란 ᄒᆞ마 갓 얼이고 (석보 6:13)
내 지븨 이셔 環刀ㅣ며 막다히ᄅᆞᆯ 두르고 이셔도 두렵더니 (월석 7:5)
五百 도ᄌᆞ기 … 도ᄌᆞᆨᄒᆞ더니 (월석 10:27)
그 衆中에 열두 夜叉大將이 모ᄃᆞᆫ 座애 잇더니… 이 열두 夜叉大將이 各各 七千 夜叉ᄅᆞᆯ 眷屬 사맷더니 ᄒᆞᆫ 소리 내야 ᄉᆞᆯᄫᅩᄃᆡ (석보 9:39)

「-다니」
「-더-」 + 「-오/우-」 를 「-다-」로 보았다. 이는 「-으샤-」를 「-으시-」 + 「-오/우-」로 보는 것과 다를 바가 없다.

고ᄫᆞ니 몯 보아 ᄉᆞᆯ읏 우니다니 님하 오ᄂᆞᆳ나래 넉시라 마로리어다 (월석 8:102)
(내) 두ᅀᅥ 나ᄅᆞᆯ ᄒᆞ오ᅀᅡ ᄆᆞᆳᄀᆞᅀᅢ 잇다니 그 ᄆᆞ리 漸漸 젹거늘 (월석 10:24)
우리 나히 ᄒᆞ마 늘거 … ᄒᆞᆫ 念도 즐기논 ᄆᆞᅀᆞᄆᆞᆯ 아니 내다니 우리 오ᄂᆞᆯ …듣

좁고 (월석 13:5-6)

天子ㅅ 무리 千里롤 돈ᄂ니라 내 듣다니 이젯 그리미 아니 이가 = 吾聞 天子
之馬走千里 今之畵圖無乃是(두언 16:40)

내 …그저긔 됴ᄒᆞᆫ 瓔珞을 가졧다니 ᄒᆞᆫ 사ᄅᆞ미 밤ㅅ中 後에 파내야 (월석 10:
25)

내 …舍衛國 사ᄅᆞ미라니 父母ㅣ 나롤 北方 싸ᄅᆞ믈 얼이시니 (월석 10:23)

如來겨실쩌긔 …우리둘히 甚히 어려ᄫᅥ ᄒᆞ다소니 이제 涅槃ᄒᆞ시니 셕셕 ᄒᆞᆫ 法
이 ᄒᆞ마 업스리로다 (석보 23:42)

「-더시니」 (「-으시더니-」)

淨飯王이 病이 되더시니 … 한 臣下둘히 모다 슬보더 (월석 10:3)

龍鬼 위ᄒᆞ야 說法ᄒᆞ샤미 부텻 나히 셜흔 둘히러시니 穆王 여슷찻히 乙酉ㅣ라
(석보 6:1)

곧 이 짜해 塔올 셰여 供養ᄒᆞ시더니 내 이제 成佛홀씨 (월석 21:221)

須彌山王이 大海예 잇ᄂᆞᆫ 둣 ᄒᆞ시더니 그 … (월석 21:210)

「-ᅌᅥ더니」

하ᄂᆞᆶ 寶華聚로…釋迦牟尼佛ㅅ 우희 빗ᅌᅥ더니 그 多寶佛이…(법화 4:132)

「-ᅌᅥ다니」

妻眷이 ᄃᆞ외ᅀᆞᄫᅡ 하ᄂᆞᆯ 곧 셤기ᅀᆞ다니 三年이 몯 차 世間 ᄇᆞ리시니 (천강곡
상.기140)

이 뎌를 다시 지서 福 비ᅀᆞᆯ 짜홀 삼고져 ᄒᆞᅀᆞ다소니 (상원사 권선문)

〈앞마디와 뒷마디의 때매김법 통솔 관계〉

(1) 앞마디와 뒷마디의 때가 일치하는 경우

앞마디와 뒷마디의 때매김의 연결 여부

앞마디	뒷마디	
○ .	○	… ①
○	×	… ②
×	○	… ③

① 앞마디와 뒷마디에 동일한 때매김이 연결됨

大王이 … 百姓을 어엿비 너기실씬 十方앳 사르미 다 <u>아슨느니</u> 오늜나래 엇디
시르믈 호시느니잇고 (월석 10:4)
光明이 하 盛호야 몯다 <u>보슨불리러니</u> 百千閻浮檀金 ㅅ 비치 몯 가줄비 슨불리
러라 (월석 8:17)

② 앞마디의 때매김이 뒷마디의 때매김을 통솔함. (뒷마디의 때가 앞마
   디의 때를 따름.) 뒷마디에 때매김이 표시되지 않은 것은, ①에서
   때매김의 잉여가 일어났다고 볼 수 있다.
      앞마디와 뒷마디의 때가 일치할 때는 앞의 ① 처럼 뒷마디에도 같은
   때매김이 실리기도 하지만, 다음과 같이 뒷마디에는 생략되는 경우
   도 있다.

龍鬼 위호야 說法호샤미 부텻 나히 셜흔 <u>둘히러시니</u> 穆王 여슷찻히 乙酉ㅣ라
(석보 6:1) ⇐『乙酉ㅣ더라』
子息둘히 … 싸해 그우<u>더니</u> 이   그 아비 지븨 도라오니 (월석 17:17)
⇐『도라오더니』

③ 뒷마디에 「-으니-」가 연결되는 경우.
   이는 부득이 뒷마디가 앞마디를 통솔한다.(앞마디에서 「-으니-」가
   연결될 수 없기 때문)

狐는 <u>여슨이니</u> 그 性이 疑心 하니라 (능엄 2:3)
道理로 몸 사무시니 이 <u>부톄시니</u> 이 經 닐긇 사르믄 … 고장 슬호니라(월석,
서:22)

※ 앞마디와 뒷마디의 때가 일치할 경우에는 확정법의 「-으니-」만 제외
하고는 앞마디가 뒷마디의 때매김을 통솔한다.

(2) 앞마디와 뒷마디의 때가 일치하지 않는 경우

앞마디	뒷마디	
○	○	… ①
○	×	… ②
×	○	… ③

① 앞마디와 뒷마디의 때가 다르면, 당연히 뒷마디의 풀이말에도 때매김이 실현된다.

고봆니 몯 보아 술웃 <u>우니다니</u> 님하 오눐나래 넉시라 마로리어다 (월석 8:102)
우리둘히 甚히 어려버 <u>ᄒᆞ다소니</u> … 셕셕흔 法이 ᄒᆞ마 업스리로다 (석보 23:42)
내 샹녜 阿누… 菩提롤 敎化<u>ᄒᆞ노니</u> 이 사롬둘히 … 佛道애 들리라 (월석 14:55)
내 너의 깃구믈 <u>돕노니</u> 네 能히 … 菩提롤 證ᄒᆞ리라 (석보 11:9-10)

② 앞마디와 뒷마디의 때가 다르면, 앞의 경우와 같이 뒷마디에도 때매김을 나타내는 것이 원칙이지만, 말할이가 때매김의 표현을 적극적으로 나타내지 않을 때는 때매김법이 연결되지 않는다.

妻眷이 ᄃᆞ외ᅀᆞᄫᅡ 하늘 곧 <u>셤기ᅀᆞᆸ다니</u> 三年이 몯 차 世間 ᄇᆞ리시니 (천강곡 상.기140)
ᄒᆞ다가 아비옷 겨시던댄 우릴 어엿비 여겨 能히 <u>救護ᄒᆞ시리러니</u> 오눐날 ᄇᆞ리고 다ᄅᆞᆫ 나라해 머리 가 업스니 (법화 5:158)

③ 이 경우는 말할이가 앞마디에서 때매김을 적극적으로 표현하지 않은 경우이다.

네 아ᄃᆞ리 … 허믈 <u>업스니</u> 어드리 내티료(리+오)(월석 2:6)

※ 앞마디와 뒷마디의 때가 다를 경우에는, 때매김의 통솔 관계가 이루어지지 않는다.

2.2. 「-을씨」

때매김은 미정법의 「-으리-」만 연결된다.

(1) 앞마디와 뒷마디의 때가 일치하는 경우

앞마디	뒷마디	
○	○	… ①
○	×	… ②
×	○	… ③

① 앞마디에 다른 때매김이 실릴 수 없으므로 「-으리-」… 「-으리-」가
연결되는 경우 뿐이다.

반ᄃᆞ기 비체 ᄒᆞ가지릴쎠 반ᄃᆞ기 ᄢᅩᆯ 아디 몯ᄒᆞ리로다 (능엄 3:37)
ᄒᆞ다가 므슴매 卽홇딘댄 法이 드트리 아니릴쎠 … 엇뎨 고디 일리오 (능엄 3:
32)

② 예가 없다.
「-을씨」의 경우는, 앞마디의 때매김이 뒷마디를 통솔하지 않는다.
이는 「-으니」와는 반대되는 현상이다.

③
世尊하 내 佛如來 威神力을 받ᄌᆞ볼쎠 … 一切 業報 衆生ᄋᆞᆯ 救ᄒᆞ야ᄲᅢ 노니 (월
석 21:47)
性土롤브터 듣ᄌᆞ볼실쎠 八百萬億等偈 잇ᄂᆞ니 (월석 18:35)
奉天討罪실쎠 四方 諸侯ㅣ 몯더니 (용 9장)

뒷마디에 「-으리-」를 제외한 다른 때매김 씨끝이 연결되는 경우는, 앞
마디에 그와 같은 때매김이 연결될 수 없기 때문에 당연한 결과이다.
단, 앞마디와 뒷마디가 미정법으로 일치하면서, 앞마디에는 때매김이 연

결되지 않고 뒷마디에만 「-으리-」가 연결되는 예는 보이지 않는다. 이러한
경우는 반드시 ① 의 경우처럼 「-으리-」… 「-으리-」가 연결된다.

(2) 앞마디와 뒷마디의 때가 일치하지 않는 경우

앞마디	뒷마디	
○	○	… ①
○	×	… ②
×	○	… ③

① 이는 당연한 결과이다.

ᄒᆞ나히 어디러 즈믄 사ᄅᆞ몰 <u>당ᄒᆞ릴ᄊᆡ</u> 天子ㅣ라 ᄒᆞᄂᆞ니라 (월석 1:28)
부톄 겨지블 調御ᄒᆞ시ᄂᆞ다 ᄒᆞ면 尊重티 아니ᄒᆞ시릴ᄊᆡ 丈夫를 調御ᄒᆞ시ᄂᆞ다 ᄒᆞ
니라 (석보 9:3)
商德이 衰ᄒᆞ거든 天下를 <u>맛드시릴ᄊᆡ</u> 西水ㅅ ᄀᆞᇫ 져재 ᄀᆞᆮᄒᆞ니 (용 6장)

② 이는 뒷마디에서의 때매김 표현이 소극적일 경우이다.

法輪法會를 셰샤 天人이 <u>모드릴ᄊᆡ</u> 諸天이 다 깃ᄉᆞᄫᅳ니 (월석 2:8,기13)
부텻 ᄠᅳᆮ 아디 <u>몯ᄒᆞᅀᆞᄫᅩ릴ᄊᆡ</u> 이럴ᄊᆡ 聖人ㅅ ᄠᅳ들 사겨 (금강, 서:6)

③ 앞마디에는 「-으리-」를 제외한 다른 때매김은 실릴 수 없으므로, 당
연한 결과이다.

불휘 기픈 남ᄀᆞᆫ ᄇᆞᄅᆞ매 아니 <u>뮐ᄊᆡ</u> 곳 됴코 여름 하ᄂᆞ니 (용 2장)
시미 기픈 므른 ᄀᆞ무래 아니 <u>그츨ᄊᆡ</u> 내히 이러 바ᄅᆞ래 가ᄂᆞ니 (용 2장)
世尊은 … 一切 다 恭敬ᄒᆞᅀᆞᄫᆞᆯᄊᆡ 世尊이시니<u>라</u> (금강 7:8)
父王이 淸淨ᄒᆞᆫ 사ᄅᆞ미<u>실ᄊᆡ</u> 淨居天으로 가시니라 (월석 10:15)
天上이며 人間이며 모다 尊히 <u>너기ᅀᆞᄫᆞᆯᄊᆡ</u> 世尊이시다 ᄒᆞ니라 (월석 9:13)
ᄯᅡ 아랫 <u>獄일ᄊᆡ</u> 地獄이라 ᄒᆞᄂᆞ니라 (월석 1:28)
羅睺羅ㅣ 나히 ᄒᆞ마 <u>아호빌ᄊᆡ</u> 出家ᄒᆞ여 聖人ㅅ 道理 비화ᅀᅡ ᄒᆞ리니 (석보 6:3)

※ 「-을ᄊᆡ」 의 때매김 제약은 다음과 같이 설명될 수 있다.

때매김 제약에서 특이한 것은, 앞마디와 뒷마디의 통솔관계가 이루어지지 않는다는 것이다.

이음법에서는 앞마디의 때매김이 뒷마디의 때매김을 통솔하는 것이 일반적인데,(이음법 「-으니」는 이와 반대이다) 「-을쎄」의 경우는 앞마디가 미정법일때 반드시 「-으리-」를 연결하였다. 그 이유는 다음과 같이 설명될 수 있다.

「-을쎄」에서의 「을」은 원래 미정법 매김씨끝에서 온 것이다. 그런데 이것이 하나의 이음씨끝으로 굳어져, 여기에는 때매김의 의미를 상실하게 되었다. 「-을쎄」에 미정법의 「-으리-」만 연결되는 이유도, 그것이 원래 미정법에서 온 것이므로, 미정법의 때매김을 다시 살리려는 의도에서 비롯된 것이며, 또 「-을쎄」가 이끄는 앞마디의 때가 미정법일 때 「-으리-」를 생략하지 않는 이유도 그러한 의식때문일 것이다.

2.3. 「-은댄」, 「-ㄴ덴」, 「-ㄴ딘」, 「-딘」

회상법의 「-더-」와 미정법의 「-으리-」가 연결될 수 있다.

(1) 앞마디와 뒷마디의 때가 일치하는 경우

앞마디	뒷마디	
○	○	… ①
○	×	… ②
×	○	… ③

① 앞마디와 뒷마디의 때가 일치한 경우, 앞마디가 미정법일 때 뒷마디에도 미정법의 「-으리-」가 연결된다.

앞마디에 회상법 「-더-」가 연결될 때는 뒷마디에 반드시 「-으리-」가 연결되어, 앞마디와 뒷마디의 때는 일치하지 않게 된다.(뒤의 (2)① 참조)

내 말옷 거츨린댄 닐웨롤 몯 디나아 阿鼻地獄애 뻐러디리라 (월석 23:66)
ᄒᆞ다가 ᄒᆞ얌직디 몯다 니ᄅᆞ시린댄 … 다시 엇던 道롤 닷ᄀᆞ료 = 若道 不墏인댄 枉向山中ᄒᆞ야 數年을 受人禮拜호니 更修何道ㅣ리오(육조, 상:15)

② 없음

앞마디의 때가 뒷마디의 때를 통솔하지 못한다.

③ 없다.

뒷마디의 때도 앞마디의 때를 통솔하지 못한다.

※ 때매김이 일치하는 경우는 「-으리-」 + 「-으리-」의 연결 뿐이다.

(2) 앞마디와 뒷마디의 때가 일치하지 않는 경우

앞마디	뒷마디	
○	○	… ①
○	×	… ②
×	○	… ③

① 앞마디에 회상법 「-더-」가 연결되고, 뒷마디에는 미정법의 「-으리-」
가 연결되는 경우 뿐이다.

ᄒᆞ다가 우리 … 菩提롤 일우리런댄 반ᄃᆞ기 大乘으로 度脫올 得ᄒᆞ리어늘 = 若
我等이 … 成就 …菩提者ㅣ 런댄… (법화 2:6)
軍容이 녜와 다ᄅᆞ샤 아ᅀᆞᆸ고 믈러가니 나ᅀᅡ오던덴 목숨 기트리잇가 (용 51장)
置陳이 놈과 다ᄅᆞ샤 아ᅀᆞᆸ더니 나ᅀᅡ오니 믈러가던댄 목숨 ᄆᆞᄎᆞ리잇가 (용 51장)
ᄒᆞ다가 能히 ᄆᆞᅀᆞ매 서르 體信ᄒᆞᅀᆞᆸ던딘 이에 어루 맛나 得ᄒᆞ야 잠깐도 어려우
미 업스리어늘 (법화 2:224,6)
ᄒᆞ다가 … 달애디 아니ᄒᆞ시던딘 내죵애 … 四生五道애 窮困ᄒᆞ리러니 (법화 2:
224,6)
岩頭옷 아니런든 德山ㅅ 喝올 몯 알리랏다 (몽산 32)

② 뒷마디가 시킴월일 때를 제외하고는 예가 없다

王봇 너를 ᄉᆞ랑티 아니ᄒᆞ시런댄 커니와 王이 너를 禮로 待接ᄒᆞ샳딘댄 모로매
願이 이디 말오라 (석보 11:30)

즉 앞마디에 때매김 표시가 있으면, 뒷마디에도 반드시 때매김 표시를

하게 된다.

③ 앞마디에서 때매김을 적극적으로 나타내지 않은 경우

ㅎ다가 보미 이 物인댄 네 또 어루 내 보물 보리라 = 若見이 是物인댄 即汝
ㅣ 亦可見吾之見ㅎ리라 (능엄 2:35)

※ 앞마디에 「-으리-」가 연결되면 뒷마디에도 「-으리-」가 연결되고, 앞
마디에 「-더-」가 연결되는 경우 역시 뒷마디에는 「-으리-」가 연결된다.

즉 앞마디에 때매김 표시가 있으면 (연결될 수 있는 때매김은 회상법
과 미정법이다), 뒷마디에는 반드시 「-으리-」가 연결된다.

그 이유는 다음과 같다.

뒷마디에 나타나는 「-으리-」는 단순한 미래 사실의 서술이 아니라, 말
할이의 강한 추측을 나타낸다.(1인칭에 연결되면 당연히 말할이의 의도를
나타낸다) 이음법 「-은댄」은 '가정'이라는 의미를 나타내므로, 뒷마디에는
추정법 (미정법) 「-으리-」가 연결되는 것이 당연하다. 즉 다음과 같은 월
이 된다.「만약 … 라면 … 일 것이다」 (한문 번역을 보면 「-은댄」이 '若'
과 호응되는 것을 확인할 것)

이러한 이유 때문에, 앞마디에 때매김 표시가 없을 때에도 뒷마디에는
거의 모든 경우 「-으리-」가 연결된다.

앞마디에 「-더-」가 연결될 때, 뒷마디에 추정-회상의 「-리러(←더)」가
연결되는 경우가 있다. 이는 현대말로 「…했더라면, …했을 것이다」의 의
미가 된다.

ㅎ다가 우리 큰 法 즐기는 무스미 잇던댄 부톄 우리 爲ㅎ야 大乘法을 니르시
리라스이다 (월석 13:36)

※ 이상에서 살펴본 「-은댄」에서의 때매김 제약을 '가정법'이라는 범주
를 세워 요약해 본다. ('가정법'이란, 앞마디의 때와 관계없이 뒷마디에 미
정법의 「-으리-」가 연결되는, 이음법의 하위범주로 설정한다)

〈가정법 「-은댄」의 때매김〉

<u>가정법 미래</u> : 미래 사실을 가정한다 : 「-으리-」 + 「-으리-」

내 말옷 거츨린댄 닐웨롤 몯 디나아 阿鼻地獄애 뻐러디리라 (월석 23:66)

<u>가정법 과거</u> : 과거 사실을 가정 : 「-더-」 + 「-으리-」,「-으리러-」

軍容이 녜와 다른샤 아숩고 믈러가니 나아오던댄 목숨 기트리잇가 (용 51장)
ㅎ다가 우리 큰 法 즐기는 ᄆᆞᄉᆞ미 잇던댄 부톄 우리 爲ᄒᆞ야 大乘法을 니르시
리라ᄉᆞ이다 (월석 13:36)

<u>가정법 현재</u> : 현재 사실을 가정하거나, 때매김의 개념을 뛰어넘어서
가정 : 「- -」 + 「-으리-」

ㅎ다가 보미 이 物인댄 네 쏘 어루 내 보몰 보리라 (능엄 2:35)

2.4. 「-ㄹ뎬 (뎐)」

여기에는 아무런 때매김 씨끝이 연결되지 않는다. 그러나 이는 앞의
「-은댄」의 미래형이므로 이 이음씨끝에는 미정법의 「-으리-」가 연결되어
있는 것으로 본다.

그러나 미래의 때를 적극적으로 나타내지는 않는다 (때매김의 중화).
그러므로 뜻은 「-은댄」과 비슷하다.

뒷마디의 때매김은 「-은댄」의 경우와 마찬가지로 「-으리-」가 연결된다.
그러므로 이 씨끝도 <u>가정법</u>의 범주에 든다.

<u>몰롫뎬</u> 엇뎨 또 일후믈 一切知見이로라 ᄒᆞ려뇨 (월석 21:210)
너비 사겨 <u>닐옳뎬</u> 劫이 다아도 몯다 니르리이다 (월석 21:81)
ᄆᆞᄉᆞᆷ <u>닷골뎬</u> 모로매 觀애 드르리니 (영가.하:22)
ㅎ다가 …사르미 일로 갓ᄀᆞ로물 <u>사몷뎬</u> 곧 … 므스글 가져 正을 사ᄆᆞ료 (능엄
2:13)
ㅎ다가 이 짜해 英俊ᄒᆞᆫ 지죄 업다 <u>닐옳뎬</u> 엇뎨 시러곰 뫼헤 屈原의 지비이시
리오 (두언 25:47)
作法홀뎬 네 이리 ᄀᆞ자ᅀᅡ ᄒᆞ리니 (육조 .서:12)

2.5. 「-으란딕」

이 씨끝에도 때매김이 실리지 않지만, 뒷마디의 때매김은 미정법의
「-으리-」가 연결된다.

그러므로 가정법의 범주에 들며, 「-ㄹ덴」처럼 그 자체에 미정법을 가지
고 있는 듯 하다.

호마 色올브터 <u>나란딕</u> 반드기 虛空이 잇는 딜 아디 몯흐리로다 (능엄 3:37)
호마 空올브터 <u>오란딕</u> 도로 空올브터 드롫디니 (능엄 2:110)
내 호마 證흐<u>란딕</u> 너도 證흐야사 흐리라 (월석 14:31)
匡山ㅅ 글늙던 싸해 머리 <u>셰란딕</u> 됴히 도라올디니라 (두언 21:42)
내 衆生이 아비 드외야시<u>란딕</u> 그 苦難올 싸 … 노녀 노롯게 호리라 (법화 2:
86)
(어마니몰) 天宮에 몯 보수<u>봉란딕</u> 地獄애 겨싫가 흐니 (월석 23:81)

2.6. 「-관딕 (곤딕) / 완딕」

앞마디에 연결될 수 있는 때매김 씨끝은 「-으리-」 뿐이다.

(1) 앞마디와 뒷마디의 때가 일치하는 경우

앞마디	뒷마디	
○	○	… ①
○	×	… ②
×	○	… ③

① 엇데 어로 著흐리<u>완딕</u> 著디 아니타 니르료 (능엄 1:74)

② 없음. 앞마디의 때가 뒷마디를 통솔하지 못함

③ 뒷마디의 때가 앞마디의 때를 통솔.

이 엇던 神靈ㅅ 德이시<u>관딕</u> 내 시르믈 주기시느고 (월석 21:21)
이 菩薩이 엇던 三昧예 住흐시<u>관딕</u> 能히 … 衆生올 度脫흐시느니잇고 (법화
7:32)

(2) 앞마디와 뒷마디의 때가 일치하지 않는 경우

앞마디	뒷마디	
○	○	… ①
○	×	… ②
×	○	… ③

① 뉘 修行ᄒ리완더 엇뎨 幻 ᄀᆞᆮᄒ몰 다시 니ᄅ시니잇고 (원각, 상2-1:8)

② 없음 (문헌의 제약)

③ 때매김의 소극성
네 엇던 아ᄒᆡ완더 허튀롤 안아 우는다 (월석 8:85)

2.7. 「-든」

앞마디에는 「-더-」만 연결될 수 있다. 이때 뒷마디에는 「-으리-」, 「-으리러-」가 연결된다. 이는 가정법의 때매김 제약과 같다. 즉 「-든」에 과거 회상의 「-더-」가 연결되면 가정의 뜻을 가지게 된다. 그리하여 앞마디와 뒷마디의 때가 일치하는 경우, 앞마디와 뒷마디에 같은 때매김 씨끝이 연결되는 경우가 없다.

> ᄒ다가…그 어려우믈 니ᄅ디 아니ᄒ더든 말ᄉ미 시러 圓티 몯ᄒ리러니 (금강삼가 3:20)
> 그듸옷 나그내를 ᄉᆞ랑티 아니ᄒ더든 그몸나래 ᄯᅩ 시르믈 더으리랏다 (두언 15:31)
> 萬一에 ᄒᆡ여곰 나라히 배디 아니터든 엇뎨 큰 唐이 두미 ᄃᆞ외리오 (두언 6:2)
> ᄒ다가 두 사ᄅᆞ미 我롤 뒷더든 ᄒ나ᄒ 靑山애 잇고 ᄒ나ᄒ 길헤 이시리라 (금강삼가 4:17)
> ᄒ다가 부톄 相올 묻더시든 ᄯᅩ 能히 相ᄋᆞ로 對答ᄒᅀᆞ오리라 (금강삼가 3:12)
> 내 아랫뉘예 …눕드려 니ᄅ디 아니ᄒ더든 三菩提롤 ᄲᆞ리 得긔 몯ᄒ리러니라 (석보 19:34)

그러나 「-든」에 「-거-」나 「-아/어-」가 연결되면, 가정 뿐만 아니라 조건의 뜻을 가지게 되어 뒷마디에는 여러 때매김이 실현된다.

> 바다히 잇거든 龍王이 위두ᄒ야 잇ᄂ니 (월석 1:23)
> 큰 法을 니르거든 沙彌 듣더니 (월석 7:33)
> 時節이 ᄌᆞ어든 어버ᅀᅵᄅᆞᆯ 일흔ᄃᆞᆺ ᄒᆞ니라 (월석, 서:16)
> ᄀᆞᄉᆞᆯ히 菰ㅣ 거든 ᄲᅳ리 도외어든 精히 디허 ᄒᆡᆫ ᄲᅳ래 어울우리라 (두언 7:37)

2.8. 「-늘/ᄂᆞᆯ」

앞마디에 연결될 수 있는 때매김 씨끝은 「-으리-」 뿐이다.

(1) 앞마디와 뒷마디의 때가 일치하는 경우

앞마디	뒷마디	
○	○	… ①
○	×	… ②
×	○	… ③

① 예가 보이지 않는다. 이는 문헌의 제약 때문일 것이다.

② 앞마디의 때가 뒷마디의 때를 통솔할 수 없다.

③ 뒷마디의 때가 앞마디의 때를 통솔하는 경우이다.
아니한 디 몯다 ᄯᅩ랫거늘 須達이 잔죽고 ᄉᆞ랑ᄒᆞ더니 (석보 6:25)

(2) 앞마디와 뒷마디의 때가 일치하지 않는 경우

앞마디	뒷마디	
○	○	… ①
○	×	… ②
×	○	… ③

① 우리 … 能히 다시 낫디 몯ᄒᆞ리어늘ᅀᅡ 앏길히 손지 멀쎠 이제 믈러 도로 가고져 ᄒᆞ노이다 (법화 3:174)

② 王也는 道理롤 議論ᄒ리어늘 江湖애 벙으러 잇고 (두언 25:11)

③ 이 암ᄒ 모다 뒷논 거시어늘 엇뎨 ᄒᆞ오ᅀᅡ 더브러 잇ᄂ다 (월석 7:16)

2.9. 「-은마론」

「-으리-」만 연결된다.

(1) 앞마디와 뒷마디의 때가 일치하는 경우

앞마디	뒷마디	
○	○	… ①
○	×	… ②
×	○	… ③

① 여희요미 ᄆᆞᆾ매 오라디 아니ᄒ리언마론 아ᅀᆞ몰 ᄎᆞ마 서르 ᄇ리리아
(두언 8:60)
ᄀᆞᄅ치샤몰 듣ᄌᆞ오면 제 어로 ᄆᆞᅀᆞ몰 보련마론 가라ᄀᆞᆯ 여희여ᅀᅡ
能히 ᄃ롤 알리라 (능엄 2:23)

② 없음. 앞마디의 때가 뒷마디를 통솔하지 못함

③ 뒷마디의 때가 앞마디의 때를 통솔.
第一寂滅을 알어신마론 方便力으로 니ᄅ시ᄂ다 (법화 1:227)

(2) 앞마디와 뒷마디의 때가 일치하지 않는 경우

앞마디	뒷마디	
○	○	… ①
○	×	… ②
×	○	… ③

① 이 經이 됴ᄒ 藥 ᄀᆮᄒ야 머구매 萬病이 스러디여 건내ᄠᅱ여 金仙이
ᄃ외리언마론 오직 이 이베 숨쑈몰 즐기디 아니ᄒ실ᄂ니라 (금강삼가

3:62)

② 卽時예 正覺올 <u>일우련마론</u> 누미 疑心ᄒ더 (월석 2:36)

③ 宮女로 놀라샤미 宮監이 다시언마론 問罪江都ᄅᆞᆯ 느치리잇가 (용 1장)

2.10. 「-으며」

미정법의 「-으리-」만 연결된다.

(1) 앞마디와 뒷마디의 때가 일치하는 경우

앞마디	뒷마디	
○	○	… ①
○	×	… ②
×	○	… ③

① 눌 더브러 무러ᅀᅡ ᄒ리며 뉘ᅀᅡ 能히 對答ᄒ려뇨 (석보 13:15)

넷 비도 시혹 어루 <u>파내리며</u> 새 비도 ᄯᅩ 수이 어드리언만론 (두언 6:45)

므싀여본 이리 이셔도 …며 부텨를 …恭敬ᄒᆞᅀᆞᄫᅠ면 다 <u>버서나리어며</u> …도ᄌ기 ᄀᆞᆯ외어나 ᄒ야도 뎌 如來ᄅᆞᆯ … 恭敬ᄒᆞᅀᆞᄫᅠ면 다 버서나리라 (석보 9:24-5)

② 없음. 앞마디의 때가 뒷마디의 때를 통솔하지 못함.

③ 動으로 몸 사ᄆᆞ며 動ᄋᆞ로 境 삼ᄂᆞ니라 (능엄 2:2)

(2) 앞마디와 뒷마디의 때가 일치하지 않는 경우

앞마디	뒷마디	
○	○	… ①
○	×	… ②
×	○	… ③

① 예가 없음. 문헌의 제약.

② 五陰이 곧 如來ㅣ신댄 …如來도 쏘 無常이시리며 ᄒᆞ다가 五陰이 곧
如來ㅣ신댄 (원각, 상 1-1:63)

③ 내 아래브터 부텻긔 이런 마를 몯 듣ᄌᆞᄫᆞ며 四衆돌토 다 疑心ᄒᆞᄂᆞ니
(석보 13:44)

2.11. 「-고/오」, 「-곡/옥」
미정법의 「-으리-」만 연결된다.

그 數ㅣ 算ᄋᆞ로 몯내 알리오 오직 無量無邊阿僧祇로 닐옳디니 (월석 7:70)
事 아니면 俗애 버므디 몯ᄒᆞ리오 理 아니면 眞애 맏디 몯ᄒᆞ리니 (법화 5:7)
샐로뮨 千里예 갈 몰와 ᄀᆞᆮᄒᆞ리오 氣運은 萬人엣 將帥와 ᄀᆞᆮ오라 (두언 16:36)
ᄒᆞ다가 쏘 안해셔 날딘댄 도로 몸쏘볼 보리옥 ᄒᆞ다가 밧ᄀᆞᆯ 브터 올딘댄 몬져
당다이 ᄂᆞ출 보려니쏜 (능엄 1:64)

2.12. 「-으나」
연결될 수 있는 때매김 씨끝은 「-으리-」뿐이다.

비록 얼굴 量의 크며 져고물 닐오미 몯ᄒᆞ리나 證ᄒᆞ샴과 브트샨 身ᄋᆞᆯ브터 (원
각,상 1-2:61)
英雄의 버혀 브터슈미사 바록 말리나 文彩와 風流ᄂᆞᆫ 이제 오히려 잇도다 (두
언 16:25)

2.13. 「-다가」
「-으리-」만 연결된다.

알핀 다 我相이 이셔 功ᄋᆞᆯ 펴디 몯ᄒᆞ리라가 이젠 ᄒᆞ마 障이 더러 (원각, 하 3
-1:76)

2.14. 「-곤/온」

「-으리-」만 연결된다.

반ᄃ기 菩提 일우리온 ᄒ며 … 그 사ᄅ미 더욱 尊ᄒ야 부텨 ᄃ외요미 一定
토다 (법화 4:75)
들글 업다 ᄒ닐 衣鉢 傳호ᄆᆞᆯ 許티 몯ᄒ리온 그르메 놀이린 수이 보디 몯호ᄆᆞᆯ
모로매 아로리라 (남명, 하:29) 16:36)

3. 마침법 제약

뒷마디의 마침법에 제약을 주는 이음씨끝은 다음과 같다.

「-관ᄃᆡ」

이 이음법 맺음씨끝이 연결되는 앞마디에는 반드시 물음말이 와서, 뒷
마디의 마침법은 물음법이 된다.

엇뎨 어로 著ᄒ리완ᄃᆡ 著디 아니타 니ᄅ료 (능엄 1:74)
뉘 修行ᄒ리완ᄃᆡ 엇뎨 幻 ᄀᆞᆮ호ᄆᆞᆯ 다시 니ᄅ시니잇고 (원각, 상 2-1:8)
이 엇던 神靈ㅅ 德이시관ᄃᆡ 내 시르믈 주기시ᄂ고 (월석 21:21)
이 菩薩이 엇던 三昧예 住ᄒ시관ᄃᆡ 能히 … 衆生ᄋᆞᆯ 度脫ᄒ시ᄂ니잇고 (법화
7:32)
뉘 修行ᄒ리완ᄃᆡ 엇뎨 幻 ᄀᆞᆮ호ᄆᆞᆯ 다시 니ᄅ시니잇고 (원각, 상 2-1:8)
네 엇던 아ᄒᆡ완ᄃᆡ 허튀ᄅᆞᆯ 안아 우ᄂ다 (월석 8:85)

4. 씨범주 제약

「-라」

이 이음씨끝은 잡음씨에만 붙는다.

내 견지비라 가져가디 어려볼ᄊᆡ (월석 1:13)
우리ᄂ 罪 지은 모미라 하ᄂᆞ해 몯 가노니 (월석 21-201)
내 如來 … 佛世尊이라 度 몯ᄒ니ᄅᆞᆯ 度ᄒ며 (월석 13:48-9)

내 …<u>佛子ㅣ라</u> 부텻 이블 좃ᄌ와 나며 (법화 2:8)
천량 업슨 <u>艱難</u>이 <u>아니라</u> 福이 업슬씨 艱難타 ᄒ니라 (석보 13:56-7)
卜根ᄋᆫ 모로매 <u>셰히라ᅀᅡ</u> ᄒ리오 (월석 14:31)

5. 임자말 제약

〔 임¹   풀¹ 〕, 〔 임²   풀² 〕
임자말¹과 임자말²는 같을 수도 있고, 다를 수도 있다.

1. 같은 경우

임자말이 같은 경우는 임자말²가 생략되는 것이 보통이다.

내 이제 世尊올 ᄆᄌ막 <u>보ᅀᆞ보니</u> 측흔 ᄆᅀᆞ미 업거이다 (월석 10:8)
내 至極흔 말ᄊᆞ물 <u>듣ᄌᆞ보니</u> ᄆᅀᆞ미 몰가 (월석 2:64)
열두 夜叉大將이 各各 七千 夜叉롤 眷屬 <u>사맷더니</u> 흔   소리 내야 술보더 (석보 9:39)
大德하 사ᄅᆞ미 다 모다 <u>잇ᄂ니</u> 오쇼셔 (석보 6:29)
모딘 길헤 <u>ᄲᅥ러디면</u> 恩愛롤 머리 여희여 (석보 6:3)
ᄒ마 體 업수믈 <u>알면</u> 엇뎨 ᄲᅥ ᄆᅀᆞ매 너기료 (능엄 2:84)
<u>出家ᄒ시면</u> 正覺올 일우시리로소이다 (월석 2:23)
羅睺羅ㅣ 나히 ᄒ마 <u>아홉빌씬</u> 出家ᄒ여 聖人ㅅ 道理 빈화ᅀᅡ ᄒ리니 (석보 6:3)
父王이 淸淨흔 사ᄅᆞ미<u>실씬</u> 淨居天ᄋᆞ로 가시니라 (월석 10:15)

두 임자말이 같더라도 임자말²가 생략되지 않는 경우도 있다.

우리 나히 ᄒ마 늘거 … 흔 念도 즐기논 ᄆᅀᆞ물 아니 <u>내다니</u> 우리 오ᄂᆞᆯ …듣
줍고 (월석 13:5-6)

2. 다를 경우

두 임자말이 다른 경우에는, 임자말²가 생략되지 않는 것이 당연할 듯
하지만, 실제로는 생략되는 경우도 많다.

① 뒷 마디가 시킴월인 경우

임자말²가 2인칭이 되므로, 생략되는 것이 오히려 당연하다.

> 내 이제 너를 <u>논노니</u> 뜨들 조차 가라 (월석 13:19)
> 첫소리를 아울워 <u>쓿디면</u> 굴방쓰라 (훈, 언해)

② 문맥을 통하여 알 수 있는 경우:

다음은 앞마디의 부림말이 뒷마디의 임자말이 되는 경우이다. 이러한 경우, 말할이는, 들을이가 생략된 임자말을 앞마디를 통하여 문맥상으로 파악해 낼 수 있다고 판단하는 경우이다.

> 婢 혼 아드롤 <u>나흐니</u> 사올 몯 차셔 말호며 (월석 21:55)
> 善慧 다숫 고줄 <u>비흐시니</u> 다 空中에 머므러 (월석 1:13-4)

다음도 문맥상으로 생략된 임자말을 파악할 수 있는 경우이다.

> 내 이제 諸佛 니르시논 陀羅尼句를 엳즈바 <u>請호숩노니</u> … 이 神呪를 외오면 즉자히 비롤 느리오며 (월석 10:84)
> 네 아드리 … 허믈 <u>업스니</u> 어드리 내티료 (월석 2:6)
> 大王이 … 百姓을 어엿비 너기실썬 十方앳 사르미 다 <u>아숩느니</u> 오눐나래 엇더 시르믈 호시느니잇고 (월석 10:4)
> 妻眷이 드외숩바 하놀 근 <u>셤기숩다니</u> 三年이 몯 차 世間 브리시니 (천강곡 상.기140)

다음의 예문에서는, 앞마디에는 「-으시-」가 있고 뒷마디에는 「-으시-」가 없으므로 임자말이 다르다는 것을 알 수 있는 경우이다.

> 子息 <u>업스실썬</u> 몸앳 필 뫼화 그르세 담아 男女를 내숩느니 (월석 1:2)
> 부텨옷 <u>드외시면</u> 다 혼 야우로 이 열가짓 號롤 숣느니라 (석보 9:3)
> 如來ㅅ 大慈力곳 <u>아니시면</u> 이런 變化롤 能히 짓디 몯흐리이다 (월석 21:48)

3. 「-으니」…「-으니」가 연결되는 경우

이러한 말투는 현대말에서는 쓰이지 않는데, 15세기 말에서는 많이 나타난다.

舍利佛이 호 獅子ㅣ룰 지서내니 그 쇼룰 자바 머그니 모다 닐오더 (석보 6:32)
如來룰 念ᄒ야 一日一夜룰 디내니 忽然히 보니 제 모미 호 바롨 ᄀ새 다드르
니 그 므리 솟글코 (월석 21:23)

이러한 경우는 임자말^{2}가 임자말^{1}과 같은 경우는 임자말^{2}가 생략되었고,
다른 경우는 생략되지 않았다.

그러나 다음의 예문은 「涅槃ᄒ시니」의 임자말은 「우리돌」이 아닌, 「如
來」이다.

如來겨실쩌긔 …우리돌히 甚히 어려버 ᄒ다소니 이제 涅槃ᄒ시니 싁싁 호 法
이 ᄒ마 업스리로다 (석보 23:42)

이러한 생략이 가능한 이유는 「涅槃ᄒ시니」에 주체높임의 「-으시-」가
연결되어 있기 때문이다. 그리하여 「涅槃ᄒ시니」의 임자말은 월의 앞에 등
장한 「如來」가 되는 것이다.

Ⅲ. 맺음말

이 논문은 15세기 이음마디의 통어적 제약관계를 살폈다.
지금까지 여러 학자들은 이음마디를 분류하는데 있어, 거의 예외 없이
의미를 기준으로 하여 이음마디를 분류하였고, 그 결과 이음마디의 분류
체계는 매우 복잡한 나열식이 될 수 밖에 없었다. 어떤 문법범주를 체계화
시키는 가장 바람직한 방법은, 어떠한 분류기준을 근거로 하여, 하나의 상
위범주에서 몇개의 하위범주로 나누고 (둘로 나누는 것이 가장 좋다), 그
나뉘어진 하위범주를 다시 하위분류시키는 것이다.
그러나 이음마디에 있어서는, 이음씨끝의 수가 매우 많고, 그 이음씨끝
이 가지는 의미가 매우 다의적이어서, 그 분류가 쉽지 않았다.
그리하여 이 논문은 15세기 이음마디의 통어적 제약관계를 살펴, 여러
이음마디를 통어적 기준에 입각하여 체계적으로 분류하고자 하였다.

이 논문은 아직 분류에 대한 시도는 하지 못했지만, 문헌을 확보하여 더욱 자세한 제약관계를 연구하면, 체계적인 분류가 가능할 것이다. 즉 이 논문은 15세기 이음마디의 체계적 분류에 대한 시작에 불과하다.

인용한 15세기 옛 문헌

〈문헌 이름〉	〈펴낸 연대〉	〈줄임표〉
龍飛御天歌	1445 A.D	(용)
訓民正音 解例	1445 A.D.	(훈, 해례)
訓民正音 諺解	1450 경	(훈, 언해)
釋譜詳節	1445 A.D.	(석보)
月印千江之曲	1448 경	(천강곡)
月印釋譜	1459 A.D.	(월석)
妙法蓮華經 諺解	1463 A.D.	(법화)
蒙山和尙法語略錄	세조 때	(몽산)
圓覺經 諺解	1465 A.D.	(원각)
金剛經 諺解	1464 A.D.	(금강)
禪宗永嘉集 諺解	1464 A.D.	(영가)
金剛經 三家解	1482 A.D.	(금강삼가)
永嘉大師證道歌 南明泉禪師繼頌	1482 A.D.	(남명)
六祖法寶壇經 諺解	?	(육조)
內訓 (일본 蓬左文庫 판)	1475 A.D.	(내훈)
杜詩 諺解	1481 A.D.	(두언)
五臺山上院寺 重創勸善文	1464 A.D.	(상원사)

---

* 이 논문은 『목원어문학』 11호(1992, 목원대학교 국어국문학과)에서 옮겨 실은 것임.

중세국어의 형태소 「쏜」과 「쏜녀」의 통어기능 연구

김 승 곤

1. 머 리 말

중세국어의 한 형태소인 「쏜」과 「쏜녀」에 대한 연구는 그간 많이 이루어졌으나, 오늘날까지 그 형태소의 분석에 여러가지 이견이 있을 뿐 아니라, 그 문법적 기능에도 의견이 분분하여 이에 대한 연구가 불가피하게 되었다. 필자는 일찍이 「쏜」은 가정형씨끝이오, 「쏜녀」는 억양형씨끝이라고 주장한 바 있으나, 아직도 의문점으로 남아 있는 것은 「쏜」은 토씨로 볼 수 있는 용례가 많이 나타난다는 점과 「쏜녀」는 정말 억양형씨끝이며 16세기 이후의 「쏜나」는 「쏜녀」에서 변천해 온 것이 틀림없는지에 대한 충분한 확증을 제시하지 못했던 점 등이다.

필자에 앞서, 이에 대하여 이루어진 연구가 많이 있다. 그 첫째는 「쏜」과 「쏜녀」는 씨끝인데, 월에서 다음과 같은 공식을 만든다고 한다.

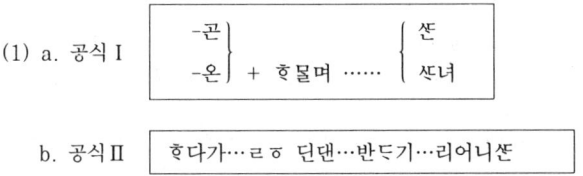

(1) a. 공식 I

$$\left.\begin{array}{l} -곤 \\ -온 \end{array}\right\} + ᄒᆞ물며 \cdots\cdots \left\{\begin{array}{l} 쏜 \\ 쏜녀 \end{array}\right.$$

  b. 공식 II   ᄒᆞ다가…ㄹㆆ 딘댄…반ᄃᆞ기…리어니쏜

"공식 I 에서는 「ᄒᆞ물며」로 복합문의 전문과 후문에서, 「ᄒᆞ물며」는 전후의 비교에서 후문이 「가상의 추정」을 「쏜」으로 표시하고 있으며 공식 II 에

서는 「ᄒᆞ다가」는 가상의 추정에서 희망적인 추정을 나타내는 것이다. 「반
ᄃᆞ기…리어니ᄯᆞᆫ」에서 그것이 잘 나타나고 있다"고 한다.[1] 그리고, 또
"「ᄯᆞᆫ」은 신분성과 관계가 있다"고 하고 "「ᄯᆞᆫ」:「ᄯᆞ녀」:「ᄯᆞ니잇가」의 차이를
본질적으로 화자와 청자의 신분성의 차이에서 해석함이 정도의 풀이라고
하겠다"고 하였다.[2] 그러고는 "「ᄒᆞ믈며…ᄯᆞᆫ」은 일본 고문의 「況…을ᄉᆞ(ラ
ヤ)」와 같은 일종의 「말투」가 있었을 것이고 그것이 「況……이란 것은」
「況…것은」, 「況——를 한 者는」의 말투에서 해석이 될 것이다."라고 하였
다.[3]

두 번째 연구는 「ᄯᆞᆫ」을 맺음씨끝의 서술형으로 보되 강조의 반어형 즉
「…인 것밖에 다르랴」의 뜻을 나타내는 어미로 보았다.[4] 세번째 연구는
「ᄯᆞᆫ」을 강세의 도움토씨로 보고 「ᄯᆞ녀」를 「(이)ᄯᆞᆫ+이여 → (이)ᄯᆞ녀」로
이루어진 강세의 복합토씨로 보았다.[5]

위에서 대략 본 바에 의하더라도 「ᄯᆞᆫ」과 「ᄯᆞ녀」에 대한 연구는 한번은
꼭 해 보아야 할 것으로 여겨지는데, 필자는 이 문제가 우리말의 월에 의
한 분석만으로는 해결되기 어려우므로 이두는 물론 중세어에서의 불경 번
역본에 의한 한문 문장과의 대비연구에서 이들 형태소의 통어적 기능을
살펴봄으로써 그 올바른 문법을 밝히려고 한다.

2. 이두에서의 「ᄯᆞᆫ」

먼저 예문부터 들기로 하겠다.

(2) a. 今呑 藪末去遺省如(遇賊歌)
   b. 右謹 啓 臣矣段 臣矣身等伏以彰善揚美士林之公議也表宅樹風…(儒胥必
      知上言 孝子旋閭)
   c. 某道內某邑儒生幼學臣某等 右謹 啓臣矣段臣矣身等伏以顯忠而遂良褒賢

---

1) 李崇寧, 1985, 「-ᄯᆞᆫ」, 「-ᄯᆞ녀」攷, 渼鳥堂. 金炯基 先生八秩紀念 國語學論叢.
2) 李崇寧, 위의 책, pp.33-34에서 인용.
3) 李崇寧, 위의 책, p.44에서 인용.
4) 유창돈, 1964, 이조국어사 연구, 서울, 선명문화사, p.257.
5) 허웅, 1975, 우리 옛말본, 서울, 샘문화사, p.385, p.405. 참조.

而揚能實 足有國之盛典而　我(儒胥必知上言 忠臣旋閭)

d. 某道內某邑儒生學臣姓名等 右謹啓臣矣段臣矣身等伏以旋善而樹風閭家之
盛典足白乎稱(上乞 烈女旋門)

e. 右謹陳所志矣段矣宅屢代墳山在於 治下某面某里是如(上令 士夫家單墓直
頉役所志)

f. 凡一人犯罪應惑者若爲從減(凡一人亦　犯罪爲有吉乙遲理念減等爲乎事
段 爲從者足去等減爲乎事) (犯罪得累減)

g. 謂因別人致罪, 連累以得罪者, 如人犯罪, 失覺察關防.鈴束, 及干連.聽使
之類(他人矣 犯罪乙因于 于連得罪爲乎 緣故段 犯罪人乙　晚覺察爲. 禁
約不冬爲稱,于連爲去乃 聽從使令爲去乃事)(常赦所不原)

h. 謂因別人犯罪 連累以得犯罪 如藏匿引送資給罪人 乃保勘供招登不實或失
範察.關防.鈴束 聽使之類 其罪人非被形得而自死者 又概減罪二二等(他
人矣 犯罪良中干連得罪爲旀乎 緣故段 罪人乙 隱藏爲旀稱引誘出途爲旀
旀糧米乙供給爲旀虛事以証保爲旀據覺察爲旀 禁約不冬爲旀 所從使令爲
旀爲旀等如 干連人乙良正犯人亦形殺不冬自死爲旀去等 其矣本罪良中減
二等 決罪爲乎事(犯罪公逃)

I. 減省新友새로이加于더욱繁重是沙餘良이사남아約正里正色掌都將岐如가
로려來督　件記볼긔物種畢納爲巴只ㅎ도록次知幷以아오로這ㄷ叉ㄷ推捉
元干더욱悶望支當不得모질是在單如中이견다회本邑亦耳똔려　如此苦役
易亦안옥혀對答爲旀乎所ㅎ누온바衆民呼寃物　ㄷ白活갓ㄷ발궐先可이직
斟짐쟉更良가싀아參商退伊믈니…(吏文雜例)

j. 耳亦똔여○矣身…(吏文)

k. 耳亦뜬려(羅麗吏讀 古今繹林 券四十)

l. 段단(吏讀便覽)

m.矣段의똔(上同)

n. 段 (音) 똔 (ttan), (義) 은/는, (解) 「무엇무엇은」의 「은」(吏讀集成)

o. 矣段 (音) 의똔 (ui-ttan), (義) 자기는 (上同)

p. 耳亦 (音) 짜녀 (tta-nio), (義) 뿐, 오직 (上同)

　　오구라교수는 (2a)의 「呑」은 음이 「톤」인데 옛날 「골(谷)」의 뜻으로 쓰
인 사례가 있다 하여 「골」의 뜻으로 풀이한데6) 대하여 양주동 교수는
「呑」을 「똔」으로 읽고 중세국어의 「똔」과 같은 뜻으로 풀이하였다.7) 향가

---

6) 小倉進平, 1020, 鄕歌及ひ吏讀の硏究, p.231.
7) 양주동, (1965) 고가연구, 서울, 一潮閣, p.642.

에서는 어느것이 올바른지 지금으로서는 단정하기 곤란하다. 왜냐하면, 후대의 이두에서 「呑」이 나타난 것을 보지 못했기 때문이다. (2b-e)에서는 「쏜」은 「矣段」으로 나타나는데 (2o)에 의하여 보면 「자신은」으로 풀이된다. 그렇다면, 엄밀히 말하여 「段」만이 「쏜」에 해당되는 셈이다. 그런데, 허사도 본래는 실사에서 왔으므로 「段」의 어원은 「계층」의 뜻을 지녔던 실사였다고 본다면, (2b)의 「臣矣段臣矣身等伏以彰善……」은 그뜻이 「신하 이(것)의 계층인 신하 이 (것)의 몸들은 엎드려…」로 된다. 「矣」는 본래 삼인칭대이름씨 「이」의 소유형이기 때문에[8] 「이의」 또는 「이것의」뜻으로 풀이되고 「矣」의 다음에 온 「段」이 실사임은 재론의 여지가 없다. 그러던 「矣段」이 후대로 오면서 허사로 바뀌었는데 「의 쏜(矣段) 〉 이쏜, 쏜」으로 변천한 것은 (2b-e)와 (2f-h) 및 3에서 제시한 중세어의 언어사실에서 분명히 알 수 있다. 더구나 (2b-h)에서 보면 「段」은 한문 원문의 「者」가 그렇게 풀이되고 있는데 「者」의 문법적 기능을 조사하여 보면 「①차별의 조사, ②순접의 조사, ③어세강조의 조사 ④대비의 조사」 등으로 쓰인다.[9] 이에 따라 보면, (2f -h)의 「段」은 차별의 조사로 쓰여 있다.

다음에, 「쏘냐」에 관하여 보면 (2j)의 「짜녀」는 「矣身耳亦」로 되어 있으나, 이것으로써는 임자자리에 쓰인 것인지, 맺음씨끝으로 쓰인 것인지 알 수 없다. 그런데, (2i, j,k,p)에 의하면, 「耳亦」는 두가지로 읽히는데 하나는 「쏘려」요, 다른 하나는 「쏘녀」이다. 「쏘려」 또는 「쁘려」는 오늘날의 「더러」에 해당하는 토씨이며 「쏘녀」는 맺음씨끝에 쓰이는 형태소이다.(2p)에 따르면, 「耳亦」는 그 뜻이 「뿐, 오직」으로 풀이되어 있는데, 그렇다면 중세어의 해석에 난점이 생기게 된다. 따라서, 「耳亦」가 「뿐, 오직」으로 해석될 경우도 있었고 그렇게 해석해서는 안 될 경우의 두 가지가 있었을 것으로 생각된다. 「耳亦」가 「오직, 뿐」으로 해석되는 것은 「耳」의 용법에서 그러했던 것인데, 「耳」용법을 보면 『「耳」는 조사로서 ①오직 뿐, 한정 또는 결정의 사(辭), ②어세를 도우기 위하여 붙인다. 「矣」와 같다.』고 설명하고 다시 『「耳矣」는 「뿐」 또는 「오직 그것뿐이며 다른데는 없는 것, 또

---

8) 김승곤.(1971) 토씨 "의/의"의 발달을 살핌, 한글학회 50돌 기념논문집, pp.190이하 참조.
9) 諸橋轍次, (1968) 大漢和辭典, 東京, 大修館, 卷九, 「者」條.

는 말의 끝에 붙여서 어세를 도운다[10]』고 설명되어 있다. 이것으로 미루
어 보면, 「耳矣」와 「耳亦」는 그 뜻이 같은 것으로 생각된다. 그러니까,
「쏜녀」는 「오직, 뿐」의 뜻으로 해석되기도 하고 또는 「강세」를 나타내기도
하는 것임을 알 수 잇다. 그런데, 이때의 「강세」는 그저 강세에 그치는가
아니면 어떤 뜻이 있어서 그 뜻에 의하여 강세를 나타내는가 의문이나 아
마 강세의 경우도 그 뜻은 「한정」을 나타내었던 것으로 이해된다.

이상에서 살펴본 바에 의하면, 「쏜」은 강세의 형태소로서 임자자리에도
쓰일 뿐 아니라, 맺음씨끝에도 쓰였음을 알 수 있고, 「쏜녀」는 강세의 형
태소로서 맺음씨끝에만 쓰였음을 알 수 있다. 물론 「쁘려」 또는 「쏜려」는
오늘날의 「더러」에 해당되는 토씨였다.

3. 중세어에서의 「쏜」과 「쏜녀」

가) 「쏜」의 통어기능

「쏜」의 통어적 기능을 파악하기 위해서는 먼저 예문부터 보아야 하겠다.

(3) a. 雜草木 것거다가 느출 거우슨본돌 무슴잇돈 뮈우시리여 (천강곡상, 기
62)
 b. 흔낱 뿔올 좌샤 술히 여위신돌 금싁잇돈 가시리여(천강곡 상,기62)
 c. 구스리 바회예 디신돌 구스리 바회예 디신돌 긴힛돈 그츠리잇가(악장
가사 서경별곡)
 d. 즈믄 히롤 외오곰 녀신돌 즈믄 히롤 외오곰 녀신돌 信잇돈 그츠리잇가
(서경별곡)
(4) a. 드르면 소리 곧흐야 식이 흐마 드로몰 니브니 뉘 식 드로몰 알리오.
흐다가 아로미 업슳딘댄 무츠매 草木 곧거닛돈(聞흐면 則同聲흐야 識
이 已被聞흐야니 噫知聞識흐리오 若無知者ㅣ댄 終如草木거닛돈) (능
엄三, 41)
 b. 흐다가 虛空애셔 낧딘댄 알픠 塵象올 볼씨 도라와 반득기 根 올 보리
어니쏜(若於空애셔 出인댄 前屬塵象홀씨 當見根이어니쏜) (능엄三, 3)

---

10) 諸橋轍次, 위의 든 책, 「耳」條 참조.

c. ㅎ다가 空애셔 낧딘댄 드로미 이시면 性이 이러 곧 虛空이 아니어니쭌
   (若扵空애셔 出인댄 有聞ㅎ면成性이라 則非虛空이어니쭌) (능엄三, 3)

d. ㅎ다가 空올 브터 낧딘댄 이 드로미 제 반ㄷ기 두르혀 네 고홀마ᄅ려
   니쭌(若從空ㅎ야 出인댄 是聞이 自當廻嗅汝鼻ㅎ려닛ᄃᆞᆫ) (능엄三, 8)

e. ㅎ다가 空애 낧딘댄 虛空이 제 맛 보논디라 너의 이비 아로미 아니어니
   쭌(若扵空애 出인댄 虛空이 自味라 非汝의 口知어니쭌) (능엄三, 11)

f. ㅎ다가 오며 가미 업슳딘댄 ᄯᅩ 다시 드로미 업스려니쭌(若無來往인댄
   亦復聞 이어니쭌) (능엄三, 23)

g. ㅎ다가 各各 이슳딘댄 너 阿難이 반ㄷ기 두 모미 이시려니쭌, ㅎ다가
   머리와 손괘 ᄒᆞᆫ 觸 나논디 룷딘댄 손과 머리왜 반ㄷ기 ᄒᆞᆫ 體 ㄷ외리어
   니쭌 ㅎ다가 ᄒᆞᆫ 體ㄴ댄 觸이 이루미 업스리오(若各各有ᵗ댄 則汝阿難
   이 應有二身ㅎ여니쭌 若頭와與手왜 一觸所生인댄 則手與頭ㅣ 當爲一體
   어니쭌 若一體者ᵗ댄 觸이 則無成ㅎ리오.) (능엄三, 30)

h. ㅎ다가 홀ᄀᆞᆯ 因ㅎ야 낧딘댄 ᄒᆞᆰ 낧 時節에 반ㄷ기 虛空이 드로몰 보려
   니쭌 ㅎ다가 홀기 몬져 나거든 虛空 도로미 업슳딘댄 엇뎨 虛空이 ᄒᆞᆯ
   ᄀᆞᆯ 因ㅎ야 나ᄂᆞ니라ㅎ료. ㅎ다가 나며 드로미 업스며 반ㄷ기 空과 ᄒᆞᆰ
   괘 本來 다ᄅᆞᆫ 因이 입스니 달오미 업스면 ᄒᆞᆫ가지라(若因土ㅎ야 出인댄
   則土出射예 應見空入ㅎ려니쭌 若土ㅣ 先生커든 無空이 入者ᵗ댄 云何
   虛空이 因土ㅎ야 而出이라 ㅎ료 若無出入ㅎ면 則應空과 土왜 元無異
   因이니 無異면 則同이라 則土出時예空이 何不出오) (능엄三, 88)

  (3a)의 월을 분석하여 보면 「雜草木 것거다가 ᄂᆞ츨 거우슥본들」이 조건
절 또는 가정절이라면 「ᄆᆞ숨잇ᄃᆞᆫ 뮈우시리여」는 귀결절로서 「ᄆᆞ숨잇ᄃᆞᆫ」은
임자말이오, 「뮈우시리여」는 풀이말이다. 이렇게 분석하여 볼 때 「ᄆᆞ숨잇
ᄃᆞᆫ」의 「잇ᄃᆞᆫ」을 어떻게 해석하여야 할 것인가 또는 (4a-h)에서 보는 바와
같이 맺음씨끝처럼 쓰인 경우와를 생각하여 통일성있게 풀어야할 것인가
아니면 임자자리에 오는 「쭌」과 맺음씨끝처럼 쓰인 「쭌」과를 달리 이원적
으로 풀어야 할 것인가를 분명히 한 다음에 풀어야 할 것이라 생각한다.
그런데 (3a-d)에서 쓰여 있는 「잇ᄃᆞᆫ」은 모두가 (3a)에서 쓰인 「잇ᄃᆞᆫ」과
같이 임자자리에 쓰여 있다. 따라서, 이 경우의 「잇ᄃᆞᆫ」은 토씨로 보지 아
니하면 안 될 것으로 보인다. 특히 (2b-j)에서의 이두에 쓰인 언어 사실과
를 대비하여 보더라도 임자자리에 쓰인 「잇ᄃᆞᆫ」은 어떤 가정적 뜻을 지닌
토씨로 보아야 할 것이라 생각된다. 그러면 (4a-h)의 「쭌」은 어떻게 처리

되어야 할 것인가를 검토해 보기로 하자. 사실, (3a-d)의 「쫀」은 별 깊은 검토가 없더라도 문맥에 의하여 쉽사리 「이라면」이나 「인들」 또는 「만은」 등으로 해석할 수 있으나 (4a-h)의 「쫀」은 쉽사리 풀이가 되지 않는다. 그래서, 필자는 한문 문장에서 자세히 관찰하여 보니 중세국어의 맺음씨끝에 「쫀」이 쓰인 한문의 구조는 「若——(則)——」으로 되어 있음을 알게 되었다. 그리하여, 한문 문법서를 찾아 본 바, 이런 형식을 가설형이라고 하여 다음과 같이 설명하고 있다.11) 여기서는 丁南洙님의 책에 의하여 가설형의 설명을 인용하여 보면 이러하다. 즉『가설형에는 순태가설과 역태가설의 둘이 있는데 순태가설은 (A)부사 「若,假,如,儻」 또는 「苟」를 앞귀의 머리에 놓고 뒷귀의 머리에는 「則」을 놓아서 서로 호응하여 「만일——한다면」의 뜻으로 쓰인다. 때로는 「則」이 생략되는 수도 있다.

　　ⓐ 若求之 則與之(만일 구할진대 곧 주리라)
　　ⓑ 王若隱其無罪而就死地 則牛羊何擇焉(王이 만일 죄 없음이 죽을 땅에 나감을 불쌍히 여기실진댄 곧 牛羊을 어찌 가리시나이까?)

　(B) 위의 어형에서 앞귀의 머리에 「若」 등의 부사를 줄이고 「則」만을 사용하는 수도 있다.

　　ⓐ 旱則苗槁(가물면 곧 싹이 마르리라)
　　ⓑ 河內凶則移其民於河東(河內가 흉하면 곧 그 百姓을 河東에 옮기다)

　(C) 사역의 조동사 「使令」을 사용한다.
　　ⓐ 使天下之民意一足於玆則…

　(D) 「微」를 사용한 것
　　ⓐ 微子之言 吾亦疑之

　(E) 그 밖에 「設, 假, 假使, 假說, 假令, 設使, 設令,借令, 籍使, 籍令」

---

11) 阿部吉雄, 1968, 漢文の硏究, 東京, 旺文社, pp.49-52.
　　丁南洙, 1959, 漢文解釋, 서울, 法文社.

등을 사용한다. 또 역태가설에는 (A)전치조사 「雖」를 어두에 사용한다. ⓐ
雖兄弟親戚 不能相保 (B)「假,假令,假使」 등을 사용한다. (C)그 밖에 「從,
借, 就, 籍, 饒」의 유(類)를 사용한다』고 설명하고 있다. 이 한문문법의
설명에 의하여 보면 중세국어의 (4a-h)와 같은 경우는 한문 문장이 순태
가정의 (A)와 (B)에 해당되고 있음을 알게 된다. 그러므로 (4a-h)의 「쑨」
이 중세국어에서 맺음씨끝에 쓰일 때는 그 월이 가정월이 됨을 알 수 있
다. 그렇다면, 가정월의 귀결절에 쓰인 「쑨」을 씨끝으로 보아야 할 것인가
아니면 가정적인 뜻을 지닌 토씨로 보아야 할 것인가가 문제로 부각된다.
(4a-h)에서 살펴보면 「쑨」은 맺음씨끝 「어니」 다음에 와서 「어니쑨」으로
쓰이고 있다. 그러나, (4g,h)에서 보면 가정월의 귀결절이 물음절이 되면
여기에는 「쑨」이 쓰이지 아니하고 보통의 물음씨끝이 쓰이고 있는데, 이와
같은 일은 현대어에서 가정월의 귀결절이 베풂꼴로 끝날 때는 「-ㄹ텐데, -
ㄹ것이다(이다)」 등으로 되나 물음꼴로 끝날 때는 「-겠느냐, ㄹ터이냐」등
으로 되어, 보통의 물음꼴로 되는 것과 다를 바 없다. 그리고 보면, 가정
월에서 귀결절은 그 뜻에 있어서 다소 가정적인 뜻으로 강조되는 것은 사
실이다. 현대어에서 예를 몇 개 보기로 하자.

(5) a. 만일, 네가 이것을 해 낸다면, 나는 너에게 이것을 주겠다.
    b. 만일 내가 새라면, 날아서 저 하늘로 갈텐데(가겠는데,갈것인데).

(5a,b)의 귀결절의 맺음씨끝이 보통의 씨끝과 다른 것은 가정씨끝과의
호응상 그러하기도 하겠지마는 의미를 가정적으로 강조하고자 하는데도
그 이유의 일단이 있음을 알아야 한다. 이와 같은 현대어와의 대비에서는
물론 이두에서의 대비와 중세국어의 언어사실 등을 종합하여 판단한다면
「쑨」은 어원적으로 매인 이름씨였는데 이것이 토씨화하여 가정적인 뜻의
도움토씨가 되었다가 이것이 「ㅎ다가」와 호응하여 가정월에 맺음씨끝 다
음에 스이게 되었던 것으로 판단된다. 따라서, 임자자리에 쓰이는 「쑨」은
임자말을 가정적으로 강조하기 위하여 쓰이는 도움토씨이오, 맺음씨끝 다
음에 올 때는 가정월의 귀결절을 가정적으로 강조하기 위하여 「ㅎ다가」와
호응관계를 맺으면서 쓰이고 있다. 이와 같은 해석에 의하여 필자는 「쑨」

을 일원적으로 해석하는 견해에 따라 (3a)와 (4a)를 풀이하여 보면 다음
과 같다. 즉 (3a)는 「잡초목을 꺾어다가 낯을 거운들 마음이라면 (만은,
인들)움직이겠습니까」로 되고, (4a)는 「들으면 소리가 같아 식이 이미 들
음을 입으니 누구가 식 들음을 알겠는가. 만일 앎이 없을것 같으면, 마침
내는 초목과 같을텐데」로 된다. 이와 같은 풀이는 (3a)와 (4a)의 원뜻을
조금도 손상하지 않는다.

나) 「쏜녀」의 통어기능

ㄱ. 「쏜녀」의 통어기능

「쏜녀」는 정말 「쏜」과 그 기능이 같은가 다른가는 물론 「쏜니잇가」는
「쏜」의 물음꼴인가 아니면 「쏜녀」의 의 물음꼴인가 등에 관하여 살펴보기
로 하겠다. 그러기 위해서는 먼저 어례부터 보기로 하겠다.

(b) a. ᄒᆞ몰며 그 中에 一千二百五十沙門이 ᄒᆞᆫ번 種聲 듣고 밥 머굶 고대 ᄒᆞ
   ᄢᅴ 오미쏜녀) (何況其中에 一千二百五十沙門이 一聞種聲ᄒᆞ고 同來食處
   ㅣ쏜녀) (능엄三,22)

   b. ᄒᆞ몰며 其中에 象과 몰과 쇼와 羊과 種種엣 소리쏜녀(何況其中에 象馬
   牛羊種種音響이쏜녀) (능엄三, 22)

   c. 俗이 齊戒예도 먹디 아니콘 ᄒᆞ몰며 眞實ㅅ닷ᄂᆞ니쏜녀(俗齊에도 不茹ᄒᆞ
   곤 況眞修者ㅣ 쏜녀) (능엄八, 5)

   d. 空이 本來 업거니 ᄒᆞ몰며 ᄯᅩ 모든 三有ㅣ 쏜니잇가(空이 本無ㅣ어니 況
   復諸三者ㅣ쏜녀) (능엄六,53)

   e. ᄒᆞ몰며 現前엣 虛空이 ᄒᆞ마 다ᄋᆞ며 佛士애 ᄀᆞ독히 다 珍寶를 布施호미
   쏜니잇가(況復現前엣 虛空이 旣窮ᄒᆞ며 佛士애 充偏히 皆施珍○ㅣ쏜니
   잇가) (능엄十,90)

   f. ᄒᆞ몰며 이 먼 ᄀᆞ룸 두들기쏜녀(矧茲遠江鼻) (두언12-11)

   g. ᄂᆞᆺ 가온더 나디 아닐ᄒᆞ리니 ᄒᆞ몰며 雜形이쏜녀(-何況雜形이쏜녀) (능엄
   七,56)

   h. 莊子도 오히려 그러콘 ᄒᆞ몰며 道人이쏜녀(莊子도 尙爾은 況道ㅅ乎여)
   (영가,하:122)

   i. 이 施主ㅣ 衆生의 그에 一切 즐겨본 것 布施홀 만 ᄒᆞ야도 功德이 그지
   업스니 ᄒᆞ몰며 阿羅漢果를 得긔 호미쏜니잇가(석보 19:4)

(6a-i)에서 먼저 「ᄯᆞ녀」는 어떠한 문법적 구실을 하는 형태소인가를 보기로 하겠다. (6a-i)에서 (6d,e)의 두 예문을 제외하고 모든 「ᄯᆞ녀」는 이름씨나 이름씨와 같은 구실을 하는 말 다음에 와서 월을 끝맺고 있는데 이것은 반드시 월 안에 「ᄒᆞ물며」가 올 때에 쓰이고 있다. 다시 말하면 「ᄯᆞ녀」는 「ᄒᆞ물며」와 호응관계에 있다. 그러면, 「ᄯᆞ녀」는 반드시 이름씨 다음에서만 쓰이느냐 하면 그것은 그렇지 아니하다. 다음의 예를 보자.

(7) a. 色과 空괏 밧긔 이슗디 아니어늘ᅀᅡ ᄒᆞ물며 空이 ᄯᅩ 밧기 잇디 아니거니ᄯᆞ녀(何不應存於色空之外어늘ᅀᅡ 況空이 又非有外也ㅣ ᄯᆞ녀) (능엄 三, 34)
b. 번드기 法華ㅣ 아니어늘ᅀᅡ ᄒᆞ물며 道記와 果記와 달오미 잇거니ᄯᆞ녀 (灼非法華ㅣ 어늘ᅀᅡ 況有道記와 果記之異ᄯᆞ녀) (능엄一,11.17)
c. ᄆᆞᄎᆞ메 街㰁시르미 업스니 聖聰이 ᄒᆞ물며 仁心이 하시거니ᄯᆞ녀(意無御槩虞 聖聰 多仁) (두언 24:24)

(7a-c)에서 보면 「ᄯᆞ녀」도 「ᄯᆞᆫ」과 같이 「거(어)니」 다음에 쓰이는데 다만 다른 것은 「ᄯᆞᆫ」이 「ᄯᆞ녀」로 그 형태가 바뀌었다는 것이다. 이와 같은 사실은 「ᄯᆞᆫ」 은 「ᄒᆞ다가」와 호응관계에 있고, 「ᄯᆞ녀」 는 「ᄒᆞ물며」 와 호응관계에 있기 때문이다. 따라서, 「ᄯᆞᆫ」과 「ᄯᆞ녀」 는 동일한 문법적 기능을 하는 형태소가 아니고, 각각 다른 형태소임을 알게 된다. 왜냐하면, 문법에 있어서는 호응관계가 가장 중요한 어떤 범주를 이루기 때문이다. 그렇다면, (6e.i)는 물음월로서 맺음씨끝은 물음꼴 「ᄯᆞ니잇가」로 끝나 있는데, 이것은 「ᄯᆞᆫ」의 물음꼴이냐 아니면 「ᄯᆞ녀」 의 물음꼴이냐가 문제이나, 필자는 「ᄯᆞ녀」의 물음꼴이라고 단정한다. 왜냐하면, 「ᄯᆞ니잇가」도 「ᄒᆞ물며」와 호응관계에 있을뿐 아니라, 한문 문장의 구조가 「ᄯᆞ녀」 로 끝날 때의 구조와 같기 때문이다. 그러면, 「ᄯᆞ녀」의 문법적 기능은 무엇인가 알아보기로 하자. 「ᄯᆞ녀」도 「ᄯᆞᆫ」의 경우와 같이 중세국어의 통계만으로써는 그 기능을 파악하기가 아주 곤란하다. 머리말에서 인용한 바와 같이 다양한 설이 나오게 된 것도 바로 중세국어만을 가지고 따졌던데서 그러했던 것이다. 따라서, 필자는 「ᄯᆞ녀」도 「ᄯᆞᆫ」과 같이 「ᄯᆞ녀」가 나타나는 경우의 한문 문장을 분석하여 본 바 다음과 같은 구조로 되어 있음을 알게 되었다.

(8) a. 「況 (矧)――(乎)」형
   b. 「何況――」형

(8)의 구조에 의하여, 한문 문장에 이와 같은 구조가 있는지 없는지를 검토하여 본 바, 역시 그와 같은 구조가 있음을 발견하게 되었다. 즉 억양형의 구조였다. 이제 억양형의 구조를 인용하여 보면 다음과 같다.

(9) a. 「況(矧)――(乎)」形
   ① 「況――乎」形 (乎(耶,歟,哉) 등은 생략되기도 함)
     (예) 富貴則親戚畏懼之貧賤則輕易之, 況衆人乎
   ② 「況(矧)――」形 (乎 등이 생략된 것)
     (예) 況臣孤苦 特爲尤甚可射焉
   ③ 「況於――乎」形
     (예)至於犬馬亦然而況於人乎
   ④ 「而況――乎」形
     (예)而況得而臣之乎
   b. 「以――猶」形
     (예)以韓公之賢猶不能無戀權之義
   c. 「以――猶」와 「況――乎」를 병행한다.
     (예)在故老 有蒙矜育 況臣孤苦爲尤甚[12]

(9)에 의하여 보면 능엄경에 나타난 형식은 (9a)의 ①②의 두 형식뿐이다. 그러므로, 억양형의 가장 대표적인 형식만 나타난 셈이다. 이와 같이 한문문장의 구조가 이와 같이 다르기 때문에 그에 따라 「쫀」과 「쫀녀」가 달리 나타났는데, 이들 두 형태소의 문법적 기능을 동일시한다는 것은 언어도단이다. 그런데, 여기서 잠깐 검토해 보아야 할 것은 「쫀녀」의 구성 문제이다. 「쫀녀」는 「쫀+이여」로 된 것인데 이때의 「이여」는 물음씨끝이 아님에 유의하여야 한다.[13] 어떤이는 이것을 물음씨끝으로 풀기 때문에 「쫀녀」를 물음꼴로 해석을 하나, 그렇다면 「쫀니잇가」는 진짜 물음꼴인데 이것은 해석을 어떻게 할 것인지 의문이며 모순당착이 아닐 수 없다. 더구

---

12) 丁南洙, 위의 든 책, pp.86-87.
   阿部吉雄, 위의 든 책, pp.65-66.
13) 허웅, (1975) 우리 옛말본,서울, 선명문화사, p.257.

나, 「況──(乎)」형이 억양형이라면 의문으로 풀어서는 절대로 안 된다는 것쯤은 알아야 할 것이다. 그런데, 어떤이는 「ᄒᆞ물며──ᄯᆞ녀」를 반어형이라고 하면서14) 「하물며──하랴」식으로 풀이하고 있으나. 한문 문장에서의 반어형의 문장 구조는 다음과 같다.

  (10) a. 「安──(哉)」 형 「安」 대신에 「奚, 鳥, 惡焉」등을 쓸 수 있고 「哉」
       대신에 「乎也耶, 邪」등을 쓸 수 있다.
       (예) 燕雀安知鴻鵠之志哉
     b. 「何──(哉)」 형
       (예) 然卽何益矣
     c. 「豈──(哉)」 형
       (예) 言豈可不愼乎
     d. 「奈何──(也)」형
       (예) 陛下內多欲 而外施仁義 何奈欲效 唐虞之治乎
     e. 「寧──(乎)」 형
       (예) 居馬上得之 寧可以馬上治之乎

  (10a-e)는 의문사와 의문종미사(終尾語)를 병용하는 것인데 이와 같은 형식 이외에도 많이 있으나15) 여기서는 줄이기로 한다.

  (10a-e)에서 보면, 반어형은 억양형과 월의 구조가 근본적으로 다르므로 혼동하여서는 안 될 것이라 생각한다. 그리고 「ᄯᆞ녀」를 반어적으로 물음의 형식으로 해석하여서는 물론 안 될 것이다. 따라서 (6a)를 예로서 풀어 보면, 『하물며 그 안에 일천 이백 오십 사문들이 한번 종소리를 듣고 밥 먹을 곳에 함께 오는 것이따녀(함께 오는 것이나따나)』로 될 것이다. 그러면, 「ᄯᆞ녀」는 씨끝으로 볼 것이냐 아니면 토씨로 볼 것이냐가 문제인데, 이것은 「ᄯᆞ」과는 양상이 좀 달라 임자자리에서는 쓰이지 아니하고 언제나 맺음씨끝 뒤에만 쓰이고 있다. 따라서, 필자는 이것을 씨끝으로 보아야 한다고 생각한다. 더구나 그 물음꼴은 「이ᄯᆞ니잇가」로 되는데 이것을 「이+ᄯᆞ녀+니잇가」로 분석하여 「이」를 잡음씨의 줄기로 보고 「ᄯᆞ녀」를 도

---

14) 유창돈. (1964) 이조국어사연구, 서울. 선명문화사, p.257.
15) 阿部吉雄, 앞에 든 책. pp.60-65 참조. 위의 (10a-e)는 阿部님의 책 pp.60-61에서 인용한 것임.

움토씨로 보며 「니잇가」를 상대존대어의 물음꼴로 본다면 구속형식 부분
이 너무 복잡하기 때문일 뿐 아니라, 「잡음씨＋토씨＋씨끝」과 같은 구조로
된 어례를 다른데서 찾을 수 있겠는가 하는 것이 의문이기 때문이다. 그러
므로, 필자는 이 경우의 「쓰니잇가」나 「거니쓰녀」의 「쓰녀」는 한결같이 씨
끝으로 다루고자 한다.

ㄴ. 「쓰녀」의 변천

중세국어에서의 「쓰녀」는 16세기의 박통사, 노걸대 등에서는 「쓰나」,
「쓰니」로 나타나는데 과연 「쓰나」, 「쓰니」는 「쓰녀」가 변한 것인가는 물
론 의미적으로도 억양의 뜻이 있는지에 대하여 검토하고자 하며 아울러
「쓰나 (니)」가 다시 어떻게 변천하여 오늘날에 이어져 왔는가를 살피고자
한다. 먼저 16세기의 어례부터 보기로 하겠다.

(11) a. 이러ᄒ면 네 밥이 쟈글 돗ᄒ고나 <u>ᄆ던ᄒ니 문득 쟉거든 우리 다시 져</u>
   <u>기ᄒ면곤 긔어닛드나</u> 상가져 오라(這般特 敢少了爾飯不妨事便少時 我
   再高做些箇便是將卓兒來) (노상四十)

  b. 혜어든 이맛감 볜 바비 므스거시 긴홀고 독벼리 내라 ᄒ야 외방의 나
   드리 아니홀가 외방의 나가면 쏘 너와 ᄒ가지어닛드나 (量這些飯打甚
   淡緊 偏我不出外 出外時 也和爾一般) (노상四十一)

  c. 내 새배 져기 밥 머근 후에 이 늦도록 다도라도 바블 먹디 몯ᄒ야시니
   ᄀ장 비곱패라 네 밧고아 왓는 ᄡ래셔 나롤 져기 논힐훠 다고려 우리
   져기 죽을 쑤워 머기지라 이 일빅 낫 돈애 네 ᄆᄉ 조초 져그나 다고
   려 일빅 낫 돈내 너를 언메나 주워여 홀고 네 ᄆᄉ모로 주미 므던커닛
   드니 (我從早起你了些飯 到這早晚 不會喫飯裏 好生的飢了 爾你ᄌ習來
   的米裏頭那與我些箇 我只熬些粥喫 這的一白箇錢 隨爾意與些箇 一百箇
   錢 與爾多少的足 隨爾與的是) (노상五十三)

  d. 네 은곳 모르거든 녀느 사롬 ᄒ야 보게 ᄒ라 내 엇디 은 모르리오 므
   슴ᄒ려 다ᄅ니 ᄒ야 뵈라 가리오 돈 밧고와도 믿디디 아니면 홀 거시
   니 네 각벼리 닷분만 됴흔 은을 밧고와 주면 곧 올커니쓰나 므스므라
   입 힐후리오 (你不識銀子時 敎別人看 我怎ᄌ習不識銀子要甚麽敎別人看
   去 換錢不折本 爾自別換與五分好的銀子便是) (노상六十五)

  e. 새도록 이시면 아니 머겨도 비브르리니 구틔여 콩딥 밧고디 말거시어
   니쓰나 이러면 형님 닐우미 올타(頭到明 不喫的飽了 不須ᄌ習草料這們
   時 哥哥說的是) (노상五十六)

　　f. 비뤼 므슴 어려운 고디 이시리오 그를 고티면 곧 그제어니ᄯ나 네 그
　　리도록 츤츤훈 양을 혜어든 ᄆ롤 사디 몯ᄒ리로다 (槽挤有甚 難處醫他
　　時便是 料着爾那細詳時 是買不得馬) (박통샹一百二十七)

　　(11a-f)까지에서 볼 때, 중국백화문에 의하여서는 능엄경에 기록된 한문
문장에서처럼 어떤 문법적인 문장형식을 찾기가 어렵다. 따라서, 「ᄯ나
(니)」가 억양문에 쓰이는 씨끝인가 아닌가는 의미에 따라서 결정짓는 수밖
에 없다. (11a)에 의하여 그 의미를 분석하여 보면 다음과 같다. 즉 (11a)
는 「이러ᄒ면 네 밥이 쟈글 ᄃᆺ ᄒ고나」는 나그네가 어떤 집주인한테 한 말
이다. 즉, 나그네가 집주인에게 밥을 지어 먹기 위하여 쌀을 조금 사자고
하니까, 그 집주인이 「이미 우리밥이 다 되었으니 같이 먹자」고 하였다.
이에 대하여 나그네가 앞에서와 같이 미안해서 말을 한 것이다. 그러니까,
그 집주인인 「무던하다 만일 밥이 부족하면 우리가 다시 조금만 밥을 더
하면 괜찮다」는 뜻으로 밑줄 그은 부분의 말을 한 것이다. 그리고 보면, 집
주인이 나그네에게 「밥을 같이 먹자」고 한 것은 억양의 「양」에 해당한다면
주인의 답인, 밑줄 그은 부분의 말은 자기들의 일에 관해서는 걱정하지 말
라는 뜻의 「억」에 해당되는 말이다. 그러므로, 의미면에서는 (11a)의 「ᄯ
나」는 억양형의 월에 쓰인 씨끝으로 볼 수 있다. (11b)의 말은 모두가 집
주인이 나그네에 대하여 한 말인데 자기들을 낮추어서 한 말이다. 즉 「억」
에 해당하는 말이다. 그러므로, 월 끝에 「ᄯ나」가 와 있다. (11c)의 밑줄
그은 부분은 나그네가 주인에게 한 말이다. 주인이 나그네의 요청에 따라
쌀을 주려고 하는데, 일백낱 돈에 상당하도록 쌀을 주려면 얼마만큼 주어
야 하는지 몰라서 나그네에게 어느 정도의 쌀을 주어야 하겠는지를 물었
다. 그 물음에 대하여 나그네가 「주인 당신의 마음대로 주면 된다」는 뜻으
로 한 말이다. 그러니까 「일빅 낫 돈애 너를 언메나 주워여 홀고」가 억양
법의 「양」이라면 밑줄 부분의 말은 「억」에 해당하는 말이다. 이와 같이 (1
1d-f)의 모든 「ᄯ나」는 억양법의 「억」에 해당되는 말에 쓰이고 있다. 그
러므로, 엄밀히 말하면 「ᄯ나」는 「억」에 해당되는 말에만 쓰이는 씨끝이라
할 수 있겠다. 이와 같은　의미적인 면의 분석에 의하여 「ᄯ나」는 「ᄯ녀」
가 변천된 형태임을 확실히 알 수 있다.

그런데 (6),(7),(11)의 예들을 보면 「쏜녀」와 「쏜나」는 맺음씨끝인데 현대어에서는 이음씨끝으로 바뀌어 쓰이고 있다. 어떻게 하여 그렇게 되었는가에 대한 이유를 알아 보아야 할 것 같다. 다음에서 현대어에서의 예를 우선 몇개 보기로 하겠다.

(12) a. 그가 미우나<u>따나</u>, 잘 보아 다오.
    b. 찬이 없으나<u>따나</u>, 진지를 많이 드십시오.

(12a,b)에서 보아 알 수 있듯이 「따나」는 임자말에는 관계없이 쓰이되 특히 뒷마디가 시킴이나 꾀임꼴일 때에 쓰인다는 사실을 잊어서는 아니 될 것이다. 그와 같은 일은 (11)에서 보면 알 수 있듯이, 「쏜나」는 임자말이 이인칭일 때에 쓰임은 물론, 「쏜나」가 이음씨끝이 되면서 뒷마디가 시킴이나 꾀임꼴로 된 것은 (11a)에서 그 이유를 밝혀낼 수 있을 것 같다. 즉(11a)에서 「이러ᄒ면…둣ᄒ고나」까지는 나그네가 주인한테 한 말이오, 「므던ᄒ니…상 가져오라」는 주인이 한 말인데 이 말도 다시 분석하면, 「므던ᄒ니 믄득 쟉거든 우리 다시 져기ᄒ면 곧 긔어니쏜나」와 「상가져 오라」로 나뉘는데, 사실은 (㉠)에서 말이 끝나고 (㉡)은 다시한 다음 말인데, (㉠)과 (㉡)의 두 형식을 잇달아 말을 하다 보니, 이것이 관습으로 굳어져서 「쏜나」를 이음씨끝으로 생각하고 뒷마디의 시킴꼴이나 꾀임꼴이 월을 끝맺는 맺음씨끝으로 인식한 데서 「쏜나」는 이름씨끝으로 굳어져 버렸고 「쏜나」의 뒷마디는 시킴꼴이나 꾀임꼴로 끝나서, 전체적으로 오늘날의 억양형의 월로 굳어 버린 것으로 보인다. 노걸대나 박통사에 나오는 예를 보면, 결국 말할이가 한 말의 끝에 가서는 시킴꼴이나 꾀임꼴이 오는 경우가 많다.16) 사실 억양형의 월에서 먼저 한쪽을 누르고, 다음으로 치켜 올리려고 하니까, 자연히 「…따나, …-아라/…-아자」의 형식이 안 될 수 없었던 것으로 생각된다. 어떤 씨끝이 맺음꼴에서 이음꼴로 바뀌거나 이와 반대되는 현상이 생길 때는 반드시 그렇게 될 만한 필연적인 이유가 있어야 하는 것이다. 예를 들면, 현대어에서 예를 한두 개 보기로 하겠다.

---

16) 반드시 그런것은 아니나, 그런 형식으로 끝나는 빈도가 잦다는 뜻이다.

(13) a. 비가 오는데, 그가 오데.
       b. 그가 오데, 비가 오는데.

이런 현상의 월이 우리들의 입말에서는 상당히 많은데 (13a)에서의 맺음씨끝은 (13b)에서는 이음씨끝처럼 되어 있고 (13a)의 이음씨끝은 (13b)에서는 맺음씨끝처럼 되어 있는데, 이와 같은 언어관습이 굳어져 버리면 맺음씨끝이 이음씨끝으로 되고, 이와 반대의 현상도 일어나는 것이다. 그러니까, 이와 같이 씨끝의 꼴에 변동이나 변천이 생기는 것은 말을 하는 토박이들의 언어관습이 하나의 형식으로 굳어 버리는 데서 유래한다는 것을 언어를 통시적으로 깊이 연구해 본 사람이면 누구나 수긍이 가는 사실이다. 따라서, 「쓰나」가 이음씨끝으로 바뀐 것도 이와 같은 언어관습에서 유래하였다고 말할 수 있다.

4. 맺음말

앞에서 살펴본 바와 따라 「쓴」과 「쓰녀」에 대한 통어기능과 「쓰녀」의 변천에 대하여 결론을 내려 보면 다음과 같다.

1) 「쓴」은 가정도움토씨로서 임자자리에 올 때나 맺음씨끝 다음에 올 때는 언제나 가정의 뜻을 가지고 있으며 특히 맺음씨끝 다음에 올 때는 앞마디가 가정형으로 된 경우요, 뒷마디는 이에 대응하는 내용의 월이 될 때이다.

2) 「쓴」이 임자자리에 쓰일 때는 앞마디는 가정형일 때이다. 따라서, 이때의 「쓴」은 가정의 뜻을 지니고 있다. 따라서 (3a-d)의 「쓴」은 「…이라면, …일텐데」의 뜻으로 해석하여야 올바른 해석이 된다. 보통 강세도움토씨라고들 하나, 가정도 강세의 뜻이 내포되어 있기 때문이다.

3) 「쓰녀」는 맺음씨끝 다음에 쓰이는데 이때 월 형식은 억악형이 된다. 따라서 억양의 「쓰녀」는 씨끝으로 보고자 하며 도움토씨로 보기는 어려울 것으로 보인다. 왜냐하면, 「쓴」과 같이 임자자리에 쓰인 사실을 보지 못하였기 때문이다.

4) 「쓰녀」는 통어적 기능면이나 의미면으로 볼 때 「쓰나」로 바뀌어서

맺음씨끝에서 이음씨끝으로 바뀌어 오늘날의 「따나」에 이르고 있다.

5) 맺음씨끝이 이음씨끝으로 바뀌는 것은 토박이들의 언어관습에 의하여 그렇게 됨은 주지의 사실이다.

(14) 산 넘어 남촌에는 누가 살길래. 해마다 봄바람이 남으로 오데.

(14)의 「-ㄹ래」는 본래 물음씨끝으로서 맺음씨끝으로 쓰였고 「-데」는 맺음씨끝으로 쓰였다. 이처럼, 앞절과 뒷절을 의미적으로 서로 어떻게 연관시켜 인식하느냐에 따라서 (14)에서와 같이 씨끝의 기능에 변화가 생기는 것이다.

참 고 문 헌

유창돈(1964)『이조국어사 연구』. 서울, 선명문화사.

이숭녕(1985)「쏜」, 「쏜녀」攷,『泉鳥堂. 金炯基 先生八秩紀念 國語學論叢』.

허 웅(1975)『우리옛말본』, 서울, 샘문화사.

김승곤(1975) 중세국어의 가정형어미 「쏜」과 억양형어미 「쏜녀」고,『논문집』제
    2집.

---

* 이 논문은 『조선학보』 제19·20집(1986. 일본. 조선학회)에서 옮겨 실은 것임.

'-오디' 구문 연구

전 정 례

1. 머 리 말

　중세국어 문장 구성에서 '-오디'가 이끄는 구문은 그 용법이 다양한 구성을 보이는데, 이것은 '-오디'가 단일한 기능의 어미로만 기능한 것이 아님을 말해 준다. 지금까지의 연구에서는 이러한 '-오디'의 용법에 대하여 약간의 의미적인 접근만이 이루어졌으며, 이에 대한 형태·통사적인 접근은 시도되지 않고 있으나 이의 형태소적 구성에서부터 통사적 구성에 이르기까지 보다 철저한 규명이 이루어져야 할 것이다. 이 글에서는 이러한 다양한 '-오디' 구문의 통사적 구성을 공시적/통시적 관점에서 고찰하여, 그 통사적 구성이 종래 기술되어 온 구문의 유형과 달리 기술되어야 할 특수한 구문이 있음을 지적하고, 그러한 구문에 대하여 형태·통사적인 설명을 시도하여 국어 통사변화의 한 단면을 고찰하는 것을 목적으로 한다.

　통사론의 발달이 늦은 만큼 통사 변화에 대한 연구도 늦은 것이 사실이다. 그러나 Pilch(1984:384)는 다음과 같은 점을 지적하면서 우리의 통사 변화에 대한 연구를 각성시키고 있다. 즉, 모든 언어의 基底에 단 하나의 통사 체계가 존재한다고 생각함으로써 그 변화를 인식하기가 매우 어렵다는 것이다. 국어사 연구에 있어서도 15세기의 국어에서 현대국어에 이르기까지 국어의 통사 체계가 동일할 것이라는 생각이 국어의 통사 변화를 인식하는 데에 어려움이 될 수 있다. 물론 한 언어의 통사 구조에 대한 변화는 음운·형태소의 변화에 비하여 더 많은 시간을 필요로 하며 매우 보수적인 것이 사실이다. 그러나 언어의 변화에는 통사 변화가 포함되며 우리 국어에서도 이러한 통사 변화는 찾을 수 있을 것이다. 그러므로 이제 국어사 연구에 있어서도 이에 대한 활발한 연구가 요망된다고 할 것이다.

이 글에서는 '-오디' 구문에 나타나는 구문상의 특수성을 국어 통사 구조의 변화라는 관점에서 포착하여 그 변화에 대한 설명을 시도해 볼 것이다. 이를 위하여, 우선 공시적 고찰을 통하여 '-오디' 구문의 유형을 통사적 구성의 차이로 나누어 분석함으로써 '-오디'에 특수한 통사적 구성이 있음을 찾아내고, 통시적 고찰을 통하여 이러한 특수한 구문의 존재를 확인하게 될 것이다. 그리하여 이러한 '-오디' 구문의 특수성이 국어 통사 구조의 변화라는 측면에서 어떻게 설명될 수 있는가를 형태·통사적 관점에서 살펴볼 것이다. 이는 역사언어학의 목표라고도 할 수 있는 언어 변화에 대한 설명의 문제, 즉 '왜'와 '어떻게'의 물음에 대한 추구이기도 하다.

2. '-오디' 구문에 대한 공시적 고찰

지금까지의 연구에서 '-오디'는 '-오-'를 항상 선접시키는 접속(연결)어미 '-디'로 설정되었다. 李崇寧(1985:297)에서는 설명법의 접속형으로, 劉昌惇(1973:267-9)에서는 사실형의 구속형과 사실형의 방임형 연결어미로 구분하여 기술되었으며, 허웅(1975:612)에서는 설명이나 인용을 나타내는 설명법의 이음씨끝으로 설정되었다. 그 밖에 李基文(1984:166), 安秉禧(1978:227)에서는 양보를 나타내는 연결어미로 설정되었다.

이상의 연구에서 '-오디'는 설명이나 사실, 양보의 의미를 갖는 접속어미로 기술되었으며 유창돈의 연구를 제외한 나머지 연구들에서는 '-오디'의 '-오-'를 '-디'에서 분석해 내는 기술을 하고 있다. 또한 이기문, 안병희에서는 이 '-오-'를 선어말어미로 기술하고 있다.

지금까지의 '-오디'에 대한 연구에서는, 위에서 살펴본 바와 같이, '-오디' 구문에 대한 형태·통사론적인 분석이 면밀하게 이루어지지 않고 의미적인 접근이 이루어지고 있을 뿐이다. 통사적 구성에 있어서 다양함을 보이고 있는 '-오디' 구문의 통사적 차이에 대한 통사론적 분석, '-오디'에서 '-오-'를 분석해 내는 형태론적 문제, '-오-'와 '-디'의 결합 과정, '-오-'의 기능에 대한 규명 등이 그대로 남아 있는 것이다.

이 곳에서는 우선 15세기 국어에서의 '-오디' 구문을 그 통사적 구성의
차이로 나누어 분석함으로써 공시적인 접근을 먼저 해 본다.

1) 인용문 구성

(1) 婆羅門이 … 그 ᄯᅩᆯᄃᆞ려 <u>무로디</u> 그딋 아바니미 잇ᄂᆞ닛가
    <u>對答ᄒᆞ디</u> 잇ᄂᆞ니이다
    婆羅門이 <u>닐오디</u> 내 보아져 ᄒᆞᄂᆞ다 ᄉᆞᆯᄫᅡ쎠 (석상 6:14)

위의 예의 '무로디', '對答ᄒᆞ디', '닐오디' 등에서 '-오디'는 인용문을 이끌
고 있다. 이와 같이 인용문을 이끌고 있는 '-오디'의 예로서는 이 밖에 '너
교디', '盟誓ᄒᆞ디', '술ᄫᅩ디', 'ᄉᆞ랑ᄒᆞ디', '發願ᄒᆞ디 ……등을 자료에서 찾아
볼 수 있으며, 중세국어 구문에서 '-오디'는 이러한 인용문을 이끄는 어미
로 빈번하게 사용되고 있다.

2) 순접의 접속문 구성

(2) 그 나랏 法에 붉텨 사ᄅᆞ믈 <u>모도오디</u> 퉁부플 티면 十二億 사ᄅᆞ미 몯고 (석
    상 6:28)
(3) 버거 부톄 <u>겨사디</u> ᄯᅩ 일후미 日月燈明이시고 (석상 13:29)

위의 예에서 '-오디'는 앞 문장을 뒤 문장에 그대로 연결하는 접속문 구
성을 이루고 있으며, 종전에 연구된 대로 사실이나 설명을 나타내는 접속
어미로 기능하고 있다고 볼 수 있다.

3) 역접의 접속문 구성

(4) ᄒᆞᆫ 天宮엔 五百 天女ㅣ <u>이쇼디</u> 天子ㅣ 업더니 (월석 7:11)
(5) 여러 히ᄅᆞᆯ 샹녜 구지럼 <u>드로디</u> 怒ᄒᆞᆫ ᄠᅳ들 아니 내야 (석상 19:30)

위의 '-오디'는 앞 문장과 뒤 문장을 연결함에 있어서 의미상 대조되는

접속문을 구성하고 있으며, 종전의 연구에서 양보를 나타내는 접속어미로 기술된 것에 해당한다고 볼 수 있다.

위의 2)와 3)에서의 '-오디'는 통사 구성상 어떤 차이를 나타내지는 않으며, 또한 이들은 앞에서 보인 1)의 인용문 구성에서의 '-오디'와 더불어 모두 접속문을 구성하고 있는 접속어미로 기술될 수 있다.

그러나 '오디'가 이끄는 통사 구성이 이러한 접속문 구성이 아닌 다른 구성으로 분석될 수 있는 가능성을 다음과 같은 4)의 '-오디' 구문에서 찾아 볼 수 있다. 이 글은 바로 이러한 '-오디' 구문의 통사적 특수성을 重視하고 이러한 특수한 구문에 대하여 형태·통사적 접근을 시도함으로써 '-오디' 구문의 변천 과정을 이해해 보려는 것이다.

4) 명사구 내포문 구성1)

ㄱ. 주어 명사구 구성

(6) 十方如來ㅣ 菩堤 일우몰 <u>得호샤디</u> 다 이에브터 비르스시니라 (능엄 1:40)
(7) 부톄…東方앳 一萬 八千 世界롤 <u>비취샤디</u> 아래로 阿鼻地獄애 니를오 (석상 13:13)

위의 '得호샤디', '비취샤디' 등이 이끄는 '-오디' 구문은 전체문에서의 통사적 성분이 주어절로 분석될 수 있는데, 이는 다음과 같이 '-옴이' 구문으로 바꾸어 보면 그 구성 관계를 명확히 알 수 있다.

*(6′) 十方如來ㅣ 菩堤 일우몰 <u>得호샤미</u> 다 이에브터 비르스시니라
*(7′) 부톄…東方앳 一萬 八千 世界롤 <u>비취샤미</u> 아래로 阿鼻地獄애 니를오

이와 같이 '-오디' 구문을 통사 구성상 '-옴이' 구문으로 바꾸어 볼 수 있는 것은 '-오디' 구문이 명사적 기능을 보이기 때문이다. 이러한 구문에 통사적 성분 분석을 하여 보면 다음과 같다.

---

1) 이 글에서 명사구 내포문이란 용어를 사용하는 이유는 국어 문법에서 전통적으로 구분하여 기술하였던 명사절의 명사화 구성과 관형절의 관형화 구성을 명사구라는 동일한 통사 기능으로 기술할 수 있는 利點이 있기 때문이다.

*(6') 〔〔十方如來ㅣ〕 菩提 일우몰 得ᄒᆞ샤디〕S 〕NP다 이에브터 비르스시니라
*(7') 〔〔부톄 … 東方앳 一萬 八千 世界롤 비취샤디〕S 〕NP 아래로 阿鼻地獄애 니를오

즉, '十方如來ㅣ … 得ᄒᆞ시다', '부톄 … 비취시다'라는 문장(S)이 주어절을 이루면서 전체문에 주어 명사구(NP)로 내포된 것으로 분석할 수 있다.

ㄴ. 목적어 명사구 구성

(8) 내 太子롤 셤기ᅀᆞᆸ보디 하ᄂᆞᆯ 셤기ᅀᆞᆸ듯 ᄒᆞ야 (석상 6:4)
(9) 舍利弗이 … 짜홀 볼보디 믈 넓듯 ᄒᆞ고 므를 볼보디 짜 밟듯 ᄒᆞ더니 (석상 6:34)

위의 '셤기ᅀᆞᆸ보디', '볼보디' 등은 목적절을 이끌며 전체문에서 그 통사적 성분이 목적어로 기능한다고 볼 수 있으며, 다음과 같이 '-옴올' 구문으로 바꾸어 볼 수 있다.

*(8') 내 太子롤 셤기ᅀᆞᆸ보몰 하ᄂᆞᆯ 셤기ᅀᆞᆸ듯 ᄒᆞ야
*(9') 舍利弗이 … 짜홀 볼보몰 믈 넓듯 ᄒᆞ고 므를 볼보몰 짜 밟듯 ᄒᆞ더니

이러한 구문은 다음과 같이 '내 … 셤기ᅀᆞᆸ다', '舍利弗이 …넓다'라는 문장(S)이 목적절을 이루면서 전체문에 목적어 명사구(NP)로 내포된 것으로 분석될 수 있다.

*(8") 내 〔〔(내) 太子롤 셤기ᅀᆞᆸ보디〕S 〕NP 하ᄂᆞᆯ 셤기ᅀᆞᆸ듯 ᄒᆞ야
*(9") 舍利弗이 … 〔〔(舍利弗이) 짜홀 볼보디〕S 〕NP 믈 넓듯 ᄒᆞ고 므를 볼보디 짜 밟듯 ᄒᆞ더니

실제로 15세기 국어의 다음과 같은 구문에서 '-오디', '-옴올', '-옴애' 사이의 구조적 차이를 발견하기는 어렵다2).

---

2) 李賢熙(1988:22-3)에서는 '오디, 오몰, 오매'가 동일한 기능을 보이는 것으로 파악하고 있으나, 이들이 전체 통사 구조에서 보이는 기능이 같은 것이지 부분 통사 구조에서도 항상 같은 기능을 보인다고 할 수는 없다고 하였다.

(10) 이러트시 種種 微妙호 거슬 布施호디 즐겨 슬히 아니 너겨 (석상 13:23)

(11) 羅雲이 져머 노릇술 즐겨 法 드로믈 슬히 너겨 흐거든 (석상 6:10)

(12) 佛頂에 가줄비샤 셰 보매 거리씨디 아니흐야 (능언 1:8)

위의 '布施호디', '드로믈', '보매'는 각각 '즐겨', '너겨', '거리씨디'의 목적어 성분이 되며, '-오디', '-옴올', '-옴애'가 이끄는 절은 모두 명사적 기능을 가지고 있음을 알 수 있다. 이와 같이 15세기 국어에서 이들은 동일한 기능의 용례를 보이는데, 우리는 우선 이러한 명사적 구성에 공통적으로 형태소 '-오-'가 개입하는 것에 주의를 기울일 필요가 있으며, '-오디'가 어떤 과정의 구성을 통하여 명사적 기능을 갖게 되었는지에 대하여 관심을 가질 필요가 있는 것이다. 즉, '-옴올', '-옴애'에서의 '-옴'의 명사적 용법에 대하여는 우리가 익히 알고 있는 바이나, '-오디'의 명사적 용법에 대하여는 설명을 필요로 하는 것이다. 이 글은 바로 이 '-오디'의 명사적 용법에 대한 설명을 시도해 보려는 것이다.

3. '-오디' 구문에 대한 통시적 고찰

우리는 위의 '-오디' 구문의 공시적 고찰에서 '-오디' 구문이 명사적 기능으로 분석될 수 있는 가능성에 대하여 살펴 보았다. 그러나 현대국어의 언어 직관을 가진 우리로서는 위의 구문들을 접속문 구성의 '-오디' 구문과 구별하기가 매우 어렵다. 바로 이러한 점이 통사 변화에 대한 우리의 인식이 어려운 이유이기도 하다. 그러므로 이곳에서는 통시적 고찰을 통하여 '-오디' 구문의 명사성을 한번 더 확인해 본다.

1) "飜譯老乞大"와 "老乞大諺解"의 비교

(13) 이 술윗방의 자디 엇더흐뇨 (번노상:52)

이 술윗방의 잠이 엇더흐뇨 (노언상:47)

(14) 믈 먹을 딥과 콩을 밧괴여 주디 엇더흐고 (번노상:53)

물 딥과 콩을 밧괴여 줌이 엇더흐고 (노언상:47)

(15) 네 나를 져기 죽 쑤워 <u>주디</u> 엇더ᄒᄂ뇨 (번노상:55)
　　 네 날를 져기 죽 쑤워 <u>줌이</u> 엇더ᄒᄂ뇨 (노언상:49)

(16) 우리 ᄆᆞᄅ니 <u>머구디</u> 엇더ᄒᄂ뇨 (번노상:60)
　　 우리 ᄆᆞᄅ니 <u>머구미</u> 엇더ᄒᄂ뇨 (노언상:54)

(17) 네 져그나 <u>더로디</u> 엇더ᄒᄂ뇨 (번노상:23)
　　 네 져기 <u>더로미</u> 엇더ᄒᄂ뇨 (노언상:21)

위의 예들은 '-오디' 구문이 '-옴(〉-ㅁ)이' 구문에 대응하며, '오디'가 이
끄는 절이 전체문에서 주어명사구로 기능하여 명사구 내포문을 구성하고
있음을 보이고 있다.

2) "飜譯小學"과 "小學諺解"의 비교

ㄱ.

(18) 어딘 사ᄅᆞ몰 <u>믜요디</u> 원슈 ᄀᆞ티 ᄒᆞ고 (번소 6:31)
　　 어딘 사ᄅᆞ몰 <u>믜기를</u> 원슈 ᄀᆞ티 ᄒᆞ고 (소언 5:37)

(19) 그 ᄒᆞᄂ 이리 쉽디 아니ᄒᆞᆫ 주를 보시면 (번소 7:4)
　　 그 <u>호디</u> 쉽디 몯ᄒᆞᆫ 줄을 보시면 (소언 5:37)

ㄴ.

(20) 내 몸 <u>위ᄒᆞ디</u> 빗나며 샤치ᄒᆞ몰 됴히 너겨 (번소 6:26)
　　 몸 <u>봉양홈을</u> 빗나며 샤치홈올 됴히 너기ᄂᆞ니라 (소언 5:24)

(21) 제 모몰 가져 <u>됴뇨디</u> 단졍ᄒᆞ며 (번소 6:34)
　　 몸 가져 <u>됴님을</u> 단졍ᄒᆞ며 (소언 5:32)

(22) 죄롤 <u>자ᄉᆞ디</u> 음식 ᄀᆞ티 ᄒᆞ야 (번소 6:31)
　　 형벌과 법을 <u>犯홈을</u> 飮食 ᄀᆞ티 ᄒᆞ야 (소언 5:28)

ㄷ.

(23) 어르믈 <u>보오딕</u> 쩌딜가 저흠 フ티 ᄒ노니 (번소 6:27)
　　 어름을 <u>보옴애</u> 오직 쩌러딜가 두려 ᄒ노니 (소언 5:25)

(24) 버들 <u>되졉ᄒ오딕</u> 버듸게 능히 ᄂ죽디 아니ᄒ고 (번소 6:3)
　　 벋을 <u>되졉홈애ᄂ</u> 能히 벋의게 ᄂ리디 몯ᄒ고 (소언 5:3)

(25) 그딕네 어딘 사ᄅ믐이 되오져 호매 (번소 6:32)
　　 그딕네 君子를 되고져 <u>호딕</u> (소언 5:30)

위의 ㄱ의 예는 '-오딕' 구문이 주어명사구에 대응하는 구문인데 (18)에
서는 '-오딕'가 명사형 접미사 '-기'와 대응되며, 특히 (19)에서는 'ᄒᄂ 일'
이라는 명사와 바로 대응하고 있다.

ㄴ에서는 '-오딕' 구문이 '-옴(-ㅁ)을'로 대치되며 목적어명사구로 기능한
다. ㄷ에서는 '-오딕'가 '-옴(〉-ㅁ)에'로 바뀌는데, (25)에서는 반대로 '-옴
애'가 '-오딕'로 바뀌고 있다.

이상으로 '-오딕' 구문의 통사 구성을 1)의 인용문 구성, 2)와 3)의 순
접과 역접의 접속문 구성, 4)의 명사구 내포문 구성으로 나누어 살펴 보
았다. 특히 이 글에서 관심을 갖고 있는 4)의 구성에 대하여는 이의 공시
적·통시적 고찰을 통하여, '-오딕' 구문 중에서 어떤 특수한 구문은 중세국
어 통사 구조에서 명사적 기능으로 분석될 수 있음을 확인해 보았다. 즉,
적어도 현대국어의 언어 직관으로는 중세국어의 대부분의 '-오딕' 구문이
접속문을 구성하는 접속어미로 분석되는데, 이러한 언어 직관으로도 위에
서 보인 4)의 구성들은 그 통사 구성이 명사적 기능으로 분석될 수 있는
것이다. 만약에 우리가 중세국어의 언어 직관을 가질 수 있다면, 그리고
시대적으로 더 거슬러 올라갈 수 있다면 더 많은 수의 '-오딕' 구문이 명사
적으로 분석될 수 있는 가능성이 있지 않을까? 또한 중세국어에 위축되어
나타나 있는 '-오딕' 구문의 명사 기능은, 통시적 관점에서 볼 때, '-오딕'
구문의 본래의 문법적 기능이 변천하는 과정에서 잔재적으로 남아 있는

기능으로 이해될 수는 없을까? 이 글은 공시적 관점에서 제기되는 이러한 통사 구조상의 의문점에 대하여 언어 변화라는 통시적 관점에서 그 변천의 가능성을 설명해 보려는 시도이다.

그러나 오늘날의 문법 기술의 시점에서는 '-오디', '-옴올', '-옴에'의 통사 구조상의 부분적인 대응 관계만을 가지고 이들의 문법적 기능을 명사적 기능으로 동일시할 수는 없으며, '-오디'의 형태소에 대한 철저한 규명과 '-오디' 구문의 문법적 기능의 변천에 대한 연구가 아울러 이루어져야 할 것이다. 이러한 연구를 위하여 이 글에서는 다음과 같은 역사언어학적인 설명의 문제를 염두에 두고 연구를 진행해 볼 것이다. 즉, '왜'와 '어떻게'에 대한 물음이다. '-오디'의 명사적 기능은 어떻게 가능한 것이며 왜 위축되어 간 것인가? 이러한 '-오디' 구문의 변화는 국어의 통사 구조에 어떤 변화를 초래하였는가?

4. 설명의 문제3)

1) 형태론적 접근

'-오디'의 문법적 기능의 연구에서, 이의 형태소에 대한 규명은 먼저 이루어져야 할 중요한 부분이다. '-오디'의 형태소 분석에 대하여는 이견이 있다. '-오디'를 분석할 수 없는 한 형태소로 보는 견해와 이를 선어말어미 '-오-'와 '-디'로 분석하되 이때 '-오-'는 항상 선접되는 것으로 보는 견해이다. 전자에 속하는 대표적인 설명은 高永根(1981:37)에서 찾아볼 수 있다. 즉, 형태소 분석의 기준으로 계열 관계와 통합 관계를 만족시켜야 한다는 원리를 적용하여 '-오디'의 '-오-'를 분석할 수 없다고 하였다.4) 그러나 '-오디'에서 '-오-'를 분석하는 문제는 이러한 형태소의 공시적·구조적 관점뿐만이 아니라, '-오-'의 문법적 기능, '-오-'의 소멸 과정, '-오-'와 '-디'의 결합 과정, '-오디'의 문법적 기능 등의 형태소의 통시적·기능적 관점도 분석

---

3) 역사언어학에 있어서의 설명의 문제는 金芳漢(1988:24-38) 참조.
4) 통합 관계로 볼 때 '-오-'를 제외한 '-ㅁ'과 '-디'가 직접 어간에 붙는 일이 없기 때문에 '-옴'과 '-오디'의 '-오-'를 분석할 수 없다고 하였다.

기준에 고려되어야 할 것이다. 이 글에서는 '-오-'를 '-디'에서 분석해 내는 입장을 취하고 앞에서 열거한 분석 기준들을 고려하여 '-오디' 구문을 설명해 나갈 것이다.

'-오-'의 형태론적 분포에 대한 기준을 정하기 위하여, 전정례(1991:15)에서는 '-오-'와 결합하는 어미 형태들을 자료에서 찾아 다음과 같이 제시한 바가 있다.

ㄱ. 종결어미에

-오라, -오이다, -오니라: -노라, -노이다, -노니라: -오리라, -오리이다:
-논가, -노닛가, -온가,
-오리잇가: -오리잇고: -오마

ㄴ. 연결어미에

-오니, -노니, -오리니: -오디: -오려

ㄷ. 전성어미에

-옴: -온, -논: -올

위의 형태 중에서 '-오이다'와 '-오디'를 제외한 모든 형의 '-오-'가 동명사형 어미 '-ㅁ, -ㄴ, -ㄹ' 앞에 선접됨을 지적하고 형태소 '-오-'의 분포를 동명사형 어미 앞이라고 제시하였다. 두 예외에 대한 설명으로는, '-오이다'는 '-오라'에 선어말어미 '-이-'가 선접된 것이므로 동명사형 어미와 관련된 형태론적 분포에서는 문제가 되지 않으나, '-오디'의 경우는 동명사형 어미와 관련하여 '-오-'의 형태소 분포를 설정할 때 문제가 됨을 지적하였다. 이에 대한 설명으로는 중세국어의 의존명사 '디'가 어미화하는 과정에서 '디' 앞에 존재하였던 관형형 어미가 탈락하였을 가능성을 제시하였다. 즉, 선어말어미 '-오-'는 기본적으로 '-옴, -온, -올' 형태를 취하는데 이 중에서 명사 '디' 앞에 올 수 있는 것은 통합소로서의 관형형 어미 '-ㄴ'이나 '-ㄹ'이며, '선어말어미(-오-)+관형형어미(-ㄴ/-ㄹ)+의존명사(디)'의 통사론적 구성을 이루던 것이 '디'의 어미화와 합계 형태론적 구성으로 결합하는 과정에서 관형형 어미가 탈락하였을 가능성을 설명하고 있는 것이다.

'ᄃ' 계열의 의존명사 '디, 디, 돌, 돈, 돗' 등은 중세국어에서 이미 어미화하고 있으며, 이러한 과정에서 다음과 같이 관형형 어미의 탈락을 보이고 있다.

> (26) 覺이 거스논 디 아니며 (원각序:61)
> (27) 반ᄃ기 불고몰 보디 몯 ᄒ리로다 (능엄 2:200)

> (28) 法이 심기샨 디 이쇼몰 證홀 ᄯᄅ미라 (능엄 1:23)
> (29) 믈쓴믈 슬ᄫᅥ리 하디 (용가 13)

> (30) 一切 諸佛이 이 經브터 나샨 돌 알리니 (금강序:6)
> (31) 法 듣돌 아니 ᄒ리라 (월석 2:36)

> (32) 서르 보논 도 恭敬ᄒ야 (내훈 1:77)
> (33) 됴ᄒᆞᆫ 法이 오ᄂ도 (월석 7:47)

> (34) 衆生이⋯眞珠 혜튠 돗 ᄒ니라 (금삼 2:12)
> (35) 눈므를 비 오돗 흘리시고 (월석 8:94)

위의 예들은 각각 의존명사의 어미화 과정에서 관형형 어미가 탈락됨을 보인 것이다. (26), (28), (30), (32), (34)은 모두 선어말어미 '-오-'의 관형형 어미를 가지며 뒤에 의존명사가 온다. 그러나 (27), (29), (31), (33), (35)에서의 '-디, -디, -돌, -돗'은 이미 어미화하여 더 이상 의존명사로서 기능하지 않으며 관형형 어미를 취하지 않는다. 즉 중세국어에서 이미 'ᄃ' 계열의 의존명사는 어미화하였으며 이 과정에서 관형형 어미가 탈락하였음을 보여 준다. 그러므로 '-온 디'에서도 '-ㄴ'이 탈락하여 '-오디'가 되었을 가능성은 있는 것이다. 다만 '-오디'에서는, 다른 의존명사의 어미화 과정과는 다르게, 선어말어미 '-오-'가 그대로 유지된 것이라고 볼 수 있다.

'-오디' 외에 의존명사 '디'가 어미화한 예로서는 중세국어에서 '-은딘', '-란디' 등을 찾아볼 수 있다.

(36) 내 佛ʃ돌흘 **본딘** 다 恭敬ᄒᆞᄂᆞᆫ ᄆᄉᆞᄆᆞ로 부텨끠 오니 (석상 13:60)

(37) 엇뎨어뇨 **ᄒᆞ란딘** 如來ᄂᆞᆫ … 다 ᄀᆞ줄쎠니라 (석상 13:39)

위의 '-온딘'은 접속문 구성의 '-오딘'와, '-란딘'는 인용문 구성의 '-오딘'와 그 통사 구성에서 어떤 차이가 나지 않는다. 또한 '딘' 앞의 관형형 어미로는 자료에서 '-ㄹ'이 발견되지 않고 '-ㄴ'만이 발견된다. 그러므로 '딘' 앞의 관형형 어미로는 '-ㄹ'보다는 '-ㄴ'이었을 가능성이 크다고 말할 수 있다.

이상으로 선어말어미 '-오-'의 분포가 동명사형 어미 '-ㅁ, -ㄴ, ㄹ' 앞이라는 기준과, 의존명사가 어미화하는 과정에서 관형형 어미가 탈락한다는 형태론적 접근을 통하여 '-온딘'에서 '-ㄴ'이 탈락하여 '-오딘'가 형성되었을 가능성을 논하였다. '-오딘' 구문에 대한 이러한 형태론적 접근은 다음의 통사론적 접근과 병행하여 '오딘' 구문의 명사성에 대한 설명력을 제공한다고 볼 수 있다.

2) 통사론적 접근

위의 예에서 보인 '드' 계열이 구성하는 의존명사 구문은 그 통사 구성이 다음과 같은 명사구 내포문을 이루고 있음을 알 수 있다.

(26′) 〔〔覺이 거스논〕S 딘〕NP 아니며

(28′) 〔〔法이 심기샨〕S 딘〕NP 이쇼ᄆᆞᆯ 證홀 ᄊᆞᄅᆞ미라

(30′) 〔〔一切 諸佛이 이 經브터 나샨〕S 돌〕NP 알리니
(32′) 〔〔서르 **보논**〕S 돌〕NP 恭敬ᄒᆞ야

(34′) 〔〔衆生이…眞珠 헤튠〕S 돌〕NP ᄒᆞ니라

위의 구성은 각각 '覺이 거슬다', '法이 심기다', '諸佛이 나시다', '서르

보다', '衆生이 헤티다' 등의 문(S)이 의존명사 앞에서 안기면서 관형화 구
성의 명사구 내포문(NP)을 이루고 있으며, 통사적 절차로는 선어말 어미
'-오-'와 관형형 어미를 필요로 한다. 중세국어에서 이러한 명사구 내포문
구성에 '-오-'가 필수적이라는 것을 밝히고, '-오-'의 문법적 기능을 명사구
내포문을 구성하는 선어말어미로 규정한 논의는 전정례(1991)에서 이루어
졌다.5) 그렇다면 '-오디' 구문의 명사적 기능은 이러한 '-오-'의 기능과 무
관하지 않다고 볼 수 있는 것이다. 즉, 의존명사가 어미화하면서 관형화
구성의 명사구 내포문을 구성하지 않게 되는데 이러한 과정에서 명사구
내포문 표지인 '-오-'와 관형화 구성의 통합소인 관형형 어미가 사라진다.
그러나 '-오디'에서는 관형형 어미만 탈락하고 '-오-'는 유지함으로써 명사
적 기능이 다른 구문보다 좀더 강하게 남아 있는 것이라고 설명할 수 있
는 것이다.

　그러나 중세국어에서 모든 '-오디' 구문이 이러한 명사성을 갖는 것은
아니며 변천 과정에서 일부에만 위축되어 남아 있다고 보아야 할 것이다.
그리하여 중세국어에서 '-오디' 구문은 접속문 구성이 주류를 이루면서도
명사구 내포문을 이루는 구문을 찾아볼 수 있었던 것이다. 이러한 언어 사
실은 공시적 관점에서는 설명할 수 없는 구문의 특수성으로 보여지지만,
언어 변화라는 통시적 관점에서는 의존명사의 어미화와 더불어 명사구 내
포문이 접속문화하고 있다는 국어 통사 변화의 한 단면을 고찰하게 하는
것이다.

　중세국어에서 접속어미로 기술되는 '-거든', '거늘'이 통사 구성상 명사적
기능을 하고 있는 예가 허웅(1975:549, 553), 高永根(1987:325)에서 소개
된 바가 있다.

　(38) 네 내익 … 罪苦 衆生올 度脫ᄒ거든 보ᄂ니 (월석 21:34)

---

5) '-오-'가 동명사형 어미 '-ㅁ, -ㄴ, -ㄹ'에 선접된다는 형태론적 접근과, 명사구 내포문 구성
　(관형화 구성과 명사화 구성)에 필수적이라는 통사론적 접근을 하여 '-오-'의 기능만으로서
　명사성을 논하였다. 또한 '-오-'의 소멸 과정을 명사구〉부사구의 변화로 설명함으로써 '-오-'
　의 기능 규명을 위하여 공시적인 통사 구문 분석과 통시적인 소멸 과정을 동시에 고려하고
　있다.

(39) 羅卜이 새둘히 흙 므러 오거늘 보고 (월석 23:76)

이러한 구문은 다음과 같이 명사구 내포문을 구성하는 통사적 구성으로 분석될 수 있다.

(38′) 네 〔 〔내이 … 罪苦 衆生을 度脫호거든〕S 〕NP 보ㄴ니 (월석 21:34)

(39′) 羅卜이 〔 〔새둘히 흙 므러 오거늘〕S 〕NP 보고 (월석 23:76)

위의 예는 '내이…度脫호다', '새둘히…오다'라는 문(S)이 '네…보다', '羅卜이…보다'라는 전체문에 명사구(NP)로 안기어 명사구 내포문을 이루는 구문이다. 이러한 구문은 '-거-'와만 결합한다든지, '보다' 같은 특수한 용언하고만 통합하는 등 매우 위축된 분포를 보이고 있다.

이러한 '-거든', '-거늘'의 명사적 기능은 다음과 같은 통시적 고찰에서도 확인된다.

(40) 如來 샹녜 이셔 滅티 아니커든 보ㄴ니 (월석 21:34)
     如來 샹녜 이셔 滅티 아니호물 보면 (법화 5:146)

(41) 놀라 것ㅁ르 죽거늘 보고 (월석 13:18)
     놀라 주구믈 보고 (법화 2:203)

또한 이러한 명사적 기능의 '-거늘'이 '-오디' 구문과 대응한다는 것은 특기할 사항이다.

(42) 方等敎ㅣ 큰 法을 기리거시늘 듣잡고 비웃디 아니호며
     죠근 法을 것거서늘 疑心 아니호니 (월석 13:26)

     方等敎 … 큰 法을 기리샤디 비웃디 아니호며
     죠근 法을 것그샤디 疑心 아니호미 (법화 2:215)

우리는 이러한 구성에 형태론적 접근과 통사론적 접근, 그리고 통시적

인 변천 과정을 고려하여 접근함으로써 이들의 명사성을 인정할 수 있다. 즉, '-든'은 의존명사 '든'의 어미화한 형태로, '-늘'은 동명사형 어미 '-ㄴ'과 목적격 조사 '을'로 재분석될 수 있기 때문이다. 이미 화석화하여 형태론적 구성을 보이고 있는 어미 형태에서 그 이전 단계의 통사론적 구성을 재구성할 수 있으며, 또한 어미화한 형태소가 본래 가지고 있었던 문법적 기능이 변천 과정에서 위축되어 남아 있을 수 있는 것이다. 위의 '-거든', '-거늘'의 예도 어미화한 형태소의 잔재적 기능인 명사적 기능이 그 형태소의 변화하기 전의 통사적 기능을 말해 주는 것으로 볼 수 있으며, '-오디'가 그 명사적 기능을 차츰 잃어 어미화하고 있으면서도 명사적 구성을 하고 있는 예를 찾아볼 수 있었던 것과 같이 설명될 수 있다.

한 언어에서 새로운 문법 요소가 생겨나서 그 언어의 문법 체계를 구성하게 되는 현상을 문법화라고 한다면, 위의 '-거든', '-거늘', '-오디' 등이 보이는 문법 변화는 이러한 현상으로 설명될 수 있다. 국어의 많은 조사와 어미가 이러한 문법화 과정을 통하여 형성되었음은 우리가 잘 알고 있는 바이며, 국어 접속어미 중 많은 수가 이러한 문법 변화를 겪어 형성되었다.6)

즉, 명사성을 갖는 동명사형 어미 '-ㅁ, -ㄴ, -ㄹ'과 다른 요소가 형태·통사론적으로 결합·통합하여 접속어미가 형성되는 예가 많은데, 이는 국어 통사 구조에서 명사구 내포문이 접속문화하는 통사 변화를 가져오는 결과가 된다. 이러한 변화는 결국 국어 통사 구조에서 명사적 구성의 약화를 가져오게 된다고 말할 수 있다.

우리가 지금까지 고찰한 '-오디' 구문도 동명사형 어미 '-ㄴ'과 의존명사가 통합한 통사론적 구성에서, '-ㄴ'과 '-디'가 긴밀하게 결합하는 형태론적 구성으로 변천하면서 명사구 내포문을 이루던 구성이 접속문 구성을 이루게 된 것으로 볼 수 있다. 이러한 까닭으로 중세국어 통사 구조에서 '-오디'의 접속문 구성과 함께 명사구 내포문 구성도 발견할 수 있었던 것이다. 이러한 변화는 국어 통사 구조에 있어서 대단히 큰 변화이며 국어 통

---

6) 徐泰龍(1987)에서는 국어 접속어미의 통합형 어미에 재분석을 시도하여 동명사형 어미 '-ㅁ, -ㄴ, -ㄹ'과 어말어미의 통합형, 관형사형 어미 '-ㄴ, -ㄹ'과 형식명사의 통합형은 분석될 가능성이 있음을 논하고 있다.

사 변화의 한 유형을 이루게 된다고 할 수 있다.

5. 맺음말

지금까지 우리는 중세국어 통사 구조에서 보이는 '-오더' 구문의 특수성을 국어 통사 변화의 측면에서 고찰해 보았다. 공시적 자료에 나타나는 구문의 특수성 내지는 불규칙성을 구문의 변화라는 통시적인 관점에서 설명해 보았으며, 공시적 자료의 분석과 통시적 자료의 비교를 통하여 기술의 문제만이 아닌 설명의 문제를 다루어 보았다. 내포문이 접속문화하면서 통합소인 관형형 어미가 탈락하는 현상과, 중세국어에서 접속어미로 기술되는 형태가 통사 구성상 명사적 기능을 하고 있는 다른 구문들과 '-오더' 구문의 변천을 동일한 원리로 설명해 보았다. 또한 '-오더' 구문의 연구에 있어서는 이러한 통사론적 접근만이 아닌 형태론적 접근도 철저히 이루어져야 함을 강조하였다. 즉, '-오더'를 구성하고 있는 '-오-'와 '-더'에 대한 철저한 규명이 필요하며, 특히 '-오-'가 '오더' 구문의 문법적 기능에서 잔재적으로 기능할 수 있음을 논하였다.

언어 일반적으로 음운이나 형태의 변화에 비하여 통사변화에 대한 인식은 한층 더 어려우며 그 연구는 부진한 상태이다. 우리 국어사 연구에 있어서도 통사 변화에 대한 연구는 아직 활발하게 이루어지지 않고 있다. 이러한 시점에서, 이 글은 국어의 통사 변화에 대한 활발한 연구를 기대하면서 쓰여진 것이다.

참 고 문 헌

高永根(1981), 『中世國語의 時相과 敍法』, 塔出版社.

권재일(1986), 형태론적 구성으로 인식되는 복합문 구성에 대하여, 『國語學』 15.

金芳漢(1988), 『歷史-比較言語學』, 대우학술총서 인문과학 31, 民音社.

金完鎭(1967), -n, -l 動名詞의 統辭的 機能과 發達에 대하여, 『國語研究』 2.

徐禎穆(1982), 15世紀 國語 動名詞 內包文의 主語의 格에 대하여, 『震檀學報』 54
·55.

徐泰龍(1979), 內包와 接續, 『國語學』8.

徐泰龍(1987), 國語 活用語尾의 形態와 意味, 서울大學校 博士學位論文.

申碩煥(1978), {ㄷ}系 分化語 研究-15~17世紀의 文獻語를 中心으로, 啓明大學校 석사학위논문.

沈在箕(1979), 冠形化의 意味機能, 『語學研究』15-2.

_____(1980), 名詞化의 意味機能, 『言語』5-1.

安秉禧(1978), 韓國語發達史, 『韓國文化史大系』, 高大民族文化研究所.

안효팔(1983), 虛辭化의 研究-後期 中世國語를 中心으로, 慶南大學校 석사학위논문.

劉昌惇(1973), 『李朝國語史研究』, 宣明文化社.

李珖鎬(1976), 中世國語屬格語尾의 一考察-主語的·目的語的 屬格을 中心으로, 『국어국문학』70.

李基文(1984), 『國語史槪說』改訂版, 塔出版社.

李崇寧(1985), 『中世國語文法』, 乙酉文化社.

李賢熙(1988), 「小學」의 諺解에 대한 比較研究-形態·統辭的 측면을 중심으로, 『한신논문집』5.

任洪彬(1982), 記述보다는 說明을 重視하는 形態論의 機能定立을 위하여, 『韓國學報』26.

鄭鎬完(1987), 중세국어 의존명사의 문법 기능, 忠南大學校 博士學位論文.

전정례(1991ㄱ), 중세국어 명사구 내포문에서의 '-오-'의 기능과 변천, 서울대학교 언어학과 박사학위논문.

_____(1991ㄴ), 국어 통사변화의 한 양상, 『周時經學報』8.

허 웅(1975), 『우리 옛말본』, 샘문화사.

Chung, S.(1977), *On the Gradual Nature of Syntactc Change*, in Li(1977).

Fisiak, J. (ed.) (1984), *Historical Syntax*, Berlin: Mouton de Gruyter.

Givon, T.(1971), Historical Syntax and Synchronic Morphology: An Ar- chaeologist's Field Trip, *CLS* vol. 7. Chicago Lignuistic Society.

Jeffors and Lehiste (1979), *Principles and Methods for Historical Lingui- stics*, Austin: University of Texas Press.

Li, C. N. (ed.) (1977), *Mechanisms of Syntactic Changes*, University of Texas Press.

Pilch, H. (1984), Syntacic Restructuring in the History of English in Fisiak (1984).

---

* 이 논문은 『국어교육』85·86호(1994, 한국국어교육연구회) 125~140쪽에서 옮겨 실은 것임.

높임법을 통한 「동동」의 월구조 분석

서 은 아

1. 머리말

이 글은 고려 속요 「동동」의 월구조를 높임법을 통해 분석하는 것을 목적으로 삼는다. 이를 위해서 「동동」의 전련(全聯)을 대상으로 월구조를 분석하고, 아울러 높임법을 통한 의미구조를 살피게 된다.

고려 속요 「동동」에 대한 어학적 연구는 대부분 구(句)차원의 형태론적인 해석으로 부분적인 연구에 머물러 있다1). 따라서 이 글에서는 월차원으로까지 확대된 통사론적인 분석을 시도하여 「동동」의 월을 전절과 후절로 나누어 그 구조를 분석한다.

지금까지 「동동」에 관한 높임법 연구는 주체 높임법의 '-시-'를 '말할이 자신을 가리키는 것'으로 보았다.2) 하지만 이때의 '-시-'는 작품에 등장하는 주체를 높이는 수단으로 보는 것이 이 글에서 논의하고자 하는 관점이다. 월의 분석은 월의 주체와 객체, 말할이와 들을이를 뚜렷하게 밝혀줌으로써 이러한 관점을 입증시킬 것이다.

「동동」에 나타난 '말할이와 들을이와의 관계'는 월구조 분석을 통해 살필 수 있는데, 이에 대한 논의는 들을이를 '죽은 님3)'으로 보는 견해가

---

1) 「동동」에 관한 어학적 연구는 박병채(1974), 이응백(1978), 최미정(1988/1991)에서 볼 수 있다.
2) 최미정(1991)은 고려속요 노래말의 시적 장치의 한 부분으로 '경어법의 독특함'에서 주체 높임에 대해 언급하였다.

지배적이었다. 다만 박혜숙(1987)은 '님'과 시적 자아와의 관련 양상에 주목하였지만, 그에 따른 들을이와의 관련은 고려하지 않았다.

따라서 이 글에서는 「동동」의 '님'을 '죽은 님'으로 보는 지금까지의 견해를 지양하고, '살아 있는 님'으로도 볼 수 있음을 「동동」에 나타난 높임법의 분석을 통해 월의 의미를 증명해 보고자 한다.

2. 「동동」의 월구조 분석

이 장에서는 「동동」의 전체 연을 분석 대상으로 이들 월을 각 연에 따라 그림풀이(圖解)로 분석하려 한다. 이를 통해 「동동」의 월을 구체적으로 분석하게 되고, 아울러 「동동」의 월에 나타나는 말할이와 들을이의 관계도 밝힐 수 있다.

「동동」의 월구조 분석은 다음과 같다.

(1) 德으란 곰비예 받줍고, 福으란 림비예 받줍고,

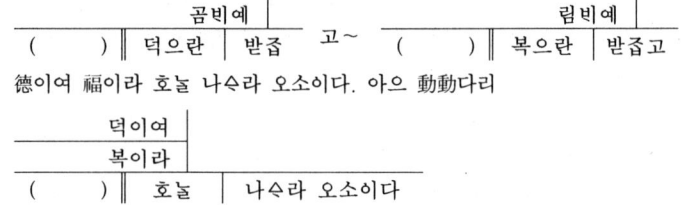

德이여 福이라 호놀 나ᅀᆞ라 오소이다. 아으 動動다리

(2) 正月ㅅ 나릿므른 아으4) 어져 녹져 ᄒᆞ논디.

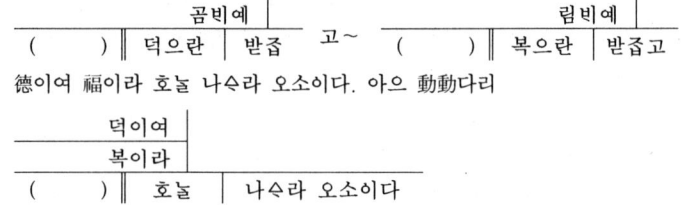

---

3) 이러한 견해는 최미정(1988), 박혜숙(1987), 임동권(1982)에서 볼 수 있다.
4) 홀로말은 월구조에 직접적으로 관여하지 않기 때문에 월구조 분석에서 제외한다.

누릿 가온디 나곤 몸하 ᄒ올로 녈셔. 아으 動動다리

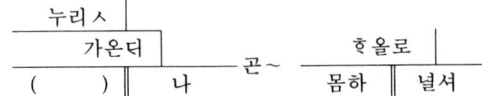

(3) 二月ㅅ 보로매. 아으 노피 현 燈ㅅ블 다호라.

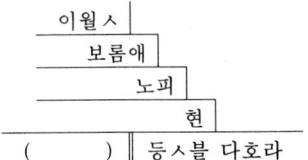

萬人 비취실 즈싀샷다. 아으 動動다리

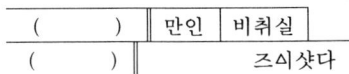

(4) 三月 나며 開ᄒ 아으 滿春 ᄃᆞᆯ욋고지여. ᄂᆞ민 브롤 즈슬 디녀 나샷다. 아으 動動다리.

(5) 四月 아니 니저 아으 오실셔 곳고리새여.

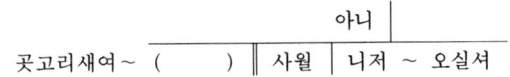

므슴다 錄事니ᄆᆞᆫ 녯 나ᄅᆞᆯ 닛고신뎌. 아으 動動다리

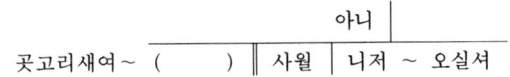

(6) 五月 五日애, 아으 수릿날 아춤 藥은 즈믄 힐 長存항샬 藥이라 받줍노이
다. 아으 動動다리

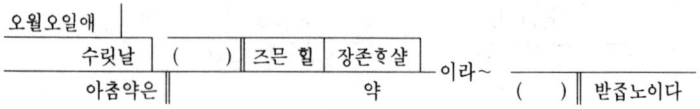

오월오일애					
	수릿날	( ) ‖	즈믄 힐	장존항샬	이라~
	아춤약은 ‖		약		( ) ‖ 받줍노이다

(7) 六月ㅅ 보로매 아으 별해 브론 빗 다호라.

유월 보롬애	별해	
	브론	
( )	빗	‖ 다호라

도라보실 니믈 격곰 좃니노이다. 아으 動動다리

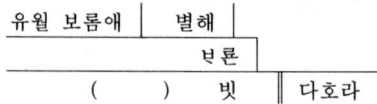

도라보실	격곰	
( )	니믈	좃니노이다

(8) 七月ㅅ 보로매 아으 百種 排항야 두고,

칠월ㅅ	
보롬애	
( ) ‖ 백종	배항야 두고

니믈 한 더 녀가져 願을 비솝노이다. 아으 動動다리

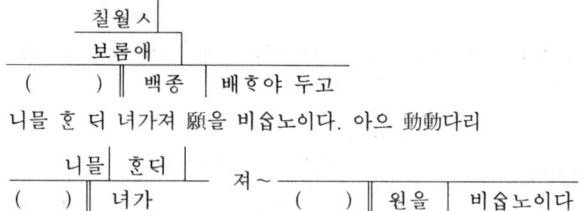

니믈	한더	
( ) ‖	녀가	져~
		( ) ‖ 원을	비솝노이다

(9) 八月ㅅ 보로몬 아으 嘉俳 나리마론,

팔월ㅅ	
보로몬 ‖	가배나리마론

니믈 뫼셔 녀곤 오늘낤 嘉俳샷다. 아으 動動다리

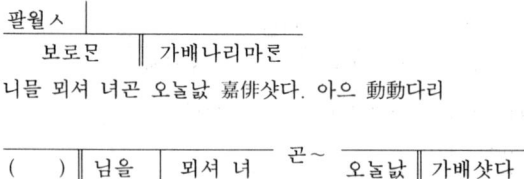

( ) ‖	님을	뫼셔 녀	곤~	오늘낤	‖ 가배샷다

(10) 九月 九日애 아으 藥이라 먹논 黃花 고지 안해 드니 새셔 가만ᄒ얘라.
아으 動動다리.

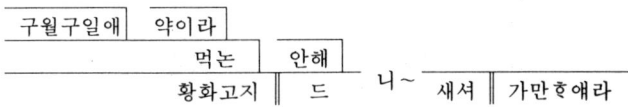

(11) 十月애 아으 져미연 ᄇ롯 다호라.

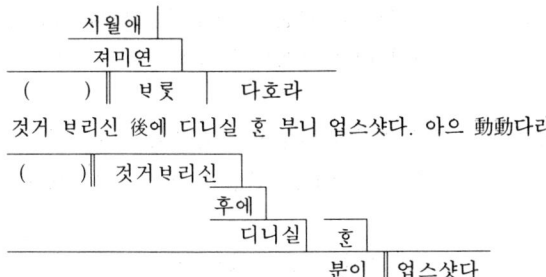

것거 ᄇ리신 後에 디니실 ᄒ 부니 업스샷다. 아으 動動다리

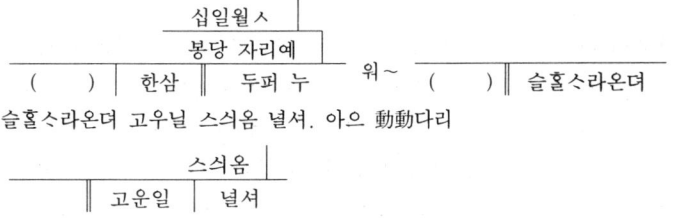

(12) 十一月ㅅ 봉당 자리예 아으 汗衫 두퍼 누워

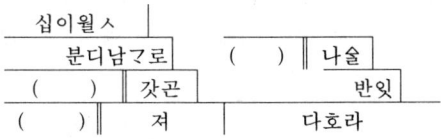

슬홀ᄉ라온뎌 고우닐 스싀옴 녈셔. 아으 動動다리

(13) 十二月ㅅ 분디남ᄀ로 갓곤 아으 나올 盤잇 져 다호라.

니믜 알픠 드러 얼이노니 소니 가재다 므르숩노이다. 아으 動動다리

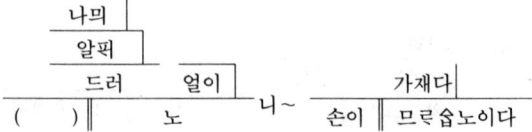

이상에서 「동동」의 구조를 전련(全聯)을 통해 분석하였다. 이를 통해 「동동」의 월 구조는 단문 구조보다 복문 구조로 형성되어 있음을 알 수 있다. 따라서 월구조를 분석할 때는 풀이말를 중심으로 그 월의 임자말을 살피게 된다.

「동동」의 월구조를 전절과 후절로 나누어 <u>살피려고 한다</u>5).

전절의 월구조에서 각 월의 말할이는 '말할이, 님, 제3의 비유'의 세가지로 나타난다.

첫째 말할이 자신이 월의 임자말로 등장하는 경우이다. 이것은 서사, 유월령, 칠월령, 시월령, 십일월령, 십이월령에 나타난다. 대부분 그 월의 임자말은 생략되어 있다. 하지만 월의 전체 의미를 통해 그 월의 임자말를 상정할 수 있다.

서사의 경우 풀이말 '받줍다'에 대해 '덕과 복을 받치는 행위'는 이 노래의 말할이 자신일 수 밖에 없다. 유월령의 풀이말 '빗 다호라'와 시월령의 'ᄇᆞ롯 다호라'는 모두 '유월 보름에 벼랑에 버려진 빗 같고 시월에 져민 보리수 나무 같다'는 처량한 신세에 대한 말할이 자신의 독백이다. 또한 십일월령의 풀이말 '두퍼 눕다, 슬홀ᄉᆞ라온뎌'는 모두 말할이 자신의 현재의 처지에 대한 독백인 것이다. 십이월령의 '져 다호라'도 위의 다른 월령과 같이 말할이 자신을 '져'과 같은 신세로 비유하고 있다. 칠월령의 풀이말 '배호야 두다'는 말할이 자신이 '칠월 보름에 음식을 차리'는 것

---

5) 「동동」의 월을 전절과 후절로 나누는 기준은 '二月ㅅ 보로매, 아으 노피 현 燈ㅅ 블 다호라'의 예를 보면 이 월에서 풀이말은 '등블 다호라'로 풀이말이 한번 등장한다. 이렇게 나누어 질 경우 전절과 후절로 나눈다. 하지만 이렇게 나누어 지지 않을 경우는 그 월령의 월 의미에 따라 전절과 후절을 구분한다. 따라서 전절에 두 월이 또는 후절에 두·세 월이 연결되는 경우도 나타난다.

으로 이 월의 임자말은 말할이 자신이 된다.

둘째는 월의 임자말이 '님'으로 등장하는 경우이다. 이것은 이월령에만 나타난다. 이월령의 풀이말 '등ㅅ블 다호라'에 대한 임자말은 화자가 높이고자 하는 '님'이 '이월 보름에 높이 켠 등불 같다'고 보는 것이다. 따라서 이월령의 임자말은 '님'이다.

셋째는 '제3의 비유물'이 월의 임자말이 되는 경우이다. 이것은 일월령, 삼월령, 사월령, 오월령, 유월령, 팔월령, 구월령, 십이월령에 나타난다.

일월령, 삼월령, 사월령, 구월령은 각각 월의 임자말이 '나릿물, 돌욋고지6), 곳고리새, 황화고지'등의 자연물이 등장한다. 이러한 비유물을 통해 말할이가 '님'을 상징하여 표현하고 있다. 오월령의 '약', 유월령의 '빗', 팔월령의 '보름(가배)'는 위의 경우와 다르게 '제3의 비유'이지만 자연물의 상징은 아니다. 위의 월령들은 월의 임자말이 모두 그 월의 표면에 나타나 있기 때문에 풀이말를 중심으로 월의 임자말을 상정하지 않아도 된다. 하지만 십이월령의 풀이말 '갓곤, 나술'의 경우는 그 월에서 임자말을 상정할 수 없다. 따라서 풀이말을 중심으로 임자말을 상정하게 된다. 이들 월의 임자말은 특정인이 아니고 '제3의 일반인'을 가리킨다. 즉 '분디나무로 져를 깎는 것과 그것을 상에 차려 놓는 것'은 말할이 자신이 아닐 수도 있기 때문이다.

후절의 임자말도 전절과 같이 '말할이, 님, 제3의 비유'로 나타난다.

첫째 말할이 자신이 월의 임자말로 등장하는 경우이다. 이것은 서사, 일월령, 오월령, 유월령, 칠월령, 십이월령에 나타난다.

서사의 '나ᅀᆞ라 오소이다'는 '덕과 복이라는 것을 드리러 옵니다'로 말할이 자신이 공경의 대상에게 덕과 복을 드리러 오는 것이다. 일월령은

---

6) 박병채(1974:86)에서 「돌외」는 '달래'로 이 구절을 세가지로 구별한다. 첫째는 「滿春돌욋고지여」로 '욋곶'을 '외얏곶(李花)'의 축음, 또는 '욋곶(瓜花)'으로 보는 경우, 둘째는 「滿春돌욋 고지여」로 보는 경우, 세째는 「滿春 돌욋고지여」로 보아 '돌욋곶'을 '달래꽃'으로 보거나 '진달래꽃'으로도 보지만 어형(語形)에 따라 '달래꽃'으로 본다. 이 글에서도 어형에 따라 세번째 경우를 따른다.

'나곤, 녈셔'가 모두 말할이 자신이다. 즉 세상 가운데 나서 혼자 살아가는 자신의 처지를 나타낸 것이다. 오월령 '받줍노이다'는 약을 말할이 자신이 님에게 받치는 것이다. 따라서 오월령은 활이가 그 월의 임자말이 된다. 유월령의 '좃니노이다'는 화자가 님을 따르겠다는 표현이다. 칠월령의 '녀가져, 비슙노이다'는 말할이가 님과 함께 있고자 하는 바램을 나타낸다. 십이월령의 '노니'는 님을 위해 겨를 들어서 상에 차려 놓는 것은 말할이 자신의 몫이다.

둘째는 '님'이 월의 임자말로 등장한다. 이것은 이월령, 삼월령, 사월령, 유월령, 시월령에 나타난다.

이월령은 '비취실, 즈싀샷다'에 대한 임자말은 '님이 만인에게 비칠 정도로 높은 위치에 있음과 아울러 그런 모습을 지니고 나셨음'을 나타낸다. 삼월령, 유월령, 시월령의 풀이말 '디녀 나샷다, 도라보실, 브리신, 디니실'의 임자말은 모두 '님'으로 상정이 가능하다. 하지만 사월령의 '닛고신뎌'에 대한 임자말은 '녹사님'으로 명기되어 있다.

세째는 '제3의 비유'를 통한 표현이다. 이것은 팔월령, 구월령, 시월령, 십일월령, 십이월령에 나타난다.

구월령의 '가만ᄒ얘라'[7]에 대한 임자말은 '새셔'로 '제3의 비유'가 된다. 팔월령, 시월령, 십이월령의 풀이말 '가배샷다, 업스샷다, 므릇습노이다'는 모두 '가배, 한분, 손'으로 비유된 임자말을 갖는다. 다만 십일월령의 '녈셔'에 대한 임자말은 월의 구조상 '고운일'이지만 의미상으로는 님과 함께 살기를 바라는 말할이 자신이 이 월의 임자말이 된다.

이러한 월 구조의 분석은 다음 장에서 논의할 「동동」의 높임법 분석을 위한 토대가 된다. 그것은 이렇게 월을 분석함으로써 그 월의 주체, 객체, 그리고 들을이(상대)를 모두 살필 수 있는 잇점을 갖는다.

---

7) 박병채(1974:110)는 위의 풀이에 대해서 세가지의 경우를 제시한다. 첫째는 「새셔 (歲序) 가만(遲)ᄒ얘라」로 보는 경우, 둘째는 「새셔(새로운 기운?) 가만ᄒ얘라(微微하도다)」로 보는 경우, 세째는 「새셔(草家) 가만ᄒ얘라(閑寂하구나)」로 보는 경우이다. 이 글에서는 주격 토씨 '가'가 「동동」이 쓰여진 시기에는 아직 발달되지 않은 것으로 보아, 세번째의 분석을 따른다.

3. 높임법을 통한 의미구조 분석

중세 국어의 높임법은 말할이가 들을이에 대해서 자기자신을 낮추면서 들을이를 높이는 경우와 말에 등장하는 사람(또는 그 사람에 관한 일이나 물건)을 높이는 경우의 두 가지로 나뉜다. 전자의 경우는 들을이(상대)높임이고, 후자의 경우는 다시 두가지로 나뉜다. 첫째는 말의 주체를 높이는 주체 높임과 둘째는 말의 객체(주로 부림말, 위치말 따위로 등장된 사람 또는 사물)에 대한 높임인 객체 높임이 있다[8].

따라서 이 장에서는 「동동」의 전체 월 가운데 높임법이 표현된 부분만 논의의 대상으로 삼는다. 또한 높임법이 표현된 예문은 앞 장에서 분석된 예문으로 대신한다.

3.1. 주체 높임법

월의 주체를 높이는 문법적 방법을 주체 높임법이라 하는데, 주체란 임자말로 지시되는 사람 또는 그 사람에 관한 일이나 물건이다. 원래 높임이란 말할이가 어떤 사람에 대해 공경하는 뜻을 품고 그것을 말로 표현하는 것이 원칙이지만, 때로는 그 사람에게 관계된 일이나 물건을 표현상 높이는 일도 있다. 그러므로 전자를 「직접높임」이라 하고, 후자를 「간접높임」이라 한다. 이러한 주체 높임은 안맺음씨끝 '-시-'에 의해 실현된다.

「동동」에는 이월령, 삼월령, 사월령, 오월령, 유월령, 팔월령, 시월령에 주체 높임의 '-시-'가 나타난다.

3.1.1. 직접 높임

직접 높임의 표현은 「동동」의 이월령, 사월령, 오월령, 유월령, 팔월령, 시월령에 나타난다.

---

8) 허 웅(1983:655) 참고.

이월령(예문 3)은 풀이말 '비취다'와 '즈싀샷다'에 주체 높임의 '-시-'
와 매김법 씨끝 '-ㄹ-' 그리고 감탄형의 씨끝 '-ㅅ 다'가 연결되어 '높은
곳에서 만인을 비춰 줄 모습을 지닌 대상인 님'을 높이는 것으로 분석된
다. 따라서 이월령의 풀이말은 공통적으로 님을 높이고 있다.

사월령(예문 5)의 주체 높임은 풀이말 '오다'와 '닛고신뎌'에 연결되어
있다. 이때 '오다'의 경우는 주체 높임의 '-시-'와 감탄형 씨끝 '-ㄹ셔'
가 연결되어 자연물인 '곳고리새'를 높이고 있고, '닛고신뎌'는 풀이말
'닛(다)'에 연결씨끝 '-고', 그리고 주체 높임의 '-시', 감탄형씨끝 'ㄴ
뎌'로 연결되어 '녹사님'을 높이고 있다. 전자의 경우는 '사월을 잊지 않
고 곳고리새는 오는데 왜 나의 님은 오지 않는가'에 대한 말할이의 답답
한 심정이 그 월에 내포되어 있다.

그러나 사월령의 주체 높임의 표현은 이월령, 삼월령의 높임과 구분된
다. 왜냐하면 이월령, 삼월령에서는 '등블, 돌욋고지'가 '님'을 높이지만,
이월령, 삼월령의 풀이말 '다호라, 나며 開한'에는 주체 높임이 쓰이지 않
았다. 사월령의 '곳고리새'와 같은 의미에서 이월령, 삼월령에 '등블'과
'돌욋고지'가 쓰였다면 당연히 주체 높임의 '-시-'가 쓰여야만 한다. 이것
은 월의 의미상 평형을 잃는 것이다.

오월령(예문 6)에서는 풀이말 '장존하다'에 '-시-' 그리고 매김법씨끝
'-ㄹ-'이 연결되어 '누군가 천년의 길이 만큼 살기를 바라는 마음'으로
약을 높이고 있다. 즉 '아침 약'을 먹는 이가 '천년 동안 살아 있기를 바
라는 마음'으로 약을 받치는 것이다. 이러한 표현을 통해서 「동동」의 '님'
이 '죽은 님'이 아니라, '살아 있는 님'으로 상정할 수 있다. 왜냐하면
「동동」에서 말할이는 '살아 있는 님'에게 '약'을 권하는 것이기 때문이다.

유월령(예문 7)에는 풀이말 '도다 보다'에 주체 높임의 '-시-'와 매김
법 씨끝 '-ㄹ'이 쓰였다. 주체높임의 대상은 '님'으로 그 월의 풀이말
바로 뒤에 위치하고 있다. 이것은 풀이말이 매김말로 연결될 경우 그 속구
조의 주체가 겉구조에서는 매김말 뒤로 빠져 나갔기 때문이다.

팔월령(예문 9)에서 '뫼셔'의 표현은 풀이말 '뫼다'에 '-시-'가 연결된

표현이지만, 여기서 '-시-'는 주체 높임의 표현으로 볼 수 없다. 다만 높임의 표현이 쓰이기 위해서는 객체인 '님'을 높여야 하기 때문에 객체 높임의 '-숩-'이 쓰여야 월의 평형을 유지할 수 있다. 그러므로 '뫼셔'의 표현은 높임의 표현이지만 '모시고'라는 의미에서 특수어휘에 의한 높임의 표현으로 보아야 한다.

하지만 팔월령의 감탄형의 표현은 그 월의 겉구조로 보아서는 '오늘낤(가배)'를 높이는 표현이지만, 월 전체의 의미로 보아서는 '님과 함께 있는 날이 가배'와 같음을 나타내고 있다. 이는 일년 중에 가장 큰 명절인 가배(추석)날에 님과 함께 있지 못함으로 말할이는 고독하고 쓸쓸한 것이다. 진정한 의미에서 님과 함께 있는 가배날이 의미가 있게 된다.

최미정(1991)은 감탄형을 고려 속요 노래말의 시적 장치로 보고, 그것을 작중 화자의 의지 표명을 위한 것으로 해석하고 있다. 그러나 이 글은 이러한 표현이 단순히 시적장치의 일환으로 처리될 수 없고, 다만 '님'을 높이기 위한 말할이의 높임의 수단으로 보아야 한다.

시월령(예문 11)의 주체 높임은 풀이말 '것다, 브리다'에 주체가 생략되어 있지만 그 월의 구조로 볼 때 '님'의 상정이 가능하다. 또한 풀이말 '업스샷다'는 '한분'을 높이고 있다.

3.1.2. 간접높임

간접높임의 표현은 「동동」의 삼월령에만 나타난다.

삼월령(예문 4)의 풀이말 '지녀 나샷다'는 풀이말 어간에 주체 높임의 '-시-' 그리고 감탄형씨끝 'ㅅ 다'가 연결되어 '돌욋고지'를 높이고 있다. 하지만 월의 의미구조상 '돌욋고지'란 '남의 부러움을 살 정도의 모습'의 의미로 해석된다. 따라서 이것은 '님'을 상징하기 위해 쓰여진 것이다. 그러므로 이때 쓰인 높임의 표현은 간접 높임이 된다.

이상에서 「동동」에 나타난 주체 높임의 표현은 이월령, 삼월령, 사월령, 오월령, 유월령, 팔월령, 시월령에 나타난다. 직접 높임은 이월령, 사월령,

오월령, 유월령, 팔월령, 시월령, 그리고 간접 높임은 삼월령에만 나타난다.

주체 높임의 대상은 두가지로 분류할 수 있다. 첫번째는 「동동」의 높임의 대상인 '님'을 주체로 높이는 경우이고, 둘째는 '제3의 비유'를 통해 '님'을 높이는 표현이다. 즉 '들읫고지, 곳고리새, 모습, 약, 오늘낤(가배), 한분'등으로 나타난다. 이러한 높임의 대상 가운데 '오늘낤(가배날), 모습'등은 「동동」의 들을이가 '죽은 님'이라는 지금까지의 견해와 일맥상통한 것을 알 수 있다. 왜냐하면 '가배날'은 우리의 명절 가운데 가장 큰 명절로 모든 친척들이 한 자리에 모여 즐겁게 지내는 날로 「동동」의 말할이 가까이에 '님'이 없음으로 님과 함께 있었던 옛날을 회상하며 그리는 마음으로 '님'을 높이고 있다.

또한 '모습'을 높이는 것은 현재의 모습보다는 과거의 좋았던 시절의 '님'의 모습을 그리워하는 것이기 때문에 이러한 높임의 표현은 「동동」의 '님'이 '죽은 님'임을 입증해 준다.

하지만 '약, 한 분'등은 「동동」의 '님'이 살아 있음을 가정하게 한다. 즉 살아있는 사람에게 더욱 오래 살기를 바라는 마음으로 '약'을 먹는 대상을 높이는 것이다. 또 '님(한 분)'을 통해 「동동」의 말할이 자신이 버림받는 것을 표현하고 있다. 시월령의 이러한 높임은 서사의 객체 높임과도 관련이 있게 된다.

3.2. 객체 높임법

객체란 행동(상태)이 미치는 (지향하는) 대상, 상대를 가리킴인데, 월성분으로는 주로 부림말이나 위치말로 나타나는 것이 보통이나, 때로는 그 밖의 성분으로 나타나는 일도 있다. 이것은 안맺음씨끝 '-숩-'으로 표시된다.

「동동」에서의 객체 높임은 서사, 오월, 칠월, 십이월령에 나타난다.

서사(예문 1)에는 객체 높임의 안맺음씨끝 '-줍-'이 쓰였다. 이러한 쓰임은 「동동」의 오월령, 칠월령, 그리고 십이월령에도 나타난다. '덕과 복'을 공경의 대상에게 받치는 것으로 '덕'과 '복'을 받는 구체적인 대상은 '님'이기 때문에 이 월령을 통해서도 「동동」의 '님'이 '죽은 님'이 아님을 알 수 있다.

오월령(예문 6)에서 객체의 대상은 '약'이다. 하지만 약을 받는 대상은 '님'으로 이것은 말할이가 살아 있는 '님'에게 약을 받치는 것이다. '약'이라는 것은 '죽은 님'에게는 받칠 수 없고, '살아있는 님'에게만 받칠 수 있기 때문이다.

칠월령(예문 8)의 객체 높임은 안맺음씨끝 '-숩-'이 쓰였고, 객체의 대상은 '願'이다. 즉 '님과 함께 가기를 바라는 마음'을 바란다는 것은 「동동」의 들을이가 '죽은 님'이기 때문이다.

십이월령(예문 13)에 쓰인 객체 높임의 표현은 진정한 의미에서 말할이가 자신을 '져'로 낮춤으로써 들을이를 높이기 위한 수단의 표현이 된다. 이것은 들을이 높임의 표현을 통해서도 나타난다.

이상에서 「동동」의 객체 높임은 서사, 오월령, 칠월령, 십이월령에 나타난다. 이들 월령에서는 '제3의 비유'를 통해 객체 높임을 쓰고 있다. 하지만 그 이면에는 '님'을 높이고 있음을 알 수 있다. 특히 서사와 오월령을 통해 높임의 대상이 살아 있는 대상임을 알 수 있다. 즉 서사에서 높임을 받는 것은 '덕'과 '복'으로 이러한 높임을 받을 대상은 살아 있음은 물론이고, 일반 백성에게보다는 '임금'을 향한 높임의 표현임을 알 수 있다. 오월령의 '약'에 대한 높임의 표현은 주체 높임에서와 같이 살아있는 대상에게 받치는 것이다. 그러므로 「동동」의 '님'은 살아있는 대상인 것이다.

3.3. 들을이(상대) 높임법

상대 높임은 말할이가 자기 자신을 낮추고 들을이를 높이는 것으로 이것은 안맺음씨끝 '-이-'로 표시된다. 다만 상대높임은 마침법에만 나타나고, 이음법이나 두 기능법의 이름법 매김법의 경우에는 나타나지 않는데, 이것은 주체·객체 높임법과 다른 상대 높임법의 말본상의 특색이다.

「동동」에는 들을이 높임의 표현은 서사, 오월령, 유월령, 칠월령, 십이월령에 걸쳐서 나타난다.

서사(예문 1)의 들을이 높임은 '-이-'가 단독으로 쓰였다. 즉 풀이말 '누이다'에 어간첨가 모음 '오'와 들을이 높임의 '-이(이)-' 그리고 마침법씨끝 '-다'가 쓰였다. 이러한 쓰임은 유월령에서도 나타난다.

객체 높임과 들을이 높임은 때로 함께 쓰이기도 하는데, 이것은 이 두 표현이 모두 말할이 자신을 낮추고 들을이를 높이기 위한 장치로 그 의미가 서로 같기 때문인 것이다.

「동동」의 오월령, 칠월령, 십이월령(예문 6,8,13)의 들을이 높임이 객체 높임과 아울러 쓰이고 있다. 위의 월령에 따라 '받줍노이다, 비숩노이다, 므릇숩노이다'의 풀이말에 객체 높임과 들을이 높임이 함께 쓰였다.

이상에서 상대 높임의 상대 즉 들을이는 모두 '님'으로 볼 수 있다. 하지만 서사와 칠월령의 경우는 '님'으로보다는 '임금'과 '초월자'로 볼 수 있다. 왜냐하면 위의 두 월의 흐름으로 볼 때 '님'은 이러한 두 의미를 모두 포함하는 것으로 보인다. 그 당시 가장 높은 공경의 대상은 '임금'을 향한 것이고, 또 자신이 바라는 바를 빌 수 있는 대상은 '초월자'이기 때문이다.

4. 맺음말

이 글은 고려 속요 「동동」의 월구조와 의미구조를 분석하는 것을 목적으로 삼았다. 우선 「동동」의 월구조를 분석하고, 나아가 높임법 분석을 통하여 「동동」의 의미구조를 살펴보았다.

지금까지 논의한 것을 정리하면 다음과 같다.

「동동」의 월구조 분석을 위해 전절과 후절로 나누어 살펴보았다. 전절과 후절 모두 「동동」의 말할이는 '말할이 자신, 님, 제3의 비유'로 나타났다. 전절에서 '말할이 자신'이 월의 임자말이 되는 경우는 서사, 유월령, 칠월령, 시월령, 십일월령, 십이월령에 나타나고, '님'이 월의 임자말이 되는 경우는 이월령에만 나타난다. 그리고 '제3의 비유물'이 월의 임자말이 되는 경우는 일월령, 삼월령, 사월령, 오월령, 유월령, 팔월령, 구월령, 십이월령에 나타난다. 후절에서 '말할이 자신'이 임자말이되는 경우는 서사, 일월령, 오월령, 유월령, 칠월령, 십이월령에 나타나고, '님'이 월의 임자말이 된 경우는 이월령, 삼월령, 사월령, 유월령, 시월령에 나타난다. 그리고 '제3의 비유물'이 임자말이 되는 경우는 팔월령, 구월령, 시월령, 십일월령, 십이월령에 나타난다.

「동동」의 높임법 분석을 통해 월의 의미구조를 분석하였다. 주체 높임은 이월령, 삼월령, 사월령, 오월령, 유월령, 팔월령, 시월령에 나타나고, 삼월령만이 간접 높임으로 나타나고 나머지 월령은 모두 직접 높임으로 나타난다.

주체 높임의 대상은 '님'과 '제3의 비유'로 나타난다. 즉 '오늘날(가배날), 모습'이 주체 높임의 대상이 되는 경우는 「동동」의 '님'을 '죽은 님'으로 보게 하는 근거가 되고, '약, 한분' 등의 높임은 「동동」의 들을이가 살아있음을 가정하게 한다.

객체 높임은 서사, 오월령, 칠월령, 십이월령에 나타난다. 이들 월령은 '제3의 비유'를 통해 객체를 높이고 있다. 특히 서사와 오월령의 객체 높임은 「동동」의 들을이가 살아있음을 상정하는 근거가 된다.

들을이 높임(상대 높임)은 서사, 오월령, 유월령, 칠월령, 십이월령에 나타난다. 들을이 높임은 객체 높임과 함께 쓰이도 한다. 이것은 이 두 표현이 말할이 자신을 낮추고 들을이를 높이기 위한 장치로 그 의미가 서로 같기 때문이다.

하지만 이 글에서의 논의가 「동동」에 나타난 높임법에만 국한되어 살폈기 때문에 고려 속요 전반에 걸쳐 이러한 분석이 가능한가에 대해서는 의문이 남는다. 고려 속요 전반에 걸친 높임법의 분석은 앞으로 더욱 고찰해야 할 문제로 남는다.

참 고 문 헌

김선풍(1972), 고려가요의 월형태고, 『국어국문학』 55-57, 국어국문학회.

김열규(1982), 서정적 맥락속의 동동 정월요, 『고려가요연구』, 새문사.

김완진(1982), 고려가요의 어의 분석, 『고려가요연구』, 새문사.

김종길(1985), 고려속요에 나타난 애정관, 세종대 석사학위논문.

박병채(1974), 고려가요의 어석연구, 『국어국문학』 총서 제 1집, 선명문화사.

박혜숙(1987), 동동의 님에 대한 일고찰, 『국문학연구』 10, 효성여대.

박효순(1974), 고려가요에 나타난 여심특성과 그 원인고, 『숭전어문학』 3, 숭전
대

서원교(1984), 고려속요에 나타난 이별의 양상과 그 변용, 영남대 교육대학원,
석사학위논문.

양주동(1992), 『여요전주』, 을유문화사.

이경민(1984), 『동동 연구』, 전남대 석사학위논문.

이병찬(1985), 고려가요의 작품구조와 자연, 성균관대 석사학위논문.

이응백(1978), 동동 구월령 어석고, 『국어국문학』 77, 국어국문학회.

이현수(1972), 동동가 연구, 동국대 석사학위논문.

임동권(1982), 동동의 해석, 『고려가요연구』, 새문사.

차주원(1990), 고려속요의 정서 연구, 한양대 교육대학원 석사학위논문.

최미정(1988), 죽은 님을 위한 노래-동동-, 『문학한글』 2호, 한글학회.

최미정(1991), 고려속요에 나타난 우리말의 아름다움, 『한글』 214호, 한글학회.

허 웅(1983), 『우리옛말본』, 샘문화사.

_____(1984), 15세기 국어의 존대법과 그 변천, 『국어 경어법 연구』, 집문당.

_____(1990), 『옛말본』, 과학사.

_____(1991), 『15·16세기 우리 옛말본의 역사』, 탑출판사.

개화기 국어의 접속문 연구

권 재 일

1. 머리말

이 글은 현대 국어의 첫 무렵인 개화기 시대에 발간된 교과서 자료를 대상으로 그 당시 국어의 접속문 구성을 연구하는 것을 목적으로 한다.

특정한 어느 한 시기의 언어 상태를 공시태라고 하고, 어떤 언어의 변천 상태를 통시태라고 할 때, 언어의 공시태는 항상 역사적 요인과 결합되어 있다. 즉 공시적 언어 현상은 항상 다음 단계로 변화하는 시발점이 되어 동요하고 있다. 따라서 공시적 언어 상태는 새로 생겨나는 요소와 사라지는 요소의 혼합체이며, 따라서 공시태는 과거를 반영하고 미래를 예측한다.

국어사의 시대 구분에서 현대 국어는 개화기와 함께 시작한다. 이렇게 볼 때, 현대 국어는 이제 막 한 세기를 지나고 있다. 따라서 20세기가 마무리되어 가는 즈음에 현대 국어라는 넓은 의미의 공시태를 한번 검토해 볼 필요가 있다. 즉, 한 세기 전인 개화기 시대의 국어(이하 이 글에서 '개화기 국어'라 한다)를 기술하여 20세기 말엽인 지금의 국어(이하 이 글에서 '현대 국어'라 한다)와 대비해서 언어의 변화 모습을 파악해 보는 것은 언어학적으로 의의있는 일이라고 생각한다. 특히 중세 국어 이래 많은 역사적 변화를 겪어 온 접속문 구성의 경우에 더욱 그러하다고 생각한다.

이 글에 포함될 내용은 다음과 같다. 첫째, 개화기 시대의 교과서 자료에 나타난 접속어미를 분석하여 체계를 세우고, 이들 접속어미의 시제어미와의 결합 제약을 분석한다. 둘째, 이렇게 분석한 결과를 바탕으로 지금의 현대 국어와 대비하여 한 세기 동안의 문법 변화를 추적해 본다.

개화기 국어에 대한 연구는, 부분적이기는 하지만, 1970년대부터 그 동안 꾸준히 수행되어 왔다. 이 시기는 근대 국어와 현대 국어의 경계 시점이기 때문에 관심의 대상이 되었다. 주로 표기법을 비롯한 음운, 어휘에 대한 연구가 이루어졌다. 문법 현상에 대한 연구도 있기는 했지만, 주로 높임법에 대한 연구가 중심이 되었다. 높임법을 제외한 다른 문법범주에 대한 연구는 부진한 편이었는데, 이 글에서 대상으로 삼고 있는 접속문 구성에 대한 연구도 거의 이루어지지 못했다. 그리고 개화기 국어에서 지금의 현대 국어에 이르는 동안의 문법 변화에 대한 연구도 거의 수행되지 못했다. 물론 한 세기를 통해서 문법 변화를 연구한다는 것은 방법론에 있어서 문제가 없는 것은 아니지만, 그러나 이제 한 세기를 마무리하면서 이 시기의 문법 변화를 살펴, 변화의 방향을 가늠해 보는 것은 매우 뜻 깊은 일이며, 또한 이와 같은 연구의 관심을 불러 일으킬 필요도 있다고 생각한다. 이 점이 바로 이 글이 궁극적으로 지향하는 바이다.

한편 이 글에서 다룬 문헌 자료가 개화기 문헌 전체를 대상으로 한 것이 아니기 때문에 접속어미와 그 결합 제약의 기술이 완전할 수는 없을 것이다. 이것은 문헌 연구가 가지는 일반적인 한계이기도 하다[1].

2. 접속어미 분석

2.0. 접속문 구성과 접속어미

상위문이 하위문을 관할하는 방식에 따라 복합문의 유형을 체계화할 때, 상위문이 하위문을 직접 관할하는 구성이 접속문 구성이다(권재일 1985:

---

1) 이 연구에서 사용한 교과서 자료는 다음의 영인본이다.
   한국학문헌연구소 편 1977, 「한국개화기교과서총서:국어」(아세아문화사).
   　제1권　國民小學讀本(1895), 小學讀本(1895), 新訂尋常小學(卷一~三:1896)
   　제2권　幼年必讀(卷一~四:1907), 初等女學讀本(1908), 蒙學必讀(卷一:?), 勞動夜學讀本
   　　　　(第一:1908)
   　제4권　初等小學(卷一,二,五~八:1906), 樵牧必知(上,下:1903)
   　제5권　高等小學讀本(卷一,二:1906), 最新初等小學(卷一~四:1908)
   　제6권　普通學校學徒用 國語讀本(卷一~八:1906)
   　제7권　新纂初等小學(卷一~六:1909)
   　제8권　녀ᄌ독본(상,하:1908), 婦幼獨習(上,下:1908)

19). 그리고 복합문 구성이 이루어질 때에는 어미가 관여하는데, 접속문 구성에 관여하는 어미가 접속어미이다. 이러한 접속어미는 접속문 구성에서 문법 제약의 주체가 된다. 따라서 접속문 구성의 문법 제약을 분석하기 위해서는 이들 접속어미의 정확하고 체계적인 형태소 분석이 중요하다. 특히 비종결어미(=안맺음씨끝)가 다양하게 발달되어 있는 국어에서 접속어미의 형태를 정확하게 분석하는 것은 중요한 일이다.

접속어미들을 같은 통사·의미 특성을 가지는 것끼리 묶어서 접속문 구성의 하위 체계로 삼을 수 있다. 접속문 구성의 문법 기능은 대단히 다양하게 발달되어 있고 한 접속어미의 의미도 다의적이어서, 접속문 구성을 몇 가지 한정된 범주로 나누기란 매우 어렵다. 접속문 구성의 하위 체계를 세우기 위해서는 두 가지 방법이 고려될 수 있다. 첫째는 시제법, 높임법, 의향법, 인칭법 등의 문법 관계에 따라 체계를 세우는 방법이다. 그러나 실제 분석을 통해 보면, 시제법, 높임법, 의향법 등의 문법적인 분석으로는 체계가 잘 세워지지 않는다. 따라서 전통적인 방법인 의미 관계에 따라 체계를 세우는 방법으로 접속어미를 체계화하고자 한다. 다만 의미 관계를 어떻게 잡을 것인지가 문제가 되겠지만, 이 글에서는 권재일(1985:27-8 및 1992:제14장)에서 설정한 의미 관계에 따라 체계를 세우기로 한다.

우선 후행절에 대하여 선행절의 의미 관계가 대등적인가 아니면 종속적인가에 따라 '대등 접속어미'와 '종속 접속어미'로 체계화한다. 대등 접속어미는 선행절과 후행절의 의미 관계에 따라 '나열(순접) 관계', '대조(역접) 관계', 선택(선접) 관계로, 종속 접속어미는 선행절과 후행절의 의미 관계에 따라 '인과 관계', '조건 관계', '목적 관계', '결합 관계', '첨의 관계' 등으로 체계화한다.

어미에 따라서는 접속문 구성에도 관여하고 내포문 구성에도 관여하는 경우가 있다. 문장 (1ㄱ)은 내포문 구성으로 의존용언의 서술 기능을 보완하는 구성이고, (1ㄴ)은 접속문 구성으로 선행절과 후행절을 접속하는 구성이다.

(1) ㄱ. 저 양들은 각각 길을 辭讓치 아니ᄒᆞ고 서로 먼저 건너랴고 ᄒᆞ야 ……
    〈신정심상소학 1:27〉

ㄴ. 어미닭은 색기들을 보호ᄒ려고 두 나래를 펴고 쏙쏙 색기를 부르오.
〈몽학필독 1〉[2]

즉 문장 (1)에서 '-으려고'는 내포어미와 접속어미로 각각 기능하고 있
다. 물론 이 경우 '-으려고'는 비록 그것이 분포하는 통사 구조에 따라 내
포어미, 접속어미로 기능하지만, 고유하게 가지는 의미 특성은 같은 것으
로 이해된다.

(2) ㄱ. 당신네가 年富力强ᄒ 째에 쥰비ᄒ야 두시지 아니ᄒ면 안 되지오. 〈노
동야학독본 1:29〉
ㄴ. 三兄弟는 이처럼 밤늦 파쓰되 아모 것도 업스니 …… 〈신정심상소학
1:31〉

문장 (2)는 각각 내포문 구성, 접속문 구성으로 분석되어, '-지'는 내
포어미, '-으되'는 접속어미로 기능한다. 그러나 이들 어미는 내포문 구성
혹은 접속문 구성 어느 한 구성에만 관여한다. 따라서 접속어미를 설정하
는 데 있어서는 (1) 및 (2ㄴ)과 같이 접속문 구성에 관여하는 것은 포함
시키되, (2ㄱ)과 같이 내포문 구성에만 관여하는 것은 제외시킨다.
그러면 이제 위에서 설정한 관점과 의미 관계에 따라 접속어미들을 하
나씩 분석하기로 한다. 동일한 접속어미의 다양한 형태에 대해서 음운론적
인 대표형태를 앞세우기로 하고, 변이형태나 혹은 표기법 혼란에 의해 고
정되지 못한 형태는 보기글에서 제시하기로 한다. 그리고 앞에서 이미 밝
힌 바와 같이, 각각 접속어미에 대하여 개화기 국어의 공시적인 분석을 하
고서 그 접속어미가 현대 국어에 이르는 동안에 변화한 양상을 아울러 기
술하기로 한다.

2.1. 나열(순접) 관계

'-고'

---

2) 출전 표시에서 〈신정심상소학 1:27〉은 「新訂尋常小學」 제1권 제27과를 의미한다. 〈몽학필
독 1〉은 「蒙學必讀」 제1과를 의미한다.

(3) ㄱ. 가마귀는 싹싹ᄒ고 노루는 쌍퉁쌍퉁 쮜여가오. 〈몽학필독 1〉

　　ㄴ. 恒常 게어르지 아니케 運動ᄒ고 몸을 強ᄒ게 홈이 緊ᄒ 일이올시다.
　　　〈신정심상소학 2:2〉

　　ㄷ. 暫時도 이 말을 잇지 말고 정성ᄒ 길을 직혀라.〈신정심상소학 3:28〉

　　ㄹ. 이로 보건대 내가 남의 일도 ᄒ얏고 남도 나의 일을 ᄒ얏는지라. 〈노
　　　동야학독본 1:35〉

　　ㅁ. 其 人數는 一千五百萬이오 풍속이 淳朴ᄒ오이다. 〈신정심상소학 1:28〉

　　ㅂ. 그른 걸 알고도 올타는 거슬 좃치며 …… 〈초등여학독본 42〉

'-고'는 변이형태 '-오'(문장 (3ㅁ))로 변동된다. 그리고 (3ㅂ)과 같이
보조조사와 결합한다. '-고'는 현대 국어에 이르는 동안 문법 특성과 의미
가 바뀌지 않고 유지되어 있는 접속어미이다.

　　'-으며'

(4) ㄱ. 맛아들이 집을 츄리며 아우는 索只를 쏘으며 …… 〈신정심상소학 1:22〉

　　ㄴ. 봄은 짜뜻ᄒ고 가을은 셔늘ᄒ며 여름은 덥고 겨울은 춥습니다. 〈몽학
　　　필독 1〉

　　ㄷ. 사롬을 恭敬ᄒ며 사랑ᄒ는 것을 禮라 ᄒ며 正直ᄒ야 남을 속이지 아
　　　니홈을 信이라 ᄒ며 …… 〈 신찬초등소학 3:38〉

'-으며'도 현대 국어에 이르는 동안 문법 특성과 의미가 바뀌지 않고
유지되어 있는 접속어미이다.

　　'-으면서'

(5) ㄱ. 東村學徒들은 運動歌를 블으면서 죠타죠타 하압내다. 〈최신초등소학
　　　2:12〉

　　ㄴ. 童子는 물을 쓰을고 가면셔 글을 닑는도다. 〈보통학교학도용국어독본
　　　2:1〉

　　ㄷ. 長針과 短針이 도라다니면서 그가 잇는 글즈를 가르치다가 …… 〈신
　　　찬초등소학 3:21〉

'-으면서'는 개화기 국어에서 비로소 형성된 접속어미이다. 시제어미와의 결합은 제약되어 어간에 바로 결합하며, 선행절과 후행절의 연결이 〔동시성〕이다. '-으면서'는 중세 국어 이래 줄곧 있어 온 '-으며+셔' 형태에 음운론적 요인에 의하여 형태소 경계에 /ㄴ/이 삽입되어 형성된 것으로 본다(리의도 1990:178). '-으면서'는 현대 국어에 이르는 동안 문법 특성과 의미가 바뀌지 않고 유지되어 있는 접속어미이다.

'-고서'

(6) 그 술잔 잡고서나 그 담배를 타이면서 집안 일을 생각ㅎ오. 〈노동야학독본 1:25〉

'-고서'도 위의 '-으면서'와 마찬가지로 개화기 국어에서 비로소 형성된 접속어미이다. 시제어미와의 결합은 제약되어 어간에 바로 결합하며, 선행절과 후행절의 연결이 〔계기성〕이다. '-고서'는 중세 국어 이래 줄곧 있어 온 '-고+셔' 구성에서 형성되었다. '-고서'는 현대 국어에 이르는 동안 문법 특성과 의미가 바뀌지 않고 유지되어 있는 접속어미이다.

'-은데'

(7) ㄱ. 참새는 뜰압 나무에서 잭잭 ㅎ는데 H은 동편 하날에서 돗아 오나이다. 〈초등소학 2:1〉
  ㄴ. 鹽은 바다물로 믄드는 것인데 潮水를 기러서 …… 〈신찬초등소학 3:17〉
  ㄷ. 充이 민망히 녁여 극히 諫ㅎ더 王이 怒ㅎ야 獄에 니리니 이럼으로 다시 諫ㅎ는 사람이 업셧ᄂ이다. 〈유년필독 1:14〉
  ㄹ. 文德이 …… 逃亡ㅎ여 도라온더 隋國 사룸이 잡으랴고 좃ㅊ오ᄂ 밋지 못ㅎ지라. 〈국민소학독본 22〉
  ㅁ. 松岳山이 놉히 半空中에 소삿는더 멀니셔 보면 畵圖와 갓소이다. 〈유년필독 2:21〉

'-은데'는 (7ㄷ, ㄹ, ㅁ)과 같이 표기법의 전통에 따라 '-은더' 표기가 남아 있다. 현대 국어에서 동사일 경우에는 시제어미 '-느-'를 반드시 앞세워 '-는데'로 실현되는 것에 비하여, 개화기 국어에서는 문장 (7ㄷ,ㄹ)과 같이 어간에 바로 결합하기도 한다. '-은데'는 주로 〔상황의 설명 제시〕를 나타내는데, 현대 국어에 이르는 동안 문법 특성과 의미가 바뀌지 않고 유지되어 있는 접속어미이다.

'-거니와'

(8) ㄱ. 寫眞은 古今 스룸의 外貌만 寫出ᄒᆞ거니와 그 言行과 …… 知識을 仔細히 寫出ᄒᆞ기는 書籍에 由ᄒᆞᄂᆞ니라. 〈국민소학독본 8〉

ㄴ. 그 뉘인지 몰으거니와 어늬 스이에 발서 글을 읽는 소리나니 …… 〈신정심상소학 1:9〉

ㄷ. 이 비둘기 外貌도 조커니와 쏘 무슴 才操잇ᄂᆞᆺ가. 〈신정심상소학 3:31〉

ㄹ. 재물도 즁ᄒᆞ거니와 남의 혼인이야 낭패 식힐 수 잇느냐. 〈노동야학독본 1:20〉

ㅁ. 당신네 어리시든 째는 학교가 업셔 배호기 어려웟서거니와 요셰는 어대 가든지 학교 업는 데 업고 …… 〈노동야학독본 1:28〉

문장 (8)에서의 '-거니와'는 원래 중세 국어로부터 이어온 '-으니와'에 비종결어미였던 '-거-'가 융합하여 형성된 접속어미이다. '-거니와'는 주로 선행절 명제를 사실로 전제하는 의미를 실현하는데, 현대 국어에 이르는 동안 문법 특성과 의미가 바뀌지 않고 유지되어 있는 접속어미이다.

한편 다음의 (9)의 '-으려니와'는 '-으리-'와 '-거니와'로 분석한다. 물론 역사적으로는 '-으리-어-으니와'에 기원한다.

(9) ㄱ. 汝等은 後日에 必然이 英雄의 來歷을 알녀니와 卽今 그 스룸의 이익기 ᄒᆞ아롤 ᄒᆞ리라. 〈신정심상소학 3:7〉

ㄴ. 몸이 健康ᄒᆞ 스룸은 一生을 즐겁게 지닉려니와 多病ᄒᆞ 스룸은 …… 不幸히 歲月을 지닉ᄂᆞ이다. 〈신정심상소학 3:30〉

2.2. 대조(역접) 관계

'-으나'

(10) ㄱ. 🈁稻는 米벼이 격으나 일즉 秋收ᄒ기를 爲ᄒ야 심으는 것이오. 〈신찬
　　　　초등소학 2:30〉

　　ㄴ. 비록 볼 스롭은 업스나 남의 거슬 몰너 먹기는 올치 아니ᄒ니 ……
　　　　〈신정심상소학 1:19〉

　　ㄷ. 이 집이 지금은 苟且ᄒ나 兒孩들도 다 이러케 合力ᄒ야 일을 ᄒ니
　　　　넉넉히 지니깃습ᄂ이다. 〈신정심상소학 1:22〉

　　ㄹ. 나는 其人을 보지 못ᄒ얏시나 短尾ᄒ 小狗룰 다리고 잇나나라. 〈국
　　　　민소학독본 2〉

　　ㅁ. 가마귀는 …… 그 속음을 씨다라쓰나 엇지홀 수 업섯ᄂ이다. 〈신정
　　　　심상소학 1:29〉

어간에 바로 결합하기도 하고, 시제어미를 앞세워 결합할 수도 있다. '-
으나'는 현대 국어에 이르는 동안 문법 특성과 의미가 바뀌지 않고 유지
되어 있는 접속어미이다.

'-어도'

(11) ㄱ. 사람이 착훈 일에는 자유 잇서도 악훈 일에는 자유 업시니 …… 〈노
　　　　동야학독본 1:24〉

　　ㄴ. 三兄弟 …… 葡萄田을 파 보아도 金銀은 姑捨ᄒ고 銅錢도 업ᄂ이다.
　　　　〈신정심상소학 1:30〉

　　ㄷ. 쏘 各色 곡식과 과실나무는 거름이 업셔도 다 繁盛ᄒ니 우리 나리는
　　　　참 世상의 第一 조흔 나리오이다. 〈유년필독 1:9〉

　　ㄹ. 나는 아모리 시쟝ᄒ야도 決斷코 먹지 아니ᄒ리라. 〈신정심상소학 1:
　　　　19〉

　　ㅁ. 칼날이 霜雪 갓튀야도 조곰도 怯너지 아니ᄒ고 …… 〈신정심상소학
　　　　2:1〉

'-어도'는 환경에 따라 '-아도, -여도, -야도' 등으로 변동된다. 그리고
시제어미 '-더/드-'와 지정사 '이-'를 앞세울 경우에는 '-라도/러도'로 변

동된다. 한편 다음의 '-을지라도'는 '-을#지-이-라도'로 분석되어 지정사 '이-' 아래에서 '-어도'가 '-라도'로 변동된 것으로 볼 수 있다.

(12) ㄱ. 보는 사람이 업더리도 남의 물건을 도젹질ᄒᆞ는 것은 올치 아니ᄒᆞ다. 〈초등소학 2:21〉

　　ㄴ. 어려셔 배호지 못ᄒᆞ얏겨든 비록 늙엇드라도 부지런히 공부ᄒᆞ고 …… 〈노동야학독본 1:27〉

　　ㄷ. 萬一 모로고 惡事를 ᄒᆞ얏슬지라도 …… 그것슬 감츄지 아니ᄒᆞ야 저의 誤錯홈을 謝罪홀 것시니라. 〈신정심상소학 3:7〉

　　ㄹ. 萬一許多ᄒᆞᆫ 書籍을 읽을지라도 그 事蹟을 不知ᄒᆞ면 一毫라도 쓸 더 업ᄂᆞ이다. 〈신정심상소학 3:18〉

　　ㅁ. 혹 尊姑와 동셔들이 공연ᄒᆞᆫ 말로 나를 최잡을지라도 그 혼단을 잡아 서로 악으로 더뎍지 말라. 〈녀ᄌᆞ소학슈신셔 14〉3)

'-어도'는 현대 국어에 이르는 동안 문법 특성과 의미가 바뀌지 않고 유지되어 있는 접속어미이다.

　　'-지만은'

(13) 배가 출출 목이 컬컬 막걸리 한 잔에 담배 한 매 아니 홀 수는 업지만은 그 술잔을 잡고서나 그 담배를 타이면서 집안 일을 생각ᄒᆞ오. 〈노동야학독본 1:25〉

'-지만은'4)은 개화기 국어에서 처음 형성된 접속어미로 보인다. 그래서 아직 많은 보기가 나타나지 않는다. 어간에 바로 결합하는 보기만 보이나, 현대 국어에서는 그 분포도 넓고 비종결어미를 앞세워 결합할 수도 있다. 선행절의 사실은 인정하고 후행절을 그것과 대립시키는 의미 관계는 현대 국어와 같다.

---

3) 문장 (12ㄷ.ㄹ.ㅁ)은 다음과 같이 분석된다.
　惡事를 ᄒᆞ얏슬지라도　← ᄒᆞ-얏-을#지-이-라도
　書籍을 읽을지라도　← 읽-을#지-이-라도
　나를 최잡을지라도　← 최잡-을#지-이-라도
4) '-지만은'은 당시 「독립신문」 자료에도 나타난다.
　아마 몰라 그러ᄒᆞᆫ 거시지마는 이런 거시 눔의 나라에서는 금ᄒᆞᄂᆞᆫ 법이라. 〈독립신문 1:7〉

'-으되'

(14) ㄱ. 三兄弟는 이쳐럼 밤놋 파쓰되 아모 것도 업스니 …… 〈신정심상소학
1:31〉
ㄴ. 입은 ᄒ나이로되 귀는 둘이요. 〈신정심상소학 1:13〉
ㄷ. 杜鵑시는 비둘기보다 젹고 왼몸이 灰色이로더 비에 미와 갓치 班班
ᄒ 點이 잇습니다. 〈신정심상소학 2:15〉
ㄹ. 이 아우와 누의는 學校에 단이는 兒孩로더 오늘은 空日이기 집에서
이러케 일을 ᄒ는 것시라.〈신정심상소학 1:22〉
ㅁ. 사람이 날래기는 나는 새를 따르지 못ᄒ되 그 지각이 신령ᄒ야 만물
의 어른되나니라. 〈노동야학독본 1:1〉

'-으되'는 환경에 따라, 또는 표기법의 전통에 따라 '-되, -더, -오대'
등으로 나타난다. 현대 국어에서는 '-되'로 형태가 고정되었다. 그리고 '-
으되'는 〔대조〕의 의미 관계뿐만 아니라 다음 (15)에서 보는 바와 같이
〔상황의 설명〕이나 〔평가〕의 의미 관계를 실현하는 경우가 많다.

(15) ㄱ. 비가 만이 열녀거눌 그 벗이 말ᄒ되 비롤 쓰서 饒飢ᄒᄌ ᄒ더 ……
〈신정심상소학 1:19〉
ㄴ. 農夫가 생각ᄒ되 如此히 兎를 엇을진딘 農事ᄒ 이보다 낫다 ᄒ고 …
… 〈신찬초등소학 3:3〉
ㄷ. 범이 그 말을 듯고 半信半疑ᄒ거눌 여호ㅣ ᄯ 갈오더 네 니 뒤룰 좃
츠와 보아라. 〈신정심상소학 3:6〉

'-건마는'

(16) ㄱ. 이 셩품은 사롬마다 잇건마는 능히 기르는 쟈는 셩인이 되고 그러치
아니ᄒ 쟈는 악인이 되느니 …… 〈초목필지 상:40〉
ㄴ. 국문이 고뎌와 쟝단이 잇셔 궁샹각치우 오음으로 풀엇것므는 휴셩과
차셩과 …… 〈국문졍리 1〉

문장 (16)에서의 '-건마는'는 원래 중세 국어로부터 내려온 '-은무론'
에 비종결어미였던 '-거-'가 융합하여 개화기 국어에서 형성된 접속어미

이다. 어간에 바로 결합할 수도 있고 시제어미를 앞세워 결합할 수도 있다. 개화기 국어에서는 그 분포가 넓지 못하였으나 현대 국어에서는 '-건만'으로 형태가 고정되었으며 분포도 넓어졌다.

'-을지언정'

(17) ㄱ. 내 옷은 벗길지언정 이 물건은 못ᄒ리라. 〈노동야학독본 1:20〉
　　ㄴ. 大丈夫는 참말삼 ᄒ고 죽을지언정 거짓말삼 ᄒ고 살기를 구하지 아니홀지니라. 〈노동야학독본 1:39〉

이 접속어미는 중세 국어에서 개화기 국어까지는 그 분포가 넓었으나, 현대 국어에서는 분포가 매우 축소되었다.

2.3. 선택(선접) 관계

선택 관계의 접속문 구성은 접속어미의 중첩으로 실현된다. '-으나', '-거나', '-으니', '-거니', '-든지' 등의 중첩으로 실현된다. 이들은 현대 국어에까지 유지되어 있다. 특히 '-든지 ~ -든지'는 개화기 국어에서 처음 나타났다.

'-으나 ~ -으나'

(18) ㄱ. 밤이나 낫이나 더우나 츄으나 눈이 오나 비가 오나 一心精力 들이어서 뎡흔 時間 어긔지 말고 約束흔 말삼을 직힐지니라 〈노동야학독본 1:20〉
　　ㄴ. 님금 아바님은 하날갓티 나려보사 쥼으시나 쌔이시나 안지시나 누우시나 생각ᄒ는 이 아달 갓튼 백성이라.〈노동야학독본 1:11〉

'-거나 ~ -거나'

(19) 내 노롯을 내가 흐기는 大臣 椅子에 안젓거나 대신 轎子를 머이거나 이도뎌도 매한가지니 나진 일이라고 실혀 마오.〈노동야학독본 1:22〉

'-으니 ~ -으니'5)

(20) 버릇업는 며느리는 …… 구고의 압혜 오르니 그르니 직거리며 …… 〈초
등여학독본 48〉

'-거니 ~ -거니'6)

(21) 주인이 보거니 말거니 牌長이 잇거니 업거니 내 나라 사람의 일이거니
외국 사람의 일이거니 내가 맛튼 역사는 나 홀 도리대로 밤이나 낫이나
더우나 츄우나 …… 약속흔 말삼을 직힐지니라. 〈노동야학독본 1:20〉

'-든지 ~ -든지'

(22) ㄱ. 하는 일이 젹든지 크든지 부지런히 ㅎ며 …… 〈노동야학독본 1:21〉
ㄴ. 무릇 사롭이 勉勵홀 ㅁ음이 업슨 則 아모 일이던지 고상만 되욥ㄴ이
다. 〈신정심상소학 1:2〉

2.4. 인과 관계

'-으니'

(23) ㄱ. 生鮮의 뼈가 만히 잇서 조흔 넘새 나니 나는 곳 드러가랴 ㅎ오나 …
… 〈신정심상소학 1:17〉
ㄴ. 成功흔 後에 흔 學堂을 開設ㅎ니 弟子ㅣ 甚多흔지라. 〈신정심상소학
3:3〉
ㄷ. 朝鮮은 氣候가 조코 土地도 조흐니 各色 곡식이 만이 나며 쬬 鑛物
도 만이 産出ㅎ옵나이다. 〈신정심상소학 1:28〉
ㄹ. 늙은 구고는 빅가 쉬 곱푸고 빅가 쉬 부르느니 오찬과 야션을 쩌를
일치 말지어다. 〈초등여학독본 46〉

---

5) 한편 다음 문장은 비록 중첩 구성을 이루고 있지만 내포문 구성을 이루는 내포어미들이다.
이제 각국이 서로 내가 나흐니 네가 못ㅎ니 ㅎ고 서로 다토는 세상에 잇서 〈노동야학독본
1:48〉
6) 역시 다음 문장도 비록 중첩 구성을 이루고 있지만 내포문 구성을 이루는 내포어미들이다.
여러 기럭이가 압 ㅎ거니 뒤 ㅎ거니 (ㅎ면서) 차례로 날아 가더니.〈초등소학 2:3〉

ㅁ. 本卿에셔는 府㐰을 두엇더니 즉금은 一等郡이 되얏ᄂ이다. 〈유년필
   독 2:3〉

ㅂ. 그 믈을 구멍 속으로 부엇더니 그 제기가 물에 써 나왓소이다. 〈신
   정심상소학 2:3〉

ㅅ. 한번만 쌔치시면 아모리 어려운 글이라도 다 보시리니 나라의 文明
   은 無識ᄒ 사람이 업서야 된다 ᄒ오. 〈노동야학독본 1:27〉

'-으니'는 중세 국어 이래로 시제어미들과 가장 활발하게 결합하였는
데, 이러한 문법 특성과 의미는 현대 국어에도 바뀌지 않고 유지되어 있
다.

   '-으니ᄉ'

(24) ㄱ. 본샤 보고원이 …… 드러간니ᄉ 판ᄉ 검ᄉ가 좌우에 안자는더 ……
      〈독립신문 1:3〉
   ㄴ. 남씨의게 말ᄒ야 그 표지를 너여 달나 ᄒ니ᄉ 남씨가 그 표지를 김
      씨의게 주엇더니 …… 〈독립신문 1:15〉

'-으니ᄉ'는 개화기 국어에서 처음 형성된 접속어미이다. 그리고 아직
분포가 일반적이지 못하였는지 교과서 자료에는 발견되지 않는다. 다만
「독립신문」과 같은 개화기의 다른 문헌에 나타나므로 여기에 들어 두기로
한다.

   '-어/어서'

이 접속어미는 중세 국어 이래로 '-어' 형태로 나타났는데, 여기에 자
주 결합하던 보조조사 '-셔'가 융합하여 개화기 국어에서 '-어서'라는 새
로운 접속어미로 형성되었다. 물론 '-셔' 없이 '-어' 형태로도 많이 실현
된다. '-어'는 '-아/여/야' 등으로 변동되어 나타난다.

(25) ㄱ. 弟子롤 모아 某書롤 釋義ᄒ실 바룸이 불어 燈火롤 滅ᄒ야 冊을 볼
      수 업는지라. 〈신정심상소학 3:3〉

ㄴ. 衣服은 ᄌ조 ᄲᆞ라 입어 ᄣᅢ 뭇지 아니케 ᄒᆞᆯ 것시오이다. 〈신정심상소
학 1:25〉

ㄷ. ᄒᆞᆫ 農夫가 여호롤 잡아 …… 場에 가 팔냐 ᄒᆞᆯ시 가는 길에 ᄒᆞᆫ 너가
잇서 …… 〈신정심상소학 2:32〉

ㄹ. ᄒᆞᆫ 가마귀가 生鮮 ᄒᆞᆫ 마리롤 물고 나무가지에 안저서 먹으랴 ᄒᆞᆯ시
여호가 보고 慾心을 너여 그 生鮮을 ᄲᅢ서 먹고ᄌ ᄒᆞ야 …… 〈신정심
상소학 1:29〉

'-으시-어'는 '-으사'로 실현된다.

(26) ㄱ. 大王이 高麗朝에 仕ᄒᆞ사 門下侍中이 되얏더시니 …… 〈신정심상소학
3:15〉

ㄴ. 英祖朝게옵서 一日은 戶曹判書롤 入侍식이사 下敎니 …… 〈신정심상
소학 3:10〉

ㄷ. 일즉이 將帥가 되사 혹 外寇롤 防ᄒᆞ며 內亂을 戡定ᄒᆞ사 大勳을 세와
계시더니 …… 〈신정심상소학 3:15〉[7]

'-어서'는 음운론적 환경과 표기법의 전통에 따라서 실제 '-어서/아서/
어셔/아셔/여셔' 등으로 나타난다.

(27) ㄱ. 파리가 물 담은 그릇가에 안ᄌ서 물을 먹다가 물이 다리에 붓터 ᄭᅳᆫ
ᄭᅳᆫᄒᆞ야 ᄣᅥ러지지 아니ᄒᆞᄂᆞᆫ지라. 〈신정심상소학 1:26〉

ㄴ. 곳치롤 살마서 실을 ᄲᅩᆸᄂᆞ이다. 〈신정심상소학 2:5〉

ㄷ. 학도는 글을 닑어셔 지혜롤 넓힐 ᄲᅮᆫ 아니라 …… 〈초등소학 2:4〉

ㄹ. 이 산양군은 山에 가셔 검생을 잡으려 ᄒᆞᄂᆞ이다.〈초등소학 2:18〉

ㅁ. 흔돈 두돈식 모와셔 마춤니 二元이 되얏더라.〈신정심상소학 1:14〉

ㅂ. 萬一 너가 업스면 나라에 一個人이 업셔셔 나라의 一分 힘이 減ᄒᆞᄂᆞ
니. 〈유년필독 1:1〉

---

7) 문장 (26)은 다음과 같이 분석된다.
大王이 高麗朝에 仕ᄒᆞ사 ← 仕ᄒᆞ-시-어
戶曹判書롤 入侍식이사 ← 入侍식이-시-어
일즉이 將帥가 되사 ← 되-시-어

'-느라고'

(28) 재죠 업고 천량 업서 사느라고 되야시니 …… 〈노동야학독본 1:45〉

이 접속어미는 근대 국어까지 '-노라/느라'로 실현되다가 개화기 국어에 이르러 '-고'가 덧붙어 '-느라고'의 형태로 고정되었다(리의도 1990:223). 그러나 분포가 넓은 편은 아니었다.

인과 관계의 접속문 구성에는 명사화 어미에 조사가 결합한 형태가 접속어미처럼 기능하는 경우가 있고, 관형화 어미에 의존명사가 결합한 형태가 접속어미처럼 기능하는 경우도 있다. 그러나 이들은 아직 접속어미로 완전히 굳어진 것 같지는 않아 다만 참고로 들어 두기로 한다.

'-음-에(의/애)'

'-음-으로'

'기-에'

(29) ㄱ. 일년을 지나 세 나라 싸홈이 뭇치매 영국 선비와 계집이 …… 셩대
    훈 환영회를 열으니라. 〈녀즈독본 하:55〉
    ㄴ. 急히 救코자 호나 그 독이 깁고 물이 만하 엇지 홀 수 업스미 각각
    慌惚罔措호더니 …… 〈신정심상소학 2:18〉
    ㄷ. 다만 읽은 뒤에야 먹겟음므로 읽은 먼저 움이 되고 먹은 나종 움이
    됨을 고가 잇을 따름이라. 〈국어 문법 84〉
    ㄹ. 그 뿔이가 土中에서 길을 만호 津液을 잘 올니기에 잇는 緣故ㅣ라.
    〈신정심상소학 2:7〉

'-은+즉'

(30) ㄱ. 마암이 정성시러운즉 거짓홈이 업고 일이 진실호즉 도음이 만흐니
    …… 〈노동야학독본 1:20〉

ㄴ. 무릇 사룸이 勉勵홀 무음이 업슨 則 아모 일이던지 고상만 되옵ᄂ이다. 〈신정심상소학 1:2〉

2.5. 조건 관계

'-으면'

(31) ㄱ. 景致잇ᄂ 곳을 堂ᄒ면 훈 장을 그려 가지고 와서 제 兄의게 이야기 ᄒ얏ᄂ이다. 〈신정심상소학 3:20〉

ㄴ. 너 몸의 달은 데도 다 이 쌀과 ᄀᆞ치 커쓰면 眞實노 너가 가쟝 조흔 짐싱이 될거시오. 〈신정심상소학 2:31〉

ㄷ. 내가 글을 알앗드면 엇지 此境에 이르리오. 〈신찬초등소학 3:10〉

ㄹ. 萬若 네가 됴흔 말을 하얏스면 엇지 됴흔 말노 도라오지 아니리오. 〈신정심상소학 2:30〉

ㅁ. 萬若 善良훈 사룸으로 못 되얏스면 世상에 나온 보롬이 어듸 잇슬잇가. 〈신정심상소학 2:9〉

'-으면'은 현대 국어에 이르는 동안 문법 특성과 의미가 유지되어 있는 접속어미이다. 다만 현대 국어에서는 '-더-'를 앞세우면 '-더-라면'으로 실현되는데, 개화기 국어에서는 '-더/드-면'으로 실현되었다.

'-거든'

(32) ㄱ. 내가 남의 권리를 범홀진대 남도 나의 권리를 범홀지니 그런 고로 나의 권리를 무거히 녁이거든 남의 권리도 무거히 녁일지니라. 〈노 동야학독본 1:3〉

ㄴ. 부모ㅣ ᄉ랑하시거든 깃버하고 잇지 말ᄂ. 〈초등여학독본 25〉

ㄷ. 우리 學生諸君들 우리 國權을 恢復고자 ᄒ거든 우리 罪過롤 悔改ᄒ옵시다. 〈유년필독 4:9〉

ㄹ. 헌빅도 이러ᄒ거든 우리가 무삼 念慮ㅣ 잇스리오. 〈유년필독 2:7〉

'-거든'은 중세 국어 이래 이어온 접속어미 '-든'에 비종결어미 '-거-'가 융합하여 개화기 국어에서 형성되었는데, 현대 국어에까지 문법 특성과 의미가 그대로 유지되어 있는 접속어미이다.

'-어야'

(33) ㄱ. 우리들은 農工商 세 가지 中에 흔 가지 業이 잇어야 스롬이 된 職責
　　　이라 稱ᄒ옵나이다. 〈신정심상소학 1:8〉

　　ㄴ. 無數흔 별이 輝煌燦爛홈과 갓타야 혼자 보기 앗갑소이다. 〈신정심상
　　　소학 2:16〉

　　ㄷ. 사람은 사람의 노릇을 ᄒ여야 사람이니 …… 〈노동야학독본 1:1〉

현대 국어에까지 문법 특성과 의미가 그대로 유지되어 있는 접속어미이
다.

'-은덜'

(34) 日語漢文ᄀᆺ흔 것을 빈혼덜 무엇에 쓰리오.〈보통학교학도용 국어독본 2:6〉

'-은들'로 형태가 고정되어 현대 국어에서까지 문법 특성과 의미가 그
대로 유지되어 있는 접속어미이다.

'-거날'

(35) ㄱ. 木手 한 사람이 …… 工錢을 萬兩에 작뎡ᄒ얏거날 다섯 간만 지엇실
　　　진대 …… 〈노동야학독본 1:5〉

　　ㄴ. 가마귀가 …… 한소리를 ᄒ다가 곳 그 고기가 싸에 써러지거늘 여호
　　　가 急히 집어 입에 물고 卽時 수풀로 다라낫소. 〈신찬초등소학 2:32〉

　　ㄷ. 高宗 ᄶᅦ에는 蒙古가 와셔 범ᄒ거늘 王이 江華로 避ᄒ얏ᄂ이다. 〈유
　　　년필독 2:22〉

　　ㄹ. 여긔는 靜寂흔 산 쇽이어널 우리가 잇다곰 …… 烟氣롤 볼 ᄶᅦ 잇스
　　　니 …… 〈신정심상소학 2:14〉

　　ㅁ. 이런 장사라도 世上에 緊흔 것시어늘 어찌 천ᄒ다 ᄒᄂ뇨. 〈신정심
　　　상소학 2:24〉

접속어미 '-거날'은 중세 국어 이래 내려온 접속어미 '-늘'에 비종결어
미 '-거-'가 융합하여 개화기 국어에서 형성된 접속어미이다. '-거늘, -어

널, -어눌'로도 실현된다. 그러나 현대 국어에서 그 분포는 거의 제한적이다.

'-을진대'

(36) ㄱ. 내가 남의 권리를 범홀진대 남도 나의 권리를 범홀지니 그런 고로 나의 권리를 무거히 녁이거든 남의 권리도 무거히 녁일지니라. 〈노동야학독본 1:3〉
ㄴ. 萬一 네가 시 될진디 어늬 시 되기룰 바라나뇨.〈신정심상소학 3:13〉

이 접속어미는 중세 국어 이래 내려온 접속어미 '-은디'에 기원을 두는데, 개화기 국어에서 형성되었다. '-을진디, -을진틴'으로도 나타난다. 현대 국어에서는 그 분포가 거의 제한적이다.

2.6. 목적 관계

'-으라'

(37) ㄱ. 그 물을 求호라 나갈 쩌에 제 집에서 五六里가 되는 데라도 能히 가서 쏘 도라오는 길을 잇지 아니며 …… 〈신정심상소학 3:22〉
ㄷ. 一日은 한 野蠻人이 ……其人을 잡으랴 林中으로 차즈 갓더니 …… 〈국민소학독본 2〉
ㄹ. 낫에는 숨어 다니고 밤에는 먹을 거슬 츠지라 나옵너다. 〈신정심상소학 2:6〉

'-으라, -으랴, -이라' 등으로 실현되었는데, 현대 국어에서는 형태가 '-으러'로 고정되었으며, 문법 특성과 의미의 변화 없이 유지되어 있는 접속어미이다.

'-으려(고)'

(38) ㄱ. 녯 사람이 말삼흐기를 살랴고 먹는 사람도 잇고, 먹을랴고 사는 사람도 잇다 흐니 …… 〈노동야학독본 1:26〉

ㄴ. 어미닭은 색기들을 보호ᄒ려고 두 나래를 펴고 꼭꼭 색기를 부르오.
〈몽학필독 1〉

'-으려(고), -으랴(고)' 등으로 실현되었는데, 현대 국어에서는 형태가 '-으려(고)'로 고정되었으며, 문법 특성과 의미의 변화 없이 유지되어 있는 접속어미이다. 한편 (39)와 같이 내포어미로 기능하는 경우도 있다.

(39) ㄱ. 이 산양군은 山에 가셔 검생을 잡으려 ᄒᄂ이다.〈초등소학 2:18〉
     ㄴ. 生鮮의 뼈가 만히 잇서 조혼 닙싀 나니 나는 곳 드러가랴 ᄒ오나 …
        … 〈신정심상소학 1:17〉

'-고자'

(40) ㄱ. 酋長이 대쥬에 잡핀 바 되여 …… 대쥬룰 自效코자 盟誓ᄒ더라.〈국
        민소학독본 40〉
     ㄴ. 古人은 鉛과 其餘 金屬으로 金銀을 煉出코ᄌ 盡力ᄒ더라.〈국민소학
        독본 39〉
     ㄷ. 書冊은 決斷코 速히 讀ᄒ고ᄌ 말 거시오.〈신정심상소학 3:18〉

'-고자, -고져, -고ᄌ' 등으로 실현되는데, 어간에 바로 결합하며 시제어미와는 결합하지 않는다. 현대 국어에서는 형태가 '-고자'로 고정되었으며, 문법 특성과 의미의 변화 없이 유지되어 있는 접속어미이다. 한편 (41)과 같이 내포어미로 기능하는 경우도 있다.

(41) ㄱ. 急히 救코자 ᄒ나 그 독이 깁고 물이 만하 엇지 홀 수 업스민 각각
        慌惶罔措ᄒ더니 …… 〈신정심상소학 2:18〉
     ㄴ. 우리 學生諸君들 우리 國權을 恢復고자 ᄒ거든 우리 罪過룰 悔改ᄒ
        옵시다.〈유년필독 4:9〉

2.7. 결과 관계

'-게'

(42) ㄱ. 몸이 健康ᄒ 스룸은 一生을 즐겁게 지니려니와 多病ᄒ 스룸은 ……
        不幸히 歲月을 지니ᄂ이다.〈신정심상소학 3:30〉

ㄴ. 뎌 兒後 ː人은 膽力잇게 잘도 건너 간다. 〈최신초등소학 2:9〉

ㄷ. 우리가 지금은 兒後라도 後H에는 다 兵士가 되야 勇猛잇게 我國을
직힐 터이오이다. 〈신정심상소학 2:1〉

ㄹ. 우리들은 暫時도 게어르게 마시웁시다. 〈신정심상소학 3:4〉

어간에 바로 결합하며 시제어미와는 결합하지 않는다. 현대 국어에서
문법 특성과 의미의 변화 없이 유지되어 있는 접속어미이다. 한편 (43)과
같이 내포어미로 기능하는 경우도 있다.

(43) 衣服은 ᄌ조 ᄲ라 입어 ᄲ재 못지 아니케 홀 것시오이다. 〈신정심상소학
1:25〉

'-도록'

(44) ㄱ. 西山에 히가 지고 東嶺에 달이 돗아오도록 우리 형제가 도라가지 아
니ᄒ니 …… 〈신찬초등소학 2:38〉

ㄴ. 녯 자취가 數千年이 되도록 잇ᄂ이다. 〈유년필독 2:1〉

'-도록, -도룩' 등으로 실현되는데, 어간에 바로 결합하며 시제어미와는
결합하지 않는다. 현대 국어에서는 형태가 '-도록'으로 고정되었으며, 문
법 특성과 의미의 변화 없이 유지되어 있는 접속어미이다. 한편 (45)와
같이 내포어미로 기능하는 경우도 있다.

(45) 하늘이 사롬의 ᄉ톄를 주심은 세샹만ᄉ를 ᄒ도록 홈이니 …… 〈초목필지
상:47〉

2.8. 평가 관계

'-건대'

(46) 이로 보건대 내가 남의 일도 ᄒ얏고 남도 나의 일을 ᄒ얏는지라. 〈노동
야학독본 1:35〉

이 접속어미는 중세 국어 이래 내려온 접속어미 '-은디'에 비종결어미
였던 '-거-'가 융합해서 개화기 국어에서 형성된 접속어미이다. 현대 국어
에 이르는 동안 문법 특성과 의미의 변화 없이 유지되어 있는 접속어미이
다.

　　　'-을시'

(47) ㄱ. 朴正福이란 兒孩가 혼 벗과 同行ᄒ야 還家홀시 이 쩌는 희가 저믈고
　　　　往來ᄒ는 스롬도 업고 쏘 시쟝혼지라. 〈신정심상소학 1:19〉

　　　ㄴ. 順姬란 女子ㅣ 冊床 압희서 혼ᄌ 冊을 볼시 조고마혼 소릭들니거놀
　　　　눈을 드러 보니 …… 〈신정심상소학 3:9〉

　　　ㄷ. 弟子룰 모아 某書룰 釋義홀시 바롬이 불어 燈火룰 滅ᄒ야 冊을 볼
　　　　수 업논지라. 〈신정심상소학 3:3〉

　　　ㄹ. 조고마혼 羊 둘이 각각 혼길노 산에 올나갈시 외나무다리에서 서로
　　　　만늣습느이다. 〈신정심상소학 1:27〉

원래 이 접속어미는 중세 국어 이래 인과 관계의 의미를 가진 접속어미
였는데, 19세기에 들면서 그 세력이 급격히 줄어들어(리의도 1990:164),
의미가 〔상황의 설명〕, 또는 〔평가〕로 바뀌었다. 그러나 현대 국어에 이르
러서는 거의 사라진 접속어미이다.

2.9. 첨의 관계

　　'-득히(듯이)'

(48) 옥은 닥글사록 윤택하고 쇠는 불닐사록 견강ᄒ득히 사람이 배홀사록 知
　　識이 놉허지지요. 〈노동야학독본 1:27〉

어간에 바로 결합하는데, 그 보기가 많지 아니하다. '-듯(이)'로 형태가
고정되어 현대 국어에 이르렀다.

'**-다가**'

(49) ㄱ. 飛蛾가 그것 등불가으로 나라단이다가 뭇춤니 불길노 드러가 크게
        데이거눌 파리 또한 그 撲火호고즈 흠은 무식한 일이라고 웃엇느이
        다.〈신정심상소학 1:27〉
    ㄴ. 이 개는 貪心만 너다가 저 물엇든 고기도 못 먹엇소이다.〈신정심상
        소학 1:20〉
    ㄷ. 才操의 種子를 播植지 아니호얏다가 가을과 겨울이 되야 才操가 不
        足호면 즐겁게 世上을 지닐 수 업느이다.〈신정심상소학 3:39ㄴ〉

어간에 바로 결합하며 시제어미와도 결합한다. 현대 국어에 이르는 동
안 문법 특성과 의미의 변화 없이 유지되어 있는 접속어미이다.

'**-을수록**'

(50) ㄱ. 齊나라 정승 晏平仲이 사롬으로 더부러 스괴되 오릴스록 공경호거눌
        孔子ㅣ 稱讚호시니라.〈초목필지 상:17〉
    ㄴ. 옥은 닥글사록 윤택하고 쇠는 불닐사록 견강호득히 사람이 배홀사록
        知識이 놉허지지요.〈노동야학독본 1:27〉
    ㄷ. 학더홀수록 더욱 공슌호야 지셩으로 셤기라.〈초등여학독본 47〉

'-을수록, -을사록, -을스록, -을수룩, -을슈룩' 등으로 실현되는데, 어
간에 바로 결합하며 시제어미와는 결합하지 않는다. 현대 국어에서는 형태
가 '-을수록'으로 고정되었으며, 문법 특성과 의미의 변화 없이 유지되어
있는 접속어미이다.

2.10. 총괄

이상에서 교과서 자료에 나타난 개화기 국어의 접속어미들을 분석하였
다. 그리고 아울러 이들이 현대 국어에 이르는 동안의 변화 양상도 살펴보
았다. 변화 양상에 초점을 맞추어 이를 정리해 보면 다음과 같다. 먼저 개
화기 국어에서 새로 형성된 접속어미들이다.

(51) 개화기 국어에서 새로 형성된 접속어미
　　-으면서, -고서, -거니와, -지만은, -건마는, -으니ᄭᅵ, -어서, -느라고, -
　　거든, -거날, -건대, -든지

　이들을 보면 대체로 앞 시기에 있었던 접속어미에 비종결어미나 보조조
사가 융합해서 형성된 것이 대부분이다. '-으면서', '-고서', '-어서' 등
은 보조조사 '-서'의 융합으로 형성된 것이며, '-거니와, -건마는', '-거
든', '거날', '-건대' 등은 비종결어미였던 '-거-'가 융합하여 형성한 것
이다. '-으니ᄭᅵ'도 접속어미 '-으니'에 새로운 요소 '-ᄭᅵ'가 융합하여 새
로이 형성된 것이다.

　다음에는 위에서 분석한 개화기 국어의 접속어미가 현대 국어에 이르는
동안 변화한 양상이다. 대부분은 문법 특성과 의미의 변화 없이 그대로 유
지해 왔는데, 일부는 다음과 같은 양상으로 변화하였다.

(52) 접속어미의 변화 양상
　　ㄱ. 형태 변화를 입은 접속어미
　　　　-은데/은더 → -은데
　　　　-어도/아도/여도/야도 → -어도/아도
　　　　-지만은 → -지만
　　　　-으되/오대/되/디 → -되
　　　　-건마는 → -건만
　　　　-으니ᄭᅵ → -으니까
　　　　-어서/아서/어셔/여셔/야셔 → -어서/아서
　　　　-은덜 → -은들
　　　　-으라 → -으러
　　　　-으려고/으랴고 → -으려고
　　　　-고자/고져/고ᄌ → -고자
　　　　-도록/도룩 → -도록
　　　　-득히 → -듯이
　　　　-을수록/을사록/을스록/을스룩/을슈룩 → -을수록
　　ㄴ. 분포가 극히 제한되거나 사라진 접속어미
　　　　-을지언정, -거날, -을진대, -을시
　　ㄷ. 새로 형성된 접속어미
　　　　-느니, -다시피, -으라고, -이, -자

지금까지 살펴본, 접속어미가 변화한 양상의 특징을 정리하면 다음과 같다.

(53) 접속어미의 변화 양상의 특징
　　ㄱ. 앞 시기에 있었던 접속어미에 비종결어미나 보조조사가 융합해서 새
　　　　로운 접속어미가 형성되었다.
　　ㄴ. 대부분의 접속어미는 현대 국어에 이르는 동안 문법 특성과 의미의
　　　　변화 없이 유지되어 있어 큰 변화는 없었다.
　　ㄷ. 일부 접속어미는 많은 수의 변이형태 또는 변이 표기에서 단일 형태
　　　　로 고정되었으며, 일부 접속어미는 분포가 극히 제한되거나 사라지
　　　　기도 했으며, 또한 일부 접속어미는 현대 국어에 이르러 새로이 형
　　　　성되기도 하였다.

3. 접속어미의 시제어미의 결합 제약

국어의 시제법은 다양한 시제어미를 통해서 실현된다. 개화기 국어에서
도 마찬가지이다. 개화기 국어의 시제법 체계와 이를 실현하는 시제어미는
다음과 같다.

(54) 개화기 국어의 시제법 체계
　　ㄱ. 현실법 : '-ϕ-' '-ᄂ-'
　　ㄴ. 완결법 : '-엇-'
　　ㄷ. 미정법 : '-겟-', '-으리-'
　　ㄹ. 회상법 : '-더-'.

개화기 국어는 현대 국어보다는 접속문 구성에서 접속어미의 시제어미
결합이 더 제약적이었다. 먼저 각 시제어미와 접속어미의 결합 제약을 분
석하여 제시하고, 그 특징을 기술하기로 한다.

(55) 접속어미의 시제어미 결합 일람8)

의미 관계	접속어미	-ᄂ-	-엇-	-겟-	-으리-	-더-
나 열	-고		○	○		
	-으며		○	○		
	-으면서					
	-고서					
	-은데	○				○
	-거니와		○	○	○	
대 조	-으나		○			
	-어도		○			○
	-지만은					
	-으되		○		○	
	-건마는		○		○	
	-을지언정		○			
선 택	-으나					
	-거나		○			
	-으니					
	-거니					
	-든지		○			
인 과	-으니	○	○	○	○	○
	-으니ᄭ		○			○
	-어서					
	-느라고					
조 건	-으면		○			○
	-거든		○		○	
	-어야					
	-은덜		○			○
	-거날		○	○	○	
	-을진대					
목 적	-으라					
	-으려고					
	-고자					
결 과	-게					
	-도록					

---

8) 접속어미는 현실법의 '-∅-'와는 원칙적으로 모두 결합한다고 본다. 그리고 ○표는 결합이
  가능하다는 표시이다.

평 가	-건대 -올시	
첨 의	-득히 -다가 -올수록	○

개화기 국어에서 현실법은 '-ᄂ-' 혹은 '-∅-'로 실현되는데, 모든 접속
어미는 '-∅-'로서 현실법을 실현한다. 다만 '-으니'와 '-은데'는 '-ᄂ-'
와도 결합이 가능하다.

중세 국어 이래 현실법의 시제어미 '-ᄂ-'는 접속어미 가운데서 오직
'-으니'와 결합할 뿐이었다. 다른 접속어미와 결합하는 보기는 찾아볼 수
가 없다. 다음은 중세 국어의 보기글이다.

(56) ㄱ. 大德하 사ᄅ미 다 모다 잇ᄂ니 오쇼셔. (석보상절 6:29)
　　 ㄴ. 生死애 다 便安티 몯게 ᄒᄂ니 엇데어뇨 ᄒ란디.(월인석보 21:123)

이러한 중세 국어의 특성은 개화기 국어까지 이어져 '-으니'에 현실
법 시제어미 '-ᄂ-'가 결합한 것으로 본다. 그리고 '-은데'의 경우에는 동
사의 경우에만 '-ᄂ-'를 앞세워 결합한다.

개화기 국어에서 완결법은 '-엇-'으로 실현된다. 접속어미와 가장 자유
롭게 결합하는 시제어미가 완결법의 '-엇-'이다.

(57) ㄱ. 이로 보건대 내가 남의 일도 ᄒ얏고 남도 나의 일을 ᄒ얏는지라.
　　　　〈노동야학독본 1:35〉
　　 ㄴ. 당신네 어리시든 째는 학교가 업셔 배호기 어려웟서거니와 요세는
　　　　어대 가든지 학교 업는 데 업고 …… 〈노동야학독본 1:28〉
　　 ㄷ. 가마귀는 …… 그 속음을 ᄭ다라쓰나 엇지홀 수 업섯ᄂ이다. 〈신정
　　　　심상소학 1:29〉
　　 ㄹ. 三兄弟는 이쳐럼 밤낫 파쓰되 아모 것도 업스니 …… 〈신정심상소학
　　　　1:31〉
　　 ㅁ. 本朝에셔는 府尹을 두엇더니 즉금은 一等郡이 되얏ᄂ이다. 〈유년필
　　　　독 2:3〉

ㅂ. 萬若 善良호 소람으로 못 되얏스면 그 世상에 나온 보롬이 어듸 잇
　슬잇가.〈신정심상소학 2:9〉

ㅅ. 木手 한 사람이 …… 工錢을 萬兩에 작뎡호얏거날 다섯 간만 지엇
　실진대 …… 〈노동야학독본 1:4〉

또한 현대 국어로 오면서 이러한 결합은 더욱 확대되었다. 예를 들어 접속어미 '-지만은(→-지만), -어야, -득히(→-듯이)'는 개화기 국어에서 '-엇-'과 결합이 제약되었으나 현대 국어에서는 다음과 같이 '-었-'의 결합이 가능하다.

(58) ㄱ. 날씨가 덥기는 했지만, 회원 모두가 모였었다.

　　ㄴ. 그날은 함께 갔어야, 선생님을 만날 수 있었는데.

　　ㄷ. 형님께서 너에게 하셨듯이, 너도 아우에게 그렇게 해야 해.

미정법은 개화기 국어에서 '-으리-'와 '-겟-'으로 실현되었다. 중세 국어 이래로 미정법은 주로 '-으리-'로 실현되어 왔으나, 점차 '-겟-'으로 교체되어 개화기 국어에서는 '-으리-'보다는 '-겟-'이 더 일반적이었다.

중세 국어에서는 '-으리-'와 결합이 가능한 접속어미는 비교적 다양했다. '-고, -으며, -은대, -으니와, -으나, -고도, -디, -으니, -을씨, -은댄, -관디, -은마론, -든, -늘, -다가, -곤'.

(59) ㄱ. 눌 더브러 무러사 호리며, 뉘사 能히 對答호려뇨.(석보상절 13:15)

　　ㄴ. 남두록 닐어도 몯다 니르리어니와, 그러나 더 부텻 짜히 雜말 업시
　　　淸淨호고 겨지비 업스며 …… (석보상절 9:10)

　　ㄷ. 여희요미 므추매 오라디 아니호리언마론, 아ᅀ아몰 추마 서르 브리리
　　　아. (두시언해-초간 8:60)

　　ㄹ. 나홀 혜여 반두기 주그리어든, 그 形이 化티 아니호야셔. (능엄경언
　　　해 9:110)

　　ㅁ. 王也는 道理롤 議論호리어놀 江湖애 병으러 잇고. (두시언해-초간 25:
　　　11)

　　ㅂ. 호나히 어디러 즈믄 사루몰 당호릴씨, 千子ㅣ라 호느니라. (월인석
　　　보 1:28)

이러한 결합 관계가 개화기 국어에까지 유지된 경우는 많지 않다. '-으니'가 대표적이다.

(60) ㄱ. 녀즈가 비오지 아니면 …… 가정 교육을 밧을 데가 업스리니 이럼으로 녀즈의 학문이 남즈의 학문보담 급흐니라.〈초등여학독본 6〉
ㄴ. 한번만 깨치시면 아모리 어려운 글이라도 다 보시리니 나라의 文明은 無識흔 사람이 업서야 된다 하오.〈노동야학독본 1:27〉

'-거니와, -건마는, -거든, -거날'에도 '-으리-'의 결합이 역시 유지되어 있다. 이때 원래 비종결어미였던 '-거-'는 '-어-'로 바뀌어 결합한다.

(61) 셧는 사람은 안진 사람이 업서도 그대로 살녀와 안진 사람은 셧는 사람이 업시면 잠시도 못 견대지오.9)〈노동야학독본 1:24〉

접속어미에 미정법의 '-겟-'이 결합하는 경우는 개화기 국어에서 비교적 활발해졌다. '-고, -으며, -거니와, -으니, -거날' 등이 그러하다10).

(62) 우리는 前에 籬陰에 生흐고 그더로 꽂을 핀 거슬 보왓겟거니와 그 培養을 受치 못흔 거슨 實노 可憐흔 貌樣이오이다.〈신정심상소학 3:14〉

개화기 국어에서 현대 국어로 오면서 '-으리-'의 분포는 축소되고 '-겟-'의 분포는 더욱 확대되었다. 새로이 '-겠-'과 결합하게 된 접속어미에는 '-으나, -어도, -지만은(→지만), -으되(→되), -건마는(→건만), -으니ᄼ(→으니까), -느라고, -으면' 등이 있다.

회상법의 '-더-'와 접속어미가 결합하는 경우는 일반적이지 못하다. 예를 들어 중세 국어에서도 회상법과 결합하는 접속어미는 문장 (63)에 나타난 것과 같은 '-으니, -은댄, -든'뿐이었다.

---

9) 살녀와 ← 살-으리-어-니와
10) 같은 시기의 문헌인 「독립신문」에는 그 보기가 많다.
　　보존흐게 흐여야 흐겟고
　　권리를 돌녀 보니겟스며
　　명분을 뎡흐겟스니
　　대중창을 흐여야 흐겟거놀

(63) ㄱ. 슟들이 …… 짜해 그우더니 이 뻐 그 아비 지븨 도라 오니 ……
　　　　(월인석보 17:17)
　　ㄴ. 햐다가 우리 큰 法 즐기는 ᄆᆞᅀᆞ미 잇던댄 부톄 우리 爲ᄒᆞ야 大乘法
　　　　을 니르시리라ᄉᆞ이다. (월인석보 13:63)
　　ㄷ. 萬一에 ᄒᆡ여곰 나라히 배디 아니터든 엇뎨 큰 厮이 두미 ᄃᆞ외리오.
　　　　(두시언해-초간 6:2)

그러나 개화기 국어에 이르러서는 '-더-'와 결합할 수 있는 접속어미가
'-어도, -으니, -으면, -은덜' 등으로 늘어났다. 이것은 현대 국어에서도
마찬가지이다. 다만 특이한 것은 '-으면'의 경우인데, 개화기 국어에서는
'-더-면'으로 실현된 데 비하여, 현대 국어에서는 '-더-라면'으로 '-으면'
이 '-라면'으로 변동되어 실현된다.

(64) ㄱ. (개화기) 내가 글을 알앗드면 엇지 此境에 이르리오. 〈신찬초등소학
　　　　3:10〉
　　ㄴ. (현대) *내가 글을 알았더면, 어찌 이 지경에 이르렀을까.
　　ㄷ. (현대)　내가 글을 알았더라면, 어찌 이 지경에 이르렀을까.

이와 비슷한 변동을 보이는 '-어도'의 경우는 개화기 국어나 현대 국어
모두 '-더/드-라도'와 같이 '-어도'가 '-라도'로 변동된다.

(65) ㄱ. (개화기) 이 내 몸은 죽드라도 남의 욕은 보지 마자. 〈노동야학독본
　　　　독 1:21〉
　　ㄴ. (현대)　마음이 괴롭더라도 용기를 잃지 마십시오.

이와 같은 접속어미와 시제어미 사이의 결합을 제약하는 근거는 주어진
문헌 자료를 통해서는 잘 설명되지 않는다. 다만 시제법은 접속문 구성에
서 후행절에서 주로 실현되기 때문에 접속어미와 시제어미 사이의 결합이
제약된다고 본다. 위에서 분석한 개화기 국어에서 접속어미의 시제어미 결
합 제약 현상과 그 변화 양상을 전체적으로 정리하면 다음과 같다.

(66) 접속어미의 시제어미 결합 제약

ㄱ. 현실법은 '-ᄂ-' 혹은 '-∅-'로 실현되는데, 모든 접속어미는 '-∅-'로서 현실법을 실현한다. 이것은 현대 국어와 마찬가지이다. 다만 '-으니'와 '-은데'는 '-ᄂ-'와 결합도 가능하다.

ㄴ. 완결법은 '-엇-'으로 실현되는데, 접속어미와 가장 자유롭게 결합한다. 또한 현대 국어로 오면서 이러한 결합은 더욱 확대되었다.

ㄷ. 미정법은 '-으리-'와 '-겟-'으로 실현된다. 중세 국어 이래로 미정법은 '-으리-'로 실현되어 왔으나, 점차 '-겟-'으로 교체되어 개화기 국어에서는 '-으리-'보다는 '-겟-'이 더 일반적이었다. 따라서 접속어미와의 결합도 '-겟-'과 결합하는 보기가 개화기 국어에서 비교적 활발해졌다. 현대 국어로 오면서 '-으리-'와의 결합은 더욱 제한되고 '-겟-'과의 결합은 더욱 확대되었다.

ㄹ. 회상법은 접속어미가 결합하는 것이 일반적이지 못하다. 다만 앞 시대보다는 개화기 국어에 이르러서 약간 확대되었다. 이것은 현대 국어에서도 마찬가지이다.

4. 맺음말

이 글은 현대 국어의 첫 무렵인 개화기 시대에 발간된 교과서 자료를 대상으로 그 시대 국어의 접속문 구성을 살펴 본 것이다. 구체적으로는 개화기 시대의 교과서 자료에 나타나는 접속어미를 분석하여 체계를 세우고, 이들 접속어미의 시제어미와의 결합 제약을 분석했으며, 그 결과를 바탕으로 지금의 현대 국어와 대비하여 한 세기 동안의 문법 변화의 양상을 밝혀 제시하였다. 이러한 논의를 요약하여 맺음말로 삼는다.

먼저 접속어미의 변화 양상의 특징은 다음과 같다. 첫째, 앞 시기에 있었던 접속어미에 비종결어미나 보조조사가 융합해서 새로운 접속어미가 형성되었다. '-으면서, -고서, -거니와, -지만은, -건마는, -으니ᄭ, -어서, -느라고, -거든, -거날, -건대, -든지' 등이 그러하다. 둘째, 대부분의 접속어미는 현대 국어에 이르는 동안 문법 특성과 의미의 변화 없이 유지되어서 결과적으로는 큰 변화가 없었다고 본다. 셋째, 일부 접속어미는 많은 수의 변이형태 또는 변이 표기에서 단일 형태로 고정되었으며(예:-을수록/을사록/을ᄉ록/을슈록→-을수록), 일부 접속어미는 분포가 극히 제한되거나 사라지기도 했으며(예:-을지언정, -거날, -을진대, -을시), 또한 일부 접속어미는 현대 국어에 이르러 새로이 형성되기도 하였다(예:-느니, -다시피, -으라고, -이, -자, 및 강조 관계).

다음으로 접속어미의 시제어미와의 결합 제약과 그 변화 양상의 특징은 다음과 같다. 첫째, 현실법은 '-ㄴ-' 혹은 '-ɸ-'로 실현되는데, 모든 접속어미는 '-ɸ-'로서 현실법을 실현한다. 이것은 현대 국어와 마찬가지이다. 다만 '-으니'와 '-은데'는 '-ㄴ-'와 결합도 가능하다. 둘째, 완결법은 '-엇-'으로 실현되는데, 접속어미와 가장 자유롭게 결합한다. 또한 현대 국어로 오면서 이러한 결합은 더욱 확대되었다. 셋째, 미정법은 중세 국어 이래로 '-으리-'로 실현되어 왔으나, 점차 '-겟-'으로 교체되어, 개화기 국어에서는 '-으리-'보다는 '-겟-'이 더 일반적이었다. 따라서 접속어미도 '-겟-'과 결합하는 경우가 개화기 국어에서 비교적 활발해졌다. 현대 국어로 오면서 '-으리-'와의 결합은 축소되고 '-겟-'과의 결합은 더욱 확대되었다. 넷째, 회상법은 접속어미와 결합하는 것이 일반적이지 못하다. 다만 앞 시대보다는 개화기 국어에 이르러서는 결합이 약간 확대되었다. 이것은 현대 국어에서도 마찬가지이다.

국어사의 시대 구분에서 현대 국어는 개화기와 함께 시작한다. 이렇게 볼 때, 현대 국어는 이제 막 한 세기를 지나고 있다. 따라서 20세기가 마무리되어 가는 즈음에 현대 국어라는 넓은 의미의 공시태를 한번쯤 검토해 볼 필요가 있다. 즉, 한 세기 전인 개화기 시대의 국어를 기술하여 지금(20세기 말엽)의 국어와 대비해서 언어가 변화해 가는 모습을 파악해 보는 것은, 물론 한 세기를 통해서 문법 변화를 연구한다는 것은 방법론에 문제가 없는 것은 아니지만, 언어학적으로 대단히 의의있는 연구라고 생각하며, 또한 이와 같은 연구의 관심을 불러일으킬 필요도 있다고 생각한다. 이 점이 바로 이 글이 궁극적으로 지향하는 바였다.

참 고 문 헌

권재일(1985). 『국어의 복합문 구성 연구』. 집문당.
_____(1988). 접속문 구성의 변천 양상. 『언어』 13-2. 한국언어학회.
_____(1992). 『한국어 통사론』. 민음사.
김형철(1987). 19세기말 국어의 문체·구문·어휘의 연구. 경북대학교 대학원 국
　　어국문학과 박사학위논문.
리의도(1990). 『우리말 이음씨끝의 역사』. 어문각.
이경우(1990). 최근세 국어에 나타난 경어법 연구. 이화여자대학교 대학원 국어
　　국문학과 박사학위논문.
이병근(1986). 개화기의 어문정책과 표기법 문제. 『국어생활』 4. 국어연구소.
정길남(1987). 『개화기 국역성서의 표기법과 문법형태』. 개문사.
최현배(1971). 『우리 말본』. 네번째 고침판. 정음사.
허 웅(1975). 『우리 옛 말본』. 샘문화사.
_____(1983). 『국어학 -우리말의 오늘·어제-』. 샘문화사.

* 이 논문은 『한국학연구』 제6호(1994. 고려대학교 한국학연구소)에서 옮겨 실은 것임.

16세기 국어의 변동 규칙

이 근 영

1. 머리말

이 글은 16세기 구거의 변동규칙을 공식적으로 기술하고, 그 결과를 15세기 국어의 변동규칙과 비교하여 통시적으로 변동 규칙 체계의 변천 양상과 변천의 원인을 살펴보고자 한다.

이 글을 펴 나갈 공시적 연구방법으로는 허웅(1985ㄱ)에서 제시한 원인별 분류에 따른 체계를 바탕으로 삼는다.

가) 가로 체계의 제약에 따른 변동
나) 발음의 편의에 따른 변동
다) 말의 청취 효과를 똑똑히 하려는 데서 일어나는 변동

또한, 통시적 연구 방법으로는 허웅(1985ㄴ)에서 제시한 다음과 같은4가지 유형별 분류를 통하여 15세기 국어의 변동규칙과 비교 분석하고자한다.

A유형 : 15세기의 변동규칙이 16세기에도 그대로 유지된 것.
B유형 : 15세기의 변동규칙이 16세기에는 없어진 것.
C유형 : 15세기에 없던 변동규칙이 16세기에서 새로 생겨난 것.
D유형 : 15세기의 변동규칙이 16세기에도 유지되나 그 내용이 바뀐 것.

이 연구를 위한 자료는 다음의 문헌을 대상으로 하였다.

1510(?)	翻譯朴通事	〔박통〕
1510(?)	翻譯老乞大	〔노걸〕
1514	續三綱行實圖	〔속삼〕
1518	翻譯小學	〔번소〕
1518	正俗諺解	〔정속〕
1518	呂氏鄉約諺解	〔여향〕
1518	二倫行實圖	〔이륜〕
1525	簡易辟瘟方	〔벽온〕
1542	分門瘟疫易解方	〔분문〕
1569	七大萬法	〔칠대〕
1577	誡初心學入門	〔계초〕
1577	野雲自警	〔야운〕
1587	小學諺解	〔소학〕
1589	孝經諺解	〔효경〕
1587~1600	四書諺解	〔논어〕, 〔중용〕, 〔맹자〕, 〔대학〕
1590(?)	禪家龜鑑	〔선가〕
1571~1603	옛날便紙 31통	〔편지1~31〕

2. 16세기 국어의 음운 체계

16세기 국어의 변동 규칙을 검토하기 위하여 음운 체계를 살펴보도록한다. 16세기 국어의 음운 체계는 15세기 말의 음운 체계가 그대로 유지된 듯하다. 15세기 훈민정음 창제당시의 음운 체계와 비교하여 없어진 홑닿소리 음운을 살펴보면,

/ ㅸ / : 1460년 경 소멸

/ ㆅ / : 1480년 경 이후 문헌에는 나타나지 아니하며 /ㅋ, ㅅ, ㅎ/으로바뀌어 나타난다.

16세기 초기에서 16세기 말기까지의 음운의 변천으로는 / ㅿ /의 소멸을 들 수 있는데, / ㅿ /은 16세기 초에 그 동요가 시작되어 16세기 말에서는 사라진 것으로 보인다. 결국, 현대국어에 나타나는 19세기의 홑닿소리 체계는 16세기 말에 완성된 것으로 보인다. 겹닿소리에서도 변화를 보이는데 15세기 국어의 「ㅅ-」계겹닿소리는 된소리로 변화한 듯하다. 「ㅂ-」

계는 그대로 유지 되었으나 「ㅲ-」이 나타나며, 「ㅳ-」계는 간혹 「ㅅ-」계나 「ㅂ-」계로 바뀌어 나타난다. 홀소리 체계에서는 15세기 국어의 「ㆀ」가 없어짐으로써 켕김 홀소리를 제외한 대부분의 모음 체계가 16세기 말까지 유지된다.

2.1. 닿소리 체계

〈홑닿소리〉 〈겹닿소리〉

/ ㅂ,ㅃ,ㅍ,ㅁ / ㅂ계 : /ㅲ, ㅳ, ㅄ, ㅴ, ㅵ/

/ ㄷ,ㄸ,ㅌ,ㄴ,ㄹ / ㅄ계 : /ㅶ, ㅷ/

/ ㅈ,ㅉ,ㅊ /

/ ㅅ,ㅿ,ㅆ /

/ ㄱ,ㄲ,ㅋ,ㆁ /

/ㅎ/

2.2. 홀소리 체계

〈홑홀소리〉   〈두겹 홀소리〉   〈세겹 홀소리〉

/ㅣ,ㅡ,ㅜ/   /ㅛ,ㅑ,ㅠ,ㅕ/   /ㆄㅣ,ㅒ,ㆆㅣ,ㅖ/

/ㅓ,ㆍ,ㅗ/   / ,ㅢ,ㅚ,ㅐ,ㅔ,ㅟ/   /ㅙ,ㅞ/

/ㅏ/   /ㅘ,ㅝ/

3. 변동규칙

3.1. 가로체계의 제약성으로 일어나는 변동

3.1.1. 음절 짜임새 맞추기

(1) 소리이음

15세기와 마찬가지 규칙으로 음절의 안정적 짜임새를 맞추기 위하여 소리가 이어져 나는 것으로 보인다. 즉, 받침이 있는 임자씨나 풀이씨의 줄기에 홀소리로 시작하는 토씨나 씨끝이 이어져 나오면 받침이 다음 음절의 첫소리가 된다. 이 규칙은 필연적, 보편적 변동이다.

그러나, 16세기의 표기는 15세기 국어의 표기법보다는 혼돈된 모습을 지니고 있다. 즉, 다음과 같은 세 가지 모습의 유형으로 나누어 진다. 그러나 소리이음 규칙은 같았싸고 추정된다.

(ㄱ) 소리이음 표기
　　우리 머치 가죠(번박 54b)←「몇+이」
　　주근 주를(속삼 효 :26b)←「죽+은, 줄+을」
　　굴므며(정속 29b)←「굶+으며」
　　어딘 버든(정속 14b)←「벋+은」
　　대초 다마(번노 29a)←「담+아」

(ㄴ) 형태소 경계 분리 표기
　이 표기법은 지금 맞춤법의 형태소의 원형을 밝히어 적기[1]를 취하고 있는 것으로, 이 경우에는 씨끝이나 툇의 첫소리가 「ㅇ」일 경우에 효과있게 쓰인다. 이러한 표기는 15세기의 『월인천강지곡』에서는 부분적으로 쓰였으나, 16세기 후반으로 갈수록 많이 나타난다. 그러나, 실제 발음은 15세기와 다르지는 않았으리라 생각된다.

〔ㄱ〕: 풀독애(노걸 30)　　　　약이라(분문 16)
　　　　븍녘을(여향 38)　　　　ᄌ시에(효경 9)
　　　　죽은(번소 8 : 20)　　　　수톡이(간이 10)
　　　　훍이(간이 9)
　　　　터럭을(분문 10)
〔ㅇ〕: 삼경의(박통 34)　　　　훈즁이(박통 35)
〔ㄴ〕: 뒷간의(노걸 37)　　　　근에(노걸 14)
　　　　돈이오(노걸 14)　　　　의원이(간이 45)
　　　　문올(간이 4)　　　　　　근본은(야운 54)
　　　　얼운을(효경 60)
〔ㄷ〕: 벋에(번소 7 : 3)　　　　ᄯᅳᆮ에(번소 9 : 10)
　　　　벋을(소학 5 : 3)　　　　ᄯᅳᆮ을(소학 5 : 6)

---
1) 형태소 밝히어 적기와 관련이 있는 표기법으로는 두 가지를 들 수가 있는데, 하나는 형태소 경계 분리 표기이며, 또 하나는 '종성부용초성(終聲復用初聲)' 적기이다.

몰이(소학 6:61)

[ㄹ] : 글월을(번소 8 : 22)   일이(번소 9 : 46)
　　　벼슬을(번소 9 : 34)   두 말을(간이 4)
　　　믈이며(여향 19)   믈을(야운 26)
　　　힝실이(효경 5)

[ㅁ] : 졈어슈더(번소 9 : 61)   사룸이(번소 9 : 63)
　　　사룸의 게(분문 10)   석셤을(분문 3)
　　　이심애(소학 2 : 28)   눔이며(소학 5 : 3)
　　　품으리라(소학 5 : 5)   졈어서(소학 5 : 8)
　　　님금이시라(효경 1)

[ㅂ] : 겨집은(번소 7 : 31)   아홉이오(번소 9 : 66)
　　　겨집을(번소 9 : 62)   법이어니와(간이 3)
　　　겨집의(간이 7)   법이라(분문 20)
　　　밥이면(소학 5 : 70)

ㄷ) 혼동된 표기

형태소를 분리하여 표기하려는 노력의 흔적이 보이나, 그 표기가 완전히 분리되지 못하고 소리의 이음과 형태소 표기의 중간을 유지하고 있는 것으로, 닿소리 겹치는 표기나 한 형태소 안을 나누어 적는 식도 보인다.

〈닿소리 겹치는 표기〉
얇픠(노걸 상:3)   남진늬(속삼 열:8)
솖퍼(속삼 효:2)   음식글(번소 9:108)
빗츨(번소 3:93)   눗치(번소 9:66)
므숨미(정숙 3)   시름믜(정숙 1)
약글(정속 2)   근톤(여씨 1)
급븨(여씨 1)   믈레(여씨 1)
주검믈(여씨 1)   닙플(간이 15)
좁뿔(분문 9)   萬物리(칠대 1)
줏시(소학 2:9)   옷술(소학 2:12)
그룻시(소학 2:13)

〈한 형태소를 잘못 나누어 적기〉
싀엄이(번소 3:64)   블으지져(소학 5:50)

험을(소학 5:22)	모름애(소학 5:37)
털억(소학 5:61)	듬ᄋᆞᆫ(소학 5:38)
볼쌜이고(소학 6:12)	썰올니라(소학 5:77)
볼이니(소학 5:94)	될이니(소학 5:36)
줄아더(소학 2:73)	널을이니라(논어 1:6)
임의(논어 1:27)	올ᄋᆞ고(논어 3:7)

(2) /ㅎ/ 끝소리 자리 바꾸기

이 규칙은 15세기와 다름이 없다. 그 변동형이 표기법에 나타난다. 이 규칙은 보편적, 필연적 변동이다.

직죄 <u>됴코</u>(박통 상 :46b)←「둏」+「-고」
하<u>나토</u> 뿌매 마자니 업스뇨(박통 상:32a)←「ᄒᆞ나ㅎ」+「-도」
보<u>ᄉᆞᆲ피</u>고 자리라(노걸 상:26a)←「보ᄉᆞᆲ-」+「-히-」
<u>저티</u> 아닌ᄂᆞ니라(노걸 상:7a)←「젛-」+「-디」
칙을 <u>노티</u> 아니ᄒᆞ더라(번소 10:13b)←「놓-」+「-디」
<u>만케</u>ᄒᆞ며(번소 10:14b)←「많-」+「-게」
아비를 <u>일코</u>(번소 9:20a)←「잃-」+「고」

이 규칙의 다음에는 대부분 거센소리 되기가 일어난다.

「ᄒᆞ-」 다음의 「ㆍ」가 없어지고 다시 「ㅎ 끝소리 자리 바꾸기」와 「거센소리」되기가 이어지는 것도 15세기와 같은 변동현상이다.

忠<u>튱티</u> 몯ᄒᆞᆫ가. <u>信티</u> 몯ᄒᆞᆫ가(논어 1:2b)←「튱ᄒᆞ+디」, 「신ᄒᆞ+디」
上샹을 犯범홈을 好<u>호티</u> 아니ᄒᆞ고(논어 1:2a)←「호ᄒᆞ+디」

(3) 겹받침 줄이기

이 규칙은 15세기와 동일하다. 즉 /ㅄ, ㄳ, ㅺ, ㅼ/는 뒷소리가 없어지고 /ㄻ, ㄺ, ㄼ/는 발음시 유지되는 것으로 보인다.

보편적, 필연적 변동이다.

<u>갑</u>드리고 믈러가라(박통 상:62a)←「값」
홍경이 <u>업</u>더라(박통 상:53b)←「없-」

집 삭 무려(박통 상:54a)←「삯-」
돗 가져다가(노걸 25b)←「돍」
깃브디 아니ᄒ랴(논어 1:1a)←「짒-」

憛온 굶굶ᄒ올시오(칠대 18b)　　남글 듧디 아니면(박통 상 :14a)
여듧(박통 상 :32b)　　　　　　　보숧피고(노걸 상 :7a)
술믄 둙과(박통 상 :5a)　　　　　붉게 ᄒ긁거시라(번소 8:32b)
가마 긁싯고(노걸 상 :21b)　　　ᄆᄉ미 조차 옮ᄂ니(번소 8:9a)
콩숧기(노걸 상 :19b)

그러나 /ㄺ/이 /ㅁ/으로 나타난 것도 보인다.

지므란 안직 옮겨 드리디 말오(노걸 상 :69a)
ᄆᄉ몰 옮기디 아니ᄒ며(번소 8:3a)

(4) 일곱 끝소리 되기
　15세기 국어에는 /ㅅ/과 /ㄷ/이 받침 위치에서 서로 대립을 보이고 있
었으나, 16세기에는 /ㅅ/이 /ㄷ/에 중화되는 것이 표기법에 뚜렷이 나타
난다. 이 규칙은 15세기에서 부분적인 표기로 나타나고 있으나,[2] 16세기
에는 /ㅅ, ㅈ, ㅊ/→/ㄷ/에 합류되는 보편적인 규칙으로 변하고 있다.

/ㅌ/→/ㄷ/
받 밍ᄀ더니(속삼 효:9a)　　　　보기술 ᄉ양ᄒ야도(번소 8:2b)
븓디 아니ᄒ니라(칠대 6b)　　　볃 난 나래(칠대 3b)
/ㅅ, ㅈ, ㅊ/→/ㄷ/
빋 내ᄂ 글월(박통 상:60b)　　　빋 디워 녜손 뎌 ᄑᄅ마(박통 상 : 74a)
갇스고 털링 닙고(여향 19b)　　녇재ᄂ(여향 7b)
졷디 아니ᄒᄂ니라(논어 3:38b)　놛비츨(소학 6 : 103a)
도 읻ᄂ 집의 이셔(소학 2:53a)←「읻ᄂ」←「잇ᄂ」

──────────

2) 졷ᄌ바(석보 13:45)←「좇-」
　좃ᄌ바(석보 13:59)←「좇-」
　졋곧(법화 2:118)
　졋곳(월석 21:64)

술빈논 거시니(소학 5:18a)←「빈논」←「빗논」←「빚논」

/ㅍ/←/ㅂ/

무릎 (박통 상:27a) 쇠불(박통 상 : 69a)

천을 갚디 몯ᄒ면(박통 상:61a) 딮(너걸 상:11a) : (노걸 상:20a)

두자히 높고(노걸 상:26b) 여러히예 갑게 ᄒ라(여향 35b)

앒뒤(박통 상:26b) 오직 앒거티더라(박통 63a)

3.1.2. 머리소리 규칙

(5) /ㄹ/ 머리소리 규칙3)

15세기 대부분의 문헌에서 말머리에 /ㄹ/이 많이 나타난다. 뿐만 아니라 15세기 표기의 /ㄴ/이 /ㄹ/로 바뀌어 표기되는 현상을 보인다.

례부(禮部) (박통 상:7b) 루(樓) (박통 상 69b)

록각(鹿角) (박통 상:15b) 리력(來歷) (노걸 상:51)

룡(龍) (박통 상:69) 리일(來日) (노걸 상:69)

로ᄒ샤(怒) (번소 9:43) 리케(利) (번소 8:1)

/ㄴ/→/ㄹ/

두량곰(박통 상:57)←「냥」 리르러(야운 97)←「니-」

롤라ᄒ더니(번소 9:66)←「놀라」 람진(칠대 14)←「남진」

서를케 ᄒ며)(번소 9:94) 랄마다(번소 9:2)←「날」

그러나 'ㄹ'머리소리 규칙이 나타나는 흔적이 문헌상에 나타나는 것도 있다.

禮 : 녜(번소 6:3)(소학 5:41) 兩親 : 냥친(소학 4 :16)

呂 : 녀(소학 6:7) 利 : 니익(계초 3)

流 : 뉴(소학 5 : 18) 立 : 닙지(계초 20)

龍 : 뇽(야운 41)

---

3) 이기문(1982:31)에서는 /ㄹ/이 15세기국어의 어두 위치에서 나타날 수 없다고 전제하면서 알타이어의 공통적 특질이라 하였는데, 그 근거가 확실하지 않다. 그리고 '다만 표기법 상으로 나타날 뿐이다.'라고 설명하는데, 문헌 상에는 /ㄹ/이 정연하게 나타나고 있으며 특히, 북한의 현대 표준어에서 /ㄹ/이 어두 첫 자음으로 사용되고 있는 것을 보면 반드시 그런 것만은 아닌 듯하다.

이로한 예들로 보아 16세기 초까지는 'ㄹ'머리소리 규칙이 나타나지 않았으나, 16세기 후반부터 어두의 /ㄹ/이 /ㄴ/으로 변하는 약간의 동요가 보인다.

(6) /ㄴ/머리소리 규칙

16세기 초에서 중엽 까지는 보이지 않으나, 16세기 말엽인 『소학 언해』에는 이 규칙이 나타난다.

요사이 셰속이 여타오며(소학 5:76):「너토시고」(용가 20)
조급ᄒ고 열가와(소학 6:110) :「녇가ᄫᆞ니」(월인 13)

3.1.3. 닿소리 이어바뀜

15세기에는 닿소리 이어바뀌는 것이 콧소리 되기에만 약강 나타났으나, 16세기 문헌에는 모두 약간의 예가 나타나며 특히, 콧소리 되기는 15세기 말의 변화로부터 확산을 보인다.

(7) /ㄴ/의 /ㄹ/되기

현대 국어의 /ㄴ/과 /ㄹ/이 이어나올 때 차례가 어떠하든 /ㄴ/은 /ㄹ/로 바뀐다. 15세기에는 보이지 않는 변동이 16세기 말의 문헌에 간혹 나타난다.

뎨튝ᄒᆞᆫ 철량으로 가프려 ᄒ노라.(정속 2)←「천+량」
실령들히 돕디 아니ᄒ며(정속 2)←「신+령」
글로(소학 5:30)←「근+로」

(8) /ㄹ/의 /ㄴ/되기

현대 국어의 형태소의 첫소리 /ㄹ/은 /ㄹ/아닌 다른 닿소리에 이어나지 못한다. 그러므로 이러한 /ㄹ/은 /ㄴ/으로 바뀐다.

이 규칙도 15세기에는 표기법에 나타나지 않으나, 16세기 말의 표기에는 그 동요를 보이고 있다.

常例 : 샹녜(소학 1:8) : 샹례(번소 8:6)
講論 : 강론(소학 5:2) : 강론(번소 9:15)

(9) 콧소리 되기[4]

약한 터짐소리는 콧소라 앞에 설 수 없다. 그러므로 이 경우에는 앞소
리가 뒷소리의 서열을 닮아 같은 계열의 콧소리로 바뀐다.

15세기 표기법에는 거의 없다시피하고 몇 개의 표기형태에만이 나타난
다. 16세기에는 초기부터 확산되어 나타난다.

잘 돋노ᄆ론(박통 상:24a)←「돋＋논」
구지람 돋ᄂ니라(박통 상:30b)←「듣＋논」
난나치(박통 상 :40a)←「낱＋낱」
저티 아닌ᄂ니라(노걸 상:7a)←「아닏ᄂ니라」←「아닣ᄂ니라」
뫼션논 겨집종으로(번소 10 :2b)←「뫼시얻논」←「뫼시엇논」
이튼날(번소 10:2b)(여향 23b)←「이튿날」
뜯인논디(소학 6:8b)←「잇논」
벼슬 ᄒ연논(번소 9:37a)←「ᄒ열논」←「ᄒ엿논」
빈 낸 것들홀(이륜 25a)←「빋＋낸」
므스거시 내게 인ᄂ뇨(논어 2:45a)←「잇ᄂ뇨」
비 채를 잠노 土시라도(논어 2:18a)←「잡＋논」
들언노라(논어 4:27)←「듣＋엇＋노라」
잘난티 아니ᄒ얀ᄂ니(편지 21)←「ᄒ얏ᄂ니」
무스시 인노라(편지 18)←「잇＋노라」

편지글에 나타난 표기상황으로 미루어 생각하면, 이미 16세기 초에 이
런 변동이 확산되어 보편적이 되었으리라 추측된다.

콧소리 되기가 일어나지 않은 표기법도 나타난다. 이러한 표기는 형태
소를 밝혀 적는 것이 관습화되어 어형을 유지하려는 것으로 보인다.

썩 잇ᄂ녀 몯ᄒ얏ᄂ녀(노걸 상:22a)   초ᄒ롯눌(노걸 상:1a)

---

4) 콧소리 되기는 닮음(역행 동화)의 일종이나, 허 웅(1985ㄱ : 272)의 설명에 따르면, 그 닮
음이 필연적으로 일어나는 것은 이 소리들이 이어나오지 못하는 조건에 달려 있어서 가로체
계의 제약으로 체계를 잡고 있다.

허므를 즐겨 듣논디라(번소 8:4b) 이튿날(번소 9:8a)
프른 거슬 닙ᄂᆞ니라(번소 10:28a) 잡말 아니ᄒᆞ야(번소 9:16)(여향 28a)
벼슬 ᄒᆞ엿ᄂᆞᆫ 사ᄅᆞᆷ(번소 9:38b) 힝실 잇ᄂᆞᆫ(여향 2a)
몸미치 간듸를 돕ᄂᆞ니(정속 14b) 少女ᄂᆞᆫ ᄀᆞᆺ난 가ᄉᆞ나히라(칠대 14b)
악이 업ᄂᆞ니라(논어 1:31a)

3.2. 발음의 편의로 일어나는 변동

3.2.1. 닮음

(10) 입천장소리 되기

입천장소리 되기는 학자들에 따라서 그 나타나는 시기를 각각 다르게 추정하고 있으나,[5] 허웅(1964) 이후 17세기 이전의 시기로 추정하려는 시도는 거의 없다고 본다.[6] 그러나 이명규(1974)와 필자(1988)에서 제시한 방언적 성격을 가진 적은 자료들은 16세기 전라도 간행 중심의 문헌에서 찾아지는 예로 주목할 만하다. 즉, 이러한 예들은 음운 규칙으로서의 입천장소리 되기가 16세기 후반에 전라도 중심의 남부 지방으로부터 일어나는 것을 알 수 있다. 17세기에 이르러 이러한 음운 규칙은 중앙어로 확산을 하게 되는데, 이 때에 형태소와 형태소 사이에서도 입천장소리 되기가 일어나게 되어 임의적인 입천장소리 되기 변동규칙이 생겨나게 된다.

다음의 예들은 16세기에 나타난 음운 규칙으로서의 입천장소리 되기의 예이다.[7]

건질 증(抍)(신증 하 : 11a)
*오딕(계초7) : 오직(계초 2, 3, 8)
셩인 ᄀᆞ른틴것과(야운 48a)

---

5) 김형규(1962, 154쪽) : 18세기 후반 완성.
　이기문(1972, 197쪽) : 17세기~18세기의 교체 시기.
　이명규(1974, 87쪽) : 17세기가 입천장소리 되기가 시작되는 시기.
　허 웅(1964) : 18세기 이전에 시작되어 18세기에는 완전한 체계를 이룸.
6) 그 이유로는 허 웅(1964)에서 훈민정음 창제 당시의 /ㅈ, ㅊ/이 오늘날의 음가와는 다른 / ts, tsh/로 바뀐 시기를 1800년 이전으로 잡고 있다. 결국은 이러한 설명은 /ㄷ, ㅌ/가 16세기, 또는 17세기에 /tš, tšh/의 변이음을 갖게 되는 데에는 논리적 제약을 받기 때문이다.
7) 이명규(1974), 필자(1988)를 포함하여 벌여 놓는다.

빅쟝올 보아몰(몽산 23b) : 빅댱(白火)
진혜(智慧) (몽산 42)
ㅅ천하롤(四天下) (몽산 51b)
*ㅎ가디라(몽산 14a)
*뎡(正)히(몽산 13a) : 졍(正)히(몽산 15a)
*단뎡히(몽산 18b)
스스로 몬져 죠티 몯ᄒᆞᄂᆞᆫ 줄을 아디몯ᄒᆞᄂᆞ니라(白先不好了也)(소학 5 : 87)
(*표시는 입천장소리 되기에 따른 반사 작용으로 본다.)

위의 입천장소리 되기나 나타난 문헌의 간행지는 『소학』을 제외하고 나
면 전라도이다. 그러므로 우리는 일단의 앞선 가설을 정리할 필요를 느낀
다.

즉, 국어에서의 입천장소리 되기 음운 규칙은 16세기 전라도 중심의 남
부지방에서 시작하여 한반도 중앙으로 북상하는 전파 경로를 가졌을 것이
다. 그 정도는 임의적 요소이어서 문헌 표기에는 나타나는 빈도가 적으나,
문자의 보수성을 감안한다면 16세기 중앙어에도 어느 정도 영향을 미쳤으
리라는 판단이 서게 되는 것이다. 이렇게 음운규칙으로서의 입천장소리 되
기는 17세기에 이르러 변동규칙으로 확산된다 할 수 있다.[8]

(11) 홀소라 어울림
이규칙은 15세기의 『용비어천가』에서 가장 규칙적이고 그 이후의 문헌
에는 이 규칙이 허믈어졌다. 특히 토씨나 씨끝의 홀소리 갈음에 나타나는
어울림 현상이 허물어지기 시작하여 한 형태소 안의 어울림마저 허물어진
다.

이 규칙은 어느 한 시기에 일어난 것이 아니라, 15세기부터 아주 느린
속도로 오늘 날에 이르기까지 일어나고 있는 것이다.[9] 현대말에도 이 어
울림 현상이 부분적으로 남아 있다. 16세기의 변동 규칙으로 세우는 이유
중의 하나도 15세기에 동요는 되었지만 16세기에 그 어울림 방향이 지속

---

8) 이와 같은 자료에 따른 입천장소리 되기의 일어나는 시기를 16세기로 잡는다면, 허 웅(1964)
은 적어도 전라도 지방 문헌을 통하여 재고 되어야 하는데, 이 연구는 다음으로 미루어 두고
자 한다.
9) 허 웅(1964), (1985ㄱ : 492).

되고 있기 때문이다.

규칙적인 예를 『소학 언해』를 통하여 들어 보기로 한다.

〈풀이씨+씨끝〉
잡아, 안즈시게, 올마, ᄒᆞ샴올, 되욤ᄋᆞᆫ, 들어, 늙으며, 졈은, 죽으면, 업스나, 머글, 받들어

〈임자씨+토씨〉
손올, 안해, 아ᄃᆞᆯᄋᆞᆫ, 벋늘, 튱셩을, 니블을, 벼슬을, 눈믈을

『소학 언해』의 통계(김태곤 1981):43)에 의하면, 임자씨와 토씨의 결합에서 음성 계열의 홀소리의 어울림 파괴의 정도보다 양성 계열의 홀소리의 어울림의 파괴 정도가 강한 것으로 보고되었는데, 이는 /ㆍ/의 음가의 동요가 6세기 말에서는 더욱 심하였으리라는 추론을 가능하게 하는 단서가 된다.

(12) /ㅂ/의 공깃길 닮기

/ㅂ/으로 끝난 풀이씨 줄기 가운데 특별한 것은 그/ㅂ/이 공깃길 3도 이사의 소리 사이에서는 /우/또는 /Ø/로 바뀐다.

15세기에서는 /ㅸ/로 변하였으나, 15세기 중반 이후 /ㅸ/의 소멸로 그 내용을 바꾼다.

구은 고기(박통 상:6a)
탕 받ᄌᆞ오라(박통 상:6a)
더러이(속삼 효:26b)(칠대 21b)
어드운 ᄡᅡ해(노걸 상:37)
셜이 너겨(속삼 효:32b)
경다이ᄒᆞ고(번소 8:1a)
엳ᄌᆞ와(속삼 효:4a)
두려이(칠대 4a)
갓가온(번소 8:40)
어즈러워(이륜 3a)
계유 구으니와(박통 상:4b)
더러운 노마(박통 상:59a)
어려운 고디 이시리오(노걸 상:21b)
셜워ᄒᆞ노라(속삼 충:5b)
사오나온 밥에(속삼 효:7a)
*禮다비 송장ᄒᆞ니(속삼 열 :2b)
*엳ᄌᆞᄫᅡ놀(속삼 효:2a)
가비야오며(번소 8:14)
치워(번소 9:24)
여론 어름(논어 2:29b)←「열운」←「열ᄫᅳᆫ」←「엷+은」

(*는 ㅸ의 흔적이라 보아야 할 것이다.)

15세기와 마찬가지로 한정적인 낱말 안에서는 필연적 변동을 보인다.

(13) /ㄷ/의 공깃길 닮기
15세기 국어와 같은 변동을 일으키며, 한정적인 낱말 안에서는 필연적
인 변동을 일으킨다.

술위 가져다가 <u>시르라</u>박통 상:13a)←「싣+으라」
눔의 <u>구지람</u>(박통 상:30b)
즈공의게 <u>무러</u>ᄀᆞ오디(논어 1:5a)←「묻+어」
즁ᄃᆞ려 <u>무로디</u>(박통 상:26a)←「묻+오+디」
내 <u>드로니</u>노걸 상:26b)←「듣+오+니」
ᅑᅳᆯ <u>드롬</u>이 내 스람과 같다.(대학 8a)←「듣+옴」
어디다 <u>일ᄏᆞ로시</u>더라(번소 9:48b)←「일ᄀᆞᆮ+-으시-」

(14) /ㅅ/의 울림 닮기
/ㅿ/의 소멸 시기러는 16세기에 동요하여 그 끝시기에 없어진다.(허웅
1985ㄱ:470). 16세기 문헌의 대부분에 /ㅿ/이 쓰여져 있다. 그러나 그것이
「ㅇ」이나 「ㅅ」으로 변하여진 말이 ㅿ이 쓰여져 있는 것과의 비율이 책에
따라 조금씩 다를 뿐이다. 16세기 초의 책들은 ㅿ의 사용이 크게 다르지
아니하나 후대에 갈수록 ㅅ, ㅇ,의 쓰임이 많아진다.
특히 『칠대만법』과 『계초심학입문』, 『발심수행장』, 『야운자경』에서는
'ㅅ'으로 나타나는 경우가 더 많다. 즉 이들의 간행지인 경사도와 저라도라
는 쪽으로 바라보면 오늘날의 나누임과 어떤 관계가 있지 않나 생각된
다.10)
이러한 음운의 변화는 변동 규칙에도 영향을 주게 되어 '/ㅅ/의 울림 닮

---

10) 허 웅 (1989)에 의하면 ㅿ에 대한 다음 가설을 세우고 있다.
　1. 본디 / ㅿ/을 가진 모든 말은 이 자리에 /ㅅ/을 가졌던 것인데, 중부지방에서는 /ㅅ/〉/
　　ㅿ/이 15세기 이전에 완성되었다.
　2. 16세기에는 / ㅿ/〉/ㅇ/의 변화가 일어났다.
　3. 1의 변화가 남쪽으로 퍼져 나가고, 그것이 완전히 퍼지기 전에 다시 그의 변화가 남쪽
　　으로 퍼지었다. 그 결과 남쪽에서 ㅅ, ㅇ의 뒤섞임이 나타난다.

기'현상이 ㅿ이 사라진 17세기에서는 'ㅅ-없애기'로 바뀌며, 16세기에는 두 가지 규칙이 모두 이루어진다.

나ᅀᅡ오라(박통 상:5a)   글지ᅀᅵ(박통 상:74)(번소 8:4a)
지ᅀᅥ(박통 상:74b)(노걸 상:36, 68)   지ᅀᅳ라(노걸 상:20b)
아ᅀᆞ려ᄒᆞ야(속삼 충:5a)   아ᅀᅡ(번소 10:10)
아ᅀᅳ우ᅀᅥ(번소 10:13a)   여ᅀᅥ보미(번소 8:22a)
니ᅀᅥ죽거늘(속삼 효:29a)

(15) / ㅣ / 치닮기[11]
15세기와 내용이 같은 변동으로 임의적 변동이다.

벼슬희이고(속삼 효 : 33)←「ᄒᆞ-」+「-이-」
문줍뇌이다(논어 4 :32)←「노이다」
에엿비너기샤(소학 6 : 18a)←「어엿브-」+「-이」
民민으로 ᄒᆞ여곰(맹자 1:8, 1:12)←「ᄒᆞ-」+「-이-」

3.2.2. 줄임

(16) (반)홀소리 되기
15세기와 같은 변동이다.

(ㄱ) /ㅣ, ㅗ, ㅜ/와 공깃길이 큰 홀소리를 만나서 오름 겹홀소리를 만난다.

ᄭᅮ며(박통 상 : 29a)←「ᄭᅮ미-」+「-어」
글 ᄇᆡ화(노걸 상 : 25b)←「ᄇᆡ호-」+「-아」
고텨(노걸 상 : 26a)←「고티-」+「-어」
셜이 너겨(속삼 효 : 32b)←「너기-」+「-어」
귀히 너교(정속 18b)←「너기-」+「-오」
사 이 왯거든(여향 24)←「오-」+「-앳-」

---

11) 현대 국어의 변동과는 그 내용을 달리하는 것으로, 현대 국어에서는 뒤음절의 /ㅣ/을 닮아 혀의 높이와 둥글음에 관해 같은 바탕을 가진 앞홀소리 계열로 자리를 옮긴다.

머규믈(번소 69b)←「먹이-」+「-우-」
사라이쇼미(속삼 열 : 13)←「-이시-」+「-오-」

(ㄴ) /ㅣ/가 공깃길이 큰 홀소리를 뒤따르면 반홀소리가 되어 내림 겹
     홀소리가 된다.

내 셩이 왕개로라(노걸 상 : 69b)←「왕가」+「-이-」
부텨며(칠대 4b)←「부터」+「-이-」
셤기논 배(소학 2:9b)←「바」+「이」
네 몬져(노걸 상 : 34b)←「너」+「이」
훍패니(칠대 9b)←「훍과」+「이-」

(17) 거센소리 되기
이 규칙도 15세기와 같으며 현대 국어와도 같다.

닐오미 올타(박통 상 : 5a)←「옳-」+「-다」
죄 니피고(속삼 충 : 5a)←「닙-」+「-히-」
됴케호미니(번소 8: 8)←「둏-」+「-게」
안치고(여향 24)←「앉-」+「-히-」
어펴 잇느니(칠대 12a)←「업-」+「-히-」
술콰(칠대 2a)←「술ㅎ」+「과」
正졍티 아니커든(논어 2:56b)←「-ㅎ-」+「-디」, 「-ㅎ-」+「-거-」
아니터시다(논어 2:57a)←「아니ㅎ-」+「-더-」

이 규칙은 /ㅎ/끝소리 자리바꾸기와, /ㅡ/또는 /ㅡ/탈락 이후에 놓인다.

(18) 된소리 되기
18세기와 동일한 변동이다. 그러나 15세기에는 나타나지 아니하던 것
이 된소리 표기로 나타나는 곳이 많다. 특히 16세기 말의 『사서 언해』가
그 대표적인 것이 된다. 앞의 4.1.1.에서 제시한 것처럼 ㅅ-계 겹닿소리는
모두 된소리계로 바뀌었다.

〈약한소리의 만남〉
손까락을 버혀 약애 섯거 먹이니(속삼 효 : 17a)
앉디 아니ᄒ시더라(번소 9:2b)
엳ᄌ오며(소학 2:8b)

〈휴식의 표기〉
厚후홄 바애(대학 3b)
아니홄 배 업더시다(논어 2 : 55a)
보디 몯홄 시니이다(맹자 1:25)
過과 홄 者자(맹자 1:16)

〈된소리 표기〉
食식디 몯홀 꺼시니라(논어 2:57b)
ᄀᄅ칠 ᄠᅵ뎌(논어 1:15a)
그 行ᄒᆡᆼ 볼 ᄠᅡ나(논어 1:6a)
사가실쎄(논어 1:11b)
몯홀 ᄲᅢ 이시니(논어 1:6b)

3.2.3. 없앰

(19) (반)홀소리 없애기
15세기 변동과 다름이 없다.
ㄱ) 풀이씨 줄기 끝의 /ᄋ/나 /으/는 다음에 홀소리 씨끝이 연결되면
그 끝소리는 줄어진다.
임자씨에서도 이러한 변동이 알어나는 것이 있다.

〈풀이씨〉
토리이다(박통 상 : 8b)←「ᄐ-」+「-오」
뿌매(박통 상 : 31a)←「ᄡᅳ-」+「-우」
사ᄅ미 닐오디(박통 상 :7a)←「니르-」+「-오-」
내밧바(노걸 상 :67a)←「밧ᄇ-」+「-아」
노판디 올옴ᄀᆮ고(번소 8:2a)←「오ᄅ-」+「-오-」
베퍼나ᄂ니(번소 8:10b)←「베ᄑ-」+「-어」
누늘뼈든 (논어 1:8a)←「ᄠᅳ-」+「-어」

〈임자씨〉
열근 콩이오(노걸 상 : 9b)←「ᄀᆞᆯ」+「이」
놀이 제 지븨 드러오ᄂᆞᆯ날(속삼 효 : 2a)←「노ᄅᆞ」+「이」
내죽고 아을 살이지다(이륜 9a)←「아ᄋᆞ(弟)」+「을」
아이 졈고 어버이 ᄉᆞ랑ᄒᆞ고(이륜 : 9a)←「아ᄋᆞ」+「이」

ㄴ) 같은 홀소리 죽이기
  풀이씨 줄기나 임자씨 끝소리에 이어지는 씨끝이나 토씨가 이어질 때
같은 홀소리인 경우에는 줄어든다.

길 녀논 나그내어니(노걸 상 : 42a)←「나그내」+「(이)」
나그닉 되여서(이륜 38a)←「나그닉」+「(이)」

(20) 닿소리 없애기
ㄱ) /ㄹ/ 없애기
  줄기의 끝소리 /ㄹ/는 /ㄹ/는 같은 혀끝소리 /ㄷ, ㄴ, ㅅ, ㅈ(ㅿ)/앞에
서 줄어 없어진다. 이 규칙은 15세기와 동일한 필연적, 보편적 변동이다.

어딘 남진과 어딘 겨지비(박통 상 : 75b)←「어딜-」+「ㄴ」
반만 서니잇가(박통 상 : 5b)←「설-」+「-니」
니르디 마져(박통 상 : 2b)←「말-」+「-져」
도르가 프ᄂᆞ요(노걸 상 : 12b)←「폴」+「-ᄂᆞ-」
漢語아노라(노걸 상 : 2b)←「알-」+「-노-」
나날 어디러가고(번소 8:6a)(대학 4a)←「날」+「날」
ᄒᆞ 셰간닉 사더니(이륜 7a)←「살-」+「-더-」

  안울림 사잇소리 앞의 /ㄹ/가 줄어 없어지는 경우도 15세기와 한 가지
이다.

깃ᄀᆞ샛 나모 미틔이셔셔(노걸 상 : 17b)←「긼」+「ᄀᆞ샛」
뭇 ᄀᆞ애 두 주검이(속삼 열 : 8b)←「믌」+「ᄀᆞ애」

ㄴ) /ㅎ/없애기

임자씨 끝의 /ㅎ/는 뒤에 홀소리의 /ㄱ, ㄷ/로 시작하는 토씨가 오지 않으면 원칙적으로 없어진다. 15세기와 같다.

그러나 /ㅎ/끝소리를 가진 임자씨가 혼란을 가져오는 경우도 있다.

칼놀을 조차(속삼 효6:9)   서울 사람(속삼 충1:55)
묏골(속삼 충1:72)   하놀 삼는바(속삼 열3:75)
짜 ㄱ트니(정속 1b)

ㄷ) /ㄱ/없애기

15세기에 규칙적이던 이 변동은 16세기 후반으로 갈수록 그 규칙이 무너지고 있다.[12) 15세기에 다음과 같은 조건에 따라서 필연적이었던 변동은 임의적 변동으로 바뀐다.

ⅰ. 토씨의 첫/ㄱ/은 홀소리와 /ㄹ/밑에서 줄어 없어진다.
ⅱ. 풀이씨 씨끝의 첫 /ㄱ/은 다음 조건 아래에서 없어진다.
    ㉠ 줄기의 끝소리가 /ㄹ/인 경우
    ㉡ 줄기의 끝소리가 /ㅣ/인 경우
    ㉢ 풀이자리토씨 「-이다」,「아니다」또는 미래를 나타내는 {-으리} 와 연결될 때

〈없애기의 예〉
저린 외옷 잇다(노걸 상:64a)   형뎨옷 눈묘딕히여셔(이륜 3a)
하늘와 짜 ㄱ트니(정속 1b)   나그내어니(노걸 상:42b)
달와 구슬와(칠대 5a)   기릐 일신이오 쏘 반이러라(논어 2:54)
크기는 大地ㄷ어ㅣ오(칠대 3a)   크면 가슈멸에 되오(정속 80)
가슐 열어든(여향 35a)   사롬이 어딜어나(번소 9:11b)
〈/ㄱ/없애기 규칙이 적용되지 아니한 표기〉

---

12) ㄱ탈락의 원인을 구체적으로 들지는 않았으나, 김형규(1975:149)는 "처음에는 음성 면에서 간이화 경향이 강하였으나, 다음에는 어의 면에서 손상되거나 약화되는 것을 피하려는 반발"로 들고 있다.

〈임자씨〉

솔과(소학 6:68)	형벌과(소학 5:28)
한어버이과(소학 5:43)	선비과(소학 6:11)
글쓰기과(소학 1:11)	

〈풀이씨〉

김곳 아니 나들면(칠대 16b)	ᄀᄃ기곰 먹고 (노걸 상:64a)
어딜고(소학 5:26)	빙굴고(칠대 16b)
뵈고(소학 6:7)	굴희고(소학 5:63)
보내고(소학 6:54)	내고(선가 6)
여회고(선가 7,16,37)	

ㄹ) /ㅅ/없애기

이 변동은 15세기의 /ㅅ/울림닿기 규칙이 ㅿ〉ㅇ의 음운 변화를 통하여 ㅠ /ㅅ/없애기로 그 내용이 바뀐다. 이것은 16세기 초부터 일어나 16세기 중기에는 이미 /ㅅ/없애기로 정착이 된 것으로 생각이 된다.

혼 초개로 지은 덤이 잇ᄂ니(노걸 상:62b)
지비 녀룸됴이 ᄒ고(속삼 효:1a)(이륜 2a)
몰을 아이고 가더니(번소 9:71a)
밥 지으라 ᄒ야(이륜 17a)
나아감도 내의 감 ᄀᄐ니라(논어 2:46a)
樂은 지여 보내노라(편지 15)
녯 사룸이 지으니(소학 5:34a)
니움이 이만 크니(소학 2:32a)

(21) 홀닿소리 없애기

15세기 변동과 같다.

「나모, 너느, 구무, 불무」따위 말들은 홀소리 토씨가 붙으면 「낚-, 녀-, 굼-, 붊ㄱ-」으로 변동한다.

굼긔(박통 상 :44b), 굼그로(칠대 9a). 굼기(소학 4:42a)
남기(번소 9:27a, 이륜 11b, 정속 12a, 18a, 칠대 9b), 남긔(번소 9:20b),
남글(번소 9:25a,27a, 정속 19a)

3.3. 표현을 똑똑하게 하려는 데서 일어나는 변동

(22) 달라짐

15세기에 홀소리 어울림을 피하여 홀소리 어울림을 일부로 깨뜨리는 이 규칙은 15세기 말부터 홀소라 어울림이 깨지기 시작하여, 16세기에는 없어진 변동으로 보아야 할 것이다.

(23) / ㅣ /덧나기

15세기의 변동과 같다.

/ㅣ, ㅣ/ 다음에 오는 {아/어}, {오/우}, {에} 와 같은 형태소 {씨끝, 토씨} 는 각각, 「-야/여」,「-요/유」,「-예」로 변동한다.

ᄒᆞ야(노걸 6a)	되여서(이륜 38a)
굴히여(노걸 17a)	인ᄒᆞ야서(번소 8:10)
뵈여도(번소 9:38)	젼대예(노걸 8b)
모시예(정속 6a)	世界예(칠대 5b)
술위예(속삼 효:3a)	스이예(속삼 효:31a)
ᄒᆞ온 이리라(번소 9: 46a)	굴히요미(번소 8:41)
ᄒᆞ요물 뫼ᄒᆞ디(번소 8:17)	내요리라(칠대 4a)
뮈유미(번소 8:17)	

(24) 소리없는 휴식

15세기와 같으나 소리없는 휴식을 나타내는 부호가 「ㄷ」으로 나타나는 경우가 많아진다.

소리없는 휴식은 울림소리 사이의 소리가 약화되는 것을 방지하기 위하여 '소리없는'휴식을 두었는데, 15세기에서는 'ㄱ, ㄷ, ㅂ, ㆆ, ㅅ, ㅿ'의 글자로 쓰이었으나 성종 때에 「ㅅ」으로 통일되더니, 16세기 후반부터는 /ㄷ/으로 쓰임이 많아지며 소리없는 휴식 다음에는 된소리되기가 일어난다.

이러한 두 가지 요소가 표기법에 섞이어 나타난다.

ᄒᆞ낟재(소학 1:11a)	둘ㄷ재(소학 1:11a)
쥬ㄷ젹례(소학 1:11a)	훓 바(대학 3b)(논어 2:55a)

몯홇 시니이다(맹자 1:25)　　　*홇 뼈(맹자 1:16)
몯홀꺼시이다(논어 2:53b)　　　사라실 쩨(논어 1:11b)
몯홀뻬이시니(논어 1:6b)　　　니롤띠니라(논어 2:8b)
힝홇거시니(논어 2:36b)

(25) /ㄹ/겹치기

15세기와 같은 변동이다.

「르/르」을 끝음절로 하는 말에 홀소리로 시작하는 씨끝이나 토씨가 붙을 때에는 「ㆍ/ㅡ」가 줄어 없어지면서 /ㄹ/이 앞음절의 끝소리가 되는데, 안정을 이루기 위하여 끝소리의 변이음인 [l]을 유지하면서 [ㄹ]이 겹치는 변동을 말한다.

15세기에 「ㄹ-ㅇ」이었던 낱말들이 이 시기에는 「ㄹ-ㄹ」로 바뀐 것을 많이 볼 수 있다.

불러(박통 상 :3b)←「브르-」+「-어」
플러가라(박통 상:62a)←「프르-」+「-어」
몰라(속삼 열:9a)←「모르-」+「-아」
쫄라(이륜 17a)←「쫄-」+「-아」
길러내야(이륜 17a)←「기르-」+「-어」
게을리(논어 2:26b)←「게으르-」+「-이」
닐러(논어 2:16a)←「니르-」+「-어」
목 몰라(편지 12)←「ㅁ르-」+「-아」

4. 변동규칙의 변천 양상

필자는 머리말에서 통시적 기술 방법의 하나로 변동규칙의 변천을 다음과 같은 네 가지 유형으로 나누어 살펴보고자 허였다.

A 유형 : 앞시대의 변동규칙이 뒷시대에 그대로 유지된 것.
B 유형 : 앞시대의 변도규칙이 뒷시대에 없어진 것.
C 유형 : 앞시대에 없던 변동규칙이 뒷시대에 새로 생겨난 것.
D 유형 : 앞시대의 변동규칙이 뒷시대에도 유지되나 그 내용이 바뀐 것.

제4장에서는 변천의 유형에 따라서 각 세기별 변천 양상을 나누어 보기로 한다.

A유형 : (1) 소리의 이음   (2) /ㅎ/끝소리 자리바꾸기
         (2) 겹받침 줄이기   (9) 콧소리 되기
         (13) /ㄷ/의 공깃길 닮기   (14) /ㅅ/의 울림 닮기
         (15) /ㅣ/치닮기   (16) (반)홀소리 되기
         (17) 거센소리 되기   (18) 된소리 되기
         (19) 홀소리 없애기   (20) 닿소리 없애기
         (21) 홀닿소리 없애기   (23) /ｉ/덧나기
         (24) 소리없는 휴식   (25) /ㄹ/겹치기
B 유형 : (22) 달라짐
C 유형 : (5) /ㄹ/머리소리 규칙   (6) /ㄴ/머리소리 규칙
         (7) /ㄴ/의 /ㄹ/되기   (8) /ㄹ/의 /ㄴ/되기
         (20) 닿소리 없애기(/ㅅ/)
D 유형 : (4) 일곱 끝소리 되기   (11) 홀소리 어울림
         (12) /ㅂ/의 공깃길 닮기   (20) 닿소리 없애기(/ㄱ/)

이와 같은 변동 규칙에서 B, C, D 유형에 속하는 변화, 또는 새로 생겨난 규칙에 대한 변화의 조건 또는 원인을 살펴보도록 하자.

(5)/ㄹ/머리소리 규칙, (6)/ㄴ/머리소리 규칙, (7)/ㄴ/의 /ㄹ/되기, (8)/ㄹ/의 /ㄴ/되기의 변동은 가로체계의 제약성의 변화에 영향을 입어서 일어난 현상에 따른 변동의 생성이라 할 수 있다.

특히, (4)여덟 끝소리 되기, (12)/ㅂ/의 공깃길 닮기, (20)닿소리 없애기(/ㅅ/), (11)홀소리 어울림, (22)달라짐과 같은 변동의 변화는 음운 체계의 변화에 따라 일어난 것으로 보인다. 즉, (4), (12), (20)은 닿소리 닿소리 음운 체계의 변화와 (11), (22)는 홀소리 어울림 체계의 변화에 따른 것이다. (20)닿소리 없애기(/ㄱ/)는 특별한 음성적 원인을 잡을 수 없는 변동으로 잡아 둔다.

이와 같이 유형의 분류와 그 변동의 변화 원인을 살펴볼 때, 15세기 국어에서 16세기 국어로 넘어가면서 생기는 변동의 변천에 따른 원인의 큰 부류는 첫째, 음운 체계의 변천, 둘째, 가로체계 제약성의 변화에 따른 것

이라 하겠다.

15세기부터 16세기까지의 변동규칙의 변천을 정리하면 다음과 같다.

〈15세기부터 16세기까지의 변동규칙의 변천〉

변 동 규 칙			15세기	16세기	잡 이
가로 체계의 제약성	음절 짜임새 맞추기	(1) 소리이음	——	——→	
		(2) /ㅎ/ 끝소리 바꾸기	——	——→	
		(3) 겹받침 줄이기	——	——→	
		(4) 여덟 끝소리 되기 (일곱 끝소리 되기)	——→	——→	그 내용이 변함
	머리소리 규칙	(5) /ㄹ/ 머리소리 규칙		·····→	약간의 예
		(6) /ㄴ/ 머리소리 규칙		·····→	약간의 예
	닿소리 이어바뀜	(7) /ㄴ/의 /ㄹ/ 되기		·····→	약간의 예
		(8) /ㄹ/의 /ㄴ/ 되기		——→	
		(9) 콧소리 되기		——→	
		(10) 입천장소리 되기		——→	
발음의 편의성	닮음	(11) 홀소리 어울림	——→	——→	
		(12) /ㅂ/의 공깃길 닮기	——→	——→	
		(13) /ㄷ/의 공깃길 닮기	——	——→	
		(14) /ㅅ/의 울림 닮기	——	——→×	(20) (라)로 바뀜
		(15) /ㅣ/ 치닮기	——	——→	
	줄임	(16) (반)홀소리 되기	——	——→	
		(17) 거센소리 되기	——	——→	
		(18) 된소리 되기	——	——→	
	없앰	(19) 홀소리 없애기	——	——→	
		(20) 닿소리 없애기			
		(가) /ㄹ/ 없애기	——	——→	
		(나) /ㅎ/ 없애기	——	——→	
		(다) /ㄱ/ 없애기	——	——·····→	
		(라) /ㅅ/ 없애기		·····——→	
		(21) 홑닿소리 없애기	——	——→	
표현의 강조		(22) 달라짐	——→	×	
		(23) /i/ 덧나기	——	——→	
		(24) 소리없는 휴식	——	——→	
		(25) /ㄹ/ 겹치기		——→	

※ 15세기의 변동규칙은 허웅(1985ㄱ:444~445쪽)을 인용.

5. 맺음말

이 글에서 필자는 16세기 국어의 변동규칙을 공식적으로 기술하고, 15세기 국어의 변동규칙과 비교를 통하여 통시적인 변천 유형과 변천 원인을 살펴보았다. 앞으로 계속되는 다음 시기의 변동규칙을 통하여, 국어 음운사의 완성에 기여하고자 한다.

이 글의 마무리를 위하여 앞의 내용을 요약하여 보도록 한다.

머리말에서 제시한 바와 같이 3장에서는 16세기 국어의 변동규칙에 대한 공시적 기술을 허웅(1985ㄱ)의 기준에 따라 통시적으로 변동규칙의 변천 양상을 살펴보았다.

그 결과는 앞의 표로 정리하였다.

변천의 원인을 살펴보면 다음과 같다.

첫째, 음운 체계의 변천
둘째, 가로체계 제약성의 변화에 따른 것

변천의 양상을 분류하면 다음과 같다.

유형 : 1,2,3,9,13,14,15,16,17,18,19,20(ㄹ,ㅎ),21,23,24,25
유형 : 22
유형 : 5,6,7,8,20(ㅅ)
유형 : 4,11,12,20(ㄱ)

위와 같은 분석을 통하여 보면 16세기 국어 변동규칙이 가지는 특징은 새로운 변화의 양상이 나타나는 과도기적 시기로 판단된다.

참 고 문 헌

권재일(1987), 문법 기술에서의 체계에 대하여, 『건국어문학』 11·12합집, 건국
　　　대학교 국어국문학회.
김일근(1986), 『어간의 연구』, 건국대학교 출찬부.

김차균(1982), 『나랏말의 소리』, 태학사.

김형규(1962), 『국어사 연구』, 일조각.

_____(1975), 『국어사 개설』, 일조각.

이근영(1988), 소학언해에 나타난 변동규칙, 건국대학교 대학원 『논문집』 28.

이기문(1972), 『국어사 개설』, 탑 출판사.

_____(1982), 『16세기 국어의 연구』, 탑 출판사.

이명규(1974), 구개음화의 사적 고찰, 『국어 연구』 31, 국어 연구회.

허 웅(1963), 『중세 국어 연구』, 정음사.

_____(1964), 치음고, 『국어국문학』 27, 국어국문학회.

_____(1985ㄱ), 『국어음운학』, 샘문화사.

_____(1985ㄴ), 변동규칙과 음운규칙의 역사성, 『말』 10, 연대 한국어학당.

_____(1989), 『16세기 우리 옛말본』, 샘문화사.

• 이 논문은 『한글』 207호(1990, 한글학회) 99~124쪽에 실은 것을 옮겨 실은 것임.

18세기 전기 국어의 변동 규칙

이 근 영

1. 머리말

이 연구는 18세기 전기 국어에 나타난 음운 변동 규칙을 공시적으로 기술하고 그 결과를 토대로 통시적으로 변동 규칙 체계의 변천 양상과 변천의 원인을 살펴보고자 하는 데에 목적이 있다.

이 연구에서의 '변동'이란 개념은 이근영(1990ㄴ)에서 제시한 바와 같이 "형태소와 형태소가 이어질 때, 또는 형태소가 어떤 특정한 위치에 놓일 때에 그 본래의 형태소가 다른 여러 가지 꼴로 바뀌는 것"으로, 형태소의 앞이나 뒤에 있는 형태소의 음성적 조건에 의한 변이형태 중에서도 음성적으로 유사한 변이형태로 변하는 것을 말한다.

이 연구의 공시적 연구 방법은 다음과 같은 원인별 분류(허웅 1985ㄱ)에 따른 체계를 바탕으로 삼는다.

(가) 가로 체계의 제약에 따른 변동
(나) 발음의 편의에 따른 변동
(다) 말의 청취 효과를 똑똑히 하려는 데서 일어나는 변동

이 연구의 통시적 연구 방법으로는 허웅(1985ㄴ)에서 제시한 다음과 같은 4가지 유형별 분류를 통하여, 이근영(1990ㄴ)의 15세기부터 17세기에 이르는 변동 규칙의 체계와 비교하고 변천의 원인을 살펴보고자 한다.

'가' 유형: 앞 시기의 변동 규칙이 18세기에서도 그대로 유지된 것
'나' 유형: 앞 시기의 변동 규칙이 18세기에 없어진 것
'다' 유형: 앞 시기에 없었던 변동 규칙이 18세기에 새로 생겨난 것
'라' 유형: 앞 시기의 변동 규칙이 18세기에도 유지되나 그 내용이 바뀐 것

이 연구는 18세기 전기 국어를 대상으로 한다. 음운사를 연구하기 위하여는 실제의 발화 상황이 아닌 문헌 자료에 의존하여야 하기 때문에 음성적 가치를 정확하게 기술하기란 매우 어려운 일이다. 이 연구의 문헌에 대한 의존의 정도는 이근영(1993)에 기준하여 앞선 시기의 언어 현실을 내포한 문헌 음운적 가치로 여기고자 한다.

이 연구의 대상으로 삼은 문헌 자료는 다음과 같다.(앞으로 문헌 자료를 밝힐 때에는 〈 〉안과 같이 간략화하여 표기하기로 한다.)

1729	이륜행실도	〈이륜〉
1730	삼강행실도	〈삼강〉
1731	경민편언해(초계본)	〈경민초〉
1739	어제내훈	〈내훈〉
1741	몽어노걸대	〈몽어노〉
1745	어제상훈언해	〈상훈〉
1747	송강가사(성주본)	〈송강〉
1748	경민편언해(전주본)	〈경민〉

2. 변동 규칙

2.1. 가로 체계의 제약성으로 일어나는 변동

2.1.1. 음절 짜임새 맞추기

(1) 소리 이음

15세기부터 18세기 국어까지 필연적·보편적 변동으로 음절의 안정적 짜임새를 맞추기 위하여 소리가 이어져 나오는 변동이다. 즉 받침이 있는 임자씨나 풀이씨의 줄기에 홀소리로 시작하는 씨끝이나 토씨가 이어져 나

오면 받침이 다음 음절의 첫소리로 이어져 나온다.

이 변동 규칙은 표기법과 밀접한 관계를 보이고 있다. 15세기의 연철(소리대로 적기)에서 16세기에 이어서 17세기 18세기에 이르는 동안 분철(형태소 밝히어 적기)은 비교적 안정적인 추세로 가고 있다(이익섭 1992:264)고 할 수 있다. 표기법과는 관계 없이 이 규칙은 15세기 이후 현대 국어에 이르기까지 그 내용이 같다.

　잔 자바 헌슈ᄒ고 (이륜 31ㄱ)
　모다 안존 알픠 쑤러 어믜게 술오디 (이륜 8ㄱ)
　ᄂᄌ니ᄂ 혹 노프니럴 업슈이 너기니 (경민 30ㄱ)
　羊肉 술마먹고 (몽어노 7:21ㄱ)
　멀니셔 닐은 말을 엇디 미드료 (이륜 33ㄱ)
　벼마틔 빗최니 (송강 25)
　님금의 아ᄃ리니 (이륜 1ㄱ)
　빅성이 다 흐터 도망ᄒ고 (이륜 3ㄱ)
　數수 업시홈은 (내훈 1:64ㄴ)
　어즈러온 빗츨 (내훈 1:9ㄴ)
　나히 늘거셔 (이륜 15ㄱ)
　죠흔 銀을 주마 (몽어노 8:7ㄴ)

(2) /ㅎ/ 끝소리 자리 바꾸기

/ㅎ/ 끝소리 다음에 거센소리 짝이 있는 약한 소리가 따르면 서로 자리를 바꾸고 이어서 거센소리 되기가 일어난다. 이 규칙은 15~18세기 동안 큰 변천이 없는 규칙으로 보편적·필연적 변동이다.

　거더 노코 (송강 26)
　도로 노티 말며 (내훈 1:3ㄱ)
　엇지 적푸리오 (몽어노 6:13ㄱ)
　술이 됴치 아니면 (몽어노 4:10ㄴ)
　기름 쓸커든 (몽어노 2:3ㄱ)
　어려서 아븨를 일코 (삼강 효자 6ㄱ)
　네 말이 올타 (몽어노 8:15ㄴ)

또한 「ㅎ」 다음의 /ㆍ/가 없어지고 다시 「ㅎ 끝소리 자리 바꾸기」와 「거센소리 되기」가 이어지는 것도 17세기와 동일하다.

分뼈치 <u>아니타</u> (몽어노 5:5ㄱ)
풍쇽을 <u>감화케홀</u> 도리예 ㅁ음을 극진히 ㅎ며 (경민 6ㄴ)
빅셩의 <u>벋키</u> 쉬온 거슬 (경민 6ㄱ)

(3) 겹받침 줄이기

17세기와 동일한 내용으로 필연적·보편적 변동으로 추정된다. 즉 /ㅄ, ㄳ, ㄲ, ㅼ/의 뒷소리가 없어지고 /ㄻ, ㄺ, ㄼ/는 발음 시 유지되는 것으로 보인다.

<u>넓디</u> 아니ㅎ야 (내훈 1:19ㄴ)
<u>슯쟈</u>ㅎ니 (송강 35)
<u>거듧거듧</u>비니 (몽어노 3:21ㄴ)
이 <u>ㄸㅣ앏</u> 수릿 집의 (몽어노 3:13ㄴ)
비록 <u>굶</u>주려 (경민 18ㄱ)
ㄱ장 <u>붉</u>게 ㅎ시고 (경민 25ㄱ)
글 <u>닑</u>더라 (이륜 48ㄱ)
<u>집갑</u>과 밥갑시 (몽어노 2:5ㄱ)

(4) 일곱 끝소리 되기

15세기 국어에서는 /ㅅ/과 /ㄷ/이 받침 위치에서 서로 대립을 보이고 있었으나 16세기에 /ㅅ/이 /ㄷ/에 중화된다. 이 규칙은 15세기부터 부분적인 표기로 나타나고 있으나 16세기에 이르러 /ㅅ, ㅈ, ㅊ/이 /ㄷ/에 합류되는 보편적인 규칙으로 변한다. 그러나 표기상으로는 /ㅅ/으로 일치하는 경향을 보인다. 17·18세기 국어에서는 안정적인 모습을 유지한다.
이 규칙은 필연적·보편적이다.

/ㅍ/ $\longrightarrow$ /ㅂ/
더욱 <u>높</u>다 (송강 46)

앞뒤 도라보디 아니ᄒ고 (내훈 1:29ㄱ)
갑슬 갑지 말라 (몽어노 4:10ㄴ)
후의 만일 갑지 못ᄒ면 (삼강 효자 11ㄱ)
집과 콩이 (몽어노 1:22ㄱ)

/ㅅ, ㅈ, ㅊ, ㄷ, ㅌ/ ⎯⎯→ /ㄷ/

둣디 말며 (내훈 2:10ㄱ)
짐싯쟈 (몽어노 3:10ㄴ)
밋지 못ᄒ고 (몽어노 1:13ㄴ)
울밋 (송강 39)
솟과 노고과 (몽어노 4:17ㄱ)
엇기 쉬온 거슨 밧과 집이라 (경민 30ㄴ)
ᄌ식 ᄉ이 ᄌ더니 (이륜 15ㄱ)
넛디 아니ᄒ리니다 (내훈 1:67ㄴ)
아춤 낫 (삼강 효자 7ㄱ)
어즈러운 빗난 것과 (내훈 1:23ㄱ)

2.1.2. 머리소리 규칙

이 규칙은 음소 연결의 제약에서 나타나는 변동 규칙으로[1] 현대 국어
에서는 필연적·보편적 변동이나 중세 또는 근대 국어에서는 그렇지 않다.

(5) /ㄹ/ 머리소리 규칙

15세기 국어에서는 말머리에 /ㄹ/이 나타나는 경우가 많아 /ㄹ/ 머리소
리 규칙의 존재가 모호하였으나,[2] 18세기 전기 국어에는 /ㄹ/이 /ㄴ/으로
바뀌어 나타나는 빈도가 두드러지게 나타나는 것으로 보아 18세기 전기

---

1) 허웅(1985 : 264) 참조.
2) 이근영(1988, 1990ㄴ)에서는 /ㄹ/이 문헌상 나타나는 빈도 수가 적은 것으로 이 규칙은
   설정하지 않고 있다. 그러나 허 웅(1985ㄱ : 421, 414)은 이 규칙이 15세기 국어에서
   실현되는 것으로 보고 있다. 또한 이기문(1982 : 32)에서도 /ㄹ/이 15세기 국어의 어두
   위치에서 나타날 수 없다고 전제하면서 알타이어의 공통적 특질이라고 하였는데 그 근거가
   확연하지 않다. 또한 15세기 문헌에 나타난 것은 표기법상의 특질이라고 말하고 있으나, 15
   세기 문헌상에는 /ㄹ/이 말머리 첫 자음으로 정연하게 나타나고 있으며, 특히 현대 북한의
   표준어인 문화어에 /ㄹ/이 말머리 첫 자음으로 사용되고 있는 것을 보면 변동 규칙으로서의
   정착은 15세기 이후로 추정된다.

국어에서는 필연적·보편적 변동으로 보아야 할 것이다.[3]

18세기 국어에는 /ㄹ/이 /ㄴ/으로 표기되는 경향을 많이 볼 수 있다.

ㄲ녁盡진ᄒ야 (송강 35)

닉일이나 (송강 33)

樓노 우희 (송강 28)

ᄯᅢ니예 마초ᄒ며 (내훈 2:13ㄴ)

댱 뇹십도 (경민 13ㄱ)

닌니(隣里) (경민13ㄱ)

므올히 녜법이 이시며 (경민 26ㄴ)

/ㄹ/이 말머리에 나타나는 표기도 있다.

제 록톤 거슬 다 형의게 드려두고 (이륜 13ㄱ)

류촌 형뎨 (이륜 26ㄱ)

례절 (이륜 27ㄱ)

婚혼姻인 禮례ᄂ (내훈 1:61ㄴ)

(6) /ㄴ/ 머리소리 규칙

15세기부터 17세기 국어에는 부분적으로 나타나는 규칙으로 18세기 전기 국어에서도 그 용례가 부분적으로 나타난다. 문헌 자료상으로 /ㄴ/이 말머리의 첫소리로 표기되는 것이 더욱 많아서 보편적·필연적 규칙으로 보기에는 어렵다.

므론 고기란 니로 굿티 말며 (내훈 1:3ㄱ)

言언敎교ᄒ다 니르디 말고 (상훈 24ㄱ)

닉은 ᄂ믈 잇거돈 (몽어노 3:5ㄱ)

님금의 아드리니 (이륜 1ㄱ)

니츔이 지비 가난ᄒ야 (이륜 8ㄱ)

옷 밥를 서ᄅ 니브며 먹더니 (이륜 8ㄱ)

ᄒ 니블레 자더라 (이륜 9ㄱ)

냥식이 업서 (이륜 12ㄱ)

---

3) 이근영(1990ㄴ) 참조.

뉵촌 아울 주니 (이륜 16ㄱ)

어엿비 <u>녀기더라</u> (삼강 효자 1ㄴ)

무덤 겻티 <u>녀막ㅎ고</u> (삼강 효자 6ㄴ)

<u>니문</u> 밧긔 막을 의지ㅎ고 (삼강 효자 7ㄱ)

<u>녀인</u>, <u>넘자</u> (삼강 효자 11ㄱ)

죽은 후에 거상ㅎ믈 <u>녜</u>에 넘게 ㅎ고 (삼강 효자 21ㄱ)

송나라 <u>넙천</u> 빅셩이라 (삼강 효자 29ㄱ)

거믄 구롬이 <u>널어나여</u> (삼강 효자 29ㄱ)

고기롤 항에 <u>녀허</u> (삼강 효자 32ㄴ)

댱 <u>뉵</u>십도 (경민 13ㄱ)

<u>녀롭지이</u> (경민 18ㄱ)(경민초 12ㄴ)

ㄴ/이 말머리에서 없어지는 표기도 나타나는 것으로 보아 /ㄴ/ 머리소리 규칙이 부분적으로 나타나는 것으로 보인다.

옛일을 의논홈애 (내훈 1:26ㄱ)

2.1.3. 닿소리 이어바뀜

음절의 끝 일곱 홀소리와 첫소리가 이어 나올 때에는 그 결합이 제약되는 규칙을 말하는 것으로,[4] 15세기 국어에는 콧소리 되기 현상이 부분적으로 나타났으나 16·17세기 이후의 문헌에는 보편적·필연적 변동으로 확산되어 가는 변동이다.

(7) /ㄴ/의 /ㄹ/ 되기

/ㄴ/과 /ㄹ/이 이어 나올 때는 그 차례가 어떠하든 /ㄴ/은 /ㄹ/로 바뀐다. 17세기 국어에서 보편적으로 나타나기 시작한 이 규칙은 18세기 전기 국어에서도 필연적·보편적 변동으로 보인다.

新<u>실</u>羅라 (송강 73)

<u>쳘</u>니예 가 의원 엇더니 (이륜 43ㄱ)

---

4) 형태소 연결에서 닿소리가 이어져 나올 경우, 그 중의 하나가 이어져 나올 수 있는 소리로 바뀌어 나타난다. 이것을 '닿소리 이어 바뀜'이라 한다. 허 웅(1985ㄱ : 269) 참조.

내 뎨튝흔 철량으로 가프려 흐노라 (이륜 21ㄴ)
갈략흐며 존결흐며 (내훈 1:30ㄴ)

다음의 예는 표기로는 /ㄴ/으로 나타나도 실제 발음으로는 /ㄹ/로 변동
하였으리라 추정된다.

寶보鑑감의 실녀 (상훈 9ㄴ)
근로홈이라 흐니 (상훈 5ㄴ)
닐너 골오디 (상훈 5ㄴ)
황뎨 블너 시듬 벼슬을 흐이시다 (삼강 효자 7ㄴ)(상훈 5ㄱ)
제 任意로 텬량을 (몽어노 7:18ㄴ)
行흐너뇨 (몽어노 1:20ㄱ)
열낭에 폴리라 (몽어노 1:12ㄱ)
앓셔디 말나 흐더니 (이륜 1ㄴ)
어미롤 말니니 (이륜 10ㄱ)
겨집 허시도 멀니 이셔 (이륜 14ㄱ)
날노 흐여곰 (삼강 효자 11ㄴ)
느믈노 죽뿌어 먹으며 (삼강 효자 2ㄱ)
뫼 알니디 아니흐고 (삼강 효자 7ㄴ)
홀노 급한 브람이 니러나 (삼강 효자 35ㄴ)

(8) /ㄹ/의 /ㄴ/ 되기
현대 국어의 형태소의 첫소리 /ㄹ/은 /ㄹ/ 아닌 다른 닿소리에 이어 나
지 못한다. 그러므로 이러한 /ㄹ/은 /ㄴ/으로 바뀐다. 16세기 말에 부분적
으로 나타난 이 규칙은 17세기를 거쳐 18세기 국어에는 그 나타나는 빈도
수가 많아진다.

빅니 밧긔 가 (삼강 효자 2)
뎨뉵(第六) (경민 13ㄱ)
鳳봉凰황樓누의 붓티고져 (송강 28)
水슈晶정簾념 (송강 27)
初초喪상애 품뉴흐야 (내훈 1:56ㄱ)

(9) 콧소리 되기

약한 터짐소리는 콧소리 앞에 설 수 없다. 그러므로 이 경우에는 앞소리가 뒷소리의 서열을 닮아 같은 계열의 콧소리로 바뀐다. 16세기 초기에 확산된 이 규칙은 17세기를 거쳐 18세기 전기 국어에서는 필연적·보편적 규칙으로 남는다.

인ᄂᆞ니 가ᄂᆞ니 (송강 72)
낸믈의 씌오고져 (송강 62)
떤ᄂᆞᆫ 구름 (송강 37)
몸에 인ᄂᆞᆫ ᄃᆞᆺᄒᆞᆯ식 (상훈 18ㄴ)
처녀로 인ᄂᆞᆫ 줄을 보고 (이륜 43ㄱ)
ᄌᆞ식도 업선ᄂᆞ니 (이륜 14ㄱ)
사오나오매 돌련ᄂᆞᆫ디라 (내훈 서:5ㄱ)
효경 닑더니 어도록 빅환ᄂᆞ니 (경민초 39ㄱ)
내 빅셩 되연ᄂᆞᆫ이ᄂᆞᆫ (경민 26ㄴ)(경민초 19ㄴ)
이튼날 姬희의 말로뻐 (내훈 2:19ㄴ)
冠관ᄒᆞ연ᄂᆞ니 (내훈 1:42ㄱ)
번님 (경민 41ㄱ)(경민초39ㄴ)
ᄃᆞ니며 비러어더 먹기 (경민 23ㄴ)
ᄆᆞᄎᆞᆷ내 힘을 언ᄂᆞ니라 (경민초 30ㄱ)(경민 38ㄱ)
만난 반찬으로 뻐 (경민초 34ㄴ)
제 지뷧거스로 빈낸것들흘 다 갑고 (이륜 25ㄱ)

콧소리 되기 현상이 표기에 반영되지 아니하는 경우도 나타나지만 이 규칙은 필연적·보편적 변동으로 보인다.

첫ᄆᆞᄋᆞᆷ (송강 75)
고오며 빗남이 아니오 (내훈 1:11ㄴ)
일로 조차 비릇ᄂᆞ니라 (내훈 1:10ㄴ)
고쳣ᄂᆞ냐 고치지 못ᄒᆞ얏ᄂᆞ냐 (몽어노 2:9ㄴ)
부치 마늘 댓무우 (몽어노 7:4ㄱ)
물깃ᄂᆞᆫ (몽어노 2:17ㄱ)

初ᄒᆞ롯날 (몽어노 1:1ㄴ)
ᄣᅥ낫노라ᄒᆞ면 (몽어노 1:1ㄴ)
되엿ᄂᆞᆫ지라 (몽어노 1:1ㄴ)
도적을 맛나 자피여놀 (이륜 3ㄱ)
졋머기시며 (경민초 1ㄴ)

2.2. 발음의 편의로 일어나는 변동

2.2.1. 닮음

(10) 입천장소리 되기

입천장 소리되기 규칙은 한 형태소 내부에서 시작하여 형태소 경계 사이에서도 적용되는 규칙으로, 이근영(1990ㄴ)에서는 16세기 후반 남부 지역을 중심으로 시작하여 확산된 것으로 보았다. 18세기 전기 국어에는 이러한 현상이 뚜렷이 나타나고 있다.

〈변동 규칙의 예〉
쓰지니라 (내훈 2:2ㄱ)
쇠재음 ᄀᆞ치 (몽어노 5:12ㄱ)
간대로 부치게 말라 (몽어노 3:13ㄴ)
〈형태소 내부에서 일어난 변화의 예〉
도적질 ᄒᆞ지 말며 (경민 53ㄴ)
비호지 말며, 즐기지 말며, 믜오지 말며 (경민 27ㄱ)
後에 고치지 아니랴 (몽어노 7:1ㄴ)
외오지 못ᄒᆞ면 (몽어노 1:4ㄴ)
후의 만일 갑지 못ᄒᆞ면 (삼강 효자 11ㄱ)
염장을 먹지 아니ᄒᆞ니 (삼강 효자 14ㄴ)
나지 아니ᄒᆞ고/ 눈물을 흘니지 아니훈/ 벼슬ᄒᆞ지 아니ᄒᆞ고 (삼강 효자 15ㄱ)
갈대로 더져두니 (송강 43)
엇지 (몽어노 1:1ㄴ)

(11) 홀소리 어울림

이 규칙은 15세기 『용비어천가』에서 가장 규칙적이고 그 이후의 문헌에

서는 허물어졌다. 특히 토씨나 씨끝의 홀소리 갈음에 나타나는 어울림 현
상이 무너지기 시작하여 형태소 내부의 어울림마저 허물어지게 되었다.

> 눌을 보라 (송강 31)
> 뫼ᄒᆞ야 <u>태ᄌᆞ롤</u> 주기고 (이륜 1ㄱ)

(12) /ㅂ/의 공깃길 닮기
/ㅂ/으로 끝난 풀이씨 줄기 가운데 특별한 것은 그 /ㅂ/이 공깃길 3도
이상의 소리에서는 /우/ 또는 /∅/로 바뀐다.
한정적인 낱말 안에서는 필연적 변동을 보인다.

> <u>어즈러이</u> 구돗썬디 (송강 32)
> <u>셜워</u> 플텨혜니 (송강 32)
> 치운 후에아 소납기 후에 <u>뻐러디믈</u> 알리라 (이륜 11ㄴ)
> <u>두터이</u> ᄒᆞᄂᆞᆫ 배니라 (내훈 1:62ㄴ)
> <u>도을</u> ᄲᅮᆫ이언뎡 (내훈 1:57ㄱ)
> 業업을 <u>닛즈오니</u> (상훈 4ㄱ)
> <u>아릿다온</u> 얼굴을 (내훈 1:25ㄱ)
> 업터뻐러 ᄇᆞ림이 <u>쉬운은</u> (내훈 1:27ㄴ)
> <u>더온</u> 옷 닙어 (내훈 1:17ㄱ)
> <u>구은</u> 구슬 (몽어노 8:16ㄴ)
> 님자 엇기 <u>어려오리라</u> (몽어노 8:10ㄱ)
> <u>주어온</u> 묬동 가져와 (몽어노 7:1ㄱ)
> 쁘냐 <u>숨거오냐</u> (몽어노 2:3ㄴ)
> 이 겨지비 <u>사오나</u>와 나롤 ᄀᆞᄅᆞ쳐 (이륜 8ㄱ)
> 한나라 <u>두터온</u> 은혜를 닙어 (삼강 충신 8ㄴ)
> <u>슈고로이</u> 날을 나흐샤 (경민 7ㄴ)
> 싸홈이 <u>해로오미</u> 잇고 (경민 16ㄱ)
> <u>갓가오미</u> 다ᄅᆞ미 이시나 (경민 12ㄴ)
> 비록 ᄌᆞᆺ바 <u>고로온</u> 둣ᄒᆞ나 (경민 18ㄱ)
> 돌히라 <u>므거올가</u> (경민 42ㄴ)
> <u>어려온</u> 일에 (경민 26ㄴ)

보기룰 <u>가빅야이</u> 호야 (경민 32ㄴ)
<u>어두온</u> 밤 ᄀ마니 살해호야 (경민초 17ㄴ)
사룸이 돗긔 <u>누어</u> 몸을 ᄆᆞ초리 (경민초 16ㄱ)

(13) /ㄷ/의 공깃길 닮기
/ㄷ/ 끝소리를 가진 풀이씨의 줄기 가운데 특별한 것은 그 /ㄷ/가 홀소리 사이에서 홀소리의 큰 공깃길을 닮아서 /ㄹ/로 바뀐다.
15세기 국어에서부터 변하지 아니한 변동으로 한정적인 낱말 안에서는 필연적 변동이다.

정성을 <u>일크라시니</u> (상훈 5ㄱ)
삼가오ᄆᆞ르뻐 <u>일코리며</u> (내훈 2:15ㄱ)
道도롤 <u>드름이</u> 업스니 (상훈 41ㄴ)
箕긔範범의 <u>실닌</u> 배오 (상훈 22ㄴ)
<u>씩드라</u> (상훈 18ㄴ)
<u>무로라</u> 가쟈 (몽어노 3:3ㄱ)
<u>거르실졔</u> (내훈 1:32ㄴ)
집을 거두워 <u>시르라</u> (몽어노 4:5ㄱ)
주거믈 <u>시러</u> 모라와 (이륜 1ㄴ)
ᄀ장 <u>애드라</u> 호야 (이륜 7ㄱ)

맺음씨끝 {-다}, 안맺음씨끝 {-더-}, {-도-}도 특별한 형태소 밑에서 /ㄹ/로 바뀌는 일이 있는데 이것도 공깃길의 닮음이다(허웅 1985ㄱ:426).

긔 <u>뉘러니</u> (송강 59)
高고士스 <u>씨로다</u> (송강 59)
훈 斤식이러니 (몽어노 5:3ㄴ)

(14) /ㅅ/의 울림 닮기
/ㅅ/ 끝소리를 가진 풀이씨의 줄기 가운데 특별한 것은 그 /ㅅ/가 울림소리 사이에서 /ㅿ/로 바뀌는 규칙으로, /ㅿ/의 소멸과 함께 소멸되어 18세기 국어에는 나타나지 않는다.

(15) /ㅣ/ 치닮기

앞 음절에 있는 뒤홀소리 계열은 뒤 음절의 /ㅣ/를 닮아 /ㅣ/ 내림 겹홀소리가 된다. 많은 예는 나타나지 아니한다.

에엿비 너기시게 ᄒᆞ욤이 (내훈 1:44ㄴ)
손가락을 베히니 (삼강 열녀 15ㄴ)

2.2.2. 줄임

(16) (반)홀소리 되기

공깃길이 작은 줄기끝의 /ㅣ, ㅗ, ㅜ/는 공깃길이 큰 홀소리를 만나면 오름 겹홀소리가 된다. 또 /ㅣ/가 공깃길이 큰 홀소리를 뒤따르는 경우 반홀소리가 되어 내림 겹홀소리가 된다.

혀를 버혀 죽이니 (삼강 충신 18ㄴ)
펴 노하두고 (이륜 20ㄱ)
개게 더뎌 주디 말며 (내훈 1:3ㄱ)
내 위ᄒᆞ야 민망히 너겨 (경민 6ㄱ)
ᄂᆞᆷ과 싸화 (이륜 17ㄱ)
내 외람히 셤 근심을 노화 맛디심으로브터 (경민초 서2ㄱ)
法법마다 빈화 (내훈 1:39ㄴ)
求구홈이 이쇼ᄃᆡ (내훈 1:58ㄱ)
하ᄂᆞᆯ 셤굠을 (상훈 13ㄱ)
히 졋ᄂᆞᆫᄃᆡ (몽어노 3:16ㄱ)
모ᄃᆞᆫ 사ᄅᆞᆷ의 ᄆᆡᄂᆞᆫ 배라 (내훈 1:10ㄱ)
姓이 張개니 (몽어노 3:9ㄴ)
태죄 닐오ᄃᆡ (이륜 1ㄱ)
스재 주디 못ᄒᆞ여 (삼강 충신 8ㄱ)

(17) 거센소리 되기

거센소리의 짝이 있는 약한 소리에 /ㅎ/가 이어 나면 이 때의 약한 소리는 거센소리가 된다. 이 규칙은 /ㅎ/ 끝소리가 자리를 바꾸어도 일어난다.

올치옷 못ㅎ면 (송강 54)
불키 ㅎ고 (내훈 1:28ㄴ)
ᄀ장 됴트라 (몽어노 1:15ㄴ)
어려서 아븨를 일코 (삼강 효자 6ㄱ)
죽지말미 울타 (삼강 효자 20ㄱ)
서늘케 ㅎ고 (삼강 효자 8ㄱ)
빅셩의 벌키 쉬온 거슬 (경민 6ㄱ)
ᄆ욜히 화티 못ㅎ면 (경민 13ㄴ)
손을 디허 샹커나 죽거나 ㅎ면 (경민 16ㄱ)
분변티 아니코 다 목 버히ᄂ니라 (경민 24ㄱ)

(18) 된소리 되기

약한 소리와 약한 소리 또는 휴식과 약한 소리가 만나면 된소리가 나는 변동 규칙을 말한다.

밤쑵 (이륜 22ㄱ)
즈름쌜로 수머 니거눌 (이륜 22ㄱ)
소김이 쉽꺼니와 (상훈 25ㄴ)
됴훈 음식기 잇쩌든 (이륜 15ㄱ)
안쪼 니지 아니ㅎ니 (삼강 효자 20ㄱ)
갈병을 어덧쩌니 (삼강 효자 30ㄴ)

된소리 되기 규칙이 표기에 나타나지 않는 경우도 있으나 이 때에도 된소리 되기가 일어나는 것으로 보인다.

엿돈이오 (몽어노 8:7ㄱ)
네 맛보라 (몽어노 4:10ㄴ)
다 됴히 잇더라 (몽어노 5:5ㄴ)
비운기롤 말라 (몽어노 7:11ㄴ)
뿔 밧고려 갓ᄃ니 (몽어노 3:10ㄱ)
네 어엿비 너기라 (몽어노 3:15ㄴ)
갓가오니라 (몽어노 1:14ㄴ)

글넑기 (몽어노 1:4ㄱ)
우김질로 앗기롤 말라 (경민초 16ㄱ)

소리 없는 휴식(〈24〉항) 이후 된소리 되기 규칙이 일어나는 경우도 있다.

敬경畏외홀 **빼** 오직 (상훈 9ㄱ)
법밧고져 홀 **띤댄** (상훈 6ㄴ)
몬져홀 **써**시 업손 (상훈 5ㄱ)
和화히 홀**찌니** (내훈 1:16ㄴ)
니롤 **찌니라** (내훈 1:35ㄱ)

2.2.3. 없앰

(19) (반)홀소리 없애기

풀이씨 줄기 끝의 /ㆍ/나 /으/는 다음에 홀소리 씨끝이 연결되면 없어진다. 또한 풀이씨 줄기나 임자씨 끝소리에 이어지는 씨끝이나 토씨가 이어질 때 같은 홀소리인 경우에도 줄어드는 경우가 있다.

경계홀**디니** (내훈 1:24ㄴ)
隱은홈이 잇고 (내훈 1:48ㄱ)
베퍼내여 기우러 (내훈 1:26ㄴ)
네 어엿비 너기라 (몽어노 3:15ㄴ)
슬피 울며 (삼강 효자 15ㄴ)
헤피 먹기롤 무졀히 ᄒ야 (경민초 13ㄱ)
피롤 약의 타 먹이니 (삼강 효자 31ㄱ)
그 어미 틴대 우더니 (내훈 1:44ㄱ)

(20) 닿소리 없애기

ㄱ. /ㄹ/ 없애기

줄기의 끝소리 /ㄹ/은 혀끝소리 /ㄷ, ㄴ, ㅅ, ㅈ/ 앞에서 줄어 없어진다. 이 규칙은 필연적·보편적 변동 규칙이다.

혼 셰간니 <u>사더니</u> (이륜 7ㄱ)
ᄆ욀히 <u>드디</u> 아니ᄒᄂ니 (내훈 1:64ㄱ)
<u>밧드디</u> 몯ᄒ고 (상훈 4ㄱ)
北녁희 <u>사ᄂ</u> (몽어노 5:21ㄱ)
절ᄒ여 <u>비니</u> (삼강 효자 27ㄱ)
져기 <u>아ᄂ라</u> (몽어노 1:3ㄱ)
도라가 <u>ᄑ니</u> (몽어노 1:17ㄴ)
<u>아지</u> 못ᄒ리라 (몽어노 8:8ㄱ)

ㄴ. /ㅎ/ 없애기

임자씨 끝의 /ㅎ/는 뒤에 홀소리 외 /ㄱ, ㄷ/으로 시작하는 토씨가 오지 아니하면 원칙적으로 없어진다. 그러나 18세기 국어에서는 /ㅎ/ 곡용어의 흔들림으로 이런 규칙도 흔들림을 보인다.

다음의 예는 /ㅎ/이 약화·탈락된 현상으로 보인다.

도적되기에 니ᄅ리 <u>만ᄂ니</u> (경민 38ㄱ)
<u>ᄀ마니</u> 살해야 (경민 25ㄱ)

ㄷ. /ㄱ/ 없애기

15세기에 규칙성이 뚜렷하던[5] 이 변동 규칙은 17·18세기 국어에 와서 규칙성을 잃는다.

納납ᅀᆞᆷ길<u>와</u> (내훈 1:60ㄴ)
올치옷 못ᄒ면 (송강 54)
실적이<u>어든</u> (내훈 1:7ㄱ)
나리 졈글<u>어든</u> (내훈 1:23ㄴ)
돍이 처엄 울<u>어든</u> (내훈 1:32ㄱ)

---

5) 이근영(1990) 참조.
　가. 토씨의 첫 /ㄱ/은 홀소리와 /ㄹ/ 밑에서 줄어 없어진다.
　나. 풀이씨 씨끝의 첫 /ㄱ/은 다음 조건 아래서 없어진다.
　　ㄱ. 줄기의 끝소리가 /ㄹ/인 경우
　　ㄴ. 줄기의 끝소리가 /i, j/인 경우
　　ㄷ. 풀이자리 토씨 (-이다), 또는 (아니다) 또는 미래를 나타내는 (-으리-)와 연결될 때

가싀디옷 아니면 (송강 75)
긔운이 ᄒᆞᆫ가지오 (경민 10ㄴ)
ᄇᆞ람분 날이어든 (송강 81)
가까온 권당이면 죽을 죄오 먼 권당이면 (경민초 15ㄱ)
삿갓 메오 이오 (송강 67)
어믜게 난 아이오 공ᄌᆞ 삭이와 ᄒᆞᆫ 어믜게 난 형이라 (이륜 1ㄱ)

ㄹ. /ㅅ/ 없애기

/ㅅ/으로 끝난 풀이씨의 줄기 가운데 특별한 것은 그 /ㅅ/이 울림소리 사이에서 없어진다.

서르 니으샤 (상훈 12ㄴ)
녀름 지을 냥식을 ᄀᆞ촐찌니라 (경민 19ㄴ)
글지이와 (내훈 1:23ㄴ)
섈리 지으라 (몽어노 2:1ㄱ)
나으니라 (몽어노 3:8ㄱ)
대해 니어 집읫일 ᄀᆞ옴아로되 (이륜 31ㄱ)

(21) 홀·닿소리 없애기

'나모, 녀느, 구무, 불무' 따위의 말들은 홀소리 토씨가 붙으면 '낡-, 녀-, 굶-, 붊ㄱ-'으로 변동한다.

들희 쥐 굼글 파 구무 속의 쥐 날나두엇ᄂᆞᆫ 플 열매를 먹고 (삼강 충신 6ㄱ)
남긔 사겨 너비 베펴 (경민 6ㄱ)
큰 남기 가지와 입히 ᄂᆞᆫ회여 (경민 37ㄱ)
남글 사겨, 남그로 (삼강 효자 10ㄱ)
남기 말으더라, 잣남글 붓뜰고 (삼강 효자 15ㄴ)

풀이씨 끝의 'ᄒᆞ' 음절은 고름홀소리 앞이나 /ㄱ, ㄷ, ㅈ/ 사이에서 줄어 없어지는 일이 있다.

더옥 조지극거든 (내훈 2:15ㄱ)

能히 待接지 못ᄒ니 (몽어노 5:9ㄴ)
ᄀ독게 못홀거시며 (내훈 1:6ㄱ)

2.3. 표현을 똑똑하게 하려는 데서 일어나는 변동

(22) 달라짐

15세기 국어에서 홀소리 어울림을 피하여 홀소리 어울림을 일부러 깨뜨리는 이 규칙은 15세기 말부터 홀소리 어울림이 깨지기 시작하여 16세기 이후 국어에서는 없어진 변동으로 보아야 할 것이다(이근영 1990ㄴ).

수 업스니 (송강 63)
구조 비나 되쇼셔 (송강 36)
免帖이 업스면 (몽어노 1:6ㄱ)

(23) /i/ 덧나기

/ㅣ, i/ 다음에 오는 {아/어}, {오/우}, {에}와 같은 형태소는 각각 {야/여}, {요/유}, {예}로 변동한다.

我의롤 셰욜이라 (내훈 1:61ㄴ)
ᄉ나히와 간나히 ᄀ힌요미 이시며 (경민 26ㄴ)
쓰이여 사겨 (상훈 5ㄱ)
손룰 재엿더니 (몽어노 3:17ㄱ)
결단ᄒ기예 당ᄒ야 (경민 5ㄱ)
제 어믜 할릴 배 되여늘 (경민 30ㄴ)
저샹이 되여슈더 (이륜 15ㄱ)
ᄣᆡ예 (상훈 40ㄱ)(경민 19ㄴ)

(24) 소리 없는 휴식

울림소리 사이의 소리가 약화되는 것을 방지하기 위하여 '소리 없는 휴식'을 두었는데, 15세기 국어에서는 /ㄱ, ㄷ, ㅂ, ㆆ, ㅅ, ㅿ/의 글자로 쓰이었으나 16세기 후반 이후는 된소리로 표기하는 경우가 있다.

造조次초ᄎᄉ 스이와 (상훈 10ㄱ)

망녕의 써시 (송강 53)

믈쌉 뵈쌉슨 (몽어노 5:6ㄴ)

밤비 ᄋᆡ운의 (송강 41)

漢ᄉ 벋들과 (몽어노 1:17ㄴ)

뵈ᄉ갑시 (몽어노 1:12ㄱ)

길ᄭᅥ에 똥누지 말라 (몽어노 2:25ㄱ)

잘 곳을 춧쟈 (몽어노 3:12ㄱ)

쁠 썻 업거든 (몽어노 7:15ㄱ)

법밧고져 홀ᄯᅢㄴ (상훈 6ㄴ)

ᄎ텨티 말을떠어다 (상훈 44ㄴ)

和화히 홀씨니 (내훈 1:16ㄴ)

못홀 써시니 (몽어노 1:13ㄴ)

(25) /ㄹ/ 겹치기

'ᄅᆞ/르'를 끝 음절로 하는 말에 홀소리로 시작하는 씨끝이나 토씨가 붙을 때는 'ㆍ/ㅡ'가 줄어 없어지면서 /ㄹ/이 앞 음절의 끝소리가 되는데, 안정을 이루기 위하여 끝소리의 변이음인 [l]을 유지하면서 /ㄹ/이 겹치는 변동을 말한다.

ᄉ양ᄒᆞ야 올라 (내훈 1:60ㄴ)

말ᄉᆞᆷ을 굴히야 닐러 (내훈 1:12ㄱ)

藥약을 골라 (내훈 1:43ㄱ)

블 일러 손발 쬐쟈 (몽어노 7:1ㄱ)

실이 골라 (몽어노 8:9ㄴ)

원빅이 블러 닐오디 (이륜 33ㄴ)

빈블러 누엇거눌 (삼강 효자 32ㄱ)

길러내시니 (경민 7ㄴ)(경민초 1ㄴ)

죄예 홀러 ᄲᅡ디거든 (경민 5ㄴ)

쑤지ᄌᆞ면 목 졸라 주기고 (경민 8ㄱ)

ᄉ지 골라 주기고 (경민 8ㄱ)

게을리 마라 (경민 18ㄴ)

3. 변동 규칙의 변천 양상

머리말에서 통시적 기술 방법의 하나로 변동 규칙의 변천 양상을 다음과 같이 네 가지 유형으로 나누어 살펴보고자 하였다.

'가' 유형: 앞 시대의 변동 규칙이 뒷시대에 그대로 유지된 것
'나' 유형: 앞 시대의 변동 규칙이 뒷시대에 없어진 것
'다' 유형: 앞 시대에 없었던 변동 규칙이 뒷시대에 새로 생겨난 것
'라' 유형: 앞 시대의 변동 규칙이 뒷시대에도 유지되나 그 내용이 바뀐 것

17세기 국어에서 18세기 국어로 변천되는 변동 규칙을 앞의 유형별로 나누어 보면 다음과 같다.

'가' 유형: 1. 소리 이음   2. /ㅎ/ 끝소리 자리 바꾸기
           3. 겹받침 줄이기   4. 일곱 끝소리 되기
           5. /ㄹ/ 머리소리 규칙   6. /ㄴ/ 머리소리 규칙
           7. /ㄴ/의 /ㄹ/ 되기   8. /ㄹ/의 /ㄴ/ 되기
           9. 콧소리 되기   10. 입천장소리 되기
          11. 홀소리 어울림   12. /ㅂ/의 공깃길 닮기
          13. /ㄷ/의 공깃길 닮기   14. /ㅅ/의 울림 닮기
          15. /ㅣ/ 치닮기   16. (반)홀소리 되기
          17. 거센소리 되기   18. 된소리 되기
          19. (반)홀소리 없애기   20. 닿소리 없애기 /ㄹ, ㅎ, ㄱ, ㅅ/
          21. 홀·닿소리 없애기   22. 달라짐
          23. /ㅣ/ 덧나기   24. 소리 없는 휴식
          25. /ㄹ/ 겹치기
'나' 유형: 없음.
'다' 유형: 없음.
'라' 유형: 없음.

〈표〉 15세기 국어로부터 18세기 전기 국어에 이르는 변동 규칙의 변천 양상

변동 규칙			15세기	16세기	17세기	18세기	잡이
가로체계의제약성	음절짜임새맞추기	(1) 소리 이음	───	───	───	──→	15세기 (여덟 끝소리 되기)
		(2) /ㅎ/ 끝소리 바꾸기	───	───	───	──→	
		(3) 겹받침 줄이기	───	───	───	──→	
		(4) 일곱 끝소리 되기 (여덟 끝소리 되기)	───	─*──		──→	
	머리소리규칙	(5) /ㄹ/ 머리소리 규칙		·······	·······	···→	
		(6) /ㄴ/ 머리소리 규칙		·······	·······	···→	
	닿소리이어바뀜	(7) /ㄴ/ 의 /ㄹ/ 되기	·······	·······	───	···→	
		(8) /ㄹ/ 의 /ㄴ/ 되기	·······	·······	───	···→	
		(9) 콧소리 되기	───	───	───	──→	
		(10) 입천장소리 되기			·······	··→	
발음의편의성	닮음	(11) 홀소리 어울림	───	·······	───	──→	일부에만 적용
		(12) /ㅂ/의 공깃길 닮기	───	─*──	───	──→	
		(13) /ㄷ/의 공깃길 닮기	───	───	───	──→	
		(14) /ㅅ/의 울림 닮기	───	──→X			
		(15) /ㅣ/ 치닮기	───	───	───	──→	
	줄임	(16) (반)홀소리 되기	───	───	───	──→	
		(17) 거센소리 되기	───	───	───	──→	
		(18) 된소리 되기	───	───	───	──→	
	없앰	(19) 홀소리 없애기	───	───	───	──→	
		(20) 닿소리 없애기					
		(개) /ㄹ/ 없애기	───	───	───	──→	
		(내) /ㅎ/ 없애기	───	───	───	──→	
		(대) /ㄱ/ 없애기	───	───	───	──→	
		(래) /ㅅ/ 없애기			·······	──→	
		(21) 홑닿소리 없애기	───	───	───	──→	
표현의강조		(22) 달라짐	───	──→X			
		(23) /ǐ/ 덧나기	───	───	───	──→	
		(24) 소리 없는 휴식	───	───	───	──→	
		(25) /ㄹ/ 겹치기	───	───	───	──→	

* : 내용이 변함   X : 없어짐   ······ : 일부의 예에 나타남

4. 맺음말

앞에서 18세기 전기 국어의 변동 규칙을 공시적으로 기술하고 17세기 국어와의 비교를 통하여 통시적인 변천 유형과 변천의 원인을 살펴보고자 하였다.

그 결과 앞 제3장의 유형별 분류와 〈표〉에서 볼 수 있듯이 18세기 전기 국어의 변동 규칙은 17세기 국어와 차이를 보이고 있지 않다. 그러나 제2장에서 살펴본 바와 같이, 17세기 국어에서 부분적으로 미미하게 나타난 변동 규칙이 18세기 국어에서는 보편적 규칙으로 확대되어 감을 알 수 있었다. 이것은 이근영(1990ㄴ)에서 제시한, 어떤 언어 체계의 변화는 한 시대의 선상에서 급진적으로 변화하는 것이 아니라 변화의 요소가 점진적으로 확산되어 간다는 결론과도 일치하는 점이다.

즉 18세기 전기 국어의 변동 규칙은 이전의 변동 규칙 체계가 안정되어 가는 시기이며, 그 주된 원인은 음운 체계의 안정성으로 보아야 할 것이다.

참 고 문 헌

권재일(1987), 문법 기술에서의 체계에 대하여, 『건국어문학』 제11·12 합집. 건국 대학교 국어 국문 학회.

김승곤(1983), 『음성학』, 정음사.

김차균(1982), 『나랏말의 소리』, 태학사.

김형규(1962), 『국어사 연구』, 일조각.

송 민(1986), 『전기 근대 국어 음운론』, 탑 출판사.

이근영(1988), 소학언해에 나타난 변동 규칙 연구, 건국대학교대학원 『논문집』 제28호.

_____(1990ㄱ), 16세기 국어의 변동 규칙, 『한글』 제207호, 한글 학회.

_____(1990ㄴ), 『국어 변동 규칙의 역사적 연구』, 대제각.

_____(1993), 국어 문헌 자료 분석을 위한 제언, 『대진논총』 제1집. 대진대학교.

이숭녕(1988), 『이숭녕 국어학 선집』, 민음사.

이익섭(1992), 『근대 국어 표기법』, 서울대 출판부.

정연찬(1993), 근대 국어 표기법에 대한 음운론적 해석, 『정신문화연구』 제50호, 한국 정신문화 연구원.

허　웅(1963), 『중세 국어 연구』, 정음사.

＿＿＿(1985ㄱ), 『국어 음운학』, 샘문화사.

＿＿＿(1985ㄴ), 변동 규칙과 음운 규칙의 역사성, 『말』 제10호, 연세대학교 한국어 학당.

＿＿＿(1989), 『16세기 우리 옛말본』, 샘문화사.

＊이 논문은 『한글』 227호(1995, 한글학회) 107~128쪽에서 옮겨 실은 것임.

■ 글쓴이 소개

권재일 서울대학교 교수

김승곤 건국대학교 명예교수

김형춘 창원전문대학교 교수

리의도 춘천교육대학교 교수

서은아 안양대학교 강사

이근영 대진대학교 교수

전정례 건국대학교 문과대학 교수

최남희 동의대학교 교수

허원욱 건국대학교 인문대학 교수

■ 한말연구학회 연락처 : 143-701

　　　　서울특별시 광진구 모진동 93-1 건국대학교
　　　　문과대학 국어국문학과 조오현 교수 연구실
　　　　전화 : (02)450 - 3334

우리말 연구 ⑤
우리말 역사 연구

1996년 12월　5일 인쇄
1996년 12월 10일 발행

　　편집/발행 : **한말연구학회** 회장 김 승 곤

　　발 행 처 : 도 서 출 판 **박 이 정**

　130-070　　서울시 동대문구 용두동 253-197번지
　전　　화 : 922-1192～3,　　FAX : 922-1192
　온 라 인 : 상업114-08-234933 우편010447-0053403
　등　　록 : 1991년 3월 12일　　제1-1182호

ISBN 89-7878-142　　　　　　　값　10,000원